Eucharistie

Martin Stuflesser

Eucharistie

Liturgische Feier
und theologische
Erschließung

Verlag Friedrich Pustet
Regensburg

Bibliografische Information der Deutschen Nationalbibliothek

Die Deutsche Nationalbibliothek verzeichnet diese Publikation in der Deutschen Nationalbibliografie; detaillierte bibliografische Daten sind im Internet über http://dnb-d.nb.de abrufbar.

www.verlag-pustet.de

ISBN 978-3-7917-2488-1

Umschlaggestaltung: Martin Veicht, Regensburg
Umschlagbild: 1 Kor 11,26. Bilder zur Bibel
© Evita Gründler, Regensburg
Hintergrundbild: Fotolia (© PRCreative Team #29855582)
Druck und Bindung: Friedrich Pustet, Regensburg
Printed in Germany 2013

Meinen beiden Lehrern
Klemens Richter und Theodor Schneider gewidmet,
die mir je auf ihre Weise
Feiergestalt und Sinngehalt der Eucharistie erschlossen haben.

Vorwort

Liebe Leserin, lieber Leser!

Wenn sich am Gründonnerstag Christen auf der ganzen Welt zum Gedächtnis des letzten Abendmahles versammeln, hören sie in der römisch-katholischen Messfeier das folgende Gabengebet:

> „Herr, gib, dass wir das Geheimnis des Altares ehrfürchtig feiern;
> denn sooft wir die Gedächtnisfeier dieses Opfers begehen,
> vollzieht sich an uns das Werk der Erlösung."

Seit den Tagen der Apostel versammeln sich Christen am ersten Tag der Woche zur Gedächtnisfeier von Leiden, Tod und Auferstehung Jesu Christi. Sie trafen sich, und tun es bis heute, um in der Schrift zu lesen, in den Anliegen der Welt zu beten, ein großes Lob- und Dankgebet über Brot und Wein zu sprechen und in der Form des gemeinschaftlichen Mahles den Tod und die Auferstehung Jesu Christi zu feiern.

Der vorliegende Band möchte die Bedeutung der Feier der Eucharistie erschließen und so ein vertieftes Verstehen und, daraus folgend, ein vertieftes Mitfeiern der Liturgie ermöglichen. Denn die Väter des II. Vatikanischen Konzils haben in der Konstitution über die Heilige Liturgie *Sacrosanctum Concilium* (SC), deren 50. Jahrestag wir am 4. Dezember 2013 begehen, ihrer Hoffnung Ausdruck verliehen, dass die Gläubigen der Feier der Eucharistie nicht „wie Außenstehende und stumme Zuschauer" lediglich beiwohnen, sondern, im Gegensatz dazu, die heiligen Geheimnisse von Leiden, Tod und Auferstehung des Herrn „bewusst, fromm und tätig" mitfeiern (SC, Art. 48).

Diesem liturgie-theologischen Programm des II. Vatikanischen Konzils weiß sich auch der hier vorgelegte Band zur Eucharistie verpflichtet. Wir wählen dabei bewusst eine mystagogische Zugangsweise, bei der wir versuchen, die Bedeutung der eucharistischen Feier (= deren Sinngehalt) aus der konkreten Feiergestalt zu erschließen, wie sie uns nach den aktuell verwendeten liturgischen Büchern seit dem II. Vatikanischen Konzil vertraut ist.

Diese Feier der Eucharistie ist nach Aussage des Konzils nichts Geringeres als „Quelle und Höhepunkt" allen Tuns der Kirche (Lumen Gentium, Art. 11). Deswegen gilt ihr und ihrer theologischen Erschließung unsere besondere Sorge. Auf dass wir uns, wie es die Konzilsväter betonen, in jeder Feier der Eucharistie immer mehr „durch das Wort Gottes formen lassen (und/M.S.) am Tisch des Herrenleibes Stärkung finden" (SC, Art. 48).

Würzburg, am 4. Dezember 2012 *Martin Stuflesser*

Inhaltsverzeichnis

Lesehinweise

Neben dem fortlaufenden Text finden sich in diesem Band folgende graphisch besonders gekennzeichneten Abschnitte:

Quellen
Quellentexte, die im Haupttext besprochen werden und auf die in unseren Ausführungen im Einzelnen Bezug genommen wird.

Theologische Reflexion
Zentrale eucharistietheologische Texte aus der Tradition, die in ein vertieftes Verständnis der Theologie der Eucharistie einführen wollen.

Tipps zum Weiterlesen
Lesehinweise zu einzelnen Themenbereichen, die einen vertieften Zugang ermöglichen. Es wurde bewusst nur Literatur ausgewählt, die allgemein leicht zugänglich ist.

Liednummern im Gebet- und Gesangbuch Gotteslob (GL) beziehen sich zuerst auf die bisherige Auflage von 1975, dann auf die neue Auflage von 2013. Der Verweis: GL 640/477 bedeutet also: Das Lied „Gott, ruft sein Volk zusammen“ findet sich unter Nr. 640 im GL 1975 und unter Nr. 477 im neuen GL 2013.

Um das Lesen der einzelnen Abschnitte nicht durch Unterbrechungen zu erschweren, wurde bewusst auf Fußnoten verzichtet. Die Anmerkungen mit Belegen der verwendeten Quellen und Sekundärliteratur finden sich am Ende des vorliegenden Bandes.

1 Gott ruft sein Volk zusammen – versammelt am Tisch des Herrn

1.1 Das Zeichen der Versammlung

Ein Sonntagmorgen in einer Vorortgemeinde. Menschen kommen zur Kirche: Junge und Alte, Familien, Ehepaare, Singles. Was all diesen Menschen gemeinsam ist? Sie alle sind getaufte Christen. Sie alle versammeln sich zur Sonntagsmesse. Sie vertrauen auf das Wort Jesu: „Wo zwei oder drei in meinem Namen versammelt sind, da bin ich mitten unter ihnen." (Mt 18,20) Sie alle kommen zusammen, um Gottesdienst zu feiern.

Die Teilnahme an der Versammlung

Wenn heute auch nur noch rund 13% der Katholiken regelmäßig am Sonntagsgottesdienst teilnehmen, so ist es doch ein starkes Zeichen, dass auf dem Gebiet der Bundesrepublik Deutschland sich rund 3 Millionen Getaufte allein in der römisch-katholischen Kirche jeden Sonntag zur Feier der Eucharistie, zum Gottesdienst der Kirche versammeln. Dies sind, um einen Vergleich zu ziehen, immer noch deutlich mehr Menschen, als sich an einem Wochenende in sämtlichen Fußballstadien der Bundesrepublik einfinden. Dennoch kann und darf das Problem nicht verschwiegen werden, dass umgekehrt 87% der Getauften am Sonntag nicht zur Feier der Messe zusammenkommen. Denn das II. Vatikanische Konzil betont immer wieder, dass die (tätige) Teilnahme an der Liturgie der Kirche zugleich Recht, aber eben auch Pflicht der Getauften ist, die hierin ihr gemeinsames Priestertum ausüben (vgl. SC, Art. 14 u. ö.).

Die Versammlung zum Gottesdienst als innere Notwendigkeit

Dabei sollten sich im Falle der (tätigen) Teilnahme an der Liturgie Pflicht und Neigung durchaus entsprechen: Ein erschütterndes Zeugnis hierfür aus der Zeit der frühen Kirche sind die bekannten Akten der Märtyrer von Abitinae in Tunesien, die um 304 n. Chr. in Karthago wegen (wie wir heute sagen würden) unerlaubter Versammlungstätigkeiten bzw. unerlaubter Religionsausübung hingerichtet wurden. Zu ihrer Verteidigung bringen sie vor: „Wir sind Christen, wir können nicht auf das Dominicum verzichten!" Mit dem Dominicum ist hierbei gleichzeitig der Herrentag und das Herrenmahl gemeint. In unsere Sprache gewendet, läse sich die Aussage der tunesischen Märtyrer demnach so: „Wir können nicht ohne die gemeinsame Messfeier am Sonntag leben!“ Der theologische Grund hierfür liegt darin, dass die Versammlung selbst schon ein sprechendes Zeichen ist. Werfen wir dazu einen Blick in die neue Grundordnung des Römischen Messbuchs (abgekürzt: GORM).

📖 **Grundordnung des Römischen Messbuchs**
Die GORM ersetzt seit der 3. Auflage des Missale Romanum (2002) die bisherige Allgemeine Einführung in das Messbuch (AEM). Sobald die lateinische 3. Auflage des römischen Messbuchs auch ins Deutsche übersetzt worden ist, wird die GORM im neuen Messbuch als eine Art Vorwort stehen und als Nachfolgerin der AEM in Kraft sein. Die GORM enthält nicht nur Vorschriften für die Feier der Messe, sie erschließt deren Feier auch theologisch. Deshalb wollen wir sie im Folgenden immer wieder zu Rate ziehen.

Die Liturgiekonstitution „Sacrosanctum Concilium“ (SC) des II. Vatikanischen Konzils spricht in Art. 7 davon, dass Christus in der Feier der Liturgie gegenwärtig ist, und zwar auf vielfältige Weise: in der Person des Vorstehers, in seinem verkündeten Wort, in den Sakramenten und immer auch in der versammelten Gemeinde. In diesem Sinne spricht GORM, Nr. 27 vom Zeichen der Versammlung:

📖 **GORM, Nr. 27**
In der Messe, dem Herrenmahl, wird das Volk Gottes zu einer Gemeinschaft unter dem Vorsitz des Priesters, der in der Person Christi handelt, zusammengerufen, um das Gedächtnis des Herrn, das eucharistische Opfer zu feiern. Deshalb gilt für diese Zusammenkunft der heiligen Kirche an einem Ort in hervorragender Weise die Verheißung Christi: „Wo zwei oder drei in meinem Namen versammelt sind, da bin ich mitten unter ihnen.“ (Mt 18,20)

Dies bedeutet aber: Wenn getaufte Christen an einem Sonntagmorgen zur Feier der Eucharistie zusammenkommen, ist dies nichts Beliebiges. Sie antworten bereits auf den Ruf Gottes, der sie als sein Volk versammelt, wie dies ein bekanntes Lied aus dem Gotteslob (GL) zum Ausdruck bringt:

> 🕮 **GL 640/477, 1. Strophe**
> Gott ruft sein Volk zusammen rings auf dem Erdenrund, eint uns in Christi Namen zu einem neuen Bund. Wir sind des Herrn Gemeinde und feiern seinen Tod. In uns lebt, der uns einte; er bricht mit uns das Brot.

1.2 Das Zuhören

Was wir eben beschrieben haben, könnte so ähnlich auch schon vor knapp 2000 Jahren in einer frühchristlichen Gemeinde stattgefunden haben: Christen versammeln sich, um das Wort Gottes zu hören. Warum wir dies tun, erfahren wir in der bekannten biblischen Erzählung von den beiden Emmausjüngern:

> 🕮 **Lk 24,13–35**
> Am gleichen Tag waren zwei von den Jüngern auf dem Weg in ein Dorf namens Emmaus, das sechzig Stadien von Jerusalem entfernt ist. Sie sprachen miteinander über all das, was sich ereignet hatte. Während sie redeten und ihre Gedanken austauschten, kam Jesus hinzu und ging mit ihnen. Doch sie waren wie mit Blindheit geschlagen, sodass sie ihn nicht erkannten. Er fragte sie: Was sind das für Dinge, über die ihr auf eurem Weg miteinander redet? Da blieben sie traurig stehen, und der eine von ihnen – er hieß Kleopas – antwortete ihm: Bist du so fremd in Jerusalem, dass du als einziger nicht weißt, was in diesen Tagen dort geschehen ist? Er fragte sie: Was denn? Sie antworteten ihm: Das mit Jesus aus Nazaret. Er war ein Prophet, mächtig in Wort und Tat vor Gott und dem ganzen Volk. Doch unsere Hohenpriester und Führer haben ihn zum Tod verurteilen und ans Kreuz schlagen lassen. Wir aber hatten gehofft, dass er der sei, der Israel erlösen werde. Und dazu ist heute schon der dritte Tag, seitdem das alles geschehen ist. Aber nicht nur das:
> Auch einige Frauen aus unserem Kreis haben uns in große Aufregung versetzt. Sie waren in der Frühe beim Grab, fanden aber seinen Leichnam nicht. Als sie zurückkamen, erzählten sie, es seien ihnen Engel erschienen und hätten gesagt, er lebe. Einige von uns gingen dann zum Grab und fanden alles so, wie die Frauen gesagt hatten; ihn selbst aber sahen sie nicht. Da sagte er zu ihnen: Begreift

ihr denn nicht? Wie schwer fällt es euch, alles zu glauben, was die Propheten gesagt haben. Musste nicht der Messias all das erleiden, um so in seine Herrlichkeit zu gelangen? Und er legte ihnen dar, ausgehend von Mose und allen Propheten, was in der gesamten Schrift über ihn geschrieben steht. So erreichten sie das Dorf, zu dem sie unterwegs waren. Jesus tat, als wolle er weitergehen, aber sie drängten ihn und sagten: Bleib doch bei uns; denn es wird bald Abend, der Tag hat sich schon geneigt. Da ging er mit hinein, um bei ihnen zu bleiben. Und als er mit ihnen bei Tisch war, nahm er das Brot, sprach den Lobpreis, brach das Brot und gab es ihnen. Da gingen ihnen die Augen auf und sie erkannten ihn; dann sahen sie ihn nicht mehr. Und sie sagten zueinander: Brannte uns nicht das Herz in der Brust, als er unterwegs mit uns redete und uns den Sinn der Schrift erschloss? Noch in derselben Stunde brachen sie auf und kehrten nach Jerusalem zurück und sie fanden die Elf und die anderen Jünger versammelt. Diese sagten: Der Herr ist wirklich auferstanden und ist dem Simon erschienen. Da erzählten auch sie, was sie unterwegs erlebt und wie sie ihn erkannt hatten, als er das Brot brach.

Gottes Heilsgeschichte mit den Menschen verstehen lernen

Die beiden Jünger, die unterwegs nach Emmaus sind, verstehen nicht, dass Jesus, den sie doch für einen großen Propheten gehalten haben, nun so schmählich am Kreuz gestorben ist. Es erscheint ihnen, als sei alles aus, sie sind traurig und deprimiert. Da gesellt sich ein Unbekannter zu ihnen. Und dieser Unbekannte, von dem wir erst später erfahren, dass es Jesus, der erhöhte Herr, selbst ist, erschließt ihnen „ausgehend von Mose und allen Propheten, was in der Schrift über ihn geschrieben steht“ (Lk 24,27). Erst danach verstehen die beiden Emmausjünger: „Brannte uns nicht das Herz in der Brust, als er unterwegs mit uns redete und uns den Sinn der Schrift erschloss?“ (Lk 24,32)

Erst im Licht der Schrift wird begreifbar, wer Gott ist und wie er in Jesus Christus an den Menschen handelt. Erst im Hören auf die Verkündigung der Schrift wird die Heilsgeschichte Gottes mit den Menschen verstehbar. Auch heute noch werden in der sonntäglichen Eucharistie Abschnitte aus „Mose und (…) Propheten“ (= Altes Testament) und die Worte der Apostel (= die Schriften des Neuen Testaments) verkündet und spricht Christus selbst (= Evangelium) zur versammelten Gemeinde.

Wenn wir uns also als getaufte Christen am Sonntag zur Eucharistie versammeln, dann hören wir auch heute noch zunächst auf das Wort Gottes, wie es uns in der Hl. Schrift überliefert ist. In GORM Nr. 28 heißt es dazu:

> 🕮 **GORM, Nr. 28**
> Wenn in der Kirche die Heiligen Schriften gelesen werden, spricht Gott selbst zu seinem Volk und verkündet Christus, gegenwärtig in seinem Wort, das Evangelium.

Im Hören auf das Wort der Schrift geschieht also zweierlei: Gott spricht zu uns, seinem Volk. Und wir glauben, dass Jesus Christus in seinem Wort mitten unter uns gegenwärtig ist.

1.3 Das gemeinsame Beten und Singen

Lobpreis und Anbetung Gottes

In der Feier der sonntäglichen Eucharistie sind die Anwesenden jedoch nicht nur stumme Zuhörer. Wie aber antwortet man auf die Verkündigung des Wortes Gottes? Das geschieht zunächst im Singen und Beten. Lobpreis und Anbetung Gottes sind ganz ursprüngliche Formen der Antwort des Menschen auf den Zuspruch und das Heilshandeln Gottes, wie es uns in der Hl. Schrift verkündet wird. Man kann die Feier der Liturgie als einen Dialog zwischen Gott und Mensch beschreiben. Dann ist ein wichtiger Teil in diesem Dialog, Gott auf sein Wort gemeinsam singend und ihn preisend zu antworten. Das entspricht der Anweisung des Apostels: „Wir sind zum Lob seiner Herrlichkeit bestimmt, die wir schon früher auf Christus gehofft haben." (Eph 1,12) Wir antworten gemeinsam auf das Wort Gottes, das in unseren Herzen wohnt, mit Psalmen, Hymnen und Liedern (Kol 3,16).

Das liturgische Beten

Auch das Gebet ist Antwort: Besonders das fürbittende Gebet für den anderen verweist den Christen weg von sich selbst, es ist wirklich selbstloser Dienst am anderen, heilige Pflicht der Getauften, die hierin ihr gemeinsames Priestertum vor Gottes Angesicht ausüben. Deshalb wünscht die Kirche, mit den Worten der Liturgiekonstitution *Sacrosanctum Concilium* (SC) des II. Vatikanischen Konzils, „alle Gläubigen möchten zu der vollen, bewussten und tätigen Teilnahme an den liturgischen Feiern geführt werden, wie sie das Wesen der Liturgie selbst verlangt und zu der das christliche Volk, ‚das auserwählte Geschlecht, das königliche Priestertum, der heilige Stamm, das Eigentumsvolk' (1 Petr 2,9) kraft der Taufe berechtigt und verpflichtet ist" (SC, Art. 14).

Christen vertrauen auf einen Gott, der bereits in der Geschichte zum Heil der Menschen gehandelt hat. So feiern sie das Gedächtnis dieses Heilshandelns Gottes, weil hierin das Vertrauen auf Gottes Barmherzigkeit und seine Treue begründet liegt: Sie vertrauen, dass der treue Gott zu seinen Verheißungen steht, dass er diese erfüllen wird, dass er auch an ihnen in der Zukunft heilschaffend handeln wird. So erflehen sie das Wirken des Gottesgeistes: zuallererst für die Gemeinschaft aller, die an Christus glauben, dann in allen Anliegen der Welt.

1.4 Das Zeichen des Mahles

In der sonntäglichen Eucharistie versammelt sich die Kirche um den Altar und hält gemeinsam das eucharistische Mahl. Hierzu heißt es in SC, Art. 7:

> **SC, Art. 7**
> Gegenwärtig ist er (Jesus Christus) im Opfer der Messe sowohl in der Person dessen, der den priesterlichen Dienst vollzieht – denn ‚derselbe bringt das Opfer jetzt dar durch den Dienst der Priester, der sich einst am Kreuz selbst dargebracht hat' –, wie vor allem unter den eucharistischen Gestalten.

Auch das Mahlhalten ist ein Zeichen, das seinen Ursprung in der Hl. Schrift hat: Jesus hat Zeit seines Lebens oft Mahl gehalten. Er hält Mahl mit seinen Jüngern, aber auch mit Sündern und Ausgestoßenen. In diesen Freudenmählern wird für die Menschen, die Jesus nachfolgen, schon der Anbruch der Gottesherrschaft erfahrbar. Der Auferstandene erscheint seinen Jüngern, aber erst im Mahlhalten, im Brechen des Brotes erkennen sie ihn (Lk 24,28–32). Schließlich kommt uns das letzte Abendmahl in den Sinn, dessen wir in jeder Eucharistie feiernd gedenken: Jesus feiert mit seinen Jüngern im Angesicht des nahen Todes ein Abschiedsmahl.

Der Rückbezug zum Abschiedsmahl Jesu

Wahrscheinlich handelte es sich um ein Pascha-Mahl, also ein besonderes rituelles Festmahl, in dem das jüdische Volk das Gedächtnis der Befreiung Israels aus der Knechtschaft Pharaos feiernd begeht. In der Feier des Pascha-Mahles (in der Feier des Gedächtnisses an den Auszug aus Ägypten) wird das vergangene Heilshandeln Gottes in der Geschichte im Hier und Jetzt gegenwärtig. Es bleibt nicht ein einmaliges Ereignis, das irgendwann einmal stattgefunden hat. Das befreiende Handeln Gottes an seinem Volk geschieht in der Gegenwart, es ist wirkmächtig bis in unsere Zeit.

Wir feiern das Gedächtnis dieses Abschiedsmahles Jesu. Dabei spielen wir das Abschiedsmahl nicht nach. Die Feier der Eucharistie ist auch kein Theaterstück oder Passionsspiel wie in Oberammergau. So wie das Pascha-Mahl den Exodus nicht nachahmt, sondern deutet und gegenwärtig macht, so deutet im eucharistischen Mahl Christus seinen Tod und seine Auferstehung und schenkt den Mitfeiernden Anteil daran. Das drückt etwa der bekannte eucharistische Hymnus „Pange lingua" in seiner 3. und 4. Strophe aus:

Hymnus Pange lingua, 3. und 4. Strophe
In der Nacht beim letzten Mahle, saß er in der Jünger Schar.
Als nach Vorschrift des Gesetzes nun das Lamm genossen war,
gab mit eigner Hand den Seinen er sich selbst zur Speise dar.

Und das Wort, das Fleisch geworden, schafft durch Wort aus Brot [und Wein
Fleisch und Blut zur Opferspeise, sieht es auch der Sinn nicht ein.
Es genügt dem reinen Herzen, was ihm sagt der Glaub allein.

Wie wir in der Erzählung der Emmaus-Jünger gesehen haben: Die Belehrung durch das Zeugnis der Schrift allein reicht offenbar nicht aus. Sie mündet vielmehr in das gemeinsame Mahlhalten mit dem Auferstandenen. Erst im Moment des Brotbrechens, wenn das Brot genommen wird, ein Lobpreis darüber gesprochen und das Brot geteilt wird, erkennen die Emmaus-Jünger den erhöhten Herrn. Die Verkündigung des Wortes

Gottes und die Feier des Mahles, in dem der Herr selber Gastgeber und Gabe ist, sind also aufs Engste miteinander verknüpft.

1.5 Fazit: Das gemeinsame Tun – Danksagen

Die Liturgie – ein Dialog zwischen Gott und Mensch

Christen treten in der Feier der Eucharistie ein in den Dialog mit Gott, sie hören die Proklamation der Heilstaten Gottes in der Hl. Schrift, sie wenden sich an den Gott und Vater Jesu Christi in Lobpreis, Dank und Bitte. Die absteigende Linie – Gott handelt an uns – nennt man auch die *katabatische* Linie, die aufsteigende Linie – wir antworten auf die Anrede Gottes – nennt man die *anabatische* Linie. Wichtig ist dabei, dass all unserem Tun das Handeln Gottes an uns immer vorausgeht. So ist die Feier des Wortes Gottes vor allem durch die heilende und befreiende Zuwendung Gottes in der Verkündigung der Hl. Schrift geprägt. Dieses Wort Gottes, das in die versammelte Gemeinschaft der Getauften hinein gesagt wird, fordert uns zur Antwort heraus, die vor allem darin besteht, in den Gaben von Brot und Wein unser Leben und die ganze Schöpfung dankbar und vertrauensvoll vor Gott zu tragen.

Die Liturgie ist Feier des Pascha-Mysteriums

Damit lassen wir uns mit hineinnehmen in die Lebenshingabe Jesu, der sich am Kreuz für das Heil der Welt in die liebenden Hände seines Vaters gegeben hat. Das II. Vatikanische Konzil nennt dieses Heilshandeln Gottes, das wir in der Liturgie feiern, in SC, Art. 5 das *Pascha-Mysterium* Christi:

> 🕮 **SC, Art. 5**
> Dieses Werk der Erlösung der Menschen und der vollendeten Verherrlichung Gottes, dessen Vorspiel die göttlichen Machterweise am Volk des Alten Bundes waren, hat Christus, der Herr, erfüllt, besonders durch das Pascha-Mysterium: sein seliges Leiden, seine Auferstehung von den Toten und seine glorreiche Himmelfahrt.

Wir feiern das Gedächtnis des Pascha-Mysteriums. Wir sagen Gott Dank für sein Heilshandeln in Jesus Christus: Danksagung heißt griechisch „Eucharistie". So steht im Mittelpunkt dieser Feier der Eucharistie das große Gebet der Danksagung: das *Eucharistische Hochgebet*. Dieses Gebet spricht der Vorsteher im Namen der versammelten Gemeinde. Deshalb nennen wir auch die gesamte Feier, die geprägt ist durch unser gemeinsames Danksagen: die Feier der Eucharistie. Deshalb bekennen wir auch in jeder Feier der Eucharistie auf den Zuruf „Geheimnis des Glaubens" des Priesters/Diakons: „Deinen Tod, o Herr, verkünden wir, und deine Auferstehung preisen wir, bis du kommst in Herrlichkeit."

2 Eucharistische Versammlung – damals und heute

2.1 Vorbemerkungen: Neuere Erkenntnisse der liturgiewissenschaftlichen Forschung

Gerade auf dem Gebiet der liturgiegeschichtlichen Forschung zum Themenfeld der Eucharistie hat sich in den vergangenen 50 Jahren viel getan. Viele vermeintliche Gewissheiten sind aufgrund neuer, textkritischer Quellen-Editionen zu hinterfragen. Gerade die vergleichende Liturgiewissenschaft sowie das intensive Gespräch zwischen jüdischer und christlicher Liturgiewissenschaft und der Altertumskunde haben hier zu neuen, teilweise originellen Einsichten geführt. Dies betrifft vor allem die Datierung von Quellen, wobei die neuere Forschung, so kann man generalisierend zusammenfassen, eher zu einer Spätdatierung neigt, was etwa die Quellen zur jüdischen Mahlpraxis oder auch was die Kodifizierung der rituellen Gestalt der frühchristlichen Eucharistiefeier angeht.[1] Der Stand der neueren Forschung zeichnet sich dementsprechend disparat und unübersichtlich.

Können wir also, um Maxwell Johnson und Paul Bradshaw zu zitieren, aufgrund des aktuellen Forschungsstandes nur noch festhalten, was Eucharistie alles *nicht* ist und was wir über die historische Entwicklung der Feiergestalt alles *nicht* wissen?[2] Dies wäre sicher zu kurz gegriffen, und es wäre im Übrigen auch kontraproduktiv zu dem Anliegen des hier vorgelegten Bandes.

Doch schon die sich verändernde Feiergestalt historisch möglichst präzise zu rekonstruieren, fällt aufgrund der teilweise sehr unübersichtlichen Quellenlage der Frühzeit äußerst schwer. Dies gilt besonders für die Anfänge, also etwa für die historische Rückfrage nach der jüdischen Mahlpraxis zur Zeit Jesu.

Neuere Forschung hat zurecht darauf hingewiesen, dass wir über die konkrete Mahlpraxis im Judentum zur Zeit Jesu wenig bis gar nichts aus gesicherten Quellen wissen. Die ältesten Quellen über rituelle Vorschriften und Gebete zum jüdischen Festmahl (Sabbatmahl) stammen aus der Mischna, der dann schriftlich fixierten sogenannten „mündlichen Thora" der Rabbinen, die in ihrer redaktionellen Endfassung erst gegen Ende des zweiten Jahrhunderts nach Christus entstanden ist.

Die in der Mischna, im Traktat Berakoth 6,1–3, wiedergegebenen Segenssprüche, die vorschreiben, dass nichts an Speisen verzehrt werden darf, ohne Gott hierfür zunächst als deren Schöpfer zu preisen, sind als außerbiblische Quellen damit wesentlich später zu datieren als die neutestamentlichen Abendmahlsberichte.

Bradshaw/Johnson haben den neueren Forschungsstand zuletzt noch einmal überzeugend dargelegt. Nach diesem erscheint es eher unwahrscheinlich, dass, trotz der Versuche der Rabbinen, das Judentum nach der Zerstörung des Jerusalemer Tempels im Jahr 70 n. Chr. zu kodifizieren, die in der Mischna zusammengefassten Segensgebete schon im ersten Jahrhundert im Gebrauch waren und wenn, dann wohl nur in rabbinischen Kreisen.[3]

Auf der anderen Seite ist aber – ebenfalls nach aktuellem Forschungsstand – nicht auszuschließen, sondern sogar eher wahrscheinlich, dass fromme Juden zur Zeit Jesu die Praxis kannten, einen Lobpreis und Segensspruch (= eine sogenannte Berakah) über die Speisen, die sie zu verzehren gedachten, zu sprechen. Zeugnisse für diese Praxis zu ebendieser Zeit (nicht aber die Gebete selbst) finden sich etwa in Qumran[4] und bei Flavius Josephus[5].

Noch komplexer wird der Forschungsstand im Hinblick auf die Datierung der sogenannten Birkat ha Mazon, das große (Nach-)Tischgebet, das nach wie vor als eine der Quellen gilt, aus denen sich das christliche Eucharistiegebet speist.[6] Von dieser Birkat ha Mazon gibt es gesicherte Quellen erst seit dem 9. Jahrhundert n. Chr. Entsprechend sind auch die von uns hier vorgelegten Überlegungen Modellbildungen, die eine historische Rückprojektion versuchen. Dies erscheint uns legitim, weil es bislang auch keinen gesicherten Nachweis gibt, der eine solche Gebetspraxis für die Zeit Jesu ausschließt. Im Gegenteil finden sich auch zur Birkat ha Mazon frühe Parallelen, etwa in Form eines ebenfalls dreigliedrigen Tischgebets in der Mischna (Berakot 6.8), das freilich keine Auskunft gibt, zu welchem konkreten Anlass es Verwendung fand.

Bradshaw/Johnson weisen denn auch logischerweise darauf hin, dass die Inhalte des Gebets und der Ablauf der Motive (Lob – Dank – Bitte) wohl schon im ersten Jahrhundert weit verbreitet gewesen sein mögen, freilich noch ohne die feste, schriftlich kodifizierte Form späterer Zeiten zu besitzen. Dies zeigt auch die Existenz einer eingliedrigen Variante des Tischgebets, welches inhaltlich dieselben Themen aufgreift und im selben Traktat der Mischna überliefert wird wie das dreigliedrige, der Birkat ha Mazon ähnliche. Dies alles beweist, dass von einem gewissen Variantenreichtum der Gebete zur Zeit Jesu auszugehen ist.[7]

Analoges gilt für die rituelle Gestalt der Paschafeier, bei der wohl außer denjenigen Vorschriften, die sich unmittelbar auf Ex 12 zurückführen lassen, wenig als historisch gesichert angesehen werden kann. Damit konzentriert sich die rituelle Kernhandlung auf den Verzehr des Paschalammes in der Hausgemeinschaft zusammen mit Mazzen und Bitterkräutern und das Trinken von Wein. Weitere rituelle Ausschmückungen (hierzu wäre auch die Erzählung des Auszugs aus Ägypten, die sogenannte Pessach-Haggadah zu zählen) setzen nach jüngerer Forschungsmeinung die Zerstörung des Jerusalemer Tempels voraus, sind also später zu datieren.[8]

Analog ist durch jüngere historische Forschung auch Bewegung in der Frage entstanden, wie das Verhältnis von Herrenmahl (= Eucharistie) und heidenchristlichen Symposien (= Agape-Feier) zu beschreiben und zu datieren ist. Neigte die ältere Forschung noch dazu, hier eine sehr frühe Trennung der beiden rituellen Vollzüge schon für das 2. Jahrhundert anzusetzen, so tendiert die jüngere Forschung eher zu einer späten Datierung bis in das 4. Jahrhundert hinein mit durchaus fließenden Übergängen. Doch auch hier zeichnet sich kein klarer Forschungskonsens ab: Eine formale und direkte Ableitung der frühchristlichen Herrenmahlfeier allein aus heidnischen Kultmählern (Symposion, Mysterienkulte) kann schon deshalb nicht gelingen, weil das frühchristliche Herrenmahl religionsgeschichtlich betrachtet ein singulärer ritueller Vollzug ist (s. u.). Natürlich lassen sich Ähnlichkeiten und Analogien feststellen, die gerade dort, wo sich das Herrenmahl von den rituellen Praktiken des jeweiligen kulturellen und religiösen Umfelds unterscheidet, höchst bedeutsam sind. Freilich bedeutet das Aufweisen solcher Ähnlichkeiten (im rituellen Ablauf etwa) nicht, dass das frühchristliche Herrenmahl von jüdischen oder von heidnischen Praktiken einfachhin ableitbar wäre.[9]

Bleibt also, um zur Eingangsfrage zurückzukehren, nur die Erkenntnis dessen übrig, was wir über die Frühgeschichte der historischen Entwicklung der Feiergestalt der Eucharistie alles *nicht* wissen?

Festzuhalten ist sicherlich, dass die Entwicklung in apostolischer Zeit und der Zeit der frühen Kirche wesentlich vielgestaltiger war, als dies lange Zeit vermutet wurde. Entgegen landläufigen Stereotypen, die Liturgiegeschichte mit einem schlichten Baumdiagramm zu erklären suchen – am Anfang die Einheit, die sich in unterschiedlichen Riten und Ritusfamilien verzweigt – hat uns die historische Forschung (nicht zuletzt von Paul Bradshaw) gezeigt[10], dass der historische Befund wesentlich komplexer ist: Am Anfang, schon zu apostolischer Zeit, gab es wohl eher die Vielfalt, dann immer wieder Uniformisierungstendenzen, dann wieder Wachstum, Vielfalt, aber auch Auswüchse und Missbräuche, dann wieder Reform, die immer wieder an Schrift und Tradition Maß nimmt, eine

Reduktion auf das Wesentliche. Doch was ist dieses „Wesentliche" im Hinblick auf die Eucharistie?

Erinnert sei hier an das auf Hans Bernhard Meyer zurückgehende Begriffspaar „Sinngestalt" und „Feiergestalt"[11]: Mit dem Begriff „Sinngestalt" beschreibt Meyer die theologische Grundgestalt der Liturgie, wir können auch vom Sinngehalt sprechen. Mit dem Begriff „Feiergestalt" benennt Meyer den materialen Ausdruck der formalen Sinngestalt: Wie zeigt sich also in den unterschiedlichen Texten, Handlungen, Gebärden, Symbolen und Riten der Liturgie deren Sinngehalt? Im Hinblick auf die historische Entwicklung der Eucharistie werden wir unterschiedliche Feiergestalten kennenlernen. Es wird zu fragen sein: Welcher Sinngehalt kommt in diesen sich im Wandel der Zeiten verändernden Feiergestalten zum Ausdruck? Ist der Sinngehalt aus der jeweiligen Feiergestalt zu erheben, also bei der Mitfeier nachzuvollziehen? Bleibt der Sinngehalt gleich oder verändert sich dieser mit der sich verändernden Feiergestalt?

Zur Beantwortung dieser Fragen ist im Folgenden ein Blick in die Entwicklung der Liturgiegeschichte unabdingbar. Natürlich arbeitet auch Liturgiewissenschaft wie jede Wissenschaft mit Modellen, um Inhalte entsprechend zu veranschaulichen. Dies ist solange legitim, wie wir uns vor Augen halten, dass es sich hierbei eben um (in unserem Fall: historische) Modelle handelt.

Diese liturgiegeschichtliche Perspektive beantwortet jedoch noch nicht die Frage nach der Normativität von geschichtlichen Entwicklungen: Warum haben sich gewisse Traditionen durchgesetzt und andere nicht? Warum wurden diese und jene theologischen Akzentsetzungen vorgenommen und favorisiert, während andere, unter Umständen ebenso legitime theologische Aspekte, in den Hintergrund traten?

Liturgiegeschichte kann hier zunächst nur instruktiv sein. Ein vorschneller Rückschluss: Weil dieses oder jenes phänomenologisch betrachtet so oder so geschichtlich vorkam und sich auf eine spezifische Weise entwickelt hat, muss es heute so und nicht anders werden, verbietet sich als logischer Kurzschluss von selbst. Denn noch einmal: Die liturgische Tradition war reicher und vielgestaltiger, als uns dies heute im Regelfall bewusst ist.

Aber gerade das theologische Instrumentarium der Unterscheidung von Sinngehalt und Feiergestalt der Liturgie erlaubt es dem Theologen, historische Quellen nicht nur zu sichten und in den Zeitkontext einzuordnen, sondern diese auch theologisch zu bewerten. Wenn sich also die konkrete Feiergestalt über die Jahrhunderte hinweg verändert, so wird immer wieder der Blick auf den bleibenden biblischen Maßstab, auf die grundlegenden rituellen Elemente und auf den liturgietheologischen Kern zu richten sein: die Feier des Pascha-Mysteriums.

2.2 Der biblische Maßstab

Wenn wir im Folgenden kurz die liturgiegeschichtliche Entwicklung der Feier der Eucharistie betrachten wollen, erscheint es wichtig, zunächst einen Blick auf den biblischen Ursprung zu werfen. Es geht um einen Rückgriff auf das Zeugnis der Schrift, auf die Gründungsurkunde des Glaubens, die der bleibende Maßstab für die Feier der Liturgie ist.

2.2.1 Das letzte Abendmahl – ein jüdisches Festmahl

Bevor wir jedoch ausführlicher auf die neutestamentlichen Abendmahlsüberlieferungen eingehen, ist ein Blick auf das letzte Abendmahl zu werfen, jenes Abschiedsmahl, welches Jesus gemäß der biblischen Überlieferung am Abend vor seinem Leiden mit seinen Jüngern gefeiert hat. Gerade vor dem Hintergrund der eingangs gemachten Bemerkungen zur Schwierigkeit der historischen Rekonstruktion der jüdischen Mahlpraxis zur Zeit Jesu ist nun noch einmal kritisch zu fragen: Wie wurde demnach ein solches jüdisches Festmahl zur Zeit Jesu gefeiert? Handelte es sich um ein Paschamahl, wie dies die synoptischen Abendmahlsberichte überliefern? Oder um ein (einfaches) jüdisches Festmahl, also wohl ein Sabbatmahl?

Versuch der Rekonstruktion des jüdischen Festmahls

Wie schon im vorausgegangenen Punkt beschrieben, ist aufgrund der Quellenlage nicht klar zu erschließen, ob es sich beim Abschiedsmahl Jesu historisch gesehen um ein Paschamahl gehandelt hat. Selbst wenn man jedoch davon ausgeht, dass der Paschakontext eine Interpretation der unterschiedlichen Bearbeitungen der Abendmahlsberichte ist, so ist jedenfalls daran festzuhalten, dass das Abschiedsmahl Jesu zumindest ein jüdisches Festmahl war und dass es charakteristisch für solche Mähler ist, Wein als Ausdruck der Lebensfreude zu genießen. Ein solches jüdisches Festmahl weist aber hinsichtlich wesentlicher Elemente dieselbe Grundstruktur wie ein Paschamahl auf; es ist folgendermaßen gegliedert:

Tischsegen (Kiddusch)	⇒	MAHL	⇒	Tischgebet (Birkat ha Mazon)

Der Hauptteil des Festmahles besteht aus drei Elementen. Es beginnt mit einem Tischsegen (*Kiddusch* genannt) über Brot und Wein. Die Segenssprüche über den Becher mit Wein und über das Brot wurden jeweils mit einem kurzen Lobpreis, einer sogenannten *Berakah* [sprich: Böraka], abgeschlossen. Dem Tischsegen schließt sich das eigentliche Mahl an. Nach dem Mahl folgt die sogenannte *Birkat ha Mazon*, das Nach-Tischgebet. Sie wird ähnlich wie der Tischsegen mit einem mit Wein gefüllten Becher in der Hand gesprochen.

Die Berakah – der Lobpreis

Die *Berakah* ist ein kurzer Lobpreis: Die Bezeichnung „*Berakah*" bedeutet so viel wie „preisen" oder „loben". Die Kurzform einer *Berakah* besteht aus zwei Teilen:
- einem gleichbleibenden Teil, der, nach dem ersten Wort „baruch" (dt.: „Gepriesen sei …") Baruch-Formel genannt wird: „Gepriesen bist du, Herr, unser Gott, König des Alls";
- einem kurzen veränderlichen Teil mit dem jeweiligen Motiv für das Lob.

Gemäß diesem Schema lautet die Berakah über den Weinbecher bei der jüdischen Mahlfeier: „Gepriesen seist du, Herr, unser Gott, König der Welt, der die Frucht des Weinstocks schafft." Die Berakah kann wieder mit einer kurzen Lobpreisformel abgeschlossen werden, etwa: „Gepriesen bist Du in Ewigkeit, Herr, unser Gott." Diese Lobformel ist eine Kurz-Berakah und wird auch Siegel (hebr. *Chatimah*) genannt.

Nach diesem recht einfachen Bauplan der jüdischen Berakah könnte ein Tischsegen über das Brot lauten: „Gepriesen bist Du, Herr unser Gott, König der Welt, der du uns das Brot, die Frucht der Erde, schenkst. Gepriesen bist du in Ewigkeit, Herr unser Gott." In diesem Gebet wird Gott beim Festmahl für die Gaben der Schöpfung gelobt. Es ist von daher präsentisch, also auf die Gegenwart ausgerichtet.

Das Tischgebet – die Birkat ha Mazon

Die Birkat ha Mazon kann in gewissem Sinn als ein Vorläufer unserer heutigen Eucharistischen Hochgebete angesehen werden, jener Gebete also, die den Kern der christlichen Eucharistiefeier bilden. Deshalb lohnt es sich, zunächst deren Struktur genauer zu betrachten. Nach dem eigentlichen Sättigungsmahl folgt das Nach-Tischgebet, das lautet:

> **Birkat ha Mazon**
> 1. Gepriesen seist du, JHWH, unser Gott, König der Welt,
> der die Welt ernährt in Güte, Wohlwollen und Erbarmen.
> Gepriesen seist du, JHWH, der die Welt nährt.
> 2. Wir sagen dir Dank, JHWH, unser Gott,
> daß du uns ein liebenswertes Land zum Erbe gegeben hast (damit wir uns von seinen Früchten nähren und von seinem Ertrag sättigen).
> Gepriesen seist du, JHWH, unser Gott, für das Land und für die Speise.
> 3. Erbarme dich, JHWH, unser Gott,
> über dein Volk Israel, deine Stadt Jerusalem, über Zion, die Wohnung deiner Herrlichkeit, über deinen Altar und deinen Tempel.
> Gepriesen seist du, JHWH, der Jerusalem baut.[12]

Das Nach-Tischgebet, die Birkat ha Mazon, ist demnach dreiteilig. Sie besteht aus:

1. einem *Lobgebet*: Lob für die Schöpfung. In diesem Gebet wird Gott für die Gaben der Schöpfung beim vorausgegangenen Mahl gelobt. Es ist von daher präsentisch, also auf die Gegenwart ausgerichtet. Das Gebet wird mit einer kurzen Berakah abgeschlossen;
2. einem *Dankgebet*: Dank für die Erlösung. In diesem Gebet wird Gott für die Auserwählung und für das Land gedankt. Es ist von daher anamnetisch, also auf die Vergangenheit ausgerichtet, und bietet außerdem die Möglichkeit eines Einschubs, eines sogenannten Embolismus, z. B. für ein aktuelles Tagesgedenken oder allgemein den Dank für die Wundertaten Gottes in der Heilsgeschichte. Das Gebet wird ebenfalls mit einer kurzen Berakah abgeschlossen;
3. einem *Bittgebet*: Bitte um die Vollendung. In diesem Gebet wird Gott gebeten, Barmherzigkeit an Jerusalem zu erweisen. Es ist futurisch, also auf die Zukunft hin ausgerichtet. Auch hier gibt es die Möglichkeit

eines Einschubs, eines Embolismus. Dieses Gebet wird ebenfalls mit einer kurzen Berakah abgeschlossen.

Kurz zusammengefasst hat das Nach-Tischgebet die nachfolgende Struktur, wobei beim Sprechen des Gebetes ein Becher mit Wein geleert wird:

	1. Lob für die Schöpfung (Gegenwart)	+ Berakah	
↓	2. Dank für die Erlösung / Erwählung (Vergangenheit)	+ Berakah	(+ aktueller Embolismus)
	3. Bitte um Vollendung (Zukunft)	+ Berakah	(+ aktueller Embolismus)

Wir können an dieser Stelle also für unsere weiteren Überlegungen festhalten:

- Das Lobgebet, das die Grundlage bildet für die verschiedenen Tischgebete im jüdischen Pascha- oder Festmahl, ist die sogenannte Berakah, ein kurzer Lobpreis.
- Das jüdische Mahl besteht aus drei großen Teilen:
  - einem Tischsegen mit einer Berakah über Brot und Wein,
  - dem eigentlichen Sättigungsmahl und
  - dem Nach-Tischgebet.
- Das Nach-Tischgebet, die sogenannte Birkat ha Mazon, besteht aus drei einzelnen Gebeten: einem Lob-, einem Dank- und einem Bittgebet.

Versuch der Rekonstruktion des Handelns Jesu im Abendmahlssaal

Wenn wir nun zu verstehen suchen, was Jesus beim Abschiedsmahl mit seinen Jüngern getan hat, so hilft uns diese (modellhaft und vereinfacht) dargestellte Grundstruktur des jüdischen Festmahles.

Es ist anzunehmen, dass Jesus, nachdem er sich mit seinen Jüngern zum Mahl versammelt hatte, zuerst den Tischsegen (Kiddusch) sprach. Hierbei nahm er zuerst den Becher mit Wein, dann auch das Brot und sprach jeweils die an dieser Stelle vorgesehene Berakah.

Anschließend brach er das Brot und reichte es seinen Jüngern. Dies dürfte die Stelle sein, an der er dann auch die Deuteworte über das Brot eingefügt hat (in etwa: „Nehmet, dies ist mein Leib.“). Darauf folgte das eigentliche Festmahl (falls es ein Paschamahl war: das Essen des Lammes und der Bitterkräuter).

Nach dem Mahl sprach Jesus wahrscheinlich das große Nach-Tischgebet, die Birkat ha Mazon. Hierbei nahm er, wie oben erwähnt, einen Becher mit Wein. Dieser im Gesamtablauf mit Vortisch (eine Art „Aperitif“), Tischsegen (Kiddusch) und Nach-Tischgebet (Birkat ha Mazon) dritte Becher, wurde auch *Segensbecher* oder *Becher der Preisung* genannt.

In das Nach-Tischgebet (die Birkat ha Mazon) dürfte Jesus in den 2. Teil, das Dankgebet, einen Einschub eingefügt haben, eben in jenen zweiten Teil, der dafür vorgesehen war, aktuell und situationsbezogen das Gedächtnis der Heilstaten Gottes aufzunehmen. Und dies war naheliegend in einem Moment des Abschieds von seinen Jüngern. Hier dürften also die Deuteworte über den Wein ihren Platz gehabt haben (in etwa: „Das ist mein Blut, [das Blut] des Bundes, [das] für viele vergossen [wird]“). Der schon in der jüdischen Birkat ha Mazon für den Lobpreis der Großtaten Gottes mögliche Einschub (Embolismus) wird also durch die Deuteworte Jesu inhaltlich neu gefüllt.

Der Würzburger Neutestamentler Bernhard Heininger hat nun versucht, aus den unterschiedlichen neutestamentlichen Abendmahlstraditionen eine Art Ur-Abendmahlsbericht zu rekonstruieren, der für unsere weiteren Überlegungen ein hilfreicher Ausgangspunkt sein mag:

Rekonstruktionsversuch eines möglichen Ur-Abendmahlsberichts nach B. Heininger

(Und in der Nacht, in der er überliefert wurde), nahm er Brot, sprach den Lobspruch, brach es und sprach: „Dies (ist) mein Leib, für viele.“ In gleicher Weise nahm er nach dem Mahl den Becher, und sie tranken alle daraus. Und er sprach. [„Dieser Becher ist der neue Bund in meinem Blut.] Ich werde nicht mehr von dem Gewächs des Weinstocks trinken, wann ich es neu trinke in der Herrschaft Gottes.“[13]

2.2.2 Überlieferung, die wir empfangen haben: 1 Kor 11

Dass wir im Neuen Testament nicht nur einen, sondern gleich vier Abendmahlsberichte vorfinden, die sich zudem noch (in nicht unwichtigen Details) signifikant unterscheiden, mag zunächst verwirrend erscheinen. Hierbei weisen die Abendmahlsberichte in 1 Kor 11 und im Lukas-Evangelium (Lk 22,14–20) größere Ähnlichkeiten auf, ebenso wie die Fassungen im Markus- und Matthäus-Evangelium (Mk 14,22–25; Mt 26,26–29) einander ähneln.

Geht man davon aus, dass die biblischen Abendmahlsberichte nicht nur den historischen Ablauf des letzten Abendmahles Jesu, sondern auch die konkrete liturgische Praxis der Gemeinden zur Zeit der Abfassung der Texte widerspiegeln, so lassen diese Texte zum einen Rückschlüsse auf das Abschiedsmahl Jesu zu. Sie liefern uns aber auch wertvolle Hinweise auf den Ablauf der Abendmahlsfeier in der ersten Jüngergeneration nach Jesu Tod.[14] Werfen wir zunächst einen Blick in den 1. Korintherbrief, der im 11. Kapitel den wahrscheinlich ältesten Abendmahlsbericht enthält:

1 Kor 11,17–29

Wenn ich schon Anweisungen gebe: Das kann ich nicht loben, dass ihr nicht mehr zu eurem Nutzen, sondern zu eurem Schaden zusammenkommt. Zunächst höre ich, dass es Spaltungen unter euch gibt, wenn ihr als Gemeinde zusammenkommt; zum Teil glaube ich das auch. Denn es muss Parteiungen geben unter euch, nur so wird sichtbar, wer unter euch treu und zuverlässig ist. Was ihr bei euren Zusammenkünften tut, ist keine Feier des Herrenmahles mehr; denn jeder verzehrt sogleich seine eigenen Speisen, und dann hungert der eine, während der andere schon betrunken ist. Könnt ihr denn nicht zuhause essen und trinken? Oder verachtet ihr die Kirche Gottes? Wollt ihr jene demütigen, die nichts haben? Was soll ich dazu sagen? Soll ich euch etwa loben? In diesem Fall kann ich euch nicht loben. Denn ich habe vom Herrn empfangen, was ich euch dann überliefert habe: Jesus, der Herr, nahm in der Nacht, in der er ausgeliefert wurde, Brot, sprach das Dankgebet, brach das Brot und sagte: Das ist mein Leib für euch. Tut dies zu meinem Gedächtnis! Ebenso nahm er nach dem Mahl den Kelch und sprach: Dieser Kelch ist der Neue Bund in meinem Blut. Tut dies, sooft ihr daraus trinkt, zu meinem Gedächtnis. Denn sooft ihr von diesem Brot esst und aus dem Kelch trinkt, verkündet ihr den Tod des Herrn, bis er kommt. Wer also unwürdig von dem Brot isst und aus dem Kelch des Herrn trinkt, macht sich schuldig am Leib und am Blut des Herrn. Jeder soll sich selbst prüfen; erst dann soll er von dem Brot essen und aus dem Kelch trinken. Denn wer davon isst und trinkt, ohne zu bedenken, dass es der Leib des Herrn ist, der zieht sich das Gericht zu, indem er isst und trinkt.

An dieser Schriftstelle lassen sich zunächst zwei Beobachtungen festhalten:

1. Jesus nimmt in diesem Bericht den Kelch erst „nach dem Mahl". Zieht man hieraus Rückschlüsse auf die liturgische Praxis zur Zeit des Paulus, so bedeutet dies, dass es in den paulinischen Gemeinden durchaus noch üblich war, nach jüdischem Vorbild zwischen dem Tischsegen und dem Nach-Tischgebet ein Sättigungsmahl abzuhalten. Und: Dieses Sättigungsmahl hatte seinen Platz zwischen den Gebeten über das Brot und den Wein. Wir werden auf diesen Punkt gleich noch ausführlicher zurückkommen müssen.
2. Für Paulus sind die Gebete Jesu über Brot und Wein eindeutig vom Motiv des Dankens her geprägt. Nun hatte sich ja bei der näheren Untersuchung der Birkat ha Mazon gezeigt, dass in diesem Nach-Tischgebet drei unterschiedliche Gebetsmotive (nämlich: Lob – Dank – Bitte) gleichberechtigt nebeneinander stehen. Die paulinische Präferenz für das griechische Verb *eucharistein* entspricht der Rolle des hebräischen Verbes *yadah*, das ebenfalls „danken" bedeutet und das Hauptverb des zweiten Teiles der Birkat ha Mazon, des Dankgebetes, ist. Paulus schreibt nicht etwa, dass Jesus ein Lobgebet oder ein Bittgebet sprach: Jesus „sprach das Dankgebet."

Tradition – empfangene Überlieferung

Für unsere folgenden Überlegungen ist wichtig festzuhalten, dass Paulus seinerseits eine Tradition wiedergibt: Paulus berichtet, was auch er vom Herrn „empfangen hat". Paulus, der Völkerapostel, schafft also nicht seine eigene Eucharistiefeier, sondern er weiß sich eingebunden in den Überlieferungsprozess der jungen Gemeinden. Für ihn ist der Maßstab, an dem sich jede christliche Eucharistiefeier zu orientieren hat, jenes Handeln des Herrn in der Nacht, da er verraten wurde, bzw. wie es in unseren heutigen Hochgebeten heißt: „Am Abend vor seinem Leiden". Für Paulus ist klar, dass es dieser Rückbezug auf den Anfang ist, der zum „Kanon“, zur Richtschnur für die weitere Ausgestaltung der eucharistischen Liturgie werden muss.

Das Herrenmahl als Christusgedächtnis

Die Abendmahlsüberlieferung hat damit nach Paulus in der Feier des Herrenmahls eine ganz spezifische Funktion. Die Gottesdienst feiernde Gemeinde vergegenwärtigt sich in ihrer jeweiligen Gegenwart immer wieder neu, worauf denn eigentlich ihr Zusammensein gründet: Die Gemeinde feiert Eucharistie und ruft dabei das letzte Abendmahl Jesu als Stiftung dieser Feier ins Gedächtnis.

Insofern ist das Herrenmahl an erster Stelle Christusgedächtnis. Das Herrenmahl soll in allen seinen Elementen einzig und allein darauf ausgerichtet sein, das Leben, das Leiden, den Tod und die Auferstehung Jesu Christi zu vergegenwärtigen, denn auf diese Ereignisse weist Jesus beim letzten Abendmahl vorausdeutend hin.

Wenn Paulus also davon spricht, er habe den Korinthern das weitergegeben, was er vom Herrn selbst empfangen habe, ist damit nicht nur gemeint, dass sich die Worte der Abendmahlsüberlieferung über eine Kette von Zeugen chronologisch bis zum letzten Abendmahl bzw. bis auf Jesus selber als ihren Urheber zurückführen lassen. Denn Paulus verwendet hier bewusst den Hoheitstitel „*kyrios* – Herr“. Dieser bezeichnet nicht ausschließlich den historischen Jesus des letzten Abendmahles. Vielmehr ist für Paulus dessen Identität mit dem erhöhten Herrn der entscheidende Punkt: Der (irdische) Jesus des Abendmahlssaales ist der erhöhte Herr Christus, der nun zur Rechten des Vaters sitzt!

Christus, der Herr, ist inmitten seiner Gemeinde gegenwärtig, vor allem dann, wenn diese gemeinsam das Mahl hält, das er ihr zu feiern aufgetragen hat. Und genau deshalb, weil diese Identität des irdischen Jesus, der gelitten hat und am Kreuz gestorben ist, mit dem nun erhöhten und dereinst in Herrlichkeit wiederkommenden Herrn besteht, kann das christliche Herrenmahl nur auf die beschriebene Weise gefeiert werden.

Versuch der Rekonstruktion der Herrenmahlfeier in Korinth

Das eucharistische Mahl war dabei wohl so gestaltet, dass die rituellen Teile – Brot- und Becherhandlung bzw. die Worte, die diese Handlungen deuten – den Rahmen eines gemeinsamen abendlichen Sättigungsmahles bildeten.[15] Diese Gestalt entspricht dem Muster einer jeden festlichen jüdischen Mahlzeit, die sich vor allem durch den Genuss von Wein auszeichnete. So besteht die Herrenmahlfeier zur Zeit des Apostels Paulus aus drei Teilen:

1. einem Dankgebet über das Brot mit dem Einschub jener Worte, die Jesus selbst vor seinem Leiden gesprochen hat;
2. dem eigentlichen Mahl, zu dem das Brot ausgeteilt und mit den übrigen zum Festmahl gehörigen Speisen verzehrt wird;
3. dem Trinken aus einem Becher mit Wein, über den zuvor wiederum ein Dankgebet gesprochen wird, ebenfalls verbunden mit jenen Deuteworten, die Jesus im Abendmahlssaal sprach.

Eventuell hat man dieses Grundmuster einer jüdischen Mahlzeit im heidenchristlichen Milieu Korinths in den Rahmen einer großen Abendmahlzeit mit anschließendem Symposion, also einem ungezwungenen Beisammensein mit offenen Gesprächen und Beiträgen einzelner Teilnehmer, eingebaut.[16]

Die heidnische Version solcher Gastmähler kannte ähnliche Formen der Götterverehrung, wie sie Brot- und Becherhandlung im jüdischen Kontext darstellen. Auch bei den heidnischen Symposien im hellenistischen Umfeld fand in der Regel ein gemeinsames Mahl statt und es wurde Wein konsumiert (in Form einer Weinspende, einer sogenannten Libation). Der Ablauf des Herrenmahles in Korinth wäre dann so zu denken:

	Jüdisches Festmahl	Herrenmahl in Korinth	Heidnisches Symposion
1.	Tischsegen (Kiddusch)	Brothandlung: Dankgebet über das Brot mit Einschub der Deuteworte Jesu	Hauptmahlzeit (lat.: primae mensae) → Brotwort/-handlung
2.	Mahl	Mahl (Brot wird ausgeteilt und verzehrt)	gemeinsames eucharistisches Sättigungsmahl aller im Sinne des Dessertganges einer typischen Abendmahlzeit im heidnischen Kulturraum (lat.: secundae mensae)
3.	Tischgebet (Birkat ha Mazon)	Becherhandlung: Dankgebet über den Becher mit Wein mit Einschub der Deuteworte Jesu	Becherwort/-handlung; anschl. gemeinsames offenes Beisammensein mit Symposioncharakter

Die hier aufgeführte Synopse zeigt zum einen, dass die inhaltlichen Unterschiede im Ablauf nicht so gravierend sind, als dass sich der Ablauf des Herrenmahls in Korinth nicht auch von der Feier eines jüdischen Festmahles (freilich nun im heidenchristlichen Kontext begangen) herleiten ließe. Es ist also nicht zwingend notwendig, allein den Einfluss hellenistischer Essensbräuche als besonders dominant anzusehen und damit zugleich den Einfluss jüdischer Mahlgepflogenheiten abzuschwächen.

Der Rückbezug zur Mahlpraxis Jesu als kritisches Korrektiv

Viel gravierender ist allerdings die inhaltliche Frage, die hiermit verbunden ist: Das Symposion der Antike ist ein Oberschichtenphänomen, das zudem nur im kleinen (bis kleinsten) Kreis gepflegt wird. Im Symposion manifestieren sich soziale Klasse, Status, Ansehen. Der Herr liegt beim Symposion zu Tisch, der Sklave bedient.[17]

Die Mahlpraxis Jesu unterscheidet sich hiervon signifikant: Jesus hält Mahl mit Steuereintreibern und Sündern (Mt 11,19), er nimmt Essenseinladungen von Ausgestoßenen und sozial Geächteten an (Mt 9,10–13; Mk 2,15–17), seine Botschaft von der Basileia (Königsherrschaft) Gottes veranschaulicht er mit Bildern vom himmlischen Gastmahl (Mt 8,11–12; Lk 13,28–29), mehr noch, in den Mählern Jesu ist die Basileia Gottes schon angebrochen und wird erfahrbar.[18]

Dies geschieht besonders in den Speisewundern (Lk 9,10–17; Joh 6,5–15): Jene, die jetzt zu Lebzeiten mit ihm Mahl halten, werden versichert, dass sie auch nach ihrem Tod am himmlischen Gastmahl in der Basileia Gottes, die im Mahl zeichenhaft erfahrbar wird, teilnehmen werden. Dieses Mahlhalten Jesu mit Sündern und Ausgestoßenen dürfte für seine Jünger (im weitesten Wortsinn) am bedeutungsvollsten, für seine Kritiker aber am verstörendsten gewesen sein.[19]

Hierdurch stand aber die Mahlpraxis Jesu, und in seiner Nachfolge auch die Mahlpraxis seiner Jünger, in deutlichem Gegensatz zu den bekannten (Kult-)Mählern der Zeit: Anstatt soziale Schranken und Rangordnungen auch noch im Mahl festzusetzen und zu symbolisieren, wischt die Mahlpraxis Jesu die Unterschiede von sozialem Status, von Rang und Ansehen hinweg. So gilt gerade für die Mahlpraxis Jesu: Die Letzten werden die Ersten sein, und die Ersten die Letzten.[20] Dies ist der bleibende Anspruch Jesu, der sich auch auf die Herrenmahl-Praxis der Frühzeit überträgt.[21]

Die Krise von Korinth

Dabei scheint es genau der äußere Ablauf der Herrenmahl-Feier gewesen zu sein, der in Korinth zu einer Krise geführt hat. Man nennt sie auch die „Krise von Korinth". Offensichtlich ist es genau das Mahl zwischen Brot- und Becherhandlung, das für äußerst „chaotische Umstände" sorgt. Denn das Mahl macht deutlich, dass es sich in der Gemeinde von Korinth um keine einheitliche Gemeinschaft handelt, sondern um einen Schmelztiegel mit starken sozialen Spannungen.

Da gibt es die Reichen, die Wohlhabenden, die tagsüber nicht arbeiten müssen; sie essen und trinken den ganzen Tag und sind abends, wenn sich die ganze Gemeinde versammelt zum Mahl, schon betrunken. Da gibt es die Armen, die Tagelöhner, die erst am späten Nachmittag nach vollbrachter Arbeit zur gemeindlichen Feier hinzustoßen können. Sie können nicht wirklich etwas Materielles zur gemeinsamen Mahlzeit beitragen und müssen so hungrig zuschauen, wie die anderen dem Überfluss frönen. Anstatt nun dem Beispiel Jesu zu folgen, und – so würden wir aus heutiger Sicht sagen – die Mahlpraxis des hellenistischen Symposions eben im Sinne der Botschaft Jesu umzuwandeln, also zu versuchen, die sozialen Spannungen auszugleichen und abzubauen, manifestiert die Praxis der Gemeinde von Korinth sogar noch die vorherrschende soziale Ordnung. Paulus geißelt dieses Verhalten der Gemeinde in Korinth in scharfen Worten: Das, was ihr hier feiert, ist keine Eucharistie mehr! Den Grund dafür nennt Paulus uns an anderer Stelle im 1. Korintherbrief. Dort heißt es:

> 🕮 **1 Kor 12,13.27**
> Durch den einen Geist wurden wir in der Taufe alle in einen einzigen Leib aufgenommen, Juden und Griechen, Sklaven und Freie; und alle wurden wir mit dem einen Geist getränkt. […] Ihr aber seid der Leib Christi, und jeder Einzelne ist ein Glied an ihm.

Die gemeinsame Feier des Herrenmahles, der Genuss von Leib und Blut Jesu in den Gestalten von Brot und Wein, schenkt uns als Christen die Teilhabe am Leib Christi. Wie er, Christus, das Haupt ist, so sind wir die Glieder. So schreibt Paulus in demselben Brief, wodurch klar wird, dass es letztlich die Getauften sind, die zu der in der Eucharistie erfahrbaren Gemeinschaft mit dem erhöhten Herrn berufen sind. In einem Wort zusammengefasst ließe sich sagen: *Wir* sind sein Leib! In der Gemeinschaft, die wir bilden, muss sich dieses geschwisterliche Miteinander zeigen. Das

Leben der Gemeinde steht also in einem Entsprechungsverhältnis zur Feier der Liturgie, ganz im Sinne von Mt 5,23: „Wenn dein Bruder aber etwas gegen dich hat, dann gehe zuerst zu ihm, versöhne dich mit ihm und bringe dann deine Gabe zum Altar".

So argumentiert auch Paulus: Die Gemeinde muss sich erst versöhnen, muss erst gemeinschaftlich miteinander umgehen, bevor sie Herrenmahl im eigentlichen Sinn feiern kann. Deshalb und nur deshalb „isst sich jemand das Gericht", wenn er betrunken am Herrenmahl teilnimmt, während andere noch hungern. Paulus geht es also um die Entsprechung von Liturgie und Leben, um die Entsprechung der Feier des Glaubens in der Liturgie mit dem gelebten Glauben in Taten der Nächstenliebe, der Diakonie. Wenn wir aber so Gottesdienst feiern, wie dies in Korinth geschehen ist, verraten wir und bilden gerade nicht ab, wie der Herr an uns gehandelt hat. Dann sind wir nicht mehr Leib Christi.

Die resultierende Entwicklung: Trennung von Sättigungsmahl und Eucharistie

Zur Erforschung der weiteren Entwicklung kann uns der Abendmahlsbericht des Markus-Evangeliums dienen:

> 🕮 **Mk 14,22–24**
> Während des Mahles nahm er das Brot und sprach den Lobpreis; *dann* brach er das Brot, reichte es ihnen und sagte: Nehmt, das ist mein Leib. *Dann* nahm er den Kelch, sprach das Dankgebet, reichte ihn den Jüngern und sie tranken alle daraus. Und er sagte zu ihnen: Das ist mein Blut, das Blut des Bundes, das für viele vergossen wird.

Im Markus-Evangelium folgen der Lobpreis (griech: *eulogein*) über das Brot und das Dankgebet über den Wein (griech: *eucharistein*) unmittelbar aufeinander. Somit ist das eigentliche (Sättigungs-)Mahl offensichtlich nicht mehr eingebettet zwischen die Gebete über das Brot und den Becher mit Wein. Es ist anscheinend nach vorne gewandert, sodass jetzt die Handlungen mit Brot und Wein und die jeweiligen Gebete direkt aufeinander folgen.

Wie sich diese Entwicklung an den verschiedenen Orten im Einzelnen vollzogen hat, wissen wir nicht. Aber eine mögliche Erklärung, wie es dazu kam, dürfte sich in 1 Kor 11 finden. Die „Krise von Korinth" hing vor allem damit zusammen, dass vielen in der Gemeinde die Unterscheidung zwischen den rituellen Teilen des Herrenmahles und dem Sättigungsmahl nicht klar zu sein schien. Für Paulus ist das Urteil eindeutig: „Was ihr bei euren Zusammenkünften tut, ist keine Feier des Herrenmahles mehr" und „wer Hunger hat, soll zu Hause essen; sonst wird euch die Zusammenkunft zum Gericht."

Solche Missstände waren zumindest in Korinth maßgeblich dafür verantwortlich, dass das Sättigungsmahl von einigen zwar noch gemeinsam eingenommen wurde, aber eben getrennt vom rituellen Mahl, bis es schließlich ganz verschwand. In der Folge rücken dann die Zeichenhandlungen mit Brot und Wein unmittelbar zusammen. So kommt es dazu, dass die kurze Berakah über das Brot (eigentlich ein Teil des Tischsegens/ Kiddusch) wegfällt und das feierliche Nach-Tischgebet (Birkat ha Mazon) schließlich zusammen über Brot *und* Wein gesprochen wird.[22]

Jesus / Abendmahl	**Apostel / Jünger**
Situation wird beschrieben in:	
Lk 22,14–20 / 1 Kor 11,23–25	Mt 26,26–29 / Mk 14,22–24
um 50 n. Chr.	um 70 n. Chr.
(Paschamahl / Festmahl)	(modifizierte Form des Festmahls)
Kiddush (Tischsegen)	Kiddush
MAHL („nach dem Mahl")	MAHL entfällt! (Komplikationen: 1 Kor 11,17 f.)
Birkat ha Mazon — LOB, DANK, BITTE	Birkat ha Mazon + — LOB, DANK, BITTE

Der Freiburger Dogmatiker Helmut Hoping führt hierzu aus:

Zwar hat es in den Anfängen der Eucharistie auch Mahlfeiern ohne explizite Anamnese von Kreuz und Auferstehung Jesu gegeben, z. B. in den von der „Didache“ überlieferten Eucharistiegebeten. Doch ist die Feier des eucharistischen Mahles letztlich nicht verstehbar, wenn man sie vom Kreuzestod Jesu ablöst. Denn der erhöhte Herr, der in seiner Parusie erwartet wird, ist kein anderer als der auferweckte Gekreuzigte. Als Gedächtnis des Kreuzestodes Jesu versteht vor allem der paulinische Abendmahlsbericht das Herrenmahl. Jesus feiert das letzte Abendmahl „in der Nacht, in der er ausgeliefert wurde“ (1 Kor 11,23). Das gebrochene Brot und der Kelch des Weines sind Zeichen seines Sterbens für die vielen. Deshalb heißt es in 1 Kor 11,26 im Anschluss an den Gedächtnisauftrag: „Sooft ihr von diesem Brot esst und aus dem Becher trinkt, verkündet ihr den Tod des Herrn“ (1 Kor 11,26).[23]

Die Feier des Herrenmahls als Aktualisierung des (neuen) Bundes

Wir haben gesehen, dass die eucharistische Liturgie in den paulinischen Gemeinden ein gemeinschaftliches Handeln ist. Die von Paulus beschriebene „rechtmäßige Ordnung“ besteht darin, zu tun, was Jesus getan hat, also in der Tradition zu verbleiben. Diese Feier von Leiden, Tod und Auferstehung Jesu ist die Aktualisierung des Neuen Bundes: „Dieser Kelch ist der Neue Bund in meinem Blut. Tut dies, sooft ihr daraus trinkt, zu meinem Gedächtnis.“ Dabei bezieht sich Paulus auf eine Stelle im Alten Testament, wo es heißt:

Jer 31,31
Seht, es werden Tage kommen – Spruch des Herrn –, in denen ich mit dem Haus Israel und dem Haus Juda einen neuen Bund schließen werde.

Wenn wir verstehen wollen, was mit der Aktualisierung dieses Bundes in der Feier der Eucharistie gemeint ist, kann uns ein Blick in das Messbuch und hier auf das Schlussgebet der Votivmesse „Vom kostbaren Blut unseres Herrn Jesus Christus“ helfen, wo es heißt:

> 🕮 **MB, Votivmessen, 6. Vom kostbaren Blut unseres Herrn Jesus Christus, Schlussgebet**
> Allmächtiger, ewiger Gott, du hast uns gestärkt mit dem Brot des Lebens und dem Kelch des Heiles. Wie du einst die Kinder Israels durch das Blut des Lammes gerettet hast, so schütze auch uns in jeder Angst und Gefahr durch das kostbare Blut deines Sohnes, durch das wir erlöst sind. Darum bitten wir …

Wie also für die Israeliten in der Knechtschaft Pharaos in Ägypten vor dem Bundesschluss am Sinai und dem Auszug ins gelobte Land das Blut der geschlachteten Lämmer zum Zeichen des Schutzes wurde (Ex 24), so wie das Volk Israel bis heute dieses Heilshandelns Gottes, der Treue Gottes zu seinem Volk, in der Feier des Paschafestes gedenkt, so feiern wir Christen ebenfalls die Treue Gottes, feiern den Bund mit ihm, den Paulus den „Neuen Bund" nennt: Denn nach Paulus ist gerade die Feier der Eucharistie das deutlichste und intensivste Zeichen für den Bund Gottes mit uns. Wir feiern Gottes Treue in seinem Sohn Jesus Christus, indem wir aus dem Kelch des Heiles trinken und dabei – so Paulus im weiteren Verlauf des Korintherbriefes – den Tod des Herrn verkünden, bis er wiederkommt am Ende der Zeiten. Somit gehört zum Halten des Bundes mit Gott auch das Verhalten der Glieder des Leibes Christi untereinander. Wenn die Christen in ihrem Umgang miteinander bezeugen, dass sie alle Glieder des einen Leibes Christi sind, dann verkünden sie damit auch sichtbar die Befreiung durch Tod und Auferstehung des Herrn.

Grundzüge einer eucharistischen Ekklesiologie bei Paulus

Die Feier des Herrenmahles muss für Paulus also in einem Entsprechungsverhältnis stehen zum Leben der Gemeinde. Damit ist das Kirchenbild, das Paulus entwirft, von der Eucharistie her entwickelt und durchaus mehrschichtig: Jesus Christus ist Mittler zwischen Gott und Menschen. Sein Leib wird für uns hingegeben, und der Kelch ist der Neue Bund in seinem Blut. Wir empfangen in der Kommunion den Leib Christi. Wir werden aber durch die Kommunion auch selbst Leib Christi ganz im Sinne von Mt 18,20: „Wo zwei oder drei in meinem Namen versammelt sind, da bin ich mitten unter ihnen!"

Die zum Herrenmahl versammelte Gemeinde soll Leib Christi, soll „Communio" (Gemeinschaft) werden, zu dieser Gemeinschaft mit Gott und untereinander ist sie geladen. Denn das eigentliche Zeichen für die

Gegenwart Jesu Christi in der Welt ist eben jene Gemeinschaft von Jüngerinnen und Jüngern, die in seiner Nachfolge das Herrenmahl feiern.

Auf den Hl. Augustinus geht das bekannte Diktum zurück: „Empfangt, was ihr seid: Leib Christi, damit ihr werdet, was ihr empfangt: Leib Christi." Dieser, im Original leicht anders formulierte, Satz findet sich so ähnlich in zwei Predigten Augustins zur Eucharistie:

Augustinus, Sermo 272:
Seid, was ihr seht, und empfangt, was ihr seid!

Augustinus, Sermo 227:
Jenes Brot, das ihr auf dem Altar seht – es wurde geheiligt durch das Wort Gottes –, ist der Leib Christi. Jener Kelch, besser gesagt, was der Kelch enthält – (ebenfalls) geheiligt durch das Wort Gottes –, ist das Blut Christi. Durch beides wollte Christus, der Herr, uns seinen Leib und sein Blut, das er für uns zur Vergebung der Sünden vergossen hat, anvertrauen. Wenn ihr sie in rechter Weise empfangen habt, seid ihr es, was ihr empfangen habt. Sagt doch der Apostel: Ein Brot, ein Leib, sind wir die Vielen (1 Kor 10,17). So (nämlich) legte er das Sakrament des Tisches des Herrn aus: Ein Brot, ein Leib, sind wir die Vielen.

Sermo 272 ist eine Predigt vom frühen Ostermorgen und wurde wohl vor den Neugetauften gehalten, die in der Ostervigil gerade erst die Sakramente der Initiation (Taufe, Besiegelung, Ersteucharistie) empfangen hatten. Augustinus unterscheidet in seiner Predigt die Ebene der sinnlichen Wahrnehmung von derjenigen des Verstandes: „aliud videtur – aliud intellegitur". Erst vom Bezeichneten her (dem aus Christus, dem Haupt, und seinen Gliedern bestehenden Leib Christi) kann das Zeichen (die eucharistischen Gaben von Brot und Wein) überhaupt nur verstanden werden, und es ist Aufgabe des Verstandes (der dem Glauben helfend hinzutritt), diese Ebenen zu unterscheiden:

Diese Dinge (= das eucharistische Brot und der eucharistische Wein), Brüder, heißen deshalb Sakramente, weil man an ihnen etwas anderes (aliud) sieht, etwas anderes (aliud) dagegen erkennt.

Was man sieht, hat eine leibliche Gestalt, was man erkennt, hat einen geistigen Gehalt.
Und in konsequenter Fortschreibung des paulinischen Leib-Christi-Gedankens kann Augustinus somit formulieren: „Wenn ihr der Leib und die Glieder Christi seid, dann liegt euer Geheimnis auf dem Tisch des Herrn: Ihr empfangt euer Geheimnis!“[24]

2.3 Ein Beispiel aus der Zeit der frühen Kirche: Die Feier des Herrenmahls bei Justin dem Märtyrer

Wie hat sich die Feier der Eucharistie über die Jahrhunderte hinweg entwickelt? Wie verläuft die Entwicklung von den Mählern Jesu, besonders dem Abschiedsmahl mit seinen Jüngern, zu den Mählern des Auferstandenen, hin zur Feier der Eucharistie in der frühen Kirche bis hin zur Eucharistiefeier, wie sie heute in unseren Gemeinden begangen wird? Werfen wir dazu zunächst einen Blick in die sogenannte Apologie Justins des Märtyrers.[25] Dieser frühchristliche Schriftsteller hat seine Apologie, also eine Verteidigungsschrift des christlichen Glaubens, um das Jahr 150 n. Chr. verfasst; dort heißt es:

Justin, Apologie, c. 65 und 67
c.65 […] (2) Wenn wir die Gebete beendet haben, begrüßen wir einander mit dem heiligen Kuss. (3) Dann wird dem Vorsteher der Brüder Brot und ein Becher mit Wasser und mit Mischwein gebracht. Dieser nimmt (die Gaben entgegen) und sendet dem Vater des Alls durch den Namen des Sohnes und des Heiligen Geistes Lob und Preis empor und verrichtet eine längere Danksagung dafür, dass wir durch ihn dieser (Gaben) gewürdigt werden. Wenn er die Gebete und die Danksagung beendet hat, stimmt das ganze anwesende Volk mit Amen zu. (4) Amen ist ein hebräisches Wort und bedeutet: es geschehe. (5) Hat der Vorsteher Dank gesagt und das ganze Volk zugestimmt, teilen die von uns Diakone Genannten jedem der Anwesenden Brot und Wein und Wasser, worüber die Danksagung gesprochen worden ist, (zum Genuß) aus und bringen (davon) den Abwesenden. […]
c.67 […] Und, wie wir bereits gesagt haben, wird, wenn wir das Gebet beendet haben, Brot herbeigebracht und Wein und Wasser,

und der Vorsteher sendet Gebete ebenso wie auch Danksagungen empor nach seinem Vermögen, und das Volk stimmt zu, indem es das Amen spricht. Und (dann) geschieht für jeden die Verteilung und der Genuß von den (Gaben), über die Dank gesagt worden ist, und den Abwesenden wird (davon) durch die Diakone gesandt.[26]

Justin der Märtyrer verteidigt den christlichen Glauben und die daraus hervorgehende Feier der Eucharistie gegenüber einem heidnischen Umfeld. Daher stellt er zunächst Überlegungen an, was unter Eucharistie zu verstehen ist. Auf der Basis dieses Verständnisses lassen sich Kriterien für eine angemessene Feier der Eucharistie entwickeln.

Zunächst betont Justin, dass es die Getauften sind, die an der Eucharistie teilnehmen. Doch er präzisiert dies: Sie empfangen die Gabe der Eucharistie, nachdem sie vorher „Amen" sagten zu jenem großen Gebet der Danksagung, das der Vorsteher der Liturgie im Namen aller spricht. Nun überliefert Justin leider kein Formular für ein solches Gebet. Das hat einen einfachen Grund: Diese Gebete konnten von (charismatisch begabten) Vorstehern frei, sozusagen „ad hoc" formuliert werden.

Zunächst handelt es sich um ein Dankgebet. Dieses Dankgebet wird an Gott Vater gerichtet (durch den Sohn im Heiligen Geist). Das Gebet bezieht sich zum einen auf jene Heilstaten Gottes, von denen Justin sagt, dass sie der Gemeinde zuvor durch den Vortrag der „Denkwürdigkeiten der Apostel" in der Verkündigung der Hl. Schrift zu Gehör gebracht worden sind. Das Gebet bezieht sich aber auch auf die Gemeinde: Justin erwähnt, das Gebet diene dazu, die Gemeinde würdig zu machen, die eucharistischen Gaben zu empfangen. Den Grund, solches zu tun, beschreibt Justin in Apologie, Kapitel 66, wo es heißt:

🕮 Justin, Apologie, c. 66

[...] Denn die Apostel haben in den von ihnen stammenden Denkwürdigkeiten, die Evangelien genannt werden, überliefert, so sei ihnen aufgetragen worden; Jesus habe Brot genommen, Dank gesagt und gesprochen: Das tut zu meinem Gedächtnis; das ist mein Leib. Und ebenso habe er den Becher genommen, Dank gesagt und gesprochen: Das ist mein Blut. [...]

Auch Justin weiß sich also eingebunden in einen Prozess der Überlieferung, und auch er erfindet nicht einfachhin etwas Neues. Auch er sieht sich, wie Paulus, in die Pflicht genommen zu tun, was Jesus tat, in der Nacht vor seinem Leiden.

Rekonstruktion der Grundstruktur der Feier des Herrenmahls bei Justin

Betrachten wir die Feier des Herrenmahls, wie sie uns Justin in den Grundstrukturen überliefert, so finden sich schon eine Reihe auch uns heute noch vertrauter Elemente:

> 🕮 **Justin, Apologie, c. 67**
> (3) Und an dem nach der Sonne benannten Tag wird eine gemeinsame Versammlung aller gehalten, die in den Städten oder auf dem Land wohnen, und man liest die Denkwürdigkeiten der Apostel oder die Schriften der Propheten (vor), solange es die Zeit erlaubt. (4) Wenn der Vorleser geendet hat, hält der Vorsteher eine Ansprache, durch die er zur Nachahmung dieser schönen (Lehren) mahnt und ermuntert. (5) Danach stehen wir alle zusammen auf und senden Gebete (empor). Und, wie wir bereits gesagt haben, wird, wenn wir das Gebet beendet haben, Brot herbeigebracht und Wein und Wasser, und der Vorsteher sendet Gebete wie auch Danksagungen empor nach seinem Vermögen, und das Volk stimmt zu, indem es Amen spricht. Und (dann) geschieht für jeden die Verteilung und der Genuß von den (Gaben), über die Dank gesagt worden ist, und den Abwesenden wird (davon) durch die Diakone gesandt.

Folgende Elemente der Herrenmahlfeier zur Zeit des Justin lassen sich festhalten:
- eine grundlegende Form der Liturgie des Wortes: bestehend aus Schriftverkündigung von alttestamentlichen („Schriften der Propheten") und neutestamentlichen Lesungen („Denkwürdigkeiten der Apostel"),
- eine Form der Schriftauslegung/Predigt („Ansprache"): Ermunterung zur „Nachahmung dieser schönen Lehren",
- das Allgemeine Gebet der Gläubigen – die Fürbitten,
- der Friedensgruß/-kuss,
- das Herbeibringen der Gaben,
- das Eucharistiegebet („längere Danksagung"),
- die Akklamation der Gemeinde („Amen") als inhaltliche Ratifizierung des Gebets,
- die Kommunion (in der Gestalt von „Brot, Wein und Wasser").

Zwei weitere Beobachtungen lassen sich hier bereits notieren: Justin betont die enge Verbindung von Herrenmahl und Herrentag – es ist der erste Tag der Woche, der Tag, an dem Christus von den Toten erstanden ist, der zugleich der achte Tag ist, der Tag der Vollendung und der Parusie des Herrn, an dem die Gemeinde sich zum Herrenmahl versammelt. Bereits für die frühe nachapostolische Zeit ist damit die innere Verbindung von christlicher Sonntagsfeier und Feier der Eucharistie bezeugt.

Zudem lassen sich bei Justin neben den sich ausdifferenzierenden liturgischen Vollzügen auch schon sich entwickelnde Strukturen für liturgische Ämter und Dienste ausmachen. Es wird zumindest unterschieden zwischen dem Vorsteher – wohl dem Bischof, da es um die (Tauf-)Eucharistie im Kontext der Feiern der Initiation geht – und einem Vorleser, der die biblischen Lesungen vorträgt. Außerdem werden ausdrücklich die Diakone genannt, deren Aufgabe es ist, die eucharistischen Gaben auszuteilen, sei es an anwesende oder an abwesende Glieder der Gemeinde.

Die (ungelöste) Frage nach der frühen Entwicklung der Liturgie des Wortes

Ebenso wenig, wie uns Justin ein Formular für ein Eucharistiegebet überliefert, gibt er uns dezidiert Auskunft darüber, wie der erste Teil der Feier des Herrenmahls näherhin strukturiert war. Immerhin lässt seine Aufzählung den Rückschluss zu, dass zur Schriftverkündigung auch in heidenchristlichen Gemeinden sowohl alttestamentliche wie neutestamentliche Lesungen gehörten. Die hier angedeutete „Leseordnung" im weitesten Sinn gemahnt an die Aufzählung, die wir in der Emmaus-Geschichte in Lk 24,27 schon kennen gelernt haben: „Und er legte ihnen dar, ausgehend von Mose und allen Propheten, was in der gesamten Schrift über ihn geschrieben steht."

Auch was die historische Rückfrage nach der frühen Entwicklung der Liturgie des Wortes angeht, gibt es in jüngster Zeit interessante neue Hypothesen, die jedoch noch keinen allgemein rezipierten Forschungsstand darstellen. Gegenüber früherer Forschung, die meinte, die urchristliche Wort-Liturgie linear vom jüdischen Synagogen-Gottesdienst ableiten zu können[27], hat sich in neuerer Forschung wohl zurecht eine gewisse Skepsis eingestellt.[28] Paul Bradshaw verweist zunächst auf die Schwierigkeit, den jüdischen Synagogengottesdienst zur Zeit Jesu überhaupt rekonstruieren zu können. Dieser ließe sich zur Zeit Jesu wohl eher als „study-as-worship" beschreiben: ein gemeinsames Treffen am Nachmittag des Sabbat zum gemeinsamen Lesen und Studium eines Abschnittes der Thora. Hierbei mögen auch Gebete gesprochen worden sein, jedoch (noch) nicht die formalisierten Gebete, die wir aus späterer Zeit (gesicherte Quellen erst ab dem 3. Jahrhundert) kennen.[29]

Wahrscheinlicher ist, dass die Evangelien-Texte, und hier wohl zunächst die Passions- und Auferweckungserzählungen als konzentrierte Form der Christusanamnese, im Mittelpunkt der Wortverkündigung der frühchristlichen Herrenmahlfeier standen. Im Vergleich zum heidnischen Symposion lassen sich bereits in 1 Kor 14,26–31 entsprechende Analogien finden:

📖 1 Kor 14,26–31
Was soll also geschehen, Brüder? Wenn ihr zusammenkommt, trägt jeder etwas bei: einer einen Psalm, ein anderer eine Lehre, der dritte eine Offenbarung; einer redet in Zungen und ein anderer deutet es. Alles geschehe so, dass es aufbaut. Wenn man in Zungen reden will, so sollen es nur zwei tun, höchstens drei, und zwar einer nach dem andern; dann soll einer es auslegen. Wenn aber niemand es auslegen kann, soll auch keiner vor der Gemeinde so reden. Er soll es für sich selber tun und vor Gott. Auch zwei oder drei Propheten sollen zu Wort kommen; die anderen sollen urteilen. Wenn aber noch einem andern Anwesenden eine Offenbarung zuteil wird, soll der erste schweigen; einer nach dem andern könnt ihr alle prophetisch reden. So lernen alle etwas und alle werden ermutigt.

Neben Prophetien werden auch Gesänge (Psalmen) und Gebete benannt, die gleichermaßen der Verherrlichung und Anbetung Gottes wie der Auferbauung der Gemeinde dienen (vgl. 1 Kor 14,16–25).

Insofern stellt Justin einen weiteren Entwicklungsschritt dar, wenn bei ihm offensichtlich die Evangelien nun schon schriftlich vorliegen („Vorleser") und den Kern der frühchristlichen Liturgie des Wortes bilden. Von diesem Evangelium, als Zentrum des Christusgedächtnisses, ausgehend, stellt die Lesung aus Thora und Propheten (und die Psalmlesung) einen bewussten Rückgriff und somit eine inhaltliche Vergewisserung des Alten Testaments dar.[30] Die Auslegung der vorgelesenen, verkündigten „Denkwürdigkeiten der Apostel" durch den Vorsteher tritt dann an die Stelle der ursprünglich wohl mündlich tradierten Texte früherer Zeit.

2.4 Die Grundstruktur der Feier: das Mess-Schema

Es würde an dieser Stelle zu weit führen, wenn wir nun alle nachfolgenden Jahrhunderte mit der gleichen Intensität betrachten wollten. Wir können für unsere weiteren Überlegungen festhalten, dass bereits in der frühen Kirche wichtige Weichenstellungen vorgenommen wurden. Die christliche Eucharistiefeier, so haben wir schon bei Justin dem Märtyrer gesehen, setzt sich aus zwei großen Teilen zusammen:

Liturgie des Wortes	Eucharistische Liturgie

Diese Grundstruktur bleibt durch die Jahrhunderte erhalten und findet sich in allen eucharistischen Liturgien, sowohl in der römisch-katholischen Kirche als auch in den meisten übrigen christlichen Konfessionen, sodass man mit dem Liturgiewissenschaftler Reinhard Meßner von einem „Mess-Schema" sprechen kann.[31] Will man dieses Schema etwas weiter entfalten, dann lassen sich die beiden großen Teile nochmals wie folgt untergliedern:

Liturgie des Wortes	**Eucharistische Liturgie**
Schriftverkündigung (biblische Lesungen)	Bereitung der Gaben
Schriftauslegung (Predigt/Homilie)	Eucharistisches Hochgebet
Fürbitten (Allgemeines Gebet)	Kommunion

Wie kommt es aber, dass sich trotz dieser gleichbleibenden Grundstruktur des Mess-Schemas die Feier doch immer wieder verändert hat? Um diese Frage zu beantworten, ist noch einmal auf den Kern des eucharistischen Geschehens zu verweisen: Es geht nicht um ein möglichst realistisches Nachspielen dessen, was sich im Abendmahlssaal ereignet hat. Vielmehr geht es um die zentralen Grundelemente, anhand derer die versammelte Gemeinde das Gedächtnis der Heilstaten Gottes feiert: die Verkündigung der Hl. Schrift, das große Dankgebet über die Gaben von Brot und Wein und die Kommunion/das gemeinsame Mahl.

Die konkrete Feier vollzieht sich, wie wir bei Paulus und bei Justin gesehen haben, schon sehr früh in einer ritualisierten und stilisierten Form. Sowohl die Gemeinde von Korinth als auch die Gemeinde in Rom passt die rituelle Form den Gegebenheiten vor Ort an. Dies kann auch zu Problemen führen, wie wir bei der Gemeinde in Korinth gesehen haben.

Wenn sich also die konkrete Feiergestalt über die Jahrhunderte hinweg verändert, so wird immer wieder der Blick auf den bleibenden biblischen Maßstab zu richten sein, auf die grundlegenden Elemente und auf den liturgietheologischen Kern: die Feier des Pascha-Mysteriums. Aber die den konkreten Gegebenheiten der Gemeinde angepasste rituelle Ausgestaltung kann und darf sich wandeln. Wandel in Treue zum Ursprung ist möglich.

2.5 Wandel in Treue zum Ursprung – ein kurzer Blick in die Liturgiegeschichte

Im nachfolgenden Unterpunkt wollen wir nun einzelne historische Epochen der Liturgiegeschichte im Hinblick auf die Fort- und Weiterentwicklung der Feiergestalt der Eucharistie paradigmatisch beleuchten. Wie schon erwähnt, wird es nicht möglich sein, alle Epochen gleichermaßen intensiv zu betrachten.[32] Die Beispiele sind vielmehr bewusst paradigmatisch und selektiv ohne Anspruch auf Vollständigkeit gewählt, weil sie als historische Beispiele instruktiv sein können und sollen für das heutige Verständnis der Feier der Eucharistie. Wieviel Kenntnis der Liturgiegeschichte ist sinnvoll und notwendig, um die heutige Feiergestalt sachgerecht verstehen und im praktischen Vollzug besser mitvollziehen zu können? Denn mit den Worten des Poeten Reiner Kunze ist festzuhalten, dass es denjenigen, der die Vergangenheit nicht kennt, die Zukunft kosten kann.

2.5.1 Die Eucharistie in der Spätantike

Die Entwicklung der römischen Eucharistiefeier in der Spätantike

In der Spätantike hat es noch keine normative Form der römischen Messe gegeben, die in irgendeiner Weise liturgische Norm für andere Orte des römischen Reiches gewesen wäre. Bereits zur Zeit des hl. Ambrosius von Mailand († 397) finden wir allerdings eine gewisse stilbildende Funktion der stadtrömischen Liturgie. Dies hing zunächst sicherlich damit zusammen, dass Rom als Ort des Petrusgrabes und als Bischofssitz des Nachfolgers des Apostels Petrus eine besonders hohe Wertschätzung genoss.[33] So bezieht sich Ambrosius zwar ausdrücklich auf die römische Feiergestalt der Eucharistie, nimmt aber für sich durchaus das Recht in Anspruch, die in Mailand vorgefundene eigene Tradition entsprechend weiterzuentwickeln:

> **Ambrosius von Mailand, De sacramentis 3,5**
> Ich wünsche, der römischen Kirche in allem zu folgen, jedoch besitzen auch wir gesunden Menschenverstand. Daher behalten wir aus gutem Grund bei, was anderswo ebenfalls aus guten Gründen eingehalten wird.[34]

Ein Hauptproblem, wenn wir die Anfänge der römischen Messliturgie historisch rekonstruieren wollen, besteht darin, um Josef Andreas Jungmann zu zitieren, dass „die Anfänge der lateinischen Messe in Rom (…) in tiefes Dunkel gehüllt" sind.[35] Was Jungmann hiermit andeutet, ist, dass es für diese Frühzeit der römischen Messe nur eine äußerst spärliche Quellenlage gibt. Bei römischen Schriftstellern des 4. Jahrhunderts finden wir zwar Hinweise auf eine Praxis der Eucharistiefeier im spätantiken Rom. Diese Quellen belegen jedoch eher eine Verschiedenheit der liturgischen Praxis. Mittelalterliche Quellen, die auf die römische Liturgie dieser Zeit zurückblicken, sind zumeist eher Rückprojektionen, die einen idealisierten Geschichtsverlauf nachskizzieren. Der Hauptgrund dürfte darin liegen, dass wir es mit einer ausgesprochen schöpferischen Frühzeit zu tun haben. Bereits bei Hippolyt von Rom (um 215 n. Chr.) finden wir in der sogenannten „Traditio Apostolica" die folgende Rubrik:

> **Traditio Apostolica 9**
> Der Bischof sage Dank, so wie wir es oben gesagt haben. Es ist keineswegs nötig, dass er bei der Danksagung dieselben Worte verwendet, die wir gebraucht haben, so als hätte er sie auswendig gelernt. Vielmehr soll ein jeder seinen Fähigkeiten entsprechend beten.[36]

Nach dieser Regel wurde sinngemäß wohl noch bis in das 6. und 7. Jahrhundert hinein verfahren. Bewährte Traditionen gaben Anregung, man übernahm diese nach eingehender Prüfung; der Vorsteher der Liturgie, also im Regelfall der Bischof der Ortskirche, nahm jedoch für sich das Recht in Anspruch, Liturgie zu ordnen, und verlieh ihr damit eine eigene

Prägung. Gerade Ambrosius von Mailand ist, wie wir gesehen haben, ein sprechendes Beispiel dafür.

Erst mit der Konstantinischen Wende in der frühen Reichskirche kam es zu einem bedeutenden Paradigmenwechsel. Die Bischöfe, die für die Liturgie in ihren immer festlicher ausgestatteten Bischofskirchen (den frühchristlichen Basiliken) zuständig waren, übernahmen nun auch Verwaltungsaufgaben im Reich: die Jurisdiktion über ein bestimmtes Gebiet, das wir heute „Bistum" nennen.

Doch es treten noch weitere, grundlegende Veränderungen ein: Der Sonntag wird zum Feier- und Festtag, mit der Entwicklung und Entfaltung des Festkalenders können auch die kirchlichen Hochfeste wie Ostern, dann Weihnachten und die Gedenktage der Heiligen mit einem größeren Gepränge gefeiert werden. Dies führt dazu, dass eine solchermaßen wachsende und erstarkende Kirche in eine unmittelbare Konkurrenz zu den heidnischen Kulten der Zeit tritt. Dies alles führt zu einem Stilwandel, der sich schon in der Märtyrerkirche angebahnt hatte, aber seit dem 4./5. Jahrhundert zu einem endgültigen Durchbruch kam.[37] Hans Bernhard Meyer fasst diesen Stilwandel im Hinblick auf von Bischöfen geleitete Eucharistiefeiern so zusammen: „Es verwundert daher nicht, wenn in diesem Kontext gerade die zentrale gottesdienstliche Versammlung, die Eucharistiefeier, neue Züge annahm, die in einem immer reicheren und genau geregelten Ritual, in einer gehobenen Gebetssprache, in der Pflege und Entfaltung des Gesanges greifbar werden."[38]

Die Orientierung an überkommenen Gewohnheiten

Neben dieser Tendenz zur Vereinheitlichung gab es auch inhaltlich die Bereitschaft, sich an überkommene Gewohnheiten (lat. *consuetudo*) zu halten. Diese Consuetudo war von Anfang an ein wichtiges Bindeglied der Entwicklung der liturgischen Feiergestalt durch die Zeiten.

Justin der Märtyrer stammt ursprünglich aus Palästina und kannte offensichtlich die kleinasiatische Herrenmahlfeier seiner Zeit. Er lebt aber zu dem Zeitpunkt, zu dem er seine Apologie schreibt, in Rom. Anscheinend empfindet er jedoch keine allzu großen Unterschiede in den liturgischen Feiern in Palästina, Kleinasien und in Rom, zumindest nicht im Ablauf jener zentralen Elemente, die uns überliefert sind.

Ein analoges Beispiel finden wir in der Kirchengeschichte des Eusebius von Caesarea. Als Bischof Polykarp im Jahr 154 n. Chr. vom kleinasiatischen Smyrna, dem heutigen Izmir in der Türkei, im Rahmen des Osterfeststreites zu Papst Anicet nach Rom reist, lädt ihn der Papst ein, die Leitung der dortigen Eucharistiefeier zu übernehmen. Dieser Aufforderung kann Bischof Polykarp ohne Probleme nachkommen, denn anscheinend unterscheiden sich die kleinasiatische Feiergestalt des Ritus und diejenige, die in der Stadt Rom gefeiert wird, kaum.[39]

Wichtig dürfte für diese Form der liturgischen Traditionsbildung das Prinzip der *Kollegialität* unter den Bischöfen gewesen sein, denn die Bischöfe der großen städtischen Zentren zur Zeit der frühen Kirche standen in lebhaftem Kontakt und Austausch miteinander.[40] Dies dürfte zugleich auch auf die liturgische Feiergestalt an- und ausgleichend gewirkt haben. Nicht zu unterschätzen sind außerdem die christologischen Streitigkeiten des 2. und 3. Jahrhunderts. Um diese beizulegen, trafen sich die Bischöfe regelmäßig zu Synoden und Konzilien, und auch hierbei dürfte ein reger Austausch über die jeweilige liturgische Praxis stattgefunden haben.

Die Kodifizierung der eucharistischen Liturgie

In der Spätantike sind es vor allem zwei folgenschwere Entwicklungen, die zunächst zu einer Verfestigung der Struktur der liturgischen Feier führen:

- Zum einen löst in Rom Latein das Griechische als Liturgiesprache ab: Anstatt des umgangssprachlichen Griechisch der Zeit Jesu (des sogenannten Koine-Griechisch), in dem auch die neutestamentlichen Schriften verfasst sind, setzt sich in der Westkirche allgemein Latein als Liturgiesprache durch.
- Zum anderen findet eine Kodifizierung der liturgischen Texte statt: Man überlässt die Qualität der vom Vorsteher vorzutragenden Gebete nicht mehr der Geistbegabung (dem Charisma) des Vorstehers, sondern sammelt bewährte Texte, vor allem für das Eucharistische Hochgebet, und schreibt nun diese schriftlich fixierten Texte für die liturgische Feier vor (deshalb: „Kodifizierung“, von lat. *codex* = Buch).

Der Trend, mit dem Anwachsen der christlichen Gemeinden nach der Konstantinischen Wende (313) die liturgischen Texte schriftlich zu fixieren, hängt mit der Sorge um die Rechtgläubigkeit zusammen und führt zur Entstehung der ersten liturgischen Bücher. Hatten sich die frühen Christen noch oftmals in der Situation der Verfolgung heimlich in Privathäusern getroffen, um dort die Eucharistie zu feiern, so wird mit der Erhebung des Christentums zur Staatsreligion dieses auch staatstragender

Kult, der mit entsprechender Sorgfalt und äußerem Gepränge zu vollziehen ist. Die liturgischen Bücher, die zu dieser Zeit entstehen, spiegeln die entsprechenden liturgischen Rollen, Aufgaben und Dienste wider:

- Das *Lektionar* (6. Jahrhundert) enthält die Lesungen aus der Hl. Schrift sowie Listen, wann und zu welchem Anlass welche biblischen Texte verkündet werden.
- Die *Ordines* (6. Jahrhundert) enthalten Ablauf und Regeln für die römischen Stationsgottesdienste.
- Das *Sakramentar* (7./8. Jahrhundert) enthält die Gebetstexte für den Vorsteher (Bischof oder Priester).
- Das *Cantatorium* (8. Jahrhundert) enthält die Gesänge für die Sängergruppe (Schola cantorum).

Versuch der Rekonstruktion eines römischen Stationsgottesdienstes

Schauen wir uns als Beispiel, wie sich die Feier der Eucharistie am Übergang von Spätantike zu Frühmittelalter weiter entwickelt hatte, einen sogenannten Stationsgottesdienst an, wie er zur Zeit Papst Gregors d. Gr. († 604) vermutlich gefeiert wurde. Etwa ab dem 4. Jahrhundert entsteht in Rom der Brauch, dass der Papst und seine liturgische Assistenz an Sonn- und Festtagen die unterschiedlichen Titelkirchen der Stadt aufsuchen, um dort eine „statio“ abzuhalten:[41]

Eröffnung	Stilles Gebet vor dem Altar (Begrüßung) Kyrielitanei Gloria Collecta/Oration
Liturgie des Wortes	Lesung Zwischengesang(-gesänge) Evangelium (Homilie) Allgemeines Gebet

Eucharistische Liturgie	Darbringen der Gaben Gebet über den Gaben HOCHGEBET (canon actionis) (Vaterunser) Friedensgruß und -kuss Brechung – Mischung (noch ohne Agnus Dei) Kommunion – mit Kommuniongesang und abschließender Oration
Abschluss	Segensgebet über das Volk (oratio super populum) Entlassungsruf Auszug

Vergleichen wir die schematisch dargestellte Feier der Eucharistie zur Zeit Gregors d. Gr. mit der heutigen uns bekannten Messliturgie, so finden sich viele Parallelen, aber auch signifikante Unterschiede, die im Folgenden kurz dargestellt werden sollen:[42]

Der Eröffnungsteil

Der *Eröffnungsteil* beginnt seit dem Ende des 5. Jahrhunderts mit einem stillen Gebet, wie heute noch in der Karfreitagsliturgie. Der Vorsteher wirft sich vor dem Altar nieder. Die päpstlichen Stationsgottesdienste wurden mit zahlreicher liturgischer Assistenz gefeiert.[43]

Die anschließenden *Prozessionen* vom Versammlungsort zur Titelkirche, in welcher die Statio abgehalten werden sollte, wurden etwa seit dem 5. Jahrhundert zu Bußprozessionen umgestaltet. Während das erwähnte stille Gebet vor dem Altar gesichert ist, ist es unklar, ob bereits zur Zeit Gregors an dieser Stelle Psalmen bzw. der Introitus als Eingangsgesang gesungen wurden.

Der *Kyrie-Ruf* wurde wohl um die Wende des 5./6. Jahrhunderts aus der östlichen Liturgie übernommen und mit anderen Stücken des Eröffnungsteils zu einer Litanei verbunden.[44] Wahrscheinlich wurde jeder Ruf (Kyrie/Christe/Kyrie) je dreimal wiederholt.[45]

Der *Gloria-Hymnus* stammt eigentlich aus der Morgenhore (den Laudes) der Tagzeitenliturgie. Im Osten stellt er das Canticum des Morgenlobes dar und ist somit Bindeglied zur direkt nachfolgenden Eucharistiefeier. In der abendländischen Liturgie der Eucharistie taucht er erst im 4. Jahrhundert auf und zwar zunächst nur an Weihnachten und bleibt dann bis ins Mittelalter der bischöflichen Messe vorbehalten, dann auch an Sonn- und Festtagen.[46]

Das erste große Gebet des Vorstehers, das den Eröffnungsteil abschließt, ist die sogenannte *„collecta"* (auf Deutsch: das Kollektengebet / die Kollekte). Dieses veränderliche Gebet ist, ebenso wie das Gebet zum Abschluss der Gabenbereitung (heute: Gabengebet) und das Gebet nach der Kommunion (heute: Schlussgebet), eine Besonderheit der römischen Liturgie. Die Aufgabe der „collecta" ist es seit dem 5. Jahrhundert, das Beten des Volkes abzuschließen und es zusammenzufassen.

Die Liturgie des Wortes

In welcher Art die *Leseordnung* zur damaligen Zeit näherhin entfaltet war, ist unklar. Wir wissen aus den Quellen dieser frühen Zeit von den liturgischen Zentren in Gallien, Spanien und Mailand, dass dort bereits eine dreiteilige Leseordnung vorhanden war, bestehend aus alttestamentlicher Lesung, neutestamentlicher Epistellesung und Evangelienlesung. Ob dies auch für Rom gilt oder ob dort nur eine zweiteilige Leseordnung vorherrschte (Epistel und Evangelium), ist in der Forschung umstritten.[47]

Wahrscheinlich ist, dass mit dem Entstehen und der Entfaltung des liturgischen Festkalenders einzelnen Festen und den Festzeiten passende Lesungen zugeordnet wurden. Das leitende Prinzip war die sogenannte „lectio semicontinua", also die Bahnlesung, die wir auch heute noch kennen: Ein biblisches Buch bzw. ein Brief wird fortlaufend, aber in Auswahl in der Liturgie gelesen.

Die nichtevangelische Lesung wird seit alters (vgl. etwa bei Justin dem Märtyrer) durch einen Lektor vorgetragen, die Verkündigung des Evangeliums ist ab etwa dem 4. Jahrhundert dem Diakon vorbehalten.[48]

Der *Psalm*, der der ersten, zumeist alttestamentlichen Lesung folgte, war wohl weder im Osten noch im Westen ein Antwortgesang auf eine vorausgehende Lesung, sondern ein von der Zahl der übrigen Lesungen unabhängiger, responsorial vorgetragener Gesang, d. h. im Wechsel von Vorsänger und Gemeinde gesungen. Insofern hat der Psalm den Charakter einer gesungenen Lesung. Da er an den Stufen (lat. *gradus*) gesungen wurde, wird er auch als Gradual-Psalm oder Graduale bezeichnet. Gemäß der Tendenz zu einer immer kunstvolleren und elaborierteren Melodik, kann davon ausgegangen werden, dass etwa ab dem 6. Jahrhundert der

Psalm nur noch von einem Vorsängerchor („schola") vorgetragen wurde, wobei die Gemeinde den Kehrvers wohl zumindest idealiter noch wiederholte und mitsang, und dass die längere Psalmlesung auf nur noch einen Psalmvers gekürzt wurde.[49]

Das *Halleluja* ist kein zweiter Antwortgesang, sondern lobpreist den im Wort des Evangeliums gegenwärtigen erhöhten Herrn. Bis etwa z. Zt. Gregors d. Gr. war diese Akklamation des Alleluja auf die österliche Zeit beschränkt. Erst später wurde sie auf die Weihnachtszeit und auf die anderen Feste und Sonntage des Kirchenjahres ausgeweitet (bis auf die österliche Bußzeit).

Wir wissen nicht genau, wie es um eine *Predigt* in der römischen Liturgie des 6. Jahrhunderts bestellt war. Nach Hans Bernhard Meyer ist davon auszugehen, dass der Bischof wohl mit einer gewissen Regelmäßigkeit gepredigt hat. Es gibt allerdings auch Anzeichen dafür, dass die Predigttätigkeit insgesamt eher gering war.[50]

Bis zur Mitte des 6. Jahrhunderts lässt sich das *Allgemeine Gebet* belegen.[51] Dieses Allgemeine Gebet spiegelt die Form jener feierlichen Fürbitten wider, wie wir sie auch heute noch aus der Karfreitagsliturgie kennen: Nach einer Gebetseinladung mit Intention betet die Gemeinde in Stille. Der Vorsteher fasst etwa ab dem Ende des 4. Jahrhunderts mit einer Oration die Anliegen der Gemeinde zusammen. Etwa seit der Mitte des 6. Jahrhunderts verschwindet das Allgemeine Gebet aus der römischen Liturgie. Wie es dazu kam, lässt sich im Einzelnen nicht genau klären. Eine These besagt, dass die Fürbitten als sogenannte „Interzessionen" in der weiteren Entwicklung der Liturgie in das Hochgebet hineinwanderten. Eine zweite These lautet, dass sich die erwähnte Litanei samt den damit verbundenen Kyrie-Rufen zu einem Begleitgesang für die Prozession entwickelte, die dann vor der eigentlichen Messfeier stattfand.[52]

Die Liturgie der Eucharistie

Nach dem Allgemeinen Gebet erfolgt die *Gabenbereitung*. Die Diakone bringen Brot und Wein zum Altar. Etwa ab dem Ende des 5. Jahrhunderts wird ein abschließendes Gebet des Vorstehers über die Gaben zum festen Bestandteil der Feier (die sogenannte „oratio super oblata"). Inwieweit auch die Gläubigen die Gaben zum Altar gebracht haben, ist weitgehend ungesichert. Im Ordo Romanus I vom Ende des 7. Jahrhunderts findet sich ein Zeugnis dafür, dass der Papst und seine Assistenz bei einem römischen Stationsgottesdienst die Gaben von bestimmten Gruppen von

Gläubigen entgegennehmen.[53] Jene Gaben, die nicht für die Feier bestimmt waren, wurden für die Armen gesammelt und später dann verteilt, was die diakonische Dimension der Feier unterstreicht.[54]

Es folgt das *Eucharistische Hochgebet*, auf das wir in seiner historischen Entwicklung in einem eigenen Kapitel gleich noch ausführlich eingehen werden.[55]

Der eigentlichen *Kommunion* gehen einige vorbereitende Akte voraus. So folgt auf das Eucharistische Hochgebet zunächst das *Vaterunser*, das bereits mit einer Einleitung versehen war und vom Vorsteher gesprochen wurde. Das Volk antwortete lediglich mit dem Schluss der letzten Bitte: „… sed libera nos a malo". Hierauf fährt der Vorsteher mit einem eigenen Einschub, einem sogenannten Embolismus, fort.[56]

Das nachfolgende *Brotbrechen* wird zu dieser Zeit noch ohne den Begleitgesang des Agnus Dei vollzogen. Letzterer ist erst ab dem Ende des 7. Jahrhunderts nachweisbar, und seine Einführung geht vermutlich auf Papst Sergius I. (687–701) zurück, einen Syrer, der den Gesang wohl aus der östlichen Liturgie kannte.[57]

Sodann erfolgt die Aufforderung zum *Friedenskuss*. Dieser hatte wohl seinen ursprünglichen Ort an der Scharnierstelle zwischen der Liturgie des Wortes, zum Abschluss des Allgemeinen Gebets, und der beginnenden Herbeibringung der Gaben (der Eucharistischen Liturgie) – so auch in den östlichen Liturgien. Die genauen Gründe für die Verlegung unmittelbar vor die Kommunion sind nicht bekannt.[58]

Während der Bischof und die übrigen Kleriker am Altar kommunzieren, wird den Gläubigen das eucharistische Brot durch den Priester und der eucharistische Kelch durch den Diakon gereicht.[59] Eine Spendeformel der Kommunion lautete vermutlich zur damaligen Zeit schlicht: der Leib Christi, bzw. das Blut Christi („Corpus Christi", „Sanguis Christi"), was mit einem „Amen" beantwortet wurde. Der responsorisch gesungene Psalm 34 („Kostet und seht, wie gut der Herr ist!") ist seit dem 5. Jahrhundert als ein Kommuniongesang, der die Kommunionausteilung begleitete, bezeugt.

Der Schlussteil

Analog zum Eröffnungsteil und zur Gabenbereitung wird auch der *Kommunionteil* durch ein Vorstehergebet abgeschlossen: das Schlussgebet („oratio ad complendum"). Es handelt sich um ein Dank- und Bittgebet, das in der Form und im Stil jeweils dem Tagesgebet und dem Gebet über die Gaben entspricht. Etwa seit dem Ende des 5. Jahrhunderts gehört dies zum festen Bestandteil der römischen Messe.[60]

Den Abschluss der Messfeier bildet das mit der Aufforderung des Diakons, sich zu verneigen, eingeleitete Segensgebet des Vorstehers über das Volk, die sogenannte „Oratio super populum". Dieses Segensgebet über das Volk ist ein sehr altes Stück der eucharistischen Liturgie und ist sowohl in den Liturgien des Ostens wie des Westens bereits für das 3./4. Jahrhundert bezeugt.[61] Nach dem Amen des Volkes verlässt der Vorsteher mit seiner Assistenz die Kirche.[62]

Fazit: Eine entfaltete, den örtlichen Bedürfnissen angepasste Feiergestalt

Betrachten wir den Ablauf eines solchen päpstlichen Stationsgottesdienstes zunächst in der Makrostruktur, so finden sich auffallende Ähnlichkeiten zu der auch uns heute geläufigen Feiergestalt der Eucharistie. Die spezifischen Eigenheiten der Feiergestalt, wie etwa die Prozession vom Versammlungsort zur Stationskirche und die dabei gesungene Litanei, sind ganz auf die lokalen, stadtrömischen Bedürfnisse abgestimmt und anscheinend auch von diesen Anforderungen an die Feiergestalt her konzipiert und entworfen.

In der Mikrostruktur können wir beobachten, dass einzelne Elemente nicht mehr (Allgemeines Gebet/Fürbitten) oder noch nicht (Litanei des Agnus Dei) Bestandteil der Feier sind oder im Ablauf der Feier ihren Ort und damit partiell auch ihre Funktion verändert haben (Friedenskuss).

2.5.2 Die Messe im Mittelalter

Die Messen im Mittelalter – Versuch einer Epocheneinteilung

Wenn wir im Folgenden die Entwicklung der Feiergestalt der Messe im Mittelalter untersuchen, so müssten wir eigentlich korrekterweise von „den Messen" (Plural) im Mittelalter sprechen, da es nicht nur den einen Mess-Typus gibt, der sich linear fortentwickelt, sondern eine Fülle von Feierformen, die in wechselseitiger Beeinflussung stehen, mit teilweise fließenden Übergängen.

In der Fortentwicklung sind drei Epochen zu unterscheiden: Zunächst jene Frühphase, die wir schon im vorausgegangenen Kapitel bei der Behandlung der Traditio Apostolica kennen gelernt haben, die mit Papst

Gregor d. Gr. († 604) zu einem Ende kommt. Dann eine zweite Phase, die sich in der römischen Messliturgie vom Ausgang der Antike etwa bis zu Gregor VII. († 1085) erstreckt. Und schließlich die dritte Phase von Papst Gregor VII. bis zum Beginn des 16. Jahrhunderts. Erst in dieser letzten Phase können wir wirklich von einer *Messe im Mittelalter* sprechen.

Bedeutende liturgische Quellen der Zeit

Bereits seit dem 4. Jahrhundert zeichnete sich, wie wir gesehen haben, eine zunehmende Verschriftlichung der Liturgie ab (Stichwort: Kodifizierung). Gesicherte liturgische Quellen liegen uns aber erst ab etwa dem 6. Jahrhundert vor: Es handelt sich im Hinblick auf die Euchologie (die Gebetstexte) um sogenannte Sakramentare, im Hinblick auf die Leseordnung um Perikopenlisten (Liste von Bibelabschnitten), später um Lektionare. Hinzu kommen Ordines, die den zeremoniellen Ablauf wiedergeben, und Gesangbücher. Die wichtigsten liturgischen Quellen der (früh-) mittelalterlichen Zeit präsentieren sich wie folgt:

Sakramentare: Sakramentare sind Textsammlungen, in denen euchologische Texte (Gebete/Orationen) der Messe zusammengefügt sind zu einem Messformular für bestimmte Feieranlässe. Diese Sakramentare sind noch keine Vollmissale, sie enthalten noch keine Lesungstexte und auch keine Gesänge. In gewisser Hinsicht ähneln sie im Aufbau unserem heutigen Messbuch[63], wenn auch die Quellen, die uns überliefert sind, zumeist große Lücken im Textbestand aufweisen und leider unvollständig sind. Kurzgefasst: Sakramentare sind Sammlungen von Gebeten des Vorstehers (sei es der Bischof, seien es Presbyter) zur Feier der Messliturgie. Bedeutende Sakramentare sind:[64]

Das *Veronense (Ve)* vom Anfang des 7. Jahrhunderts ist wohl benannt nach der Stadt, in welcher sich das einzige Manuskript befindet. Es wird nach Papst Leo d. Gr. († 461) auch Leoninisches Sakramentar genannt, wobei es diesem wohl nur nominaliter zugeschrieben wurde. Streng genommen handelt es sich nicht um ein Sakramentar im zuvor beschriebenen Sinn. Es ist vielmehr eine Sammlung sogenannter „libelli" (= Büchlein, pamphletartige Hefte für die Feier der Messliturgie) römischen Ursprungs, welche die Orationen für eine oder mehrere Messfeiern enthielten.

Das *Altgelasianum (GeV)* aus der Mitte des 8. Jahrhunderts, fälschlicherweise Papst Gelasius I. († 496) zugeschrieben, enthält Gebete, die wohl zum Zeitpunkt ihrer Sammlung schon mindestens hundert Jahre alt waren und von stadtrömischen Presbytern (u. U. an den Titelkirchen) verwendet wurden. Es handelt sich demnach ebenfalls um eine Kompilation aus älterem, stadtrömischem Material (libelli), das später mit fränkischem vermischt wurde. Es stellt ein wichtiges Zeugnis der Wende von der Spätantike zum Frühmittelalter dar und bezeugt den Versuch, im Frankenreich lokale Formen der (gallischen) durch die stadtrömische Liturgie zu verdrängen, was dann zu Mischformen führte. Das Altgelasianum ist strukturiert in drei Teile: 1. das Temporale: die Ordnung der Sonn- und Festtage, inkl. weiterer Riten wie Taufe und Kirchweihe; 2. das Sanctorale: die Heiligenfeste (+ Advent); 3. die Sonntage der Zeit nach Pfingsten, das Hochgebet (der Römische Kanon) und Votivmessen (Messen in besonderen Anliegen).[65]

Die *Gelasianischen Sakramentare (Ge)* aus der zweiten Hälfte des 8. Jahrhunderts werden auch als *junggelasianische Mischsakramentare* bezeichnet und zeichnen sich durch Einfügung monastischer Elemente sowie gallisch-fränkischer Lokaltraditionen aus. Unterschiedliche Abschriften liegen aus Süddeutschland, Gallien und Norditalien vor. Bei der Abfolge sind im Gegensatz zum Altgelasianum Temporale und Sanctorale vermischt.

Die *Gregorianischen Sakramentare (Gr)*: ursprünglich bis ins 6./7. Jahrhundert zurückgreifende Sammlungen von Orationen und Messformularen, darunter wohl auch Gebetstexte, die bis auf Gregor d. Gr. zurückgehen (daher der Name dieses Sakramentar-Typs und die falsche Zuschreibung). Hieraus entwickelten sich zwei Untertypen:

Das *Hadrianum (GrH)*: Beispiel für ein päpstliches Sakramentar, zusammengefügt wohl am Lateran, entstanden wohl in der ersten Hälfte des 8. Jahrhunderts, das alle Orationen und Messformulare für den päpstlichen Gottesdienst seiner Zeit enthielt. Benannt ist das *Hadrianum* nach Papst Hadrian (†795), der das Sakramentar auf Wunsch Karls d. Gr. nach Aachen sendet, wo es, wie wir im nachfolgenden Abschnitt sehen werden, eine bedeutende Rolle in der sogenannten Karolingischen Liturgiereform spielt.

Das *Paduanum (GrP)* aus der ersten Hälfte des 9. Jahrhunderts, wurde wohl schon im 7. Jahrhundert für den presbyteralen Gottesdienst zusammengestellt (also von Riten, die dem Papst vorbehalten waren, befreit), ergänzt um Material aus gelasianischen Quellen.[66]

Für die *Liturgie des Wortes* und die dabei verwendete *Leseordnung* stellt sich die historische Entwicklung noch einmal komplizierter dar. Älteste

Quellen entstammen dem 7./8. Jahrhundert und lassen Rückschlüsse auf die Feiergestalt des 7. Jahrhunderts zu: Zunächst handelt es sich bei den liturgischen Quellen um schlichte *Randnoten* in Bibelhandschriften, was darauf hinweist, dass bis ins Mittelalter die Hl. Schrift (als Vollbibel) im Gottesdienst verwendet wurde. In diesen Vollbibeln wurden dann Randnoten eingefügt, die anzeigten, welche Perikope (= Bibelabschnitt) an welchem Fest zu lesen ist.

Neben diesen Randnoten in Bibelhandschriften entwickelten sich *Perikopenlisten*, die die Angaben, welche für den betreffenden Tag zu lesenden „Capitula" (Kapitel) vorgesehen waren, enthielten. Deshalb werden derartige Listen auch *Capitulare* genannt. Capitulare enthielten jeweils den Beginn (incipit) und den Abschluss (explicit) einer biblischen Lesung für den jeweiligen Feieranlass, was das Auffinden der Schriftstellen enorm erleichterte. Die älteste Handschrift eines solchen *Capitulars* für den Bereich der römischen Liturgie ist die *Würzburger Epistelliste* aus der Mitte des 8. Jahrhunderts. In diesem Würzburger Kodex ist auch das Verzeichnis der Evangelienperikopen enthalten. Die Würzburger Epistelliste lässt Rückschlüsse auf die Leseordnung der Zeit kurz nach dem Tod Gregors d. Gr. zu.[67]

Der *Comes* (liber comitis) ist eine Art Vorgänger unseres heutigen Lektionars, der den vollen Text der Epistellesungen oder der Evangelien oder beider Lesungen enthält. Allerdings sind in manchen dieser Comes bereits Lesungen mit den Gebetstexten aus den Sakramentaren oder Gesängen aus den Antiphonaren verbunden, sodass wir dann eine Art Vorgänger der späteren Vollmissalien vorliegen haben.

Die *Ordines* sind ein weiterer Quellentypus: Es handelt sich um eine Sammlung detaillierter Vorschriften für den rituellen Ablauf der liturgischen Feier. Besonders bedeutsam wegen seines Einflusses auf die weitere Liturgieentwicklung ist der Ordo Romanus 1, der die päpstliche Messe des 7. Jahrhunderts überliefert.[68] (Die Ordines Romani 1–7 behandeln die päpstliche Messe, die Ordines Romani 8–9 die bischöfliche Messe, der Ordo Romanus 15 die Messe der Presbyter und der Ordo Romanus 17 die klösterliche Messe.)

Für die *Gesänge* wurde bereits auf das in Rom entwickelte *Cantatorium* verwiesen, es enthielt das *Graduale* bzw. den *Tractus* (= Psalm) nach der Lesung bzw. das Alleluja vor dem Evangelium. Im fränkischen Bereich wurde dieses liturgische Vorsänger-Buch „Graduale" genannt (von lat. *gradus* = Stufen). Für die Gesänge des Vorsängerchors (Schola Cantorum) entwickelte sich das Antiphonale, das den Introitus (Gesang zum Einzug), das Offertorium (Gesang zum Herbeibringen der Gaben) und die Communio (Gesang zur Kommunion) enthielt. Diese beiden ursprünglich getrennt entstandenen Gesangbücher wurden später miteinander verbunden unter dem Namen „Graduale".

Die Karolingische Liturgiereform

Eine bedeutsame Weichenstellung für die Fortentwicklung der Messfeier im Mittelalter ist die teilweise Übernahme der stadtrömischen Liturgie seit den Karolingern (seit König Pippin 751–768 n. Chr.) für das gesamte Frankenreich (etwa ab 754 n. Chr.) und damit die Festschreibung von Ritus und Gebeten.[69]

Bereits seit Karl Martell († 741) strebten die fränkischen Herrscher nach einer einheitlichen Ordnung für ihr Reich. Sie lehnen sich dabei bewusst an Rom an: Schon etwa seit dem 7. Jahrhundert bringen Romreisende ihre Kenntnis und ihre Hochschätzung der stadtrömischen Liturgie mit nach Norden über die Alpen. Rom als Mittelpunkt der Westkirche und als Stadt der Apostelfürsten Petrus und Paulus genießt sowohl bei den angelsächsischen Missionaren (Winfried Bonifatius, † 755) als auch bei fränkischen Reichsbischöfen (Chrodegang von Metz, † 766) große Verehrung. Der eigentümliche Stil der stadtrömischen Liturgie, ihre „Romanitas", wird dabei als besonders nachahmenswert empfunden und erfreut sich großer Beliebtheit.[70] Es war also keineswegs so, dass Rom bzw. das Papsttum jener Zeit den Versuch unternommen hätte, die Liturgie zu vereinheitlichen oder die stadtrömische Liturgie auch nördlich der Alpen durchzusetzen. Dazu fehlten Rom einerseits die Mittel, andererseits war dies auch gar nicht notwendig: Eine Imitation und Übernahme stadtrömischer liturgischer Bräuche fand aus dem hohen Respekt und der Verehrung heraus statt, den diese Liturgie zur damaligen Zeit genoss, und nicht etwa unter Zwang.[71]

Man empfand demgegenüber die eigene (gallische) Liturgie vor allem aufgrund ihrer unüberschaubaren Vielfalt, die u. a. durch die weitgehend unkontrollierte Übernahme vermutlich römischer Liturgiebücher ungeklärter Herkunft hervorgerufen war, als defizitär. So sollte durch den Import der stadtrömischen Liturgie in das noch junge Frankenreich eine neue kirchliche wie liturgische Ordnung geschaffen werden.[72]

Auf Wunsch Karls d. Gr. entsandte Papst Hadrian († 795) das sogenannte Sakramentarium Hadrianum (GrH) nach Aachen. Dieses Hadrianum entwickelt sich in der Folgezeit zu einem römisch-fränkischen Mischsakramentar.[73] Es diente den Hoftheologen Karls d. Gr. als Grundlage für die angestrebte Reform und Vereinheitlichung der Liturgie. Dies bedeutet, dass aus einer ursprünglich rein stadtrömischen Textsammlung (Sakramentaren), deren Ziel und Zweck es war, die Feier des (päpstlichen) Gottesdienstes in der Stadt Rom zu ermöglichen, später jene Messbücher entstanden, denen man interessanterweise zunächst nur außerhalb Roms, also im angelsächsischen Raum oder unter Karl d. Gr. im Frankenreich, einen verpflichtenden Charakter beimaß.[74]

Zur Entstehung von römisch-fränkischen Mischformen dürfte zudem beigetragen haben, dass die spätantiken liturgischen Bücher nicht mehr den Erfordernissen der Zeit des damals noch jungen Frankenreichs entsprachen. Dies hängt zunächst mit religionssoziologischen Gründen zusammen: Die Missionierung und damit auch Prolongierung der erneuerten Liturgie ging in dem im Vergleich zum spätantiken Römischen Reich nun nicht mehr städtisch, sondern ländlich geprägten Frankenreich von den Klöstern aus. Die Bischöfe/Äbte dieser Klöster übernahmen vielfältige Aufgaben: Sie wirkten zugleich als Verwaltungsbeamte wie als (Hof-)Theologen, als Missionare und Lehrer. Exemplarisch zu nennen sind hier Alkuin († 804), Benedikt von Aniane († 821) oder Rhabanus Maurus († 856). Die in den bischöflichen Zentren gefeierte Liturgie sollte dabei zugleich das junge Reich repräsentieren und festigen. Dabei ließ sich die entfaltete römische Stationsliturgie jedoch nur bedingt auf die hiesigen Verhältnisse übertragen: Sie musste angepasst werden an die einfacheren, teilweise ärmlichen Verhältnisse, kleinere Räumlichkeiten und eine kleinere Gemeinde mit Klerikern und Mönchen, die nicht mehr in großen städtischen Strukturen, sondern in eher überschaubaren kleinen Siedlungen lebten. Dennoch ist die ausstrahlende Wirkung, welche die prächtig gefeierte Liturgie zu entfalten vermochte, sicherlich nicht zu unterschätzen.

Als ein weiterer Grund für die Anpassung der stadtrömischen Liturgiebücher an die Verhältnisse im Frankenreich darf der Wunsch nach Übernahme und Integration bewährter, lokaler Traditionen gelten (Stichwort: consuetudo). Auch Elemente, die eher der Privatfrömmigkeit und einer spezifischen lokal vorfindlichen Spiritualität entstammten, fanden so Eingang in die liturgischen Bücher.[75]

Die Liturgie der Eucharistie hatte sich also hinsichtlich der Anlässe, aber auch im Hinblick auf die konkrete Ausgestaltung des Ritus der Messfeier deutlich weiterentwickelt. Insofern war es nur konsequent, dass fortan römisch-fränkische Mischformen entstanden. Diese römisch-fränkische Mischliturgie hat dabei im Lauf der Jahrhunderte eine doppelte „Wanderung“ über die Alpen vollzogen:

- Eine erste Wanderung nach Norden von Rom über die Alpen nach Aachen fand im 8. Jahrhundert zur Zeit der Karolinger statt.
- Eine zweite Wanderung geschah im 11. Jahrhundert in ihrer römisch-fränkischen Mischform wieder zurück nach Rom, wo vor allem im 10. Jahrhundert („saeculum obscurum“ / das dunkle Jahrhundert) das Papsttum nach dem Mord an Papst Johannes VIII. († 882) völlig unter dem Einfluss des römischen Adels stand: Unter dem Einfluss der deutschen Könige und Kaiser traten die römisch-fränkischen Mischformen den Weg zurück über die Alpen nach Rom an.

Insofern kann man sagen, dass um die Jahrtausendwende eine romanisierte gallisch-fränkische Liturgie in zahlreichen Mischformen vorliegt, die dann in eine germanisierte römische Liturgie übergeht. Diese germanisierte römische Liturgie wird in den nachfolgenden Jahrhunderten zum Ausgangspunkt der weiteren liturgischen Entwicklung.[76]

Es ist dabei nicht ohne eine gewisse Ironie der Geschichte, dass man diese römisch-fränkische, um die Jahrtausendwende unter kaiserlichem Einfluss nach Rom zurückgelangte Mischliturgie dann etwa seit Papst Gregor VII. als *die* echte und reine römische Liturgie ansah und zu sanktionieren und zu verbreiten suchte.

Klerikalisierung der Liturgie

Wichtig für die folgende Weiterentwicklung der Feiergestalt ist zudem die Beobachtung, dass die Karolinger mit den stadtrömischen Sakramentaren die Eucharistiefeier in ihrer festlichen Hochform übernehmen: Es handelt sich um die Messe des Bischofs, die fürderhin zur liturgischen Norm wird. Dies hat konkrete Folgen für deren Ausgestaltung: So setzt diese festliche Liturgie eine reiche liturgische Assistenz voraus sowie eine Schola für die immer anspruchsvoller vertonten liturgischen Gesänge. Die liturgischen Aufgaben und Dienste werden zunehmend von Klerikern wahrgenommen (so etwa das Herbeibringen der Gaben), und die liturgische Beteiligung des Volkes ist dementsprechend gering.[77]

Mit der Kodifizierung der Liturgie seit der Karolingischen Liturgiereform geht deshalb auch eine gewisse Klerikalisierung der Liturgie einher. Es kommt zu der unguten „Rollenverteilung“, dass nur noch der Klerus die Liturgie wirklich feiernd vollzieht, während das gemeine Volk der

Liturgie lediglich beiwohnt. Dies hängt auch mit der Sprache zusammen, denn das Latein als Liturgiesprache wurde nur mehr von der gebildeten Oberschicht verstanden.

Die Trennung von Klerus und Laien manifestiert sich nun auch im Kirchbau: Es kommt zu einer räumlichen Trennung zwischen Altar und Volk, der Altar rückt an die Rückwand des Chorraumes in die Apsis, Altarschranken oder Lettner (künstlerisch reich verzierte Chorschranken) trennen den Altarraum vom Raum der Gemeinde.[78]

Die Klerikalisierung der Liturgie findet ihren Niederschlag ebenfalls in den liturgischen Texten, besonders in der Zunahme der stillen, also gleichsam privat vollzogenen Gebete des Priesters. Wir sprechen bei diesen Gebeten von sogenannten Apologien. Diese Gebete enthalten mehrfache Unwürdigkeitsbekundungen und Bitten um einen würdigen Vollzug des eigenen priesterlichen Dienstes und um einen würdigen Empfang der Kommunion, die nun vom Priester in der Ich-Form gesprochen werden. So entwickelt sich auch die Stille Messe hin zur Privatmesse des Priesters, bei der lediglich noch ein Ministrant die Gemeinde repräsentiert.[79]

Die Elfenbeintafel der folgenden Abbildung (s. S. 66) zeigt die Feier der Messe. Dominiert wird die Szene von einem Erzbischof, der seiner Bedeutung entsprechend am größten dargestellt ist. Er zelebriert zum Volke hin („versus populum"). Vor ihm auf dem Altar befinden sich Kelch, Hostienschale sowie liturgische Bücher: ein geschlossenes Evangeliar sowie ein geöffnetes Sakramentar mit dem „Te igitur" (lat. = „Dich bitten wir …", den Anfangsworten des Römischen Messkanons). Hinter dem Zelebranten stehen unter einer prachtvollen Altarbekrönung (Ziborium) fünf Diakone, vor dem Altar ein Chor geistlicher Sänger (eine Schola, die das Sanctus anstimmt).

Die Darstellung zeigt, dass verschiedene Dienste den Gottesdienst mittragen. Sie konzentriert sich auf die eucharistische Kernhandlung, wobei gemäß der Akzentsetzung der Zeit nur der Klerus in den Blick kommt.

Der Rückgang der Kommunionhäufigkeit

Schon seit der Spätantike kommt es zu einem Rückgang der Kommunionhäufigkeit. Die Gründe hierfür sind vielfältig: Eine gesteigerte Ehrfurcht vor dem Sakrament, die häufig mit 1 Kor 11,27–32 begründet wird – wer „unwürdig" kommuniziere, esse sich das Gericht –, geht mit einem gesteigerten Sündenbewusstsein einher, so ab etwa dem 4. Jahrhundert

Meister der Wiener Gregorplatte: Elfenbeinrelief mit Darstellung des Messopfers, Lothringen, um 875, Liebieghaus Skulpturensammlung, Frankfurt/Main. Die ursprüngliche Funktion des Elfenbeinreliefs ist unbekannt. In späterer Zeit wurde es in den Buchdeckel eines Evangelistars, einer Zusammenstellung der in der Messe gelesenen Evangelienabschnitte, integriert.

nachweisbar.[80] Die Gläubigen nehmen nach wie vor an der eigentlichen Feier teil, kommunizieren aber nur noch „geistlich" im Schauen und der inneren, spirituellen Vereinigung mit dem in den eucharistischen Gestalten gegenwärtigen, erhöhten Herrn. In der Folge geht die Kommunionhäufigkeit drastisch zurück, die Gläubigen kommunizieren nur noch wenige Male im Jahr, und das IV. Laterankonzil muss schließlich im Jahr 1215 sogar vorschreiben, dass die Gläubigen doch wenigstens einmal im Jahr, zur österlichen Zeit, die Kommunion empfangen sollen (DH 812).

Mit der zurückgehenden Kommunionhäufigkeit gingen auch andere Formen der Teilnahme der Gläubigen am Gottesdienst zurück[81]: Das Mitbringen der (ursprünglich häuslichen) Gaben von Brot und Wein entfällt, damit auch das Herbeibringen der Gaben durch die Gläubigen bei der Bereitung der Gaben vor dem Hochgebet. Begünstigt wurde diese Entwicklung sicherlich auch durch die sich seit dem 9. Jahrhundert ausbreitende Einführung von vorgestanzten Einzelhostien als eine Form von ungesäuertem Brot (wohl wegen der größeren Nähe zu jenem Brot, das der Herr beim Paschamahl/Letzten Abendmahl verwendet hatte).

Freilich wurde durch die Einführung von Einzelhostien auch der Ritus des Brotbrechens, der einstmals sogar der ganzen Feier ihren Namen gegeben hatte, obsolet und nur noch in ritualisierter Form mit der „Priesterhostie" vollzogen.[82] Wenn die Kommunion an größeren Festtagen überhaupt noch empfangen wurde, so geschah dies zunehmend nach der Messe: Aus der Krankenkommunion übernommen, hatte sich eine eigene Form der Kommunionandacht gebildet mit Schuldbekenntnis, Vaterunser, Kommunioneinladung und dreimaligem „Herr, ich bin nicht würdig", sowie dem Kommunionempfang (kniende Mundkommunion), dem Trinken von nicht-konsekriertem Wein (sogenannter Ablutionswein) und einem privaten Gebet zur Danksagung. Diese Andacht wurde ausgedehnt, sodass sie zunehmend als eigenständiger Ritus der Kommunionspendung an die eigentliche Feier der Messe angehängt wurde, in welcher dann wiederum nur noch der zelebrierende Priester, quasi in Stellvertretung für die Gemeinde, kommunizierte.[83]

Allerdings rechtfertigen hochmittelalterliche Autoren wie Hugo von St. Viktor die „geistliche Kommunion" nun auch theologisch in der Systematik einer sich weiter ausdifferenzierenden scholastischen Sakramententheologie: Weil in der eucharistischen Zeichenhandlung mit Brot und Wein (sacramentum tantum) jene zu erlangende innere Gnade (res sacramenti): die Gemeinschaft mit Gott, welche über die Zwischenwirklichkeit der Realpräsenz Christi in den eucharistischen Gestalten (sacramentum et res) vermittelt wurde, auch durch die geistliche Kommunion erlangt werden konnte, war der Empfang des sakramentalen Zeichens (des eucharistischen Brotes/Weines) in der Kommunion nicht mehr Voraussetzung zum Empfang der heilswirksamen Gnade. Auch die Teilnahme an der Messe, das Schauen der erhobenen, konsekrierten Gestalten in der Elevation durch den Priester nach den Einsetzungsworten und die geistliche Kommunion versprachen nun reiche Gnadenfrüchte.[84]

So entwickelte sich die Elevation zu einer Art Ersatzritus für die sakramentale Kommunion – wir sprechen auch von der sogenannten Elevationsfrömmigkeit als Teil mittelalterlicher Schaufrömmigkeit: Ausgehend von Frankreich im 12. Jahrhundert wurde den Gläubigen zunächst nur das konsekrierte Brot, später ab dem 13. Jahrhundert auch der Kelch mit dem konsekrierten Wein gezeigt. Glockenzeichen markierten den Zeitpunkt der eucharistischen Wandlung und ermöglichten es den Gläubigen, durch etwa an benachbarten Seitenaltären entsprechend zeitlich getaktete Messen (man spricht von „Schachtelämtern"), womöglich mehrere Elevationen nacheinander zu schauen. Die Elevation wird in die Länge gezogen, entwickelt sich zu einer eigenen Kommunionandacht – den Ablauf der Messe und die Einheit des Eucharistischen Hochgebets unterbrechend und eigentlich (zer-)störend.[85]

Die allegorische Deutung der liturgischen Feier

Für denjenigen, der wenig versteht und handelt, rückt das Schauen in den Vordergrund. Daher versucht man, dem Volk die Messfeier in einer Weise zu erschließen, dass ihm das, was es sieht, zum anschaulichen Zeichen wird für bestimmte Ereignisse aus dem Leben, Sterben und Auferstehen Christi. Wir sprechen hier von einer allegorischen Deutung der Messfeier, bzw. der Messallegorese oder auch Messerklärung.[86] Seit Amalar von Metz († 850) und seinem *Liber Officialis* (um 820)[87] verbreitet sich diese Form der Messerklärung und gewinnt bis ins hohe Mittelalter zunehmend an Bedeutung, vor allem auch im Hinblick auf die Auswirkungen dieser Form der Messerklärung auf die mittelalterliche Eucharistiefrömmigkeit und -katechse.[88]

Die Methodik, derer sich Amalar bedient, lässt sich als *rememorative Allegorese* beschreiben („ad memoriam reducere" als immer wiederkehrender terminus technicus). Entlang dem Ablauf der Messe werden die rituellen Vollzüge (bis hinein in einzelne Gesten und Körperhaltungen) der Messfeier heilsgeschichtlich mit dem Ablauf des Lebens Jesu parallelisiert und somit erklärt und gedeutet.[89] Dies geschieht durchaus im Hinblick auf den konkreten geistlichen („moralischen“) Nutzen für den Einzelnen. Liturgie ist demnach für Amalar analog zu einem Bild zu sehen, bei dem der Bildbetrachter immer auch Anteil erlangt am abgebildeten Geschehen, das Bild ist im Anschauen und Betrachten ein Eintrittstor in die abgebildete Wirklichkeit: Das Betrachten der rituellen, bildhaften Vollzüge der Liturgie kann somit Stationen des Lebens Jesu ins Gedächtnis rufen.[90]

So ruft der erste Teil der Messfeier vom Einzugsgesang (Introitus) bis nach dem Evangelium die Menschwerdung und das (verborgene und öffentliche) Wirken Jesu in Erinnerung, der zweite Teil von der Gabenbereitung (Offertorium) bis zum Abschluss des Eucharistischen Hochgebets (Messkanons) den Einzug Jesu in Jerusalem, seine Passion, sein Sterben am Kreuz bis zur Kreuzabnahme und als letzter Teil der Messe schließlich vom Vaterunser bis zum Schlusssegen die Zeit von der Grabruhe bis zur Himmelfahrt.[91]

Eine solche Parallelisierung mit dem Leben Jesu und damit zugleich allegorische Deutung der einzelnen Handlungselemente lässt sich nicht nur auf der Makrostruktur der Messfeier, sondern auch in einzelnen Teilen der Messe aufweisen, etwa beim Herbeibringen der Gaben, dem Offertorium der Messe: Wenn der Bischof (als „vicarius Christi“!) nach dem Herbeibringen der Gaben zum Altar tritt, so symbolisiert dies den Gang Jesu zum Tempel. Im Gebet über die Gaben wird das Geheimnis Christi, das sich im Letzten Abendmahl offenbarte, erneut ins Gedächtnis gerufen („ad memoriam ducantur“), dass Christus das wahre Paschalamm ist. Die moralische Deutung dieser rituellen Handlung ist die Gabendarbringung als eine Art Nachbildung des Lebens der Gerechten. In ihrem Leben kreuzigen sie täglich ihre fleischlichen Begierden und bringen Gott ihre guten Werke dar.[92]

Gegenüber dieser direkten Bezugnahme auf die einzelnen Zeremonien kommt die Wortgestalt der Liturgie, also ihre Gesänge, Gebete, Lesungstexte, in Amalars Messerklärung kaum vor und wird weitgehend ausgespart.

> *Ein bedeutendes, frühes Zeugnis allegorischer Messerklärung findet sich bei Amalar von Metz († 850). Amalar war ein Schüler Alkuins und wurde später Erzbischof von Trier. In seiner Messerklärung Liber officialis finden sich die nachfolgenden Beispiele einer rememorativen Allegorese:*

Das Sitzen des Bischofs deutet Amalar wir folgt:

X De sessione episcopi

1. Dein Christus ascendit in caelum, ut sedeat ad dexteram Patris. Episcopus, quia vicarius est Christi, in omnibus memoratis superius debet et hic ad memoriam nobis intronizare Christi ascensionem et sedem. Quapropter ascendit in sedem post opus et laborem ministerii commissi. Christus, disposito curru suo per convenientia loca, id est presbyteros in suo ordine, diaconos in suo, subdiaconos in suo, ceterosque gradus in suis, necnon et auditores unumquemque in suo, ascendit ad sedem et sedet.[93]

[Dann fährt Christus zum Himmel auf, um sich zur Rechten des Vaters zu setzen. Weil er der Stellvertreter Christi ist, soll der Bischof – im Hinblick auf alles, was wir diesbezüglich in Erinnerung gerufen haben – hier auch unser Gedächtnis wenden zur Himmelfahrt und zur Thronbesteigung Christi. Deshalb steigt er zu seinem Sitz hinauf, nachdem er den Dienst vollendet hat, der ihm anvertraut ist. (Wie) Christus, nachdem er die Mitglieder seines Gefolges eingesetzt hat nach ihrer Ordnung, die Priester nach ihrer Ordnung, die Diakone nach der ihrigen, ebenso wie die Subdiakone und die anderen Dienste, jeder Dienst an seinem Platz, wie auch die Zuhörer (!) jeder an seinem Platz, (so) steigt der Bischof zu seinem Sitz hinauf und setzt sich nieder.]

Das Kreuzzeichen während des Hochgebets deutet Amalar wie folgt:

Videtur mihi, si semel fuerit facta crux super panem et vinum, posse sufficere ; quia semel crucifixus est Dominus.[94]

[Es scheint mir, dass es genügen würde, ein einziges Mal das Kreuzzeichen über Brot und Wein zu machen, weil der Herr (ja) nur ein einziges Mal gekreuzigt wurde.]

Über den Friedenskuss führt er aus:

Eucharistia sumenda est post osculum pacis. Sicut unus panis sumus in Christo, sic et unum cor debemus habere. Ipsa unitas ut teneatur, ammonetur per oscula pacis.[95]

[Man empfängt die Eucharistie nach dem Friedenskuss. Wie wir ein einziges Brot sind in Christus, so sollen wir ein einziges Herz haben. Wir sind durch die(se) Friedensküsse eingeladen, diese Einheit zu bewahren.]

Im nachfolgenden Abschnitt zeigt sich eine ganze Theologie der Sakramente, die Amalar wie folgt ausführt:

Sacramenta debent habere similitudinem aliquam earum rerum quarum sacramenta sunt. Quapropter similis sit sacerdos Christo, sicut panis et liquor similia sunt corpori Christi. Sic est immolatio sacerdotis in altari quodammodo ut Christi immolatio in cruce. Ut similis sit homo Christi resurrectioni, aliquo modo manducat carnem et bibit sanguinem eius. Christus resurrexit a mortuis et iam non moritur. Per corpus Christi quod manducat homo digne, anima, resurrectione accepta per baptismum sive per penitentiam, vivit, usque dum adimpleatur plena resurrectio in octava die.[96]

[Die Sakramente sollen eine gewisse Ähnlichkeit haben mit den(jenigen) Elementen, deren Sakramente sie sind, deshalb ist der Priester Christus ähnlich, wie Brot und Wein dem Leib Christi ähnlich sind. (Und) das Opfer des Priesters am Altar ist in bestimmter Hinsicht dem Opfer Christi am Kreuz ähnlich. (Und) damit der Mensch in gewisser Weise Christus in seiner Auferstehung ähnlich wird, isst er seinen Leib und trinkt sein Blut. Christus ist auferstanden von den Toten und stirbt nun nicht mehr. Durch den Leib Christi, wenn er ihn würdig empfängt, lebt der Mensch, dessen Seele die Auferstehung durch die Taufe oder durch die Buße empfangen hat, bis er seine vollkommene Auferstehung erlangt am Jüngsten Tag.]

Stärken und Schwächen von Amalars allegorischer Messerklärung

Im Hinblick auf Amalars allegorische Messerklärung ist demnach ein differenziertes Bild zu zeichnen: Erscheint uns Amalars allegorische Erklärung des Sitzens des Bischofs aus heutiger Sicht wohl eher weit hergeholt und kommt uns seine Unterstreichung der rein passiven Zuhörer-Rolle der Gemeinde eher befremdlich vor, so sind die nachfolgenden Abschnitte über das Kreuzzeichen, den Friedenskuss und die Sakramente mystagogische Erschließung der Liturgie im besten Sinne: eine Form der Unterweisung, die in das gefeierte Mysterium führt und dieses den Feiernden erschließen soll.

Man wird also Amalar (und späteren Autoren von Messerklärungen) nur gerecht werden, wenn man diese Form der Messallegorese vor dem Hintergrund ihrer Zeit und der zu dieser Zeit gefeierten Liturgie zu verstehen versucht. Mit Reinhard Meßner lässt sich festhalten: „Das Eucharistieverständnis erhielt ein neues Zentrum, die ‚Konsekration' durch den als ‚heiligen Mann' verstandenen Priester, aber die Gestalt der Eucharistiefeier ist altes Erbe aus der städtischen, ortsgemeindlich verfassten Kirche. Ihre Riten sind im neuen Kontext nicht mehr verständlich, eigentlich überflüssig (…) und müssen erklärt werden: Dies leistet die erstmals von Amalar konsequent angewandte westliche allegorische Messerklärung."[97]

Gegenüber einer früher sehr kritischen und negativen Beurteilung[98], die in der Messallegorese vor allem eine verunklarende, weil der gefeierten Liturgie in ihrer Wort-Symbol-Gestalt eigentlich fremde Deutungsweise sah, wird in der jüngeren Forschung vor allem Amalars Werk (weniger das seiner Nachfolger) und sein methodischer wie theologischer Ansatz differenzierter betrachtet.[99] So ist davor zu warnen, Amalars Messerklärung vorschnell mit der liturgischen Praxis und der mystagogischen Erschließung zur Zeit der frühen Kirche zu vergleichen, dergegenüber sie zwangsläufig defizitär erscheinen muss.

Der grundlegende Wandel in der Sozialgestalt des Christentums im Frühmittelalter und die daraus resultierende Veränderung der Feiergestalt der Messfeier, wie wir sie hier nachzuzeichnen versucht haben, führt naturgemäß auch zu einem völlig neuen Typus der Messerklärungen, der freilich ganz auf die Bedürfnisse seiner Zeit abgestimmt ist: Es ist nicht mehr das städtisch geprägte Christentum der Spätantike, für das Amalar schreibt. Sondern Amalar findet ein weitgehend ländlich geprägtes Christentum vor, dessen geistliche Zentren nicht mehr die städtischen Gemeinden unter Leitung des jeweiligen Bischofs sind, sondern die Klöster als heilige Orte, oftmals erbaut über dem Grab eines bedeutenden Heiligen, oder doch zumindest mit dessen Reliquien versehen, mit dem (Priester-)Mönch als „vir Dei", mit den Gläubigen als (unverständige) Beobachter und passive Zuhörer.[100] Vor diesem Hintergrund schreibt Amalar seine Messerklärung. Insofern stellt auch Amalars Messerklärung eine Form der Mystagogie (im Sinne einer Einführung in die Feier der Mysterien) dar, die freilich mit der Mystagogie der frühen Kirche aufgrund der veränderten Sozialgestalt von Kirche und daraus resultierend einer sich verändernden Liturgie nicht zu vergleichen ist.[101]

Freilich, so muss man dennoch kritisch anmerken, führt Amalars rememorative Allegorese, sein „ins Gedächtnis rufen", gerade nicht zum Kern der liturgischen Handlung, zur liturgischen Feier des Gedächtnissses von Leiden, Tod und Auferstehung Jesu (Anamnese), denn diese liturgische Gedächtnisfeier ist mehr als ein subjkektives Sich-erinnern-an, sie setzt vielmehr objektiv Heilswirklichkeit gegenwärtig.

Das wie ein Bild gedeutete Ritual hat für Amalar eine rein pädagogische Bedeutung, indem es an Vergangenes erinnert und Zukünftiges vorausschauen lässt. Der Kern jedoch, das lobpreisende Gedächtnis der Heilstaten Gottes in Jesus Christus in der liturgischen Anamnese des Hochgebets, steht für Amalar nicht mehr im Zentrum der Feier (und wird entsprechend in seiner Messerkärung auch kaum behandelt). Die Trennung von Zeichen („signa"), den liturgischen Zeichenhandlungen, die zunehmend sich verselbständigend ausgedeutet werden, und den (ja an sich schon deutenden) Wortanteilen der Liturgie („verba"), die dabei fast völlig außer Acht gelassen werden, bleibt im Letzten problematisch und trägt zur Manifestierung eines zunehmend dinglichen Eucharistieverständnisses und einer zunehmenden Trennung von Klerus und Volk bei.[102]

Feier des Priesters unter „Beiwohnen" der Gläubigen

Die Trennung von Klerus und Volk manifestiert sich seit dem Frühmittelalter auch in der Feier der Liturgie selbst. Im Zentrum der Feier steht nun allein das Tun des Bischofs/Priesters: Er ist der „vir Dei", der heilige Mann Gottes, ab- und ausgesondert von der Gemeinde zum heiligen Dienst. Er garantiert, auch aufgrund seines untadeligen Lebenswandels, die Konsekration der heiligen Materie („res sacra"), durch welche dem nur noch passiv zuhörenden und zuschauenden Volk („auditores") Gnade zuteil wird – die Eucharistie als „bona gratia", Heil schaffende und Gnade erwirkende Gabe Gottes.[103] Der Priester vollzieht die Wandlung, durch die das Kreuzesopfer Jesu Christi vergegenwärtigt wird. Die Gegenwart Jesu Christi unter den eucharistischen Gestalten (Realpräsenz) rückt dabei in den Mittelpunkt. Das Volk schaut in der erhobenen Hostie den am Kreuz erhöhten Herrn, es schweigt, schaut und betet an (Schaufrömmigkeit). Diese Gegenwart Jesu in der Eucharistie bleibt über die Feier hinaus bestehen und wird auch außerhalb der Feier Anlass zur Verehrung (Eucharistische Anbetung). Demgegenüber tritt der Gedanke der Gegenwart Jesu Christi in der versammelten Gemeinde und in seinem Wort stark in den Hintergrund.

Es kommt zu einer Anhäufung von rituellen Elementen und zu einer dramatischeren Ausgestaltung der Liturgie. Da die Menschen im (keltisch-)fränkischen Raum die Römische Liturgie zu karg und streng fanden und da sie die Texte nicht mehr verstehen konnten, werden rituelle Elemente der Feier nun reicher ausgestaltet. Beispiele sind: der mehrfache Standortwechsel der Leuchterträger, häufigerer Inzens mit Weihrauch während der Messe, später dann (im 11. Jahrhundert) Ortswechsel des Priesters zwischen Epistel- und Evangelienseite des Altars.

Anhäufung von Messfeiern – Unterschiedliche Messanlässe

Für den einfachen Gläubigen steht die Frage nach den „Früchten des Messopfers" – d. h. den positiven geistlichen Wirkungen der Eucharistie – im Mittelpunkt der Frömmigkeit. Die Theologie und Spiritualität beginnt, die Messopferfrüchte zu unterscheiden und zu zählen: so etwa die Vergebung der Sünden, die Befreiung der armen Seelen aus dem Fegefeuer, das wirksame Bittgebet und weitere mehr. Da man diesen Messopferfrüchten eine hohe Bedeutung beimisst, geben die Gläubigen Geldspenden, die sogenannten Stipendien, um für die Messe gleichsam „zu bezahlen". Diese Stipendien sind wiederum die wirtschaftliche Existenzgrundlage vieler Priester. Die Messopferfrüchte sind nicht nur für die in der Feier Anwesenden wirksam, sondern auch für die Verstorbenen. Die hohe Wertschätzung der „Messopferfrüchte" und die Gewohnheit der Priester, täglich selbst die Messe zu feiern, führen dazu, dass die Messe häufiger gefeiert wird (insbesondere in der Form der Stillen Messe). Die Frömmigkeitsgeschichte spricht hier von der Zählfrömmigkeit („Viel hilft viel!"). Das Bedürfnis nach vielen Messfeiern ist ein Grund für die Einrichtung von Seitenaltären.

Die Orientierung am Gebrauch der römischen Kurie

Unter Papst Gregor VII. (1073–1085) kommt es schließlich zur sogenannten „Gregorianischen Reform": Der Papst suchte den Primat des Bischofs von Rom zu stärken (Stichwort: Investiturstreit, Kampf gegen die Simonie, das Eigenkirchenwesen). Er unterstützte die Ausbildung eines eigenständigen Kirchenrechts mit übernationalem Charakter und baute die Kurie als effizienten Verwaltungsapparat aus. All diese Reformen finden ihre Entsprechung auch auf dem Gebiet der Liturgie. Die päpstliche Liturgie verliert mehr und mehr den Charakter der Feier des Bischofs von Rom mit seiner ganz konkreten Stadtgemeinde. Die Entwicklung geht hin zu einer päpstlichen Liturgie mit universalem Anspruch (analog zur Entwicklung des Kirchenrechts). Allerdings gab es schon seit dem 10. Jahrhundert „romanisierende" Einflüsse, die den Einfluss Roms und des Papsttums zu stärken suchten und dabei auch eine „römische" Liturgie favorisierten, so etwa das Reformkloster Cluny in Burgund und damit auch der in den Klöstern der Cluniazensischen Reform entstandene Messordo aus dem 11. Jahrhundert.[104]

Unter Papst Innozenz III. (1198–1216) erreicht der päpstliche Machtanspruch einen Höhepunkt: Die Liturgie des Papstes ist nicht mehr nur die Liturgie des stadtrömischen Bischofs, sie ist Liturgie des apostolischen Stuhles, die Liturgie der römischen Kirche. Ihre liturgische Ordnung erlangt nicht nur dem Namen nach, sondern auch von ihrer Bedeutung her immer stärkere Vorrangstellung für die gesamte westlich-lateinische Christenheit.

Man orientiert sich nun in der Folgezeit bewusst am Messordo der römischen Kurie (secundum usum Romanae Curiae), deren Liturgie wiederum als stilbildend empfunden wird. So hatte zuvor etwa schon Bernold von Konstanz († 1100) in seinem Werk „Micrologus de Ecclesiasticis observationibus" einen Messordo nach römischem Brauch vorgelegt, der sich durch den Wunsch nach einer gewissen Einheitlichkeit, Kürze (brevitas moderna) und Straffung der Riten und Gesänge auszeichnet.[105]

Unter Papst Innozenz III. († 1216) wurde dann wohl für die päpstliche Kapelle ein eigener Messordo geschaffen, den wir allerdings nur aus späteren Quellen rekonstruieren können. Papst Honorius III. (1216–1227), der Nachfolger von Innozenz III., lässt für die päpstliche Kapelle ein neues Missale aus dem Material, das an der päpstlichen Hofkapelle und im Laterankloster verwendet wurde, zusammenstellen.

Die Ansprüche an diesen neuen Typ *Messordo* sind klar umrissen und orientieren sich an den Bedürfnissen der römischen Kurialen, die oft auf Reisen sind: Er soll vollständig und dabei doch kurz und knapp gehalten sein. Insofern enthält das Missale in einem liturgischen Buch alle Gebete, Gesänge und Rubriken, die zur Feier der Eucharistie notwendig sind, verzichtet aber auf Doppelungen und ergänzende Texte wie Versikel und Privatgebete.

Es ist der noch junge Franziskanerorden mit seinem für die damalige Zeit innovativen Konzept eines (hochgradig mobilen) Seelsorgsordens, der für die Verbreitung dieses Messordos sorgt: Freilich wird der kuriale Messordo noch einmal den Bedürfnissen des Ordens angepasst, der sich in der Folgezeit immer stärker vom Laien- zum Priesterorden wandelt, der zunehmend auf die Mission ausgerichtet ist und deshalb eine Form des Messordo benötigt, die sowohl für die festliche Feier im Konvent wie auch für die stille Privatmesse geeignet ist. Eine solche Überarbeitung legt der Ordensgeneral der Franziskaner, Haymo von Faversham, beim Generalkapitel des Franziskanerordens im Jahr 1243 mit dem Messordo „Indutus Planeta“ vor. Dieser verbreitet sich mit der missionarischen Tätigkeit des Franziskanerordens ausgesprochen zügig, wird oft abgeschrieben und teilweise sogar bis in das 15./16. Jahrhundert hinein gedruckt.

Zwei weitere Promotoren der Messordnung der Kurie sollen zumindest kurz genannt werden: zum einen Wilhelm Durandus (1237–1296), der nach vielen Jahren am päpstlichen Hof Bischof von Mende in Südfrankreich wird. Er legt u. a. eine äußerst populäre Messerklärung vor, die sich ausdrücklich auf die liturgischen Bücher von Papst Innozenz III. bezieht. Daneben enthält sein Werk „Instructiones“ (1292) einen eigenen Messordo, sowie sein „Pontificale“ (ca. 1295) die Feier der bischöflichen Messe. Letzteres wird nicht nur in Rom, sondern auch nördlich der Alpen breit rezipiert.

Ein weiterer Promotor war Johannes Burchard, der Ende des 15. Jahrhunderts Zeremoniar am päpstlichen Hof war. Im Jahr 1498 veröffentlicht Burchard die Messliturgie „Ordo Missae secundum consuetudinem Sanctae Romanae Ecclesiae“. Es handelt sich hierbei im Grunde um die Ordnung der Stillen Messe, wie sie am päpstlichen Hof gefeiert wurde. Der Ordo Burchards erscheint bereits 1501 in einem franziskanischen Missale, er wird von Burchard selbst im Jahr 1502 in einer stark erweiterten Fassung neu herausgegeben und besonders im 16. Jahrhundert oft nachgedruckt. Die Messordnung Burchards stellt damit sozusagen das Bindeglied zwischen der noch spätmittelalterlichen Messordnung des Wilhelm Durandus und dem Missale Romanum Papst Pius’ V. von 1570, dem Missale Tridentinum, dar.

Von der feierlichen bischöflichen Liturgie und ausdifferenzierten Rollenbüchern hin zu Stillmesse und Vollmissale

Zwei Entwicklungen lassen sich in dieser Zeit beobachten, die sich weitgehend parallel vollziehen:

- Zum einen geht der Trend zum sogenannten Vollmissale, also zu nur noch einem liturgischen Buch für die gesamte Feier der Messe, das alle notwendigen Texte (inkl. der Lesungen und Gesänge) enthält.
- Zum Zweiten wird die Stille Messe (auch: Stillmesse/Privatmesse) zur liturgischen Grundform der Feier der Messe.

Beide Entwicklungen hängen inhaltlich zusammen: Die Stille Messe entsprach am ehesten den seelsorglichen Bedürfnissen der Zeit, denn sie verzichtete auf eine (komplexe) liturgische Assistenz und entsprach dem Wunsch nach Kürze und Schlichtheit des Messritus. Dem entspricht das Vollmissale als nur noch ein liturgisches Buch, das sämtliche liturgischen Texte enthält ohne Rücksichtnahme auf eine ausdifferenzierte liturgische Rollenverteilung.

Vergleichen wir diese Entwicklung seit dem Hochmittelalter mit jener Entwicklung, die wir in der Spätantike und im Frühmittelalter beobachten konnten, so haben wir es mit einer gegenläufigen Entwicklung zu tun: Seit der Spätantike wurden die Messform der bischöflichen Liturgie und das päpstliche Zeremoniell der stadtrömischen Liturgie übernommen und wirkten somit weiter auf die Gestalt der Liturgie in den entstehenden Pfarr- und Klosterkirchen (etwa im Frankenreich). Die schlichtere Form der Eucharistiefeier wurde also den elaborierteren Formen mit mehr Gepränge angeglichen: Es entwickelt sich vom 10.–13. Jahrhundert an die feierliche Form eines sogenannten levitierten Hochamtes, also einer Messfeier mit Bischof/Priester, Diakon und Subdiakon, die eigentlich bis zu den Reformen des II. Vatikanischen Konzils die festliche Grundform bleibt.[106]

Demgegenüber kommt es zu einem rein zahlenmäßigen Übergewicht an Stillmessen. Auf verschiedene Faktoren, die diese Entwicklung begünstigen, haben wir bereits hingewiesen: Theologische Faktoren wie der Wunsch nach einer möglichst täglichen Zelebration des Priesters, frömmigkeitsgeschichtliche Faktoren (Apologien: Gebete, die das Sündenbewusstsein des Priesters thematisieren) und selbst wirtschaftliche Faktoren (Totenmessen/Messstipendien) spielen hierbei eine Rolle.[107]

Wenn aber die Stillmesse zum liturgischen Regelfall wird, benötigt diese ebenfalls eine (womöglich schlichtere, einfacher zu vollziehende) liturgische Ordnung. Die Orden der Augustiner und Franziskaner entwickeln etwa ab dem 13. Jahrhundert solche Ordnungen für die nichtöffentlich gefeierte stille Messe (wie wir gesehen haben: secundum usum Romanae Curiae, also in Anlehnung an die Messordnungen der römischen Kurie).

Im Messordo des Franziskanergenerals Haymo von Faversham findet sich denn auch erstmals für den Bereich des römischen Ritus eine genau geregelte Ordnung der Stillmesse, die eine weite Verbeitung erfährt und schließlich vom Messordo Johannes Burchards und dann dem Ordo Missae des Missale Romanum von 1570 abgelöst wird. All diese Messordnungen verwenden im Grunde das Zeremoniell der festlichen Messfeier und wenden es auf die Stillmesse an.

Freilich verändert sich die Messe in ihrer Feiergestalt dabei grundlegend: Weil es keine weiteren liturgischen Dienste gab (so etwa den Lektor/Vorleser, schon seit Justin) und auch keine Schola, die die Gesänge übernahm, las und betete der Priester sämtliche liturgischen Texte nun selbst. Da es keine Gemeinde gab, war es sinnlos, dass der Vorsteher sich zu einem eigenen Verkündigungsort begab, lediglich der Standortwechsel am Altar von der sogenannten Epistelseite (vom Volk aus betrachtet: rechts) zur Evangelienseite (links) markierte noch die ursprüngliche Praxis. Da es kein mitfeierndes Volk gab, das seine Gaben in der Gabendarbringung in Prozession zum Altar brachte, wurden die Gaben in praktischer Nähe zum Altar auf einem kleinen Tischchen (Kredenz) deponiert.[108]

Da die Stillmesse als der vereinfachte Messritus nun der liturgische Regelfall wird, findet ein Paradigmenwechsel statt. Der vereinfachte Ritus der Stillmesse wird zur neuen Grundform der Messfeier und tritt damit an die Stelle, die bis ins hohe Mittelalter die Feier des Bischofs mit Klerus und Volk hatte.

Mit dem Missale Romanum von 1570 wird dieser Paradigmenwechsel festgeschrieben: Man übernimmt für das neue Missale Tridentinum für die (General-)Rubriken und den Messritus (Ritus Servandus) jene Ordnung, die von Burchard in seinem Messordo für die „Missa sine cantu et sine ministris“ festgelegt worden war. Man kann insofern sagen, dass mit dem Missale Romanum 1570 eine Tradition von eineinhalb Jahrtausenden zu Ende geht. Denn der „normale“ Messritus ist nun jener ohne Gesang und ohne liturgische Dienste.

Jene Entwicklung über Jahrhunderte, die wir in den vorausgegangenen Unterpunkten in aller Kürze darzustellen versucht haben, die während des Mittelalters zu einer zunehmenden Klerikalisierung der Liturgie und zur Vorherrschaft der Stillmesse geführt hatte, wird nun für das Missale Pius' V. (MR 1570) rubrizistisch festgeschrieben. Konsequenterweise werden im Ablauf des Messordo die Anteile des Volkes und die Gesänge des Chores gar nicht mehr berücksichtigt. Selbst die Funktionen der assistierenden Kleriker, welche charakteristisch sind für die öffentliche, festliche Feier der Eucharistie zur Zeit der Spätantike, erscheinen nun nur noch als Zusätze zum Ordo der Stillmesse.

Die Messe im Mittelalter – Versuch eines Fazits

Manche Entwicklungen im Mittelalter muten heute fremd an. Dies nicht nur aufgrund unserer Kenntnis der Feier der Eucharistie zur Zeit der frühen Kirche, sondern auch aufgrund unserer eigenen liturgischen Praxis, an der wir die damalige Praxis unwillkürlich immer messen.

Angesichts der großen Selbstverständlichkeit, mit der heute getaufte Frauen und Männer, ob jung oder alt, liturgische Dienste in der Messe vollziehen (etwa als Messdiener/-in, Lektor/-in, Kommunionhelfer/-in, Kantor/-in), kommt uns die strikte Trennung von Klerus und Laien im Mittelalter seltsam, gar fremd und unverständlich vor. Angesichts einer volkssprachlichen Liturgie, an die wir uns seit rund 40 Jahren positiv gewöhnt haben, erscheint es schwer vorstellbar, wie es gewesen sein mag, einer Messe lediglich „beizuwohnen", in der man die liturgischen Texte, weil auf Latein gebetet, schon rein sprachlich nicht verstehen konnte. Umso mehr traf dies zu, wenn manche dieser Gebete, wie der eigentliche Kern der Eucharistiefeier (Gabengebet bis einschließlich Eucharistisches Hochgebet), aus Ehrfurcht nur leise flüsternd, dem Altar zugewandt gebetet wurden.

Schließlich ist es angesichts der bereits im 19. Jahrhundert einsetzenden, dann durch Papst Pius X. in seinen Kommuniondekreten (1905) positiv aufgegriffenen und dann vor allem durch die Liturgische Bewegung und die Liturgiereform des II. Vatikanums verbreiteten Bemühung, die Kommunionhäufigkeit der Gläubigen zu erhöhen, für viele Nachgeborene kaum noch vorstellbar, an einer Eucharistiefeier teilzunehmen, ohne in dieser auch zu kommunizieren.[109]

Dennoch ist zu sagen, dass auch im Mittelalter hinter all den hier beschriebenen liturgischen Formen eine tiefe Frömmigkeit steht. Sie ist freilich anders geprägt als die Frömmigkeit der frühen Kirche, wie wir sie bei Justin dem Märtyrer kennengelernt haben. Die auffälligsten Unterschiede sind:

- Kam in der frühen Kirche die ganze Gemeinde zusammen, um unter dem Vorsitz des Bischofs/Priesters das Gedächtnis der Heilstaten Jesu Christi in der Verkündigung der Hl. Schrift und im eucharistischen Mahl zu feiern, so wird das Pascha-Mysterium nun eingeengt allein auf den heilsbedeutsamen Tod Jesu, auf die Frage nach seinem Opfer.

- Das Messopfer schenkt dem einzelnen (!) Gläubigen Anteil an diesem Opfertod Jesu, und dies geschieht durch das Tun des Priesters am Altar. Hier kommt es zu einer Individualisierung (Konzentration auf den Einzelnen und seine Frömmigkeit) und Klerikalisierung (Heraushebung des Priesters als dem Liturgen im Gegenüber zur restlichen Gemeinde).
- War die frühchristliche Eucharistie eine Feier der versammelten Gemeinde unter dem Vorsitz des Bischofs/Priesters, so wird die Messe im Mittelalter zu einer Feier des Priesters, der die Gläubigen lediglich beiwohnen.
- Die Frage nach der Gegenwart Jesu Christi wird fokussiert auf seine Gegenwart unter den eucharistischen Gestalten von Brot und Wein („Realpräsenz"). Diese Gegenwart Jesu bleibt über die Feier hinaus und wird selbst auch außerhalb der Feier Anlass zur Verehrung (Stichworte: Schaufrömmigkeit, eucharistische Anbetung, Monstranz).

2.5.3 Die Liturgiereform des Konzils von Trient

Wie wir gesehen haben, hat es im Lauf der Jahrhunderte immer wieder Veränderungen, teils auch Reformen der Feiergestalt der eucharistischen Liturgie gegeben. Schon der Wechsel von der griechischen Liturgiesprache zum Latein in der Spätantike, die Übernahme der stadtrömischen Liturgie im Frankenreich und die Veränderungen im Hochmittelalter sind Reformen oder Veränderungen der Liturgie. Auch neue Orden, wie etwa die Bettelorden der Dominikaner und Franziskaner seit dem Hochmittelalter, prägen die liturgische Feier und verändern sie dabei auch in nicht unbedeutenden Einzelheiten.

Dem Konzil von Trient (1545–1563) kommt dennoch eine Sonderrolle zu: Das Reformkonzil antwortet auf die konkrete Kritik der Reformatoren an zahlreichen liturgischen Missbräuchen und Fehlentwicklungen und reagiert u. a. mit der Anordnung einer umfassenden Liturgiereform.

So kritisierten die Reformatoren, allen voran Martin Luther († 1546), das rein veräußerlichte Streben nach Messopferfrüchten, die daraus resultierende Anhäufung von Privatmessen und das zu einem lukrativen Wirtschaftszweig verkommene Messstipendienwesen. Doch Luther kritisierte auch theologische Akzentsetzungen: Die seiner Meinung nach unbiblische und einseitige Betonung des Opfercharakters der Eucharistie, die den Eindruck erweckte, als füge die Kirche in der Feier des Messopfers dem einmaligen und „allgenügsamen" Opfer Jesu am Kreuz ein eigenes

Opfer hinzu und opfere Jesus jedes Mal erneut auf dem Altar (vgl. Hebr 10,10), die einseitige Fixierung auf den Priester, die Verweigerung der Kelchkommunion für alle Getauften, die unverständliche lateinische Liturgiesprache (um nur einige zentrale Aspekte der reformatorischen Kritik zu nennen).

Das Reformkonzil von Trient begegnet diesen einzelnen Kritikpunkten auf sehr unterschiedliche Weise. Es versucht zuallererst die Liturgie selbst zu reformieren und neu zu ordnen. Das Konzil verbietet Missbräuche und Missstände. Es nennt hierbei ausdrücklich:

- die Habsucht (Stichwort: Stipendienwesen),
- mangelnde Ehrerbietung (Stichwort: Forderung nach einer besseren Ausbildung des Klerus),
- den Aberglauben (Stichwort: abergläubische Vorstellungen, dass nur möglichst viele Messen auch viel helfen).

Das Konzil gibt den Auftrag, die liturgischen Bücher zu reformieren und neu herauszugeben:

- So gibt Papst Pius V. im Jahr 1570 ein neues Einheitsmessbuch heraus, das weltweit in der gesamten lateinischen Kirche für alle Bistümer verbindlich wird, die über keine eigene liturgische Tradition verfügen, die ehrwürdiger und älter als 200 Jahre ist. (Dies hatte zur Folge, dass etwa Bistümer wie Trier, Mainz, Münster, um hier nur einige Beispiele zu nennen, deren Liturgie partiell nicht „nur" 200 Jahre alt war, sondern deutlich älter als selbst die für das neue Einheitsmessbuch verwendeten Quellen, teilweise bis ins 19. Jahrhundert hinein ihre Eigenliturgie nach eigenen Missalien feierten.)
- Das Missale Romanum 1570 versucht dabei, die eucharistische Liturgie von allen mittelalterlichen Überwucherungen zu befreien und eine möglichst ursprüngliche Form der Liturgie wiederherzustellen.
- Ausgangspunkt ist die Orientierung an der „Norm der Väter", wobei allerdings aufgrund mangelnder Quellen dieses Ziel im 16. Jahrhundert mit den damaligen wissenschaftlichen Methoden nur bedingt erreicht werden konnte. Man orientierte sich an der Messordnung der römischen Kurie aus dem 14. Jahrhundert. Diese Messordnung basiert auf der Stillen Messe als der liturgischen Grundform.
- Diese historische Faktenlage freilich ist im Blick zu behalten, wenn in jüngster Zeit die Messfeier nach dem tridentinischen Missale (in seiner letzten Auflage: das Missale Romanum von 1962) oftmals fälschlich als „Messe Gregors d. Gr." oder gar als die „Messe aller Zeiten" bezeichnet

wird. Die auf die Liturgiereform des Konzils von Trient zurückgehenden Missalien (MR 1570 bis MR 1962) bilden mitnichten einfach die Messfeier zur Zeit des Hl. Gregor d. Gr. († 604) ab, sondern entsprechen, wie wir gesehen haben, eher dem *usus Romanae Curiae* aus dem Hochmittelalter.

– Demgegenüber entspricht gerade der nachkonziliare Ordo Missae (1969) und damit auch das Missale Romanum 1970, wie wir gesehen haben, eher einer päpstlichen Stationsliturgie der Spätantike/des Frühmittelalters als seine unmittelbaren Vorgängerformen.

Als besonders folgenschwer erweist sich die Anordnung in der dem Missale Romanum 1570 vorangestellten Bulle „Quo primum" Papst Pius' V., dass von nun an nichts mehr am Messbuch verändert werden dürfe. Neben das Prinzip der Einheitlichkeit des Messritus tritt nun als neues Prinzip das der Unveränderlichkeit. Dies wirkt geradezu wie ein Versteinerungsparagraph: Zwar nehmen schon die unmittelbaren Nachfolger Pius' V. immer wieder kleinere Änderungen am Messbuch vor, aber im Großen und Ganzen folgt auf die notwendige Liturgiereform durch das Konzil von Trient eher eine Phase des Stillstandes:

– Die von den Reformatoren geforderten Gottesdienste in der Landessprache bleiben verboten. Latein wird als verpflichtende Liturgiesprache beibehalten.
– Die Trennung zwischen Klerus und Laien wird nicht etwa aufgehoben, sondern rituell verfestigt. (Hierbei handelt es sich wohl, als eine Art Anti-Fehlhaltung, um eine bewusst gegenteilige Akzentsetzung zu den reformatorischen Bewegungen, die wiederum das allgemeine Priestertum einseitig betonten und teilweise den Sinn und Nutzen des besonderen, ordinierten Priestertums ganz in Frage stellten.)
– Die zur Zeit der Gegenreformation entstehenden Gebet- und Gesangbucher folgen weniger dem Ablauf der Messe, sondern bieten dem Gläubigen, der den liturgischen Ablauf aufgrund der Sprachbarriere kaum verstehen und kaum nachvollziehen kann, Messandachten, Messallegoresen, fromme Betrachtungen zu den Kardinaltugenden, Gebete während der Erhebung der hl. Hostie, etc.
– So wurde es üblich und in besagten Messanleitungen sogar empfohlen, während der Messe den Rosenkranz zu beten.

Jedoch kommt es durch die nachfolgenden Päpste auch in den Jahrhunderten nach Trient trotz der Bulle „Quo primum" immer wieder zu kleineren Veränderungen und damit (Liturgie-)Reformen am Text des Messbuchs:

📖 Kleinere Reformen des Missale Romanum seit 1570 bis 1962

- Clemens VIII.: Editio typica (= Neuausgabe!) des MR mit neuer Einführungsbulle *Cum Sanctissimum* (1604)
- Urban VIII.: Editio typica (Neuausgabe) des MR von 1634
- Clemens XII.: Dreifaltigkeitspräfation wird 1759 für alle Sonntage vorgeschrieben (anstatt der *praefatio communis*)
- Benedikt XV.: Editio typica (Neuausgabe) des MR 1920
- Pius XII.: Reform der Osternacht 1951 und der Karwoche 1956
- Johannes XXIII.: Codex Rubricarum 1960; MR 1962

2.5.4 Die Liturgische Bewegung

Es ist nachvollziehbar, dass zu Beginn der Moderne der Ruf innerhalb der Kirche immer lauter wurde, die Gläubigen sollten nicht in einer Art Parallelaktion während und in der Messe irgendetwas (etwa den Rosenkranz) beten, sondern, mit den Worten Papst Pius' X. (1903–1914): Sie sollen die Messe selbst beten.

Auf das Motu Proprio „Tra le sollicitudini" von Papst Pius X. (1903–1914) geht auch das Schlagwort von der tätigen Teilnahme aller Gläubigen zurück. In der italienischen Form der „partecipatione attiva" findet es sich in den einführenden Worten dieses Motu Proprio vom 22. November 1903.[110] Der Papst widmet sich in diesem Motu Proprio eigentlich Fragen der Kirchenmusik. Er wünscht, dass die Gläubigen den wahrhaft christlichen Geist schöpfen können aus der „partecipatione attiva" an den heiligen Mysterien und den öffentlichen feierlichen Gebeten.

Es ist die aufkommende Liturgische Bewegung, die dann den Gedanken Papst Pius' X. aufgreift und das Wort von der „participatio actuosa" (als Entsprechung der italienischen „partecipatione attiva") in den Folgejahren als Leitgedanken der liturgischen Erneuerung prolongieren wird. Dies geschieht bereits beim „Mechelner Ereignis" vom 23. September 1909, wo auf einem Katholikentag Belgiens der Benediktiner Dom Lambert Beauduin das Eröffnungsreferat hält zu dem Thema: „Das eigentliche Gebet der Kirche". Beauduin spricht vom „Mittun der Gläubigen beim Gottesdienst der Kirche" und beruft sich dabei ausdrücklich auf das Motu Proprio Pius' X:

Dom Lambert Beauduin: Das eigentliche Gebet der Kirche (Mecheln 1903)

Um diese Erneuerung zu verwirklichen, muß man allen Gläubigen die liturgischen Texte mit wörtlicher Übersetzung in beiden Sprachen in die Hand geben; man muß um jeden Preis die Christen dazu bringen, daß sie während der liturgischen Gottesdienste auf das Verrichten privater Gebete verzichten, die zwar in sich selber gut sind, aber offenbar hier nicht hingehören; zu diesem Zweck muß man ihnen eine volkstümliche, sehr billige und leicht zu handhabende Veröffentlichung in die Hand geben, die es ihnen möglich macht, dem ganzen Gottesdienst zu folgen. Das auf diese Weise dem Volk zugänglich gemachte Missale muß das Gebetbuch aller werden.[111]

Bedeutsam ist an den Aussagen Beauduins, dass dieser betont, dass die Feier der Liturgie Feier der ganzen versammelten Gemeinde ist – weshalb es notwendig ist, die Liturgie selbst betend mitzuvollziehen und keine parallelen Privatgebete zu verrichten. Er unterstreicht außerdem, wie grundlegend für die tätige Teilnahme an der Feier der Eucharistie zunächst einmal ein Verständnis der liturgischen Texte selbst ist.

Allerdings lässt sich sagen, dass zu Beginn des 20. Jahrhunderts das Schlagwort von der „actuosa participatio“ zwar schon aufgegriffen wird, aber inhaltlich eher unterbestimmt ist. Über eine konkrete Deutung im Hinblick auf die Kirchenmusik – gedeckt durch die Aussagen Papst Pius' X. in „Tra le sollicitudine“ – und den eher allgemein formulierten Wunsch nach einer größeren Verständlichkeit der Liturgie als Grundvoraussetzung für die tätige Teilnahme (streng genommen eine inhaltliche Ausweitung des Begriffs) hinaus, findet sich noch kein präziser und einheitlicher Sprachgebrauch.

Dies ändert sich durch zentrale Promotoren der Liturgischen Bewegung wie Ildefons Herwegen, Abt der Benediktinerabtei Maria Laach, Romano Guardini und die Jugendbewegung Quickborn mit Burg Rothenfels, Heinrich Kahlefeld und das Leipziger Oratorium, den Augustinerchorherrn Pius Parsch – sie alle greifen den Begriff der participatio actuosa auf und sorgen dafür, dass dieser allmählich zum inhaltlichen Leitbegriff der liturgischen Erneuerung wird.[112]

Dies zeigt sich auf der Pfarrebene in der bereits in den Jahren bis zum 2. Weltkrieg in vielen Pfarreien üblichen Form der „Gemeinschaftsmesse“. Die Gläubigen nehmen aktiv an der Messe teil, indem sie die liturgischen Antworten sprechen und den parallel verlesenen deutschen Übersetzungen der zentralen Texte zuhören, während der Priester weiterhin in der lateinischen Sprache betet. Auf dem Gebiet der Kirchenmusik entstehen für diese „Gemeinschaftsmessen" zahlreiche deutschsprachige Ordinariums- und Propriumsvertonungen, welche die actuosa participatio im Gesang fördern.

Freilich führen solche Sonderentwicklungen im deutschsprachigen Raum (vor allem in Deutschland und in Österreich) zur sogenannten „Krise der Liturgischen Bewegung" (1939–1944)[113], welche wiederum eine Reaktion des römischen Lehramtes geradezu herausforderte.

Diese lehramtliche Reaktion stellt die Enzyklika *Mediator Dei* Papst Pius' XII. vom 20. November 1947 dar. Sicher finden sich in diesem Lehrschreiben des Pacelli-Papstes „Über die heilige Liturgie" einige Korrekturen und Zurückweisungen von Ideen und Praktiken der Liturgischen Bewegung[114], eine generelle Verurteilung oder Ablehnung der Liturgischen Bewegung findet jedoch nicht statt. Ganz im Gegenteil: Papst Pius XII. macht sich in *Mediator Dei* die Idee der actuosa participatio zu eigen und sorgt dafür, dass diese nun liturgietheologisch gefüllt und inhaltlich präziser bestimmt wird.

Participatio actuosa ist zunächst die innige Verbindung von Priester und Volk bei der Feier des eucharistischen Opfers.[115] Die Participatio bei der Feier des Opfers ist also wirkliches Mitopfern der Gläubigen, welches nicht nur durch die Hände des Priesters geschieht, sondern gleichsam zusammen mit ihm.

Zum Zweiten spricht Pius XII. von participatio im Kontext des Kommunionempfangs. Participatio bedeutet hier also die Teilhabe am Opfer Christi durch den Empfang der eucharistischen Gestalten.[116]

Zum Dritten lobt der Papst jene, die den Gläubigen die in den beiden vorausgehenden Punkten geschilderte Teilnahme am eucharistischen Opfer erleichtern und damit diese Teilnahme heilbringender machen.[117] Participatio beschreibt hier zunächst eine innere Haltung der Gläubigen, die nun ihr persönliches Gebet mit den Texten der heiligen Feier verbinden sollen.[118] Die Gläubigen sollen also mit denselben Worten und in derselben Gesinnung beten, wie es die Kirche tut. Dieser inneren Teilnahme entspricht aber eine äußere, die sich in den Antworten auf die Zurufe des Priesters zeigt.[119] Hierdurch wird die Liturgie auch nach außen eine heilige Handlung, an der alle wirklich teilnehmen, was eben durch die liturgischen Dialoge oder durch den Gesang geschieht.[120]

Zusammenfassend lässt sich sagen, dass Papst Pius XII. in *Mediator Dei* die liturgische Entwicklung, die sich vor allem im deutschen Sprachgebiet durch die Impulse der Liturgischen Bewegung ergeben hatte (Stichworte: Gemeinschaftsmesse, Betsingmesse, „liturgische" Messe – Guardini/ Parsch – Deutsches Hochamt), als eine legitime Form der participatio actuosa gutheißt und positiv ratifiziert.

Das Anliegen, dass die Gläubigen in Ausübung ihres durch die Taufe verliehenen gemeinsamen Priestertums bewusst und tätig an der Feier der Eucharistie teilnehmen sollen, wurde von der Liturgischen Bewegung vor allem im deutschen Sprachgebiet begeistert aufgegriffen. Es wird so zu einem der zentralen Schlagworte der von der Liturgischen Bewegung vorangetriebenen liturgischen Erneuerung in der ersten Hälfte des 20. Jahrhunderts. Die Liturgiereform des II. Vatikanischen Konzils macht sich schließlich dieses Grundanliegen zu eigen.

2.5.5 Die Liturgiereform des II. Vatikanischen Konzils

Am 4. Dezember 1963 wird die Liturgiekonstitution *Sacrosanctum Concilium* als erstes Dokument des II. Vatikanischen Konzils promulgiert (feierlich veröffentlicht). Das Konzil greift die in den vorausgegangenen Punkten aufgezeigten Traditionslinien auf, entdeckt sie teilweise neu und wieder und legt in der Liturgiekonstitution eine liturgietheologische „Magna Charta" vor, die für unser heutiges Verständnis, was Liturgie ist bzw. sein soll, maßgeblich ist.

Die Liturgiekonstitution betont: Liturgie ist Quelle und Höhepunkt allen kirchlichen Tuns (SC, Art. 10), denn sie ist Feier des Pascha-Mysteriums Jesu Christi (SC, Art. 5 u. 6). Die konkrete Feier der Liturgie ist gemäß dem Willen des II. Vatikanischen Konzils immer wieder dahingehend zu reformieren, dass in der Feiergestalt der Liturgie deren Sinngehalt (Pascha-Mysterium) besser zum Ausdruck kommt. Dabei ist die Liturgiereform ein Teil der Erneuerung des christlichen Lebens insgesamt: „Das Heilige Konzil hat sich zum Ziel gesetzt, das christliche Leben unter den Gläubigen mehr und mehr zu vertiefen" (SC, Art. 1).

Die Gläubigen sollen an der liturgischen Feier voll, tätig, bewusst teilnehmen (SC, Art. 14), sie sollen die Liturgie mitfeiern und nicht wie Außenstehende oder stumme Zuschauer lediglich beiwohnen (SC, Art. 48). Deshalb erlaubt das Konzil neben dem Latein auch die Verwendung der jeweiligen Volkssprache (SC, Art. 36). Die strikte Trennung zwischen Klerus und Laien wird überwunden zugunsten einer Sicht auf das Gemeinsame des liturgischen Tuns: Die Gläubigen sollen lernen, in der Feier des eucharistischen Opfers sich selbst mit dem Priester gemeinsam Gott als geistliches Opfer darzubringen (SC, Art. 48). Schließlich ordnet das Konzil die Gegenwart Jesu Christi in den eucharistischen Gestalten (die sogenannte „somatische Realpräsenz", von griech. *soma* = Leib) ein in die übrigen Gegenwartsweisen Jesu Christi: in der versammelten Gemeinde, in seinem Wort und in der Person des Vorstehers (SC, Art. 7).

Das Konzil beschließt eine grundlegende Reform des Mess-Ordo, damit „der eigentliche Sinn der einzelnen Teile und ihr wechselseitiger Zusammenhang deutlicher hervortreten und die fromme und tätige Teilnahme der Gläubigen erleichtert werde" (SC, Art. 50). Es ordnet eine Vereinfachung der Riten an (unter Wahrung ihrer inhaltlichen Substanz), Doppelungen sollen gestrichen und dafür solche Elemente „nach der altehrwürdigen Norm der Väter" neu eingefügt werden, die „durch die Ungunst der Zeit verloren gegangen" sind (SC, Art. 50). Ausdrücklich aufgeführt wird hier das Allgemeine Gebet – die Fürbitten als das „Gebet der Gläubigen" (SC, Art. 53).

Mit dem Wunsch, dass „der Tisch des Gotteswortes reicher bereitet werde", regt das Konzil eine Reform der Leseordnung an. Es verfügt, dass in einem noch zu bestimmenden Jahreszyklus „die wichtigsten Teile der Hl. Schrift dem Volk vorgetragen werden" sollen (SC, Art. 51). Die Homilie als Auslegung der Hl. Schrift, die nach der Verkündigung des Evangeliums ihren Ort hat, wird als originärer Teil der Liturgie „sehr empfohlen", an den Sonn- und Festtagen darf sie nur aus „schwerwiegenden Gründen" entfallen (SC, Art. 52).

Die Volkssprache darf in jenen Teilen, die dem Volk zukommen, verwendet werden; genannt werden die Schriftlesungen, das Allgemeine Gebet und „Teile, die dem Volk zukommen" (also etwa die liturgischen Antworten). Die Gläubigen sollen jedoch auch die ihnen zukommenden Teile des Mess-Ordinariums auf Latein beherrschen (SC, Art. 54).[121] Das Konzil unterstreicht schließlich die Bedeutung des Kommunionempfangs innerhalb der Messfeier, bei der die Gläubigen „nach der Kommunion des Priesters aus derselben Opferfeier den Herrenleib entgegennehmen" (SC, Art. 55), was eine Kommunionspendung vom Tabernakel aus ipso facto ausschließt. Auch die Möglichkeit, die Kommunion unter beiderlei Gestalten zu empfangen, wird ausgeweitet und neu geregelt (SC, Art. 55).

Entgegen der Meinung vieler Gläubigen, dass die Messe erst mit der Bereitung der Gaben beginne, und dem daraus resultierenden gewohnheitsmäßigen Brauch, auch erst am Ende der „Vormesse" (also zur Gabenbereitung) am Gottesdienst teilzunehmen, betont SC, Art. 56, dass die beiden Teile – die Liturgie des Wortes und die Eucharistische Liturgie

– „so eng miteinander verbunden (sind), dass sie einen einzigen Kultakt ausmachen.“ Das Konzil wünscht ausdrücklich, dass die Seelsorger die Gläubigen in Liturgiekatechesen über diese Einheit der beiden Teile der Messe unterrichten.[122]

Schließlich wird ein neuer Ritus für die Konzelebration eingeführt (SC, Art. 57/58), der die „Einheit des Priestertums“ verdeutlichen soll (SC, Art. 57); genannt werden als Fälle, bei denen die Konzelebration durch das Konzil als sinnvoll und erwünscht angesehen wird, die Messe bei der Chrisam-Weihe, Messen bei Synoden und Konzilien, die Messe bei der Abtsweihe, sowie – nach Maßgabe der rechtlichen Regelung durch den Ortsordinarius – Konventsmessen, Hauptgottesdienste in Kirchen, „in denen das geistliche Wohl der Christgläubigen nicht die Einzelzelebration der einzelnen Priester verlangt“, und Messen bei Zusammenkünften von Welt- und Ordenspriestern (SC, Art. 57).

Auch das II. Vatikanische Konzil nimmt wie das Konzil von Trient die „Norm der Väter“ zum Maßstab. Jedoch ist es nun, in der zweiten Hälfte des 20. Jahrhunderts, durch neue wissenschaftliche Methoden und neu gefundene und edierte Quellen auch wirklich erstmals möglich, das geschichtliche Werden der Liturgie im Einzelnen nachzuzeichnen und zu verstehen, die großen Liturgiereformen und ihre Auswirkungen auf die Veränderung der Feiergestalt zu betrachten und das Zeugnis der Schrift und die Tradition der frühen Kirche zum Maßstab für eine Reform der Liturgie zu nehmen.

2.6 Fazit: Veränderung der Feiergestalt bei gleichbleibendem Sinngehalt

Wir haben gesehen: Zwischen Paulus und dem, was er in der Gemeinde von Korinth beschreibt, und der Eucharistie bei Justin gibt es viel Gemeinsames, aber eben auch Fortentwicklungen in der formalen Ausgestaltung der Feier des eucharistischen Mahles. Diese Spannung zwischen Reform und Tradition, Erneuerung und Bewahrung greift das Konzil in SC, Art. 21 auf. Es betont, dass die Liturgie zum einen aus unveränderlichen Teilen besteht. Unveränderlich sind diese Teile, weil sie der Verfügungsgewalt der Kirche entzogen sind; sie sind von Gott eingesetzt. Zum anderen betont das Konzil aber ebenso, dass es Teile gibt, die dem Wandel unterworfen sind, die sich im Laufe der Zeit ändern können, die sich sogar ändern müssen – so das Konzil –, weil sich z. T. etwas in sie hat

„einschleichen" können, was dem innersten Wesen der Liturgie weniger entspricht.

Liturgie ist, so sagt das Konzil, immer Feier des Pascha-Mysteriums Jesu Christi, Feier des österlichen Heilshandelns Gottes an seinem Sohn Jesus Christus. Dieses Handeln Gottes feiern wir in jeder der verschiedenen liturgischen Feierformen. Für die Eucharistie konkretisiert ließe sich z. B. sagen: Eucharistie ist immer Feier von Leiden, Tod und Auferstehung Christi, sie ist immer das Gedächtnis der Lebenshingabe Jesu am Kreuz, sie ist immer das Eintreten der Gemeinde in diese Lebenshingabe Jesu, immer das Lob- und Dankopfer der Kirche Jesu Christi, sie ist immer Teilhabe an Jesu Geschick und somit auch Teilhabe an seinem Leib und Blut.

SC, Art. 21 fährt fort, dass die Maßgabe für die Reform der Liturgie sein muss, alle Riten und Texte so zu ordnen, dass sie eben jene heiligen Inhalte, die sie bezeichnen, möglichst klar und unmissverständlich zum Ausdruck bringen. Die Zielvorgabe ist auch hier wieder klar: Es geht um die volle, tätige, bewusste Teilnahme an der Feier der Liturgie (Art. 14, 48 u. ö).

Diese grundlegenden liturgietheologischen Akzentsetzungen, die das II. Vatikanische Konzil vornimmt, haben demnach auch praktische Konsequenzen für die rituelle Gestalt der Feier. Insofern erfolgt aus den liturgietheologischen Aussagen des Konzils zwangsläufig eine Reform der einzelnen Riten und der liturgischen Bücher, in denen diese Riten schriftlich fixiert werden. Wir werden deshalb im Folgenden die einzelnen Elemente der Feier der Eucharistie betrachten und ihren Sinngehalt zu verstehen suchen. Daraus ergeben sich wiederum Einsichten für eine angemessene Feierpraxis.

Tipps zum Weiterlesen

Zum Abschiedsmahl Jesu

HEININGER, Bernd. Das letzte Mahl Jesu. Rekonstruktion und Deutung. In: Mehr als Brot und Wein. Theologische Kontexte der Eucharistie. Hg. v. W. Haunerland. Würzburg 2005, 10–49. (Guter Überblick über den aktuellen theologischen Forschungsstand zum Abschiedsmahl Jesu.)

SÖDING, Thomas. „Tut dies zu meinem Gedächtnis!" Das Abendmahl Jesu und die Eucharistie der Kirche nach dem Neuen Testament. In:

Ders. (Hg.), Eucharistie. Positionen katholischer Theologie. Regensburg 2002, 11–58. (Wie hängen Abschiedsmahl Jesu und die Eucharistie zusammen? Knappe, gut lesbare Darstellung.)

Zur Eucharistie in der frühen Kirche

Fürst, Alfons. Die Liturgie der Alten Kirche. Geschichte und Theologie. Münster 2008, 21–98. (Guter Überblick über die Entwicklung in den ersten Jahrhunderten anhand originell zusammengestellter Quellen.)

Zur liturgiegeschichtlichen Entwicklung insgesamt

Messner, Reinhard. Einführung in die Liturgiewissenschaft. Paderborn 2001, bes. 159–168. (Einführung in die Liturgiewissenschaft im Taschenbuchformat; als Überblick geeignet.)

Meyer, Hans Bernhard. Eucharistie. (Gottesdienst der Kirche. Handbuch der Liturgiewissenschaft 4). Regensburg 1989, bes. 87–121. (Liturgiewissenschaftliches Handbuch, mit ausführlicher Darstellung des Themas und ausführlichen Literaturhinweisen.)

Zur Messe im Mittelalter

Angenendt, Arnold. Das Frühmittelalter. Die abendländische Christenheit von 400 bis 900. Stuttgart ³2001. (Standardwerk des Münsteraner Altmeisters zur Erforschung frühmittelalterlicher Frömmigkeitsgeschichte.)

Angenendt, Arnold. Geschichte der Religiosität im Mittelalter. Darmstadt 1997. (Ebenfalls ein Standardwerk zur Frömmigkeitsgeschichte des Mittelalters.)

Browe, Peter. Die Eucharistie im Mittelalter. Liturgiehistorische Forschungen in kulturwissenschaftlicher Absicht. Mit einer Einführung hg. von Hubertus Lutterbach und Thomas Flammer. Münster ³2008. (Sammlung von Aufsätzen des Jesuiten P. Browe zu einzelnen Teilaspekten vor allem der Kommunionfrömmigkeit und Eucharistieverehrung im Mittelalter.)

Zur Liturgiereform des II. Vatikanischen Konzils

Bugnini, Annibale. Die Liturgiereform 1948–1975. Zeugnis und Testament. (Hg. von J. Wagner). Freiburg 1988. (Klassiker über die nachkonziliare Liturgiereform, von einem Insider verfasst – Bugnini war Sekretär des sogenannten Consiliums, des Rates, der mit der Durchführung der Liturgiereform gemäß der Liturgiekonstitution Sacrosanctum Concilium betraut war.)

Stuflesser, Martin. Sacrosanctum Concilium. Eine Relecture der Liturgiekonstitution des II. Vatikanischen Konzils. (Theologie der Liturgie 1). Regensburg 2011. (Zeitzeugen der Liturgiereform unterziehen die Liturgiekonstitution einer Relecture aus heutiger Sicht, knapp 45 Jahre nach ihrer Promulgierung.)

3 Das Eucharistische Hochgebet: Der Kern der Eucharistiefeier

3.1 Die Feiergestalt: Was ist ein Eucharistisches Hochgebet?

3.1.1 Ein Beispiel: Das II. Hochgebet

Im Zentrum der Eucharistiefeier steht das Eucharistische Hochgebet. Zu diesem führt die GORM in Nr. 78 aus:

> **GORM, Nr. 78**
> Nun beginnen Mitte und Höhepunkt der ganzen Feier: das Eucharistische Hochgebet selbst, das heißt, das Gebet der Danksagung und der Heiligung. Der Priester lädt das Volk ein, die Herzen zum Herrn in Gebet und Danksagung zu erheben und vereint es mit sich in jenem Gebet, das er im Namen der ganzen Gemeinschaft durch Jesus Christus im Heiligen Geist an Gott den Vater richtet. Sinn dieses Gebetes aber ist es, dass die ganze Versammlung der Gläubigen sich mit Christus im Lobpreis der großen Taten Gottes und in der Darbringung des Opfers verbindet. Das Eucharistische Hochgebet verlangt, dass alle es ehrfürchtig und schweigend anhören.

Wir wählen als Ausgangspunkt für unsere Überlegungen bewusst das II. Hochgebet. Zwar handelt es sich um das kürzeste Hochgebet im Messbuch, aber selbst bei diesem an sich kurzen Hochgebet wirkt der Text zunächst im Aufbau kompliziert und verwirrend. Es bietet sich an, das Hochgebet ausgehend von der Grundstruktur zu betrachten, nach der das jüdisch-christliche Beten insgesamt vorgeht:

Dank	Lob	Bitte
Anamnese		Epiklese
Vergangenheit	Gegenwart	Zukunft

Die Betenden stehen zunächst in der Gegenwart Gottes: Sie loben Gott im „Hier und Jetzt". Dabei erinnern sie sich der vergangenen Heilstaten Gottes, sie danken Gott für sein Heilshandeln in der Vergangenheit, um dann schließlich – im Vertrauen darauf, dass Gott treu ist und seine Verheißungen erfüllen wird – eine Bitte an Gott zu richten, die sich auf die Zukunft bezieht:

- Den Dank für die vergangenen Heilstaten Gottes nennt man auch Gedächtnis oder griechisch: *Anamnese*.
- Die Bitte für die Zukunft nennt man auch griechisch: *Epiklese*.
- Diese Grundstruktur von Anamnese/Epiklese, von Gedächtnis und Bitte, ist *die* Grundstruktur jüdisch-christlichen Betens.

Diese Grundstruktur lässt sich besser an einem kürzeren Gebetstext zeigen, der etwas übersichtlicher aufgebaut ist. Man kann dafür ein beliebiges Tagesgebet aus dem Messbuch auswählen und wird feststellen, dass sich diese Grundstruktur darin wiederfindet. So heißt es etwa im Tagesgebet vom Gründonnerstag:

Allmächtiger, ewiger Gott,	Anrede – Lob
am Abend vor seinem Leiden hat dein geliebter Sohn der Kirche das Opfer des Neuen und Ewigen Bundes anvertraut und das Gastmahl seiner Liebe gestiftet.	Dank – Gedächtnis – Anamnese
Gib, dass wir aus diesem Geheimnis die Fülle des Lebens und der Liebe empfangen.	Bitte – Epiklese
Darum bitten wir durch ihn, Jesus Christus.	Schlussformel

Auch das II. Hochgebet weist diese Grundstruktur aus Dank und Bitte, aus Anamnese und Epiklese auf. Aber es enthält noch weitere Elemente. Um herauszufinden, welche Funktion diese zusätzlichen Elemente haben, müssen wir zunächst noch einmal einen Schritt zurück in die Zeit der frühen Kirche gehen.

3.1.2 Ein Beispiel aus der Zeit der frühen Kirche: Das Hochgebet der Traditio Apostolica

Das heutige II. Hochgebet geht zurück auf ein Eucharistiegebet, das wir in einer frühen Kirchenordnung finden, der sogenannten Traditio Apostolica (TA). Sie ist wohl um 215 n. Chr. in einer heidenchristlichen Gemeinde entstanden. Das Eucharistiegebet, in der ersten Spalte abgedruckt, lautet:

Traditio Apostolica	Struktur-element	Funktion
Er sagt: Der Herr sei mit euch. Und alle sollen antworten: Und mit deinem Geiste. (Er sagt:) Erhebt eure Herzen. (Und das Volk sagt:) Wir haben sie beim Herrn. (Er sagt:) Laßt uns danksagen dem Herrn. (Und das ganze Volk sagt:) Das ist würdig und recht.	Einleitungs-dialog	Vorbereitung und Einstimmung
Wir sagen dir Dank durch deinen geliebten Knecht Jesus Christus, den du in dieser Endzeit uns als Retter, Erlöser und Boten deines Willens gesandt hast, der dein (von dir) untrennbares Wort ist, durch das du alles geschaffen hast, und den du nach deinem Wohlgefallen vom Himmel gesandt hast in den Schoß der Jungfrau, und der, in ihrem Mutterschoß empfangen, sich als dein Sohn offenbart hat, geboren aus dem Hl. Geist und der Jungfrau, der, deinen Willen erfüllend und dir ein heiliges Volk erwerbend, seine Hände ausgebreitet hat, als er litt, um vom Leiden zu befreien alle, die an dich glauben,	Anamnese (allgemein)	Gedächtnis des Heilshandelns Gottes in seinem Sohn Jesus Christus

der, als er aus (seinem) freien Willen dem Leiden überliefert wurde, damit er den Tod zerstöre, die Fesseln Satans zerbreche, die Unterwelt mit Füßen trete, die Gerechten erleuchte, eine Grenze [dem Tod] festsetze, und die Auferstehung offenbare, das Brot nahm und dir Dank sagend sprach: Nehmet, esset, das ist mein Leib, der für euch gebrochen wird. Ebenso den Kelch, indem er sprach: Das ist mein Blut, das für euch vergossen wird. Wenn ihr dies tut, tut es zu meinem Gedächtnis.	Einsetzungsworte (mit Rahmen)	Rückbindung an das Ursprungsgeschehen: „Tut dies zu meinem Gedächtnis!“
Eingedenk also seines Todes und seiner Auferstehung, bringen wir das Brot und den Kelch (dar), dir Dank sagend, daß du uns gewürdigt hast, vor dir zu stehen und dir (priesterlich) zu dienen.	Anamnese (speziell)	Konzentration auf Leiden, Tod und Auferstehung Jesu; Sich-Einbeziehenlassen in die Hingabebewegung Jesu zum Vater
Und wir bitten dich, daß du deinen Hl. Geist sendest auf die Gabe deiner heiligen Kirche. Sie in eins sammelnd gib allen, die teilhaben an den heiligen (Geheimnissen), erfüllt zu werden mit Hl. Geist zur Stärkung des Glaubens in der Wahrheit,	Epiklese	Herabrufung des Gottesgeistes zur Wandlung der Gaben und damit zur Wandlung unserer selbst.
damit wir dich loben und verherrlichen durch deinen Knecht Jesus Christus, durch den dir Ruhm und Ehre sei (, dem Vater und dem Sohn) mit dem Hl. Geist in deiner heiligen Kirche, jetzt und in alle Ewigkeit. Amen.[123]	Schlussdoxologie + Amen der Gemeinde	Ratifizierung des Gebetsgeschehens durch die versammelte Gemeinde

Die anamnetisch-epikletische Grundstruktur

Versucht man, dieses Eucharistiegebet zu gliedern, so stellt man fest, dass das ganze Gebet im Wesentlichen aus drei Hauptsätzen besteht, von denen die restlichen Gebetsaussagen in Form untergeordneter Nebensätze abhängig sind. Diese Grobgliederung sieht also folgendermaßen aus:

I. Wir sagen dir Dank durch Jesus Christus,
den du in dieser Endzeit …
der dein untrennbares Wort ist, durch das du alles geschaffen hast
den du … gesandt hast
der … empfangen
der … sich offenbart hat
der … seine Hände ausgebreitet hat
der sagte …
II. bringen wir … dar
III. Und wir bitten dich …

Diese Darstellung ermöglicht es, eine in Resten vorhandene dreigliedrige Struktur wahrzunehmen. Auch die Reihenfolge der drei Hauptprädikate ist interessant: „Wir sagen Dank“, „wir bringen dar“, „wir bitten“. Das ganze Eucharistiegebet ist demnach völlig von der Vorstellung des „Dankes“ geprägt, zumal wenn man das Danksagen und das Darbringen als thematische Einheit sieht. Von der Länge her ist der Bitt-Teil der mit Abstand kürzeste.

Bereits im Hochgebet der Traditio Apostolica finden wir die Grundstruktur Dank-Bitte / Anamnese-Epiklese: Das Eucharistiegebet der Traditio Apostolica besteht im Wesentlichen aus einem großen anamnetischen Dankgebet und einer angehängten Epiklese. Auffällig im Dank-Teil ist die Konsequenz, mit der der Verfasser die Christus-Anamnese in den Mittelpunkt rückt, denn hier dominiert der Dank für das in Jesus Christus geschenkte Heil. Schon für die ersten Christen war demnach *das* entscheidende Heilsereignis, dessen Gedächtnis man beging, das Handeln Gottes in seinem Sohn Jesus Christus. Alle Gebetstexte werden konsequent auf Jesus Christus hin formuliert. Wir können sagen: Sie werden *christologisiert.*

Damit ergibt sich eine wichtige inhaltliche Akzentsetzung: Gegenüber dem Dank für das, was Gott in seinem Sohn Jesus Christus getan hat, treten alle übrigen Gebetsinhalte in den Hintergrund. Man kann sogar sagen: Der Dank für das Handeln Gottes in Jesus Christus wurde zum alles bestimmenden Motiv. Die Texte wurden *eucharistisiert,* sie wurden vom Dankmotiv gänzlich durchwirkt.

Die Einsetzungsworte

Im Zentrum des anamnetischen Teils des Hochgebets der Traditio Apostolica stehen die Einsetzungsworte. Sie bilden gewissermaßen einen Brennpunkt im Kern des Hochgebets. Dieser „Einsetzungsbericht“ hat jedoch nicht einfach erzählenden Charakter. Er ist als der Grund, ja geradezu als Ermächtigung für die Feier des Herrenmahles vom Gedächtnisauftrag Jesu her zu verstehen: „Tut dies zu meinem Gedächtnis!“ Das heißt aber: Dieses Eucharistiegebet begründet überhaupt erst die Zeichenhandlung mit Brot und Wein. Es ist konstitutiv für das Geschehen, genauso wie die durch dieses Gebet „eucharistisierten“ Mahlgaben konstitutiv sind. Allerdings sind die Einsetzungsworte aber auch „relativ“ zu sehen, im eigentlichen Sinn des Wortes. Die Einsetzungsworte sind schon grammatikalisch relativ (i. e. abhängig) innerhalb des Satzgefüges, in das sie eingebunden sind, und dessen Grundaussage lautet: „Wir sagen dir Dank.“ Die starke Einbindung der Einsetzungsworte belegt dabei die Sicht des Eucharistiegebetes als eine große, zusammenhängende Einheit.

Erst zu späteren Zeiten versuchte man den Moment genauer zu bestimmen, bei dem beim Sprechen des Eucharistischen Hochgebetes die sogenannte „Wandlung“ geschieht. Man suchte den sogenannten Konsekrationsmoment, versuchte also innerhalb des Eucharistischen Hochgebets, das ja in sich schon den Höhepunkt der gesamten Eucharistiefeier darstellt, noch einmal dessen genauen Höhepunkt zu bestimmen.

Es ist durchaus nicht unlogisch, wenn von großen Theologen wie Ambrosius von Mailand († 397 n. Chr.) dieser Höhepunkt zeitlich festgemacht wurde am Sprechen der Einsetzungsworte:

> 🕮 **Ambrosius, De Sacramentis 4,23**
> Schau auf die Einzelheiten: „Am Tag vor seinem Leiden“, heißt es, „nahm er das Brot in seine heiligen Hände“. Bevor die Konsekration vollzogen wird, ist es Brot. Sobald aber die Worte Christi hinzugekommen sind, ist es der Leib Christi. Schließlich höre ihn sagen: „Nehmt und esst alle davon; denn das ist mein Leib.“ Ebenso ist vor den Worten der Kelch mit Wein und Wasser gefüllt. Sobald aber die Worte Christi gewirkt haben, entsteht dort Blut, welches das Volk erlöst. Ihr seht also, auf wieviele Arten das Wort Christi die Macht hat, alles umzuwandeln. Schließlich hat uns der Herr Jesus selbst versichert, dass wir seinen Leib und sein Blut empfangen dürfen. Dürfen wir etwa an seiner Treue und seiner Zusage zweifeln?[124]

Im Sprechen jener Worte, mit denen Jesus Christus selbst im Abendmahlssaal die Gaben von Brot und Wein als seinen Leib und sein Blut gedeutet hat, geschieht der dichteste Rückbezug zum Ursprungsgeschehen.[125] So hat man auch in späteren Jahrhunderten diesen Moment besonders festlich gestaltet: Die Gaben werden nach dem Sprechen der Einsetzungsworte hoch erhoben und dem Volk zur Verehrung und Anbetung gezeigt, sie werden mit Weihrauch inzensiert, die Messdiener läuten mit Glocken, um auf diesen zentralen Moment aufmerksam zu machen.

Wir werden uns mit der Frage der rituellen Gestaltung des Hochgebets im nachfolgenden vierten Kapitel noch genauer befassen. Für diese Überlegungen genügt es festzuhalten, dass das hier untersuchte Eucharistische Hochgebet der frühen Kirche eine solche Konzentration auf einen Wandlungsmoment, wie sie in späteren Jahrhunderten vorliegt, noch nicht kennt: Das gesamte Eucharistische Hochgebet bewirkt die Konsekration der Gaben – so die Auffassung der frühen Kirche –, und die versammelte Gemeinde unterstreicht und bestätigt dies durch das festliche „Amen“ am Ende. Dass es innerhalb des Eucharistischen Hochgebets nicht nur auf die Einsetzungsworte ankommt, zeigt eine Entscheidung des Päpstlichen Rates für die Einheit der Christen aus dem Jahr 2001. In einem Dokument zur Eucharistiegemeinschaft mit einer bestimmten Kirche des Ostens, den sogenannten Chaldäern, hat Rom erstmals ein Eucharistisches Hochgebet anerkannt (die sogenannte „Anaphora von Addai und Mari“), das über keine Einsetzungsworte verfügt.[126] Die Begründung des Päpstlichen Einheitsrates ist dabei, dass auch diese kirchlichen Gemeinschaften mit ihren sehr alten, ehrwürdigen Gebetstexten von Anfang an das tun, was ihnen von Jesus aufgetragen wurde: „Tut dies zu meinem Gedächtnis!“ Sie tun, was Jesus selbst im Abendmahlssaal getan hat: Sie nehmen Brot und Wein und sprechen ein lobpreisendes Dank-Gebet darüber. Im ersten, anamnetischen Teil des Gebets danken sie Gott für sein Heilshandeln in seinem Sohn Jesus Christus und im zweiten, epikletischen Teil bitten sie Gott um die Herabsendung seines Heiligen Geistes auf die Gaben und die Gemeinde.

Betrachten wir also zusammenfassend die einzelnen Elemente des Hochgebets der Traditio Apostolica, gewinnt das Gebet eine klare Struktur. Jedes Strukturelement erfüllt dabei eine bestimmte Funktion, wie die Tabelle S. 99–102 zeigt.

3.1.3 Die Strukturelemente des Eucharistischen Hochgebets

Vergleicht man nun das Eucharistiegebet der Traditio Apostolica, das gerade vorgestellt wurde, mit dem II. Hochgebet aus dem heutigen Messbuch, dann zeigen sich deutliche Parallelen im Aufbau. Elemente, die seit der Zeit der frühen Kirche noch dazu gekommen sind und die Struktur des Eucharistischen Hochgebetes weiter entfaltet haben, sind ***kursiv*** gekennzeichnet:

Traditio Apostolica	**Strukturelement**	**Hochgebet II**
Er sagt: Der Herr sei mit euch. Und alle sollen antworten: Und mit deinem Geiste. (Er sagt:) Erhebt eure Herzen. (Und das Volk sagt:) Wir haben sie beim Herrn. (Er sagt:) Laßt uns danksagen dem Herrn. (Und das ganze Volk sagt:) Das ist würdig und recht.	Einleitungsdialog + ***Präfation*** + ***Sanctus*** *(= Akklamation der Gemeinde)*	Der Herr sei mit euch. Und mit deinem Geiste. Erhebet die Herzen. Wir haben sie beim Herrn. Lasset uns danken dem Herrn, unserm Gott. Das ist würdig und recht. In Wahrheit ist es würdig und recht, dir, Herr, heiliger Vater, immer und überall zu danken durch deinen geliebten Sohn Jesus Christus. Er ist dein Wort, durch ihn hast du alles erschaffen. Ihn hast du gesandt als unseren Erlöser und Heiland. Er ist Mensch geworden durch den Heiligen Geist, geboren von der Jungfrau Maria. Um deinen Ratschluß zu erfüllen und dir ein heiliges Volk zu erwerben, hat er sterbend die Arme ausgebreitet am Holze des Kreuzes. Er hat die Macht des Todes gebrochen und die Auferstehung kundgetan. Darum preisen wir dich mit allen Engeln und Heiligen und singen vereint mit ihnen das Lob deiner Herrlichkeit: Heilig, heilig, heilig …

Traditio Apostolica	**Strukturelement**	**Hochgebet II**
Wir sagen dir Dank durch deinen geliebten Knecht Jesus Christus, den du in dieser Endzeit uns als Retter, Erlöser und Boten deines Willens gesandt hast, der dein (von dir) untrennbares Wort ist, durch das du alles geschaffen hast, und den du nach deinem Wohlgefallen vom Himmel gesandt hast in den Schoß der Jungfrau, und der, in ihrem Mutterschoß empfangen, sich als dein Sohn offenbart hat, geboren aus dem Hl. Geist und der Jungfrau, der, deinen Willen erfüllend und dir ein heiliges Volk erwerbend, seine Hände ausgebreitet hat, als er litt, um vom Leiden zu befreien alle, die an dich glauben,	Anamnese (allgemein) ***Post-Sanctus*** + ***Gabenepiklese***	Ja, du bist heilig, großer Gott, du bist der Quell aller Heiligkeit. Darum bitten wir dich: Sende deinen Geist auf diese Gaben herab und heilige sie, damit sie uns werden Leib und Blut deines Sohnes, unseres Herrn Jesus Christus.
der, als er aus (seinem) freien Willen dem Leiden überliefert wurde, damit er den Tod zerstöre, die Fesseln Satans zerbreche, die Unterwelt mit Füßen trete, die Gerechten erleuchte, eine Grenze [dem Tod] festsetze, und die Auferstehung offenbare, das Brot nahm und dir Dank sagend sprach: Nehmet, esset, das ist mein Leib, der für euch gebrochen wird. Ebenso den Kelch, indem er sprach: Das ist mein Blut, das für euch vergossen wird. Wenn ihr dies tut, tut es zu meinem Gedächtnis.	Einsetzungsworte (mit Rahmen)	Denn am Abend, an dem er ausgeliefert wurde und sich aus freiem Willen dem Leiden unterwarf, nahm er das Brot und sagte Dank, brach es, reichte es seinen Jüngern und sprach: Nehmet und esset alle davon: Das ist mein Leib, der für euch hingegeben wird. Ebenso nahm er nach dem Mahl den Kelch, dankte wiederum, reichte ihn seinen Jüngern und sprach: Nehmet und trinket alle daraus: Das ist der Kelch des neuen und ewigen Bundes, mein Blut, das für euch und für alle vergossen wird zur Vergebung der Sünden. Tut dies zu meinem Gedächtnis.

Traditio Apostolica	**Strukturelement**	**Hochgebet II**
Eingedenk also seines Todes und seiner Auferstehung, bringen wir das Brot und den Kelch (dar), dir Dank sagend, daß du uns gewürdigt hast, vor dir zu stehen und dir (priesterlich) zu dienen.	Anamnese (speziell) + ***Akklamation der Gemeinde***	Geheimnis des Glaubens: Deinen Tod, o Herr, verkünden wir, und deine Auferstehung preisen wir, bis du kommst in Herrlichkeit. Darum, gütiger Vater, feiern wir das Gedächtnis des Todes und der Auferstehung deines Sohnes und bringen dir so das Brot des Lebens und den Kelch des Heiles dar. Wir danken dir, daß du uns berufen hast, vor dir zu stehen und dir zu dienen.
Und wir bitten dich, daß du deinen Hl. Geist sendest auf die Gabe deiner heiligen Kirche. Sie in eins sammelnd gib allen, die teilhaben an den heiligen (Geheimnissen), erfüllt zu werden mit Hl. Geist zur Stärkung des Glaubens in der Wahrheit,	(Kommunion-) Epiklese	Wir bitten dich: Schenke uns Anteil an Christi Leib und Blut und laß uns eins werden durch den Heiligen Geist.
	Interzessionen *(Fürbitten)*	Gedenke deiner Kirche auf der ganzen Erde und vollende dein Volk in der Liebe, vereint mit unserem Papst N., unserem Bischof N. und allen Bischöfen, unseren Priestern und Diakonen und mit allen, die zum Dienst in der Kirche bestellt sind.
		Gedenke (aller) unserer Brüder und Schwestern, die entschlafen sind in der Hoffnung, dass sie auferstehen. Nimm sie und alle, die in deiner Gnade, aus dieser Welt geschieden sind, in dein Reich auf, wo sie dich schauen von Angesicht zu Angesicht.

Traditio Apostolica	Strukturelement	Hochgebet II
		Vater, erbarme dich über uns alle, damit uns das ewige Leben zuteil wird in der Gemeinschaft mit der seligen Jungfrau und Gottesmutter Maria, mit deinen Aposteln und mit allen, die bei dir Gnade gefunden haben von Anbeginn der Welt, dass wir dich loben und preisen durch deinen Sohn Jesus Christus.
damit wir dich loben und verherrlichen durch deinen Knecht Jesus Christus, durch den dir Ruhm und Ehre sei (, dem Vater und dem Sohn) mit dem Hl. Geist in deiner heiligen Kirche, jetzt und in alle Ewigkeit. Amen.	Schlussdoxologie + Amen der Gemeinde	Durch ihn und mit ihm und in ihm ist dir, Gott, allmächtiger Vater, in der Einheit des Heiligen Geistes alle Herrlichkeit und Ehre jetzt und in Ewigkeit. Amen.

Von der Grundstruktur her ist das Eucharistische Hochgebet heute also immer noch so aufgebaut, wie es das zur Zeit der frühen Kirche war. Auch heute noch handelt es sich um ein anamnetisch-epikletisches Gebet, in dem zuerst der Heilstaten Gottes in seinem Sohn Jesus Christus lobpreisend gedacht wird und in dem dann der Heilige Geist herabgerufen wird: zuerst auf die Gaben (daher: Gabenepiklese), dann auf die versammelte Gemeinde mit der Bitte, dass diese immer mehr zu einer Gemeinschaft (lat.: *communio*) in Jesus Christus werden möge (daher: Kommunionepiklese). Auch in unserem heutigen Hochgebet bilden die Einsetzungsworte das Zentrum des Gedächtnisses (der Anamnese) der Heilstaten Gottes.

3.2 Der Sinngehalt: Was geschieht beim Hochgebet?

3.2.1 Die Anamnese: Gedächtnis der Heilstaten Gottes

Anamnese – Feier des Gedächtnisses

Was geschieht eigentlich theologisch beim Hochgebet? Um diese Frage zu beantworten, müssen wir noch einmal genauer schauen, was in der sogenannten Anamnese geschieht. Der Liturgiewissenschaftler Hans Bernhard Meyer erklärt die Anamnese im liturgischen Gebet so:

> 🕮 **H. B. Meyer, Art. Anamnese**
> Anamnese ist die „[...] durch die liturgische Feier [...] vermittelte Gleichzeitigkeit der Feiernden zu den historisch vergangenen, aber auch zu den für die Zukunft verheißenen Heilstaten, an denen sie Anteil gewinnen, sowie Begegnung mit deren personalem Grund, dem dreifaltigen Gott und dem verherrlichten Herrn [...].“[127]

Es geht bei der Anamnese, der Feier des Gedächtnisses, also nicht darum, dass wir uns subjektiv an etwas erinnern, sondern durch die Anamnese der Heilstaten Gottes in der liturgischen Feier werden diese sogar – so Meyer – gegenwärtig, ja wir sind gleichzeitig mit diesen Ereignissen. Um das an einem Beispiel zu verdeutlichen:

- Zum einen weiß man, dass Geschichte immer auch Auswirkungen auf die Gegenwart hat. Wenn ich mit meinen theologischen Lehrern spreche, die zur Zeit des II. Vatikanischen Konzils selbst Theologie studiert haben, dann merke ich an der Begeisterung in ihrem Erzählen, am Leuchten der Augen, immer noch etwas von der Begeisterung, vom Aufbruch, den das letzte Konzil in dieser Generation von Theologinnen und Theologen geweckt hat. Auch wenn das eigentliche historische Ereignis schon länger zurück liegt, so hat es doch ganz konkrete Auswirkungen auf das „Hier und Jetzt“.
- Zum Zweiten: Anamnese der Heilstaten Gottes meint aber noch mehr und nicht etwa nur eine „fromme Erinnerung“. Das wird z. B. in der jüdischen Paschafeier deutlich: Auch wenn heute, in der Gegenwart, eine jüdische Familie Pascha feiert, stellt der jüngste Teilnehmer dem Hausvater die Frage: Warum ist diese Nacht so anders als alle anderen Nächte? Und der Hausvater antwortet: Einst waren wir Sklaven, jetzt (!) sind wir frei!

Die Befreiung Israels aus der Knechtschaft Ägyptens wird demnach als ein gegenwärtiges Ereignis erzählt. Die Anamnese dieses Heilsereignisses ist nicht der Bericht von etwas Vergangenem, nein, das Heilshandeln Gottes geschieht hier und jetzt, obwohl der Durchzug der Israeliten auf der Flucht vor dem Pharao Jahrhunderte, ja sogar Jahrtausende zurückliegt. Hans Bernhard Meyer würde sagen: Die zum Pascha-Mahl versammelte jüdische Familie ist gleichzeitig mit dem Ereignis, und sie erhält Anteil an der durch dieses Heilshandeln Gottes geschenkten Freiheit. Der Katechismus der Katholischen Kirche fasst dieses in der Schrift grundgelegte Verständnis von Anamnese/Gedächtnis wie folgt zusammen:

🕮 KKK, Nr. 1363
Im Sinne der Heiligen Schrift ist das *Gedächtnis* nicht nur ein Sich-Erinnern an Ereignisse der Vergangenheit, sondern die Verkündigung der großen Taten, die Gott für die Menschen getan hat. In der liturgischen Feier dieser Ereignisse werden sie gegenwärtig und wieder lebendig. Auf diese Weise versteht das Volk seine Befreiung aus Ägypten: Jedesmal, wenn das Pascha gefeiert wird, werden die Ereignisse des Auszugs dem Gedächtnis der Gläubigen wieder gegenwärtig gemacht, damit diese ihr Leben diesen Ereignissen entsprechend gestalten.

Der neue Inhalt: Die Christusanamnese

Um nachvollziehen zu können, wie sich der Inhalt der frühchristlichen Eucharistiegebete gerade im anamnetischen Teil grundlegend gewandelt hat, wollen wir einen Blick in die Didache werfen, die auch Zwölf-Apostel-Lehre genannt wird. Es handelt sich um eine erst im ausgehenden 19. Jahrhundert entdeckte Gemeindeordnung (entstanden wohl zwischen 80 und 100 n. Chr.), die im 9./10. Kapitel ein Eucharistiegebet enthält. Dieses Gebet weist noch große Ähnlichkeiten mit dem weiter oben behandelten jüdischen Nach-Tischgebet, der Birkat ha Mazon auf.

🕮 Didache 9/10
9.1. Betreffs der Eucharistie, sagt folgendermaßen Dank: 2. Zuerst betreffs des Bechers: Wir danken dir, unser Vater, für den heiligen Weinstock Davids, deines Knechtes, den du durch Jesus, deinen

Knecht, offenbart hast. Dir sei Herrlichkeit in Ewigkeit. [Amen] 3. Betreffs des Brotes: Wir danken dir, unser Vater, für das Leben und die Erkenntnis, die du uns durch Jesus, deinen Knecht, offenbart hast. Dir sei Herrlichkeit in Ewigkeit. [Amen] 4. Wie dieses Brot verstreut war auf den Bergen und zusammengebracht eins wurde, so bringe deine Kirche zusammen von den Enden der Erde in dein Reich. Denn dein ist die Herrlichkeit und die Kraft in Ewigkeit. [Amen] 5. Keiner aber soll essen noch trinken von eurer Eucharistie, außer den Getauften auf den Namen des Herrn. Denn auch hierüber hat der Herr gesagt: Gebt das Heilige nicht den Hunden. 10.1. Nach der Sättigung sagt folgendermaßen Dank: 2. Wir danken dir, heiliger Vater, für deinen heiligen Namen, dem du ein Zelt bereitet hast in unserem Herzen, und für die Erkenntnis und den Glauben und die Unsterblichkeit, die du uns zu erkennen gabst durch Jesus, deinen Knecht. Dir sei Herrlichkeit in Ewigkeit. [Amen] 3. Du Herr, Allherrscher, hast alles erschaffen um deines Namens willen. Speise und Trank hast du den Menschen gegeben zur Erquickung, damit sie dir danken. Uns aber hast du geistliche Speise und Trank geschenkt zum ewigen Leben, durch Jesus, deinen Knecht. 4. Für alles danken wir dir, weil du mächtig bist. Dir sei Herrlichkeit in Ewigkeit. [Amen] 5. Gedenke, Herr, deiner Kirche, sie zu entreißen allem Bösen und sie zu vollenden in deiner Liebe; und führe sie zusammen von den vier Winden, die geheiligte, in dein Reich, das du ihr bereitet hast. Denn dein ist die Kraft und die Herrlichkeit in Ewigkeit. Amen. 6. Es komme die Gnade, und es vergehe die Welt! Amen. Hosanna dem Hause Gottes [...]! Ist einer heilig, trete er hinzu; wenn einer es nicht ist, tue er Buße. Maranatha. Amen. 7. Den Propheten aber gestattet Dank zu sagen soviel sie wollen.[128]

Zuerst fällt auf, dass sowohl der Gebetsteil vor dem eigentlichen Mahl (9.2–4) als auch derjenige nach dem Mahl (10.2–5) jeweils aus drei Teilen bestehen. In diesem Punkt herrscht also Übereinstimmung mit den jüdischen Mahlgebeten (Kiddusch und Birkat ha Mazon).

Das erste Gebet (9.2) wird über einen Becher mit Wein gesprochen. Es beginnt jedoch nicht, wie man vermuten könnte, mit einer kurzen Berakah, sondern mit einem *Dankgebet*. Dabei fallen zwei Beobachtungen auf: Zunächst wird, in Anspielung auf Psalm 80, König David genannt: „Wir danken dir, unser Vater, für den heiligen Weinstock Davids.“ Es geht hier also weniger um den konkreten Wein im Becher des Beters, sondern dieser Wein wird geistlich/spirituell gedeutet. Der jüdische Tischsegen wird also – so der Fachausdruck – in der Didache *spiritualisiert.* Zum anderen bleibt das Gebet aber nicht beim Bild des Weinstocks aus Psalm 80 stehen, sondern spielt auf Joh 15, die Rede von Jesus Christus als dem Weinstock, an und identifiziert Jesus Christus mit dem Weinstock Davids: „Wir danken dir, unser Vater, für den heiligen Weinstock Davids, deines Knechtes, den du durch Jesus, deinen Knecht, offenbart hast." Mit dem Fachausdruck lässt sich dieser Vorgang der Deutung des Textes auf Christus hin als Christologisierung bezeichnen: Der ursprüngliche Text des jüdischen Tischsegens wird *christologisiert.*

Am Schluss steht auch nicht mehr eine Berakah, ein kurzer Lobpreis, sondern eine kleine Doxologie, also ein feierliches Dankgebet, das die Herrlichkeit (griech.: *doxa* = Schein, Glanz) Gottes lobpreist.

Das zweite Gebet wird über das Brot gesprochen. Auch es beginnt mit einer Danksagung. Auch hier wird zuerst das Geschehen spiritualisiert und dann christologisiert, indem das Brot als Brot des Lebens und der Erkenntnis (vgl. Joh 6) auf Jesus Christus hin gedeutet wird. Dieses Gebet endet ebenfalls mit einer kleinen Doxologie, worauf ein fürbittendes Gebet (die sogenannte Tefillah) folgt; diese wird mit einer großen Doxologie abgeschlossen. Anschließend fand das eigentliche Sättigungsmahl statt, das es also zu diesem Zeitpunkt der frühchristlichen Tradition noch gegeben hat.

Nach dem Mahl beginnt der zweite, rituelle Teil (Kap. 10) mit einem längeren Dankgebet. Dieser Text verweist auf die Taufe, die als „Wohnung nehmen Gottes im Herzen der Menschen" bezeichnet wird (10.2). Ein zweites Gebet dankt Gott, dem Schöpfer, zunächst für die Schöpfungsgaben („Speise und Trank"), bezieht dies aber sofort auf die Speise der Eucharistie, die als „geistliche Speise und Trank (...) zum ewigen Leben" spirituell gedeutet wird (10.3). Beide Dankgebete münden in eine kleine Doxologie. Das dritte Gebet ist ein Bittgebet und richtet sich in einem endzeitlichen Ausblick, also eschatologisch, auf die Vollendung der Kirche (10.5). Den Abschluss bildet eine große Doxologie. Im Gesamtablauf folgen nun noch drei Akklamationen, die aber für unsere Überlegungen hier keine Bedeutung haben.

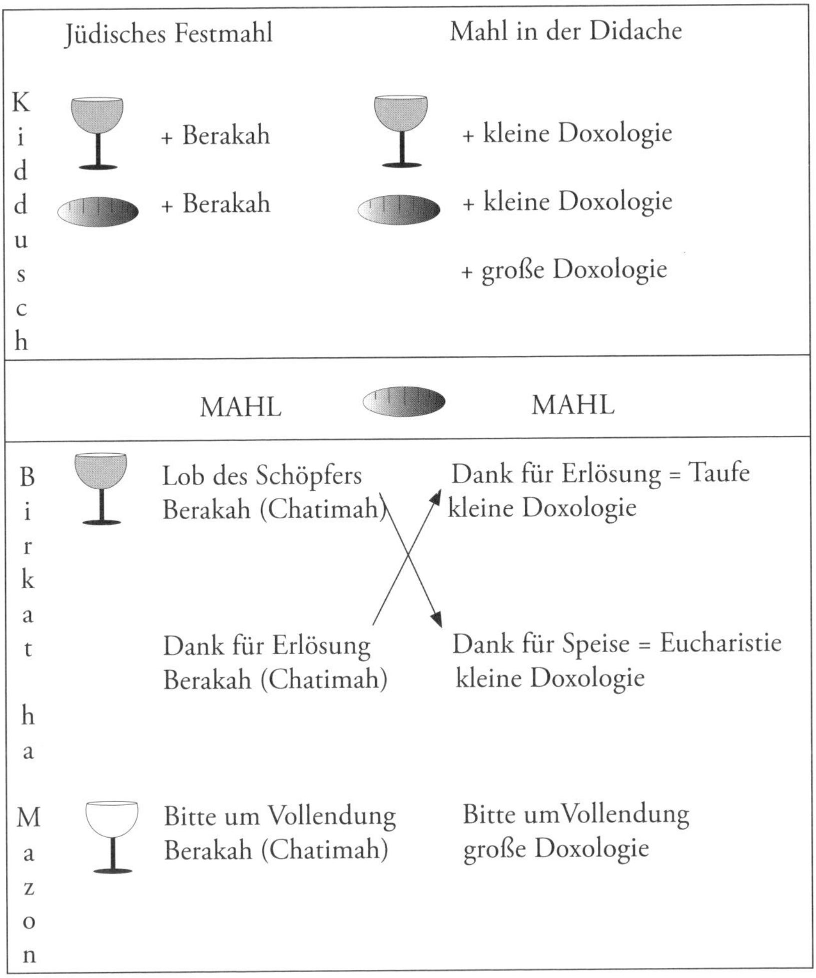

Vergleichen wir nun die ursprünglichen, jüdischen Tischgebete (Kiddusch und Birkat ha Mazon) mit den Gebeten der Didache, so fallen bei aller Ähnlichkeit im Ablauf der einzelnen Elemente doch signifikante Unterschiede auf der inhaltlichen Ebene auf. Zunächst ist dies die Spiritualisierung der Gebete: Aus dem Dank für die konkrete leibliche Nahrung im jüdischen Tischsegen (Kiddusch) wird in der Didache der Dank für die geistliche Speise und den geistlichen Trank (der Eucharistie). Aus dem Dank für das gelobte Land wird in der Didache der Dank für den Namen Gottes, der Wohnung im Herzen der Gläubigen nimmt.

Der deutlichste Unterschied liegt aber in der Veränderung des Nach-Tischgebetes, der *Birkat ha Mazon.* Zunächst einmal wird die Reihenfolge vertauscht: Der Dank für die Erlösung rückt an die erste Stelle und das Lobgebet, das im jüdischen Nach-Tischgebet an dieser Stelle stand, fällt weg. An seine Stelle tritt ein weiteres Dankgebet für die geistliche Speise der Eucharistie. Das heißt aber, dass der Gedanke, Gott als Schöpfer zu loben, völlig verschwindet. Diese Tendenz ist in der gesamten Didache zu beobachten. So wird jede Berakah durch eine Danksagung *(eucharistein)*, und selbst die Schlussfloskel der Berakah („Gepriesen bist du in Ewigkeit ...") am Ende eines Gebetes wird nun durch eine Doxologie ersetzt. Hinter diesen beobachteten Phänomenen ist sicher ein theologisches Motiv zu vermuten. Denn die Umwandlung jedes Lobgebetes in ein Dankgebet geschieht mit einer Konsequenz, die schon auffällig ist: Anstatt Lobpreis steht nun die Danksagung im Mittelpunkt.

Das Motiv, das hinter dieser Veränderung zu vermuten ist, liegt in den Inhalten ebenjener Anamnese begründet. Denn für die ersten Christen war *das* entscheidende Heilsereignis, dessen Gedächtnis man beging, das Handeln Gottes in seinem Sohn Jesus Christus. Deshalb werden alle Texte der jüdischen Mahlfeier zunächst konsequent auf Jesus Christus hin umgeformt, wir können sagen: Sie werden *christologisiert.* Anamnese im Eucharistiegebet bedeutet deshalb zuallererst: Christusanamnese!

Damit ergab sich aber auch eine generelle Verschiebung: Das Lob Gottes für die Schöpfung, das ursprünglich an erster Stelle des Nach-Tischgebetes stand, trat gegenüber dem Dank für das, was Gott in seinem Sohn Jesus Christus getan hatte, in den Hintergrund. Man kann sogar sagen: Der Dank für das Handeln Gottes in Jesus Christus wurde zum alles bestimmenden Motiv: Die Texte wurden *eucharistisiert*, sie wurden vom Dankmotiv gänzlich durchwirkt.

Eucharistie – Danksagung – Anamnese

Deshalb sprechen wir, wenn wir die Messe meinen, von der „Feier der Eucharistie", was ja Danksagung bedeutet. Sogar in dieser Bezeichnung wird deutlich, dass der Dank das zentrale Motiv dieser Feier ist: Es geht in der Feier der Eucharistie zuallererst um die Danksagung für das Heilshandeln Gottes in seinem Sohn Jesus Christus. Dies artikuliert auch sehr treffend die übliche anamnetische, also: das Gedächtnis zum Ausdruck bringende Akklamation der Gemeinde im Eucharistischen Hochgebet:

📖 Akklamation im Eucharistischen Hochgebet
„Deinen Tod, o Herr, verkünden wir und deine Auferstehung preisen wir, bis du kommst in Herrlichkeit." Und der Priester fährt im II. Hochgebet fort: „Darum, gütiger Vater, feiern wir das Gedächtnis des Todes und der Auferstehung deines Sohnes [...]. Wir danken dir, dass du uns berufen hast vor dir zu stehen und dir zu dienen."

Zur *Anamnese* im Eucharistischen Hochgebet führt die GORM in Nr. 79e aus: „Durch sie begeht die Kirche das Gedächtnis Christi selbst, indem sie das Gebot erfüllt, das sie von Christus, dem Herrn, durch die Apostel empfangen hat. Sie gedenkt dabei vor allem seines heiligen Leidens, seiner glorreichen Auferstehung und seiner Himmelfahrt." Dabei ist zu beachten, dass auch die Einsetzungsworte Bestandteil des anamnetischen Teils des Hochgebets sind. Sie sind Gebetswort, Gedächtnis des Abschiedsmahls Jesu mit seinen Jüngern, dadurch Kulminationspunkt, anamnetische Vergewisserung des Stiftungsgeschehens und somit Selbstvergewisserung der versammelten Gemeinde, dem Stiftungsauftrag des Herrn gemäß zu handeln. Da die Einsetzungsworte, wie wir in der Traditio Apostolica gesehen haben, im grammatikalischen wie inhaltlichen Sinn „relativ" sind, also bezogen auf den Hauptsatz: „Wir danken ...", und damit Teil des großen Gesamt *Eucharistisches Hochgebet* sind, sollte man sie besser als *Einsetzungsworte*, denn als *Einsetzungsbericht* bezeichnen.

Auf die Einsetzungsworte folgt die sogenannte *spezielle Anamnese*, in der die anamnetische Verkündigung des Heilshandelns Gottes noch einmal verdichtend gebündelt und zum danksagenden Handeln der Kirche in Beziehung gesetzt wird. Wir sprechen bei diesem Abschnitt des Eucharistischen Hochgebets auch von der Darbringung; zu dieser führt die GORM, Nr. 97 f. aus: „Darin bringt die Kirche, und zwar besonders als hier und jetzt versammelte, bei der Begehung dieses Gedächtnisses im Heiligen Geist die makellose Opfergabe dem Vater dar. Die Kirche wünscht, dass die Gläubigen nicht nur die makellose Opfergabe darbringen, sondern auch lernen, sich selbst darzubringen, und dass sie so von Tag zu Tag durch Christus, den Mittler, vollendet werden zur Einheit mit Gott und untereinander, damit Gott schließlich alles in allem sei." Auf die opfertheologische Bedeutung der Darbringungsaussagen in unseren Hochgebeten werden wir später noch ausführlich eingehen (vgl. 5.3). An dieser Stelle mag es genügen, darauf zu verweisen, dass die Darbringung des eucharistischen Opfers, des Opfers der Kirche, zunächst das Lob- und Dankopfer der Gemeinde meint, das in (!) der Begehung dieses Gedächtnisses (= der Anamnese der Heilstaten Gottes) geschieht.[129]

Zusammenfassend lässt sich demnach sagen: In der Feier des Gedächtnisses von Leiden, Tod und Auferstehung bringen wir unseren Dank vor Gott und feiern so Danksagung, Eucharistie, für die Heilstaten Gottes in seinem Sohn Jesus Christus.

3.2.2 Die Epiklese: Bitte um den Hl. Geist

Auch das am Schluss stehende, futurisch formulierte Bittgebet, die Epiklese, wird in Bezug zu der hier vollzogenen Handlung gesetzt. Denn der Geist wird nicht nur auf die Gaben der Kirche, auf Brot und Wein, herabgerufen, sondern auch auf die Kirche selbst, auf die gerade in diesem Moment um den Altar versammelte Gemeinde. Die Eucharistischen Hochgebete nach dem II. Vatikanischen Konzil haben eine doppelte, aufgespaltene Epiklese:

- vor den Einsetzungsworten die Herabrufung des Geistes auf die Gaben von Brot und Wein, die „Gaben-“ oder „Wandlungsepiklese“ genannt wird,
- nach den Einsetzungsworten die Herabrufung auf die versammelte Gemeinde mit der Bitte, dass diese ein Geist werde in Christus, „Kommunionepiklese“ genannt.

Zur Epiklese führt die GORM, Nr. 79c aus: „Darin erfleht die Kirche durch besondere Anrufungen die Kraft des Heiligen Geistes, damit die von Menschen dargebrachten Gaben konsekriert, das heißt, Leib und Blut Christi werden und damit die makellose Opfergabe, die in der Kommunion empfangen wird, denen zum Heil gereiche, die daran Anteil erhalten.“ Hans Bernhard Meyer erklärt die Bedeutung der Epiklese im Eucharistischen Hochgebet wie folgt: „In der Form einer Bitte ist (die Epiklese/M. St.), (…), eine der Anamnese auf der Ebene der theologischen Reflexion parallel laufende pneumatologische Explikation (= auf den Hl. Geist bezogene, geist-theologische Entfaltung/M. St.) für das, was, vermittelt durch das lobpreisende Gedächtnis des Paschamysteriums, nicht aufgrund menschlichen, sondern göttlichen Handelns geschieht: Gegenwart des Herrn und Vergegenwärtigung seines Heilswerkes.“[130] Die Wandlung (der Gaben/der versammelten Gemeinde) ist dabei ein Offenbarungsgeschehen, denn der herabgerufene Gottesgeist offenbart jene neue, eschatologische Wirklichkeit der Gemeinschaft (communio) mit

Gott und untereinander, die in Jesus Christus im Reich Gottes bereits angebrochen ist. Die auf den Altar niedergelegten Gaben von Brot und Wein, das Grundnahrungsmittel schlechthin und der Wein als Zeichen des Festes und der Freude, werden durch den Geist gewandelt in Leib und Blut Christi, werden geoffenbart als Zeichen der realen Gegenwart des erhöhten Herrn, werden den Gläubigen in der sakramentalen Kommunion als Brot des Lebens und Kelch des Heiles gereicht.[131] Das eucharistische Mahl wird durch den Geist „geoffenbart in seiner Vollendungsgestalt als eschatologische Mahlgemeinschaft aller Völker an dem Tisch, den Gott selbst bereitet (vgl. Jes 25,6–8)“[132], und ist somit Vorgeschmack jener uns verheißenen Zukunft, die wir erhoffen und erwarten, bis der Herr dereinst wiederkommt in Herrlichkeit.

Eine oder zwei Epiklesen?

Das Eucharistiegebet der Traditio Apostolica hat, wie wir gesehen haben, noch eine ungeteilte Epiklese, die den Gottesgeist gleichermaßen auf die Gaben und auf die Gemeinde herabruft. Unsere heutigen, nachkonziliaren Hochgebete haben aber, wie wir dies im Hochgebet II gesehen haben, zwei Epiklesen, eine vor und eine nach den Einsetzungsworten.[133]

Der Grund hierfür ist ein seit dem Frühmittelalter aufkommendes und sich dann beständig fortentwickelndes Verständnis des Hochgebets (des Messkanons), das das ganze Eucharistische Hochgebet vom Einsetzungsbericht her aufschlüsselt (wir sprechen auch von einer mittelalterlichen *Kanonhermeneutik*). Schon seit Ambrosius wurde der Moment der Wandlung an den Einsetzungsworten festgemacht. Aus dieser Sicht ist es schwer verständlich, warum in einem Hochgebet wie dem der Traditio Apostolica in einer einzigen, ungeteilten Epiklese erst *nach* den Einsetzungsworten um die Wandlung der Gaben gebetet wird, wenn diese doch, so das vorherrschende Verständnis, durch das Sprechen der Herrenworte *zuvor* bereits konsekriert worden sind.

Diese unterschiedliche Sicht der Deutung und Bedeutung des Verhältnisses von Einsetzungsworten und Epiklese innerhalb des Eucharistiegebets hatte freilich auch ökumenische Implikationen, denn auch in „den östlichen Liturgien findet sich diese Epiklese erst nach den Einsetzungsworten. Daran entzündete sich seit dem frühen Mittelalter eine heftige Streitfrage. Während der Westen die Meinung vertrat, dass die Verwandlung der Gaben durch die Einsetzungsworte erfolgte, schrieb sie der Osten der Epiklese zu.“[134]

Als im Zuge der nachkonziliaren Liturgiereform der Wunsch nach weiteren Eucharistischen Hochgebeten aufkam, die, neben dem bis dato einzigen Hochgebet des römischen Ritus, dem Canon Romanus (dem heutigen Hochgebet I), in der nachkonziliaren Messfeier Verwendung finden sollten, suchte man nach einem spezifischen, der römischen Liturgie angemessen Stil, dem „genius Romanus“[135], den es in evtl. weiteren Hochgebeten für das neue Missale zu wahren galt.

Man meinte diesen in der aufgespaltenen Epiklese – Wandlungsepiklese vor den Einsetzungsworten, Kommunionepiklese nach den Einsetzungsworten – gefunden zu haben.[136] Gemäß der oben geschilderten Deutung des Hochgebets von den Einsetzungsworten aus deutete man jene Strophe, die im römischen Messkanon den Einsetzungsworten vorausgeht *(Quam oblationem),* nicht mehr als Opferannahmebitte, sondern als Wandlungsbitte: „Schenke, o Gott, diesen Gaben Segen in Fülle und nimm sie zu eigen an. Mache sie uns zum wahren Opfer im Geiste, das dir wohlgefällt: zum Leib und Blut deines geliebten Sohnes, unseres Herrn Jesus Christus.“

In den Beratungen nach dem II. Vatikanum wurde dieser Abschnitt dann als Beispiel für eine Wandlungsepiklese gedeutet[137], und die neu geschaffenen, in das Missale Romanum 1970 aufgenommenen Hochgebete weisen entsprechend alle eine geteilte Epiklese auf.

Damit war der eigentliche Kerngedanke der Epiklese, dass die Bitte um Wandlung der Gaben von Brot und Wein auf die Wandlung jener zielt, die diese Gaben in der sakramentalen Kommunion empfangen, an den Rand gerückt: Die „Herstellung der Realpräsenz Christi“[138] wurde zum Zentrum.

Demgegenüber hat das Eucharistiegebet der Traditio Apostolica das frühkirchliche Verständnis bewahrt, dass zum einen das ganze Hochgebet in seiner Einheit als konsekratorisch zu verstehen ist – vom Einleitungsdialog bis zum Amen der Gemeinde. Und es bewahrt einen klaren anamnetisch-epikletischen Aufbau: zunächst die Anamnese, das Gedächtnis des Heilshandelns Gottes in Jesus Christus, dann die Epiklese, die Herabrufung des Geistes auf die Gaben und die versammelte Gemeinde.

Dieser bereits frühkirchlich bezeugte „klassische“ Aufbau eines Eucharistischen Hochgebets mit konsekutiver Abfolge von Anamnese und Epiklese und mit nur einer, ungeteilten, Epiklese als Herabrufung des Geistes auf die Gaben und die versammelte Gemeinde findet sich heute auch in anderen liturgischen Traditionen außerhalb der römisch-katholischen Kirche.[139]

Im Eucharistiegiebet der Traditio Apostolica heißt es im epikletischen Teil ganz konkret: Alle, die an den heiligen Geheimnissen teilhaben, sollen erfüllt werden vom Heiligen Geist, und sie sollen erfüllt werden, damit sie in Eins gesammelt, im Glauben, in der Wahrheit gestärkt Gott loben und verherrlichen.

Auch in der Traditio Apostolica wird somit deutlich, dass das eigentliche Ziel der Feier der Eucharistie die Teilhabe an der Gemeinschaft mit Jesus Christus ist: Wir sollen verwandelt werden. Wandlung bedeutet: Wandlung unserer selbst. Aus einsamen, sündigen, ich-bezogenen Menschen sollen wir verwandelt werden in die Gemeinschaft von Jüngerinnen und Jüngern Jesu, in die eine, heilige Kirche. Damit steht aber das Bittgebet nicht allein, quasi als isolierter Schluss, sondern es bildet wiederum eine Einheit mit dem großen Dankgebet des Anfangs. Und dieses Gebet wird – wie wir schon bei Justin dem Märtyrer gesehen haben – ratifiziert, bestätigt und abgeschlossen durch das „Amen" der Gemeinde.

3.2.3 Der Lobpreis: Präfation, Sanctus und Doxologie

Wie wir bereits gesehen haben, war das Abschiedsmahl Jesu vermutlich ein jüdisches Festmahl. Das Mahl begann mit dem Kiddusch, einem Tischsegen über Brot und Wein. Die Segenssprüche über den Becher mit Wein und über das Brot wurden jeweils mit einem kurzen Lobpreis, einer *Berakah*, abgeschlossen. Die nochmalige Rückbesinnung auf die Berakah als kurzen Lobpreis hilft uns, den Lobpreis in unseren heutigen Hochgebeten theologisch zu erschließen. Denn auch unsere heutige Eucharistiefeier ist in der Formulierung ihrer Gebete sehr nahe am Wortlaut der jüdischen Berakah. Schauen wir uns hierzu jene Gebete an, die der Priester (leider zumeist leise) bei der Gabenbereitung über die Gaben von Brot und Wein spricht. Dort heißt es zunächst über das Brot (später genauso auch über den Kelch mit Wein):

Gebet bei der Gabenbereitung
Gepriesen bist du, Herr, unser Gott, Schöpfer der Welt. Du schenkst uns das Brot, die Frucht der Erde und der menschlichen Arbeit. Wir bringen dieses Brot vor dein Angesicht, damit es uns das Brot des Lebens werde. Gepriesen bist du in Ewigkeit, Herr, unser Gott.[140]

Der Priester spricht also an dieser Stelle eine *Berakah*, einen kurzen Lobpreis, ganz wie Jesus es als frommer Jude wohl auch beim Abschiedsmahl mit seinen Jüngern getan hat. So heißt es auch in der Abendmahlserzählung des Evangelisten Markus:

Mk 14,22–24
Während des Mahles nahm er das Brot und sprach *den Lobpreis*; dann brach er das Brot, reichte es ihnen und sagte: Nehmt, das ist mein Leib. Dann nahm er den Kelch, sprach das Dankgebet, reichte ihn den Jüngern und sie tranken alle daraus. Und er sagte zu ihnen: Das ist mein Blut, das Blut des Bundes, das für viele vergossen wird.

Markus betont, dass Jesus über das Brot den Lobpreis sprach. Im griechischen Originaltext wird hier das Verb *„eulogein"* verwendet, das übersetzt „loben", „preisen" bedeutet. Jesus spricht über das Brot den Lobpreis, er spricht eine Berakah.

Wir haben gesehen, dass unsere Eucharistischen Hochgebete vom Motiv des Dankes (Anamnese) geprägt sind, und auch das Motiv der Bitte (Epiklese) kennengelernt. Doch daneben ist auch das Motiv des Lobpreises (Eulogie) in unseren Hochgebeten zu finden; vom Lobpreis geprägt sind:

Die Präfation

Die Präfation ist die wechselnde, vom jeweiligen Festgeheimnis des Kirchenjahres geprägte heilsgeschichtliche „Vorrede" (eigentlich spätlateinisch: die Rede vor versammelter Mannschaft), die das Eucharistische Hochgebet einleitet. Vor-Rede ist demnach freilich nicht im zeitlichen, sondern im räumlichen Sinn gemeint: Die Präfation ist die feierliche Gebetsrede, die der Vorsteher *vor* (lat. *prae*) Gott und der versammelten Gemeinde vollzieht. In ihr „verherrlicht der Priester Gott, den Vater, und sagt ihm Dank für das gesamte Heilswerk oder für eine bestimmte Heilstat, je nach Tag, Fest oder Zeit" (GORM, Nr. 97a). Die Präfation ist als variabler, dem Festanlass angepasster Teil des Eucharistischen Hochgebets ein Merkmal des römischen Ritus. Gab es in der Spätantike wohl noch über 200 Präfationen, so findet sich im Gregorianischen Sakramentar (Ende des 6. Jahrhunderts) nur noch eine deutlich reduzierte Anzahl (14

Präfationen), die im Wesentlichen beibehalten wurde (16 Präfationen im Missale Romanum 1962). Das nachvatikanische Missale Romanum 1970 enthält 85 Präfationen, die zum Großteil auf ältere Vorlagen zurückgehen. Die Präfation beginnt mit dem Einleitungsdialog: „Der Herr sei mit euch!“ – „Und mit deinem Geiste!“ Es folgt die Anrufung Gottes, die hymnisch-lobpreisende Nennung des Gottesnamens, und das lobpreisende Gedächtnis jener Heilstat, derer je nach Feieranlass besonders gedacht wird. Die Überleitung zur Akklamation, dem Sanctus, beschließt die Präfation.

Das Sanctus

Das Sanctus ist die wichtigste Akklamation (von lat. *ad/clamare* = zustimmender Zuruf) der Gemeinde im Hochgebet. Das Sanctus beginnt mit dem dreifachen Heilig-Ruf und zitiert Jes 6,3: den Ruf der Engel in der Berufungsvision des Propheten Jesaja. Die zweite zentrale Schriftstelle ist der messianische Jubelruf: „Hochgelobt sei, der da kommt …“ aus Psalm 118,25 f.

Die Schlussdoxologie

Die Schlussdoxologie ist der festliche, große Lobpreis zum Abschluss des Hochgebets: „Durch ihn und mit ihm und in ihm ist dir, Gott, allmächtiger Vater, in der Einheit des Heiligen Geistes alle Herrlichkeit und Ehre jetzt und in Ewigkeit“. Die Gemeinde stimmt ein mit der Akklamation des „Amen“; so schon bei Justin dem Märtyrer.

3.2.4 Fürbitten im Hochgebet? Die Interzessionen

Schließlich finden sich auch Bittgebete, die sogenannten Interzessionen, im Eucharistischen Hochgebet. Im II. Hochgebet wird etwa für Papst und Bischof gebetet:

> 🕮 **Interzession für den Papst im II. Hochgebet**
> Gedenke deiner Kirche auf der ganzen Erde und vollende dein Volk in der Liebe, vereint mit unserem Papst N., unserem Bischof N. und allen Bischöfen, unseren Priestern und Diakonen und mit allen, die zum Dienst in der Kirche bestellt sind.

Auch für die Verstorbenen wird gebetet, wenn es heißt:

> 🕮 **Interzession für die Verstorbenen im II. Hochgebet**
> Gedenke (aller) unserer Brüder und Schwestern, die entschlafen sind in der Hoffnung, dass sie auferstehen. Nimm sie und alle, die in deiner Gnade aus dieser Welt geschieden sind, in dein Reich auf, wo sie dich schauen von Angesicht zu Angesicht.

Es handelt sich hierbei allerdings nicht um Fürbitten in den Anliegen der Welt, was eine Doppelung zum Allgemeinen Gebet, den Fürbitten am Ende der Liturgie des Wortes wäre. Den theologischen Sinn der Interzessionen erschließt die GORM in Nr. 79:

> 🕮 **GORM, Nr. 79**
> Durch sie kommt zum Ausdruck, dass die Eucharistie in Gemeinschaft mit der ganzen Kirche, der himmlischen wie der irdischen, gefeiert wird und dass die Darbringung für sie und alle ihre Glieder geschieht, die Lebenden und Verstorbenen, die alle zur Teilnahme an der Erlösung und dem durch Christi Leib und Blut erworbenen Heil berufen sind.

Wenn wir in der Kommunionepiklese darum beten, dass wir „ein Geist werden in Jesus Christus“, so macht diese Bitte nicht einfach an den Kirchenmauern halt und schließt keinesfalls nur jene ein, die leiblich/physisch vor Ort zur Messe anwesend sind. Die Interzessionen weiten hier den Blick: Feier der Eucharistie ist immer Feier der gesamten Kirche. Wir feiern in der Einheit der Kirche, weshalb wir Papst und Bischöfe als Garanten dieser Einheit im Glauben nennen. Und wir feiern zusammen mit jenen Gliedern der Kirche, die verstorben sind, die uns vorausgegangen sind, „besiegelt mit dem Zeichen des Glaubens“ (Hochgebet I). Das ist die Aussageabsicht und das Gebetsanliegen der Interzessionen.

3.3 Die Eucharistischen Hochgebete im gegenwärtigen Messbuch

Dieses Kapitel abschließend soll im Folgenden noch ein Überblick über Entstehungsgeschichte und Inhalt derjenigen Eucharistischen Hochgebete gegeben werden, die zur Zeit für das deutsche Sprachgebiet approbiert sind und sich im Messbuch oder entsprechenden Faszikeln zum Messbuch befinden. Wir orientieren uns dabei im Folgenden sowohl an der zweiten Auflage des Deutschen Messbuchs (1988) als auch an der dritten Auflage des nachvatikanischen, lateinischen Missale Romanum (1970/³2001), da letzteres auch für ein zukünftiges deutschsprachiges Messbuch mit bestimmend sein wird.[141]

3.3.1 *Das Hochgebet I – der Canon Romanus*

Zur jetzigen Textgestalt

Das Hochgebet I des MR 1970 – der sogenannte Römische Messkanon – stellt eine Überarbeitung des Canon Romanus des Missale Romanum von 1570 dar. Es hat sich eingebürgert, die einzelnen *Strophen* des Canon Romanus, und um solche handelt es sich, nach ihren Anfangsworten zu zitieren (vgl. die Grafik auf der nachfolgenden Seite).

Im Zuge der nachkonziliaren Liturgiereform wurde der bis dahin einzige Hochgebetstext des Missale Romanum formal überarbeitet und gestrafft, indem die Schlussformeln am Ende eines jeden Abschnitts eingeklammert wurden und die Nennung der Heiligen in den Strophen des *Communicantes* und im *Nobis quoque* – ebenfalls durch Einklammerung – fakultativ wurde.

Dennoch sieht sich der Text auch in seiner jetzigen Gestalt starker liturgiewissenschaftlicher und pastoraler Kritik ausgesetzt, was vor allem an seiner problematischen literarischen Struktur liegen dürfte.[142] So kritisiert Hans Bernhard Meyer, dass – trotz des Wegfalls der Schlussformeln am Ende eines jeden Abschnitts – das Hochgebet I weniger eine sprachlich-literarische Einheit denn eine „nicht sehr überzeugende Sammlung von Einzelgebeten" ist.[143] Neben diesen formalen Beobachtungen ist auf der inhaltlichen Seite der Hauptkritikpunkt, dass die Lob- und Dankmotivik hinter den epikletischen und interzessorischen Elementen deutlich zurücktritt.[144]

Strukturell verfügt das Hochgebet I über keine eigene, feste Präfation, sondern kann mit den verschiedenen Präfationen des Messbuchs kombiniert werden. Das jeweilige Festgeheimnis wird dabei auch durch unterschiedliche Fassungen der Strophen des *Communicantes* und des *Hanc igitur* zum Ausdruck gebracht. Die rituelle Gestaltung wurde vereinfacht und mit wenigen Ausnahmen, wie dem Kreuzzeichen des (Kon-)Zelebranten bei der Strophe des *Supplices* und dem An-die-Brust-Schlagen beim *Nobis quoque*, dem Vollzug der übrigen Hochgebete angepasst.

Überlieferungsgeschichte und aktueller Forschungsstand

Werfen wir nun einen Blick auf den Canon Romanus, jenes römische Hochgebet, das sich *sehr deutlich* vom Eucharistiegebet der Traditio Apostolica unterscheidet, so können wir doch – trotz vieler Hypothesen und Versuche und Studien zu diesem Themengebiet – nicht eindeutig sagen, wie dieses Gebet in seiner ausgeprägten Eigenart entstanden ist. Ob dieses Gebet wirklich eine deutliche Verwandtschaft mit der sogenannten alexandrinischen Tradition aufweist, darf, trotz der auch dort zu findenden Interzessionen, die charakteristisch sind für dieses Gebet, auf der Basis neuerer Forschung bezweifelt werden. Auffällig ist, dass das ganze Hochgebet in seinen einzelnen Strophen spiegelbildlich um die Einsetzungsworte herum komponiert wurde, die, als Konsekrationsmoment gedeutet, den Kern des Hochgebets bilden.

Der Aufbau des Canon Romanus

Strukturelement	**Strophenbeginn**	**Funktion**
Einleitender Dialog	Dominus vobiscum	
Lobpreisendes Gedenken	Vere dignum	(Präfation) für Gottes Heilswirken
	Sanctus-Benedictus	in Gemeinschaft mit den Engeln
Annahme und Segensbitte	Te igitur	
Interzessionen I	In primis	Fürbitte für Kirche, Papst und Bischöfe
	Memento I	Fürbitte für die Lebenden

Heiligengedenken I	Communicantes	Bitte um Gemeinschaft mit den Heiligen in dieser konkreten Feier: Maria, 12 Apostel, 12 römische Märtyrer
Annahmebitte	Hanc igitur	Bitte um Annahme des eucharistischen Opfers für besondere Gruppen + aktueller Feierbezug
Annahmebitte (Epiklese)	Quam oblationem	Bitte um Annahme des eucharistischen Opfers (Erste Epiklese/ Gabenepiklese?)
Einsetzungsworte	Qui pridie … Simili modo …	
Anamnese	Unde et memores … offerimus	Spezielle Anamnese
Annahmebitte	Supra quae	Bitte um Annahme des eucharistischen Opfers
Epiklese	Supplices	Zweite Epiklese / Kommunionepiklese: Wahrscheinlich ursprünglich eine (!) ungeteilte Epiklese
Interzessionen II	Memento II	Fürbitte für die Verstorbenen
Heiligengedenken II	Nobis quoque	Fürbitte für den amtierenden Klerus, und:
		Bitte um Gemeinschaft mit den Heiligen in der Vollendung: Johannes der Täufer, und sieben männliche/weibliche Märtyrer
Abschließender Lobpreis	Per quem haec omnia	Für alle Gaben Gottes (wohl ursprüngl. Speisesegen)
Schlussdoxologie	Per ipsum	Trinitarischer Abschluss

Weiterhin diskutiert wird die Frage der Epiklese: So scheint es sich beim „Quam oblationem“ nicht um eine (ohnehin nur sehr verhalten formulierte) Gabenepiklese zu handeln, sondern um eine (weitere) Opferannahmebitte für das eucharistische Lob- und Dankopfer („oblatio rationabilis“/Röm 12,1). Wahrscheinlich ist auch, dass es sich beim *Supra quae* um die eine, noch ungeteilte Epiklese des Canon Romanus handelt: Die „Opfergabe“ wird von einem „heiligen Engel“ auf Gottes „himmlischen Altar“ getragen. Im Gegenzug wird Gott gebeten, durch den Leib und das

Blut seines Sohnes den Gläubigen „alle Gnade und allen Segen des Himmels“ zu schenken. Die Kommunionepiklese („ex hac altaris participatione“)[145] schließlich greift dann voraus auf das Geschehen der Kommunion (katabatische Linie) und benennt den Sinn dieser Zeichenhandlung, das Einswerden in der Gemeinschaft (Communio) der Menschen mit Gott und untereinander.

Schon zur Zeit des Ambrosius von Mailand finden wir die Teile des „Quam oblationem“ und des „Supplices“.[146] Diese wurden in der Folgezeit lediglich den Stilgesetzen der römischen Rhetorik, dem sogenannten „cursus“ entsprechend, verändert. Auch sehr früh vorhanden waren schon zahlreiche Präfationen, wobei wohl ursprünglich jede Messe ihren eigenen Präfationstext hatte. Im *Sacramentarium Veronense* (Ve) sind 267 Präfationen des 5./6. Jahrhunderts erhalten geblieben. Sehr früh findet sich auch schon das von allen gesungene und im 5. Jahrhundert aus dem Osten übernommene *Sanctus*, in Gallien schon seit dem 6. Jahrhundert, in Rom erst seit dem 7. Jahrhundert mit *Benedictus*. Jene Teile des römischen Hochgebets, die man bei Ambrosius so noch nicht findet, stammen zumindest aus dem 5./6. Jahrhundert und sind in einer bis in das 6. Jahrhundert zurückreichenden Textfassung durch das *Gelasianum Vetus* (GeV) aus dem 8. Jahrhundert bezeugt. Wir können also davon ausgehen, dass der Text des Canon Romanus bis zu Papst Gregor d. Gr. seine bis heute geltende Form gefunden hat.[147]

Vergleich: Canon Romanus/Hochgebet I (MR 1970/MB 1975):

Te igitur, clementissime Pater, per Iesum Christum, Filium tuum, Dominum nostrum, supplices rogamus ac petimus, uti accepta habeas et benedicas haec dona, haec munera, haec sancta sacrificia illibata, in primis, quae tibi offerimus pro Ecclesia tua sancta catholica: quam pacificare, custodire, adunare et regere digneris toto orbe terrarum: una cum famulo tuo Papa nostro N. et Antistite nostro N. et omnibus orthodoxis atque catholicae et apostolicae fidei cultoribus.	Dich, gütiger Vater, bitten wir durch deinen Sohn, unseren Herrn Jesus Christus: Nimm diese heiligen, makellosen Opfergaben an und segne sie. Wir bringen sie dar vor allem für deine heilige katholische Kirche in Gemeinschaft mit deinem Diener, unserem Papst N., mit unserem Bischof N. und mit allen, die Sorge tragen für den rechten, katholischen und apostolischen Glauben. Schenke deiner Kirche Frieden und Einheit, behüte und leite sie auf der ganzen Erde.
Memento, Domine, famulorum famularumque tuarum N. et N. et omnium circumstantium, quorum tibi fides cognita est et nota devotio, pro quibus tibi offerimus: vel qui tibi offerunt hoc sacrificium laudis, pro se suisque omnibus: pro redemptione animarum suarum, pro spe salutis et incolumitatis suae: tibique reddunt vota sua aeterno Deo, vivo et vero.	Gedenke deiner Diener und Dienerinnen N.N. (für die wir heute besonders beten) und aller, die hier versammelt sind. Herr, du kennst ihren Glauben und ihre Hingabe; für sie bringen wir dieses Opfer des Lobes dar, und sie selber weihen es dir für sich und für alle, die ihnen verbunden sind, für ihre Erlösung und für ihre Hoffnung auf das unverlierbare Heil. Vor dich, den ewigen, lebendigen und wahren Gott, bringe sie ihre Gebete und Gaben.
* **Communicantes**, et memoriam venerantes, in primis gloriosae semper Virginis Mariae, Genetricis Dei et Domini nostri Jesu Christi: *sed et beati Ioseph, eiusdem Virginis Sponsi,* et beatorum Apostolorum ac Martyrum tuorum, Petri et Pauli, Andreae, Jacobi, Joannis, Thomae, Jacobi, Philippi, Bartholomaei, Matthaei, Simonis et Thadaei, Lini, Cleti, Clementis, Xysti, Cornelii, Cypriani, Laurentii, Chrysogoni, Ioannis, et Pauli, Cosmae et Damiani, et omnium Sanctorum tuorum quorum meritis precibusque concedes, ut in omnibus protectionis tuae muniamur auxilio.	In Gemeinschaft mit der ganzen Kirche gedenken wir deiner Heiligen: Wir ehren vor allem Maria, die glorreiche, allzeit jungfräuliche Mutter unseres Herrn und Gottes Jesus Christus. *Wir ehren ihren Bräutigam, den heiligen Josef;* deine heiligen Apostel und Märtyrer: Petrus und Paulus, Andreas (Jakobus, Johannes, Thomas, Jakobus, Philippus, Bartholomäus, Matthäus, Simon und Taddäus, Linus, Kletus, Klemens, Xystus, Kornelius, Cyprianus, Laurentius, Chrysogonus, Johannes und Paulus, Kosmas und Damianus) und alle deine Heiligen; blicke auf ihr heiliges Leben und Sterben und gewähre uns auf ihre Fürsprache in allem deine Hilfe und deinen Schutz.

* **Hanc igitur** oblationem servitutis nostrae, sed et cunctae familiae tuae, quaesumus, Domine, ut placatus accipias: diesque nostros in tua pace disponas, atque ab aeterna damnatione nos eripi et in electorum tuorum iubeas grege numerari.	Nimm gnädig an, oh Gott, diese Gaben deiner Diener und deiner ganzen Gemeinde; ordne unsere Tage in deinem Frieden, rette uns vor dem ewigen Verderben und nimm uns auf in die Schar deiner Erwählten.
Quam oblationem tu, Deus, in omnibus, quaesumus, benedictam, adscriptam, ratam, rationabilem, acceptabilemque facere digneris: ut nobis Corpus et Sanguis fiat dilectissimi Filii tui, Domini nostri Iesu Christi.	Schenke, o Gott, diesen Gaben Segen in Fülle und nimm sie zu eigen an. Mache sie uns zum wahren Opfer im Geiste, das dir wohlgefällt: zum Leib und Blut deines geliebten Sohnes, unseres Herrn Jesus Christus.
Qui, pridie quam pateretur, accepit panem in sanctas ac venerabiles manus suas, et elevatis oculis in caelum ad te Deum Patrem suum omnipotentem, tibi gratias agens benedixit, fregit, deditque discipulis suis, dicens:	Am Abend vor seinem Leiden nahm er das Brot in seine heiligen und ehrwürdigen Hände, erhob die Augen zum Himmel, zu dir, seinem Vater, dem allmächtigen Gott, sagte dir Lob und Dank, brach das Brot, reichte es seinen Jüngern und sprach:
Accipite et Manducate ex hoc omnes: hoc est enim Corpus meum, quod pro vobis tradetur.	*Nehmet und esset alle davon: Das ist mein Leib, der für euch hingegeben wird.*
Simili modo, postquam cenatum est, accipiens et hunc praeclarum calicem in sanctas ac venerabiles manus suas, item tibi gratias agens benedixit, deditque discipulis suis, dicens:	Ebenso nahm er nach dem Mahl diesen erhabenen Kelch in seine heiligen ehrwürdigen Hände, sagte dir Lob und Dank, reichte den Kelch seinen Jüngern und sprach:
Accipite et bibite ex eo omnes: hic est enim calix sanguinis mei novi et aeterni testamenti, qui pro vobis et pro multis effundetur in remissionem peccatorum. Hoc facite in meam commemorationem.	*Nehmet und trinket alle daraus: Das ist der Kelch des neuen und ewigen Bundes, mein Blut, das für euch und für alle vergossen wird zur Vergebung der Sünden. Tut dies zu meinem Gedächtnis.*
Mysterium fidei…	*Geheimnis des Glaubens…*

Unde et memores, Domine, nos servi tui, sed et plebs tua sancta, eiusdem Christi, Filii tui, Domini nostri, tam beatae passionis, necnon et ab inferis resurrectionis, sed et in caelos gloriosae ascensionis: offerimus praeclarae maiestati tuae de tuis donis ac datis hostiam puram, hostiam sanctam, hostiam immaculatam, Panem sanctum vitae aeternae et Calicem salutis perpetuae.	Darum, gütiger Vater, feiern wir, deine Diener und dein heiliges Volk, das Gedächtnis deines Sohnes, unseres Herrn Jesus Christus. Wir verkünden sein heilbringendes Leiden, seine Auferstehung von den Toten und seine glorreiche Himmelfahrt. So bringen wir aus den Gaben, die du uns geschenkt hast, dir, dem erhabenen Gott, die reine, heilige, makellose Opfergabe dar: das Brot des Lebens und den Kelch des ewigen Heiles.
Supra quae propitio ac sereno vultu respicere digneris: et accepta habere, sicuti accepta habere dignatus es munera pueri tui iusti Abel, et sacrificium Patriarchae nostri Abrahae, et quod tibi obtulit summus sacerdos tuus Melchisedech, sanctum sacrificium, immaculatam hostiam.	Blicke versöhnt und gütig darauf nieder und nimm sie an wie einst die Gaben deines gerechten Dieners Abel, wie das Opfer unseres Vaters Abraham, wie die heilige Gabe, das reine Opfer deines Hohenpriesters Melchisedek.
Supplices te rogamus, omnipotens Deus: Iube haec perferri per manus sancti Angeli tui in sublime altare tuum, in conspectu divinae maiestatis tuae; ut, quotquot ex hac altaris participatione sacrosanctum Filii tui Corpus et Sanguinem sumpserimus, omni benedictione caelesti et gratia repleamur.	Wir bitten dich, allmächtiger Gott: Dein heiliger Engel trage diese Opfergabe auf deinen himmlischen Altar vor deine göttliche Herrlichkeit; und wenn wir durch unsere Teilnahme am Altar den heiligen Leib und das Blut dein Sohnes empfangen, erfülle uns mit aller Gnade und allem Segen des Himmels.
* **Memento** etiam, Domine, et eorum nomina qui nos praecesserunt cum signo fidei, et dormiunt in somno pacis. Ipsis, Domine, et omnibus in Christo quiescentibus, locum refrigerii, lucis et pacis, ut indulgeas, deprecamur.	Gedenke auch deiner Diener und Dienerinnen die uns vorausgegangen sind, bezeichnet mit dem Siegel des Glaubens, und die nun ruhen in Frieden. Wir bitten dich: Führe sie und alle, die in Christus entschlafen sind, in das Land der Verheißung, des Lichtes und des Friedens.
Nobis quoque peccatoribus famulis tuis, de multitudine miserationum tuarum sperantibus, partem aliquam et societatem donare digneris, cum tuis sanctis Apostolis et Martyribus cum Joanne, Stephano, Matthia, Barnaba, Ignatio, Alexandro, Marcellino, Petro, Felicitate, Perpetua, Agatha, Lucia, Agnete, Caecilia, Anastasia, et omnibus Sanctis tuis intra quorum nos consortium, non aestimator meriti, sed veniae, quaesumus, largitor admitte.	Auch uns, deinen sündigen Dienern, die auf deine reiche Barmherzigkeit hoffen, gib Anteil und Gemeinschaft mit deinen heiligen Aposteln und Märtyrern: Johannes, Stephanus, Mattias, Barnabas (Ignatius, Alexander, Marzellinus, Petrus, Felizitas, Perpetua, Agatha, Luzia, Agnes, Cäcilia, Anastasia) und mit allen deinen Heiligen; wäge nicht unser Verdienst, sondern schenke gnädig Verzeihung und gib uns mit ihnen das Erbe des Himmels.

Per Christum Dominum nostrum. **Per quem haec omnia**, Domine, semper bona creas, sanctificas, vivificas, benedicis, et praestas nobis.	Darum bitten wir dich durch unseren Herrn Jesus Christus. Denn durch ihn erschaffst du immerfort all diese guten Gaben, gibst ihnen Leben und Weihe und spendest sie uns.
Per ipsum, et cum ipso, et in ipso, est tibi Deo Patri omnipotenti, in unitate Spiritus Sancti, omnis honor, et gloria. Per omnia saecula saeculorum. Amen.	Durch Ihn und mit Ihm und in Ihm ist dir, Gott allmächtiger Vater, in der Einheit des Heiligen Geistes, alle Herrlichkeit und Ehre jetzt und in Ewigkeit. Amen.

- **fett** = Strophenanfänge
- * = Stücke, die vermutlich nicht zum ältesten Bestand gehören! Das **Communicantes** wird schon vor Gregor d. Gr., im 6.Jahrhundert zur Erwähnung des Festgeheimnisses eingefügt, das **Hanc igitur** und **Memento** (für Verstorbene) wahrscheinlich erst nach Gregor d. Gr., spätestens seit dem 9.Jahrhundert
- *kursiv* = Veränderungen/Vereinheitlichungen seit der Fassung MR 1970/ MB1975

3.3.2 Das Hochgebet II

Das Hochgebet II geht auf die Anaphora der Traditio Apostolica des Hippolyt von Rom zurück[148], die schon in den beiden vorausgehenden Unterpunkten 3.1/3.2 ausführlich untersucht wurde. Deshalb mag es an dieser Stelle genügen, auf die dort dargestellten Ergebnisse zu verweisen. Bei der Überarbeitung der frühchristlichen Anaphora der Traditio Apostolica wurde diese jedoch um jene Teile ergänzt, die aus einer späteren Entwicklungsphase der Hochgebete stammen. Es sind dies: das Sanctus, die Gabenepiklese, die Interzessionen und das Heiligengedächtnis.

Das Hochgebet II verfügt über eine eigene Präfation, es kann aber auch mit anderen Präfationen kombiniert werden, vor allem mit solchen, „die das Heilsmysterium zusammenfassend darstellen“ (GORM, Nr. 365).

Formal handelt es sich um den kürzesten Hochgebetstext des Messbuchs. Der abrupte Übergang vom – sehr kurzen – Postsanctus zur Gabenepiklese und den Einsetzungsworten wird durch verschiedene Textfassungen des Postsanctus, die das jeweilige Festgeheimnis des Tages nennen, abgemildert. Inhaltlich zeichnet sich der Text durch eine stark christologische Prägung aus.[149]

3.3.3 Das Hochgebet III

Das Hochgebet III ist eine Neuschöpfung und geht auf einen Entwurf des italienischen Liturgietheologen und Benediktiners Cipriano Vagaggini zurück. Dieser hatte ursprünglich zum Römischen Messkanon eine überarbeitete Fassung als Alternativvorschlag formuliert[150], der sich durch eine besondere Betonung des Opfergedankens, spezifische trinitätstheologische Akzente und eine möglichst schlichte Formulierung beim Heiligengedenken auszeichnet.[151] Nach zum Teil heftiger Kritik wurde Vagagginis Vorschlag überarbeitet und zu dem jetzt vorliegenden Hochgebet III umgestaltet. Dabei wurde zum einen der Entwurf Vagagginis in seiner Weitschweifigkeit inhaltlich gestrafft, zum anderen wurde der Text der einheitlichen Grundstruktur, die für alle Hochgebete des Messbuchs vorgesehen ist, angepasst.[152]

Formal entspricht das Hochgebet III in seiner Struktur den anderen Hochgebeten, verfügt jedoch – wie das Hochgebet I/der Canon Romanus – über keine eigene Präfation. Ebenso wie die Hochgebete I und II hat auch das Hochgebet III – in der deutschen MB-Fassung – verschiedene Überleitungen vom Postsanctus zu Gabenepiklese und Einsetzungsbericht, je nach Festgeheimnis.

Inhaltlich zeichnet sich der Text in seiner jetzigen Gestalt neben dem stark betonten Opfergedanken durch die Betonung der ekklesiologischen Dimension der Eucharistie sowie durch die Betonung der Universalität des Heilswillens Gottes aus.[153]

3.3.4 Das Hochgebet IV

Das Hochgebet IV ist ebenfalls eine Neuschöpfung und wurde in Anlehnung an ostkirchliche Anaphoren der antiochenischen Tradition geschaffen.[154] Ursprünglich war diskutiert worden, als ein bewusstes ökumenisches Zeichen die Basiliusanaphora der östlichen Kirchen in das neue, nachvatikanische Messbuch mit aufzunehmen. Dies wurde jedoch schlussendlich mit der Begründung abgelehnt, dass die Basiliusanaphora nicht der authentischen römischen Tradition entspräche, wobei man vor allem eine ausdrückliche Wandlungsepiklese (vor den Einsetzungsworten) vermisste.[155] Im Gegensatz zu der ursprünglich vorgesehenen Basiliusanaphora verbindet das neugeschaffene Hochgebet IV nun die Elemente der römischen und der östlichen Tradition.

Wie die ostkirchlichen Anaphoren verfügt das Hochgebet IV über eine feste Präfation. Dies ermöglicht es, zentrale theologische Inhalte schon in der Präfation zu nennen, die in einem sehr reich ausformulierten Postsanctus weitergeführt werden. So bildet das Hochgebet IV eine große sprachliche Einheit von der Präfation bis zur Schlussdoxologie.

Inhaltlich ist der Text stark heilsgeschichtlich geprägt, was sich formal in einer reichen Ausformulierung der anamnetischen Teile und der biblischen Sprache zeigt. Auch die Interzessionen haben eine starke heilsökonomische Prägung und zeichnen sich „durch eine bemerkenswerte Weite aus".[156]

3.3.5 Die drei Hochgebete für die Messfeier mit Kindern

Die drei Hochgebete für die Messfeier mit Kindern wurden durch Papst Paul VI. zunächst am 1. November 1974 „ad experimentum" auf drei Jahre für den liturgischen Gebrauch zugelassen.[157] Diese Erlaubnis wurde 1977 um weitere drei Jahre verlängert, bis schließlich 1980 die weitere Benutzung ohne zeitliche Begrenzung („sine die") gestattet wurde.[158]

Allen drei Hochgebetstexten zu eigen ist – so die Vorbemerkungen[159] – auf der einen Seite das Bemühen um eine kindgerechte Sprache, auf der anderen Seite aber auch das Festhalten an der traditionellen anamnetisch-epikletischen Grundstruktur des Eucharistischen Hochgebets.[160] Um die tätige Teilnahme der Kinder zu erhöhen, wurden vermehrt Akklamationen eingefügt.[161] Die Akklamation nach den Einsetzungsworten wurde „aus pädagogischen Gründen" hinter die Anamnese verlegt, um den inneren Zusammenhang zwischen Anamnese und vorausgegangenem Gedächtnisbefehl zu verdeutlichen.[162]

Die Vorbemerkungen weisen in Nr. 11 ausdrücklich darauf hin, dass bei den drei Hochgebeten für die Messfeier mit Kindern der lateinische Text nicht zum liturgischen Gebrauch bestimmt ist. Es wird zudem darauf hingewiesen, dass das Lateinische keine eigene Kindersprache entwickelt, weshalb die lateinischen Eigentümlichkeiten (Kursus, hypotaktischer Stil) nicht in die jeweilige, zum liturgischen Gebrauch bestimmte, landessprachliche Fassung übernommen werden sollen. Insofern stellt die vorliegende deutsche Fassung auch keine „bloße Übersetzung" des lateinischen Textes im eigentlichen Sinn dar.[163]

In den Nachdruck der dritten Auflage des lateinischen Missale Romanum von 2008[164] wurden die Kinderhochgebete nicht mehr mit aufgenommen. Da sie nur für die Messfeier mit Kindern bestimmt sind, werden sie in lateinischer Fassung in Zukunft in Ergänzungsheften zum Missale Romanum gedruckt vorliegen.[165]

Erstes Hochgebet für die Messfeier mit Kindern

Das erste Hochgebet für die Messfeier mit Kindern geht auf einen belgisch-holländischen Textentwurf zurück.[166] Es steht unter dem Leitgedanken „Gott, unser Vater".

Die Präfation ist in diesem Text dreigeteilt in einen schöpfungstheologischen, einen christologischen und einen ekklesiologischen Abschnitt, dem jeweils ein Abschnitt des Sanctus zugeordnet ist, der durch das Vorausgegangene eine inhaltliche Deutung erfährt.[167] Die Bitte um Gemeinschaft mit den Gliedern der Kirche und den Heiligen erfolgt in diesem Hochgebetstext schon im ekklesiologischen Abschnitt am Ende der Präfation.

Zweites Hochgebet für die Messfeier mit Kindern

Das zweite Hochgebet für die Messfeier mit Kindern geht auf einen französischen Textentwurf zurück.[168] Es steht unter dem inhaltlichen Leitgedanken „Du liebst uns".

Die Präfation ist in sechs Abschnitte aufgeteilt, denen viermal die Akklamation „Dir sei Lob. Dir sei Dank und Ehre" folgt. Auf den fünften und sechsten Abschnitt der Präfation folgt das Sanctus. Nach den Herrenworten ist im Einsetzungsbericht jeweils eine Akklamation eingefügt, die – so Vorbemerkungen Nr. 24 – „den Charakter einer Erwägung über das eucharistische Mysterium haben".[169]

Drittes Hochgebet für die Messfeier mit Kindern

Das dritte Hochgebet für die Messfeier mit Kindern geht auf einen deutschen Textentwurf zurück.[170] Es steht unter dem Leitgedanken „Wir danken dir, Gott".

Formal zeichnet es sich durch seine auswechselbaren Teile aus, die in der Präfation, zum Postsanctus und zur Kommunionepiklese eingefügt werden können.[171] Inhaltlich sind die variablen Teile aufeinander abgestimmt. Außerdem verfügt das dritte Hochgebet für die Messfeier mit Kindern über eine „nachkonsekratorische Akklamation", die dreimal wiederholt wird, „um so den Kindern den preisenden und danksagenden Charakter des ganzen Gebetes zu verdeutlichen."[172]

3.3.6 Das Hochgebet für die Messfeier mit Gehörlosen

Das Hochgebet für Messfeiern mit Gehörlosen geht auf eine Initiative der „Zentralstelle für katholische Seelsorge bei Sinnesgeschädigten in der Bundesrepublik Deutschland" zurück. Es wurde von der Deutschen Bischofskonferenz im Februar 1970 approbiert und am 26.06.1970 von der Gottesdienstkongregation konfirmiert.[173]

Die Sprachgestalt des Hochgebetstextes ist dabei „dem Sprachvermögen gehörloser Kinder angepaßt"[174], wobei die Vorbemerkungen zur offiziellen liturgischen Ausgabe darauf hinweisen, dass „die sprachlichen Vereinfachungen dieses Hochgebetes zugunsten Gehörloser sicher auch den Verständnisschwierigkeiten geistig Behinderter entgegenkommen können".[175]

Formal zeichnet sich das Hochgebet durch seine Kürze und durch eine einfache Syntax aus. Auch die ansonsten unveränderlichen Hochgebetsteile (Eingangsdialog, Einsetzungsworte, Schlussdoxologie) wurden in diesem Hochgebet der Zielgruppe gemäß überarbeitet und vereinfacht.

Das Hochgebet für Messfeiern mit Gehörlosen versucht dabei, die zentralen Glaubensinhalte der Zielgruppe angemessen zur Sprache zu bringen. Prinzipiell tritt jedoch bei genauerer Betrachtung dieses euchologischen Textes die Frage auf, ob nicht gewisse theologische Kernaussagen des christlichen Glaubens (etwa zur Opferthematik) zu komplex sind, als dass sie in solcher Weise sprachlich vereinfacht ausgedrückt werden könnten.[176] Gerade das Hochgebet für Messfeiern mit Gehörlosen macht deutlich, wie sehr die sprachliche Form das korrekte Verständnis der ausgesagten Inhalte bedingt. Simplifikationen auf der sprachlichen Ebene können hier zu Missverständlichkeiten und Einseitigkeiten auf der inhaltlichen Ebene führen, was wiederum für einen solchermaßen zentralen Text, wie ihn das Eucharistische Hochgebet darstellt, problematisch und wenig akzeptabel erscheint.

3.3.7 Das II. Hochgebet zum Thema „Versöhnung"

Die beiden Eucharistischen Hochgebete zum Thema „Versöhnung" entstanden aus Anlass des Heiligen Jahres 1975. Auf persönlichen Wunsch Papst Pauls VI. hin[177] wurden so zwei Hochgebete geschaffen, die „das

Geschenk der ‚Versöhnung' zum Gegenstand besonderer Danksagung machen".[178] Inhaltlich unterscheiden sich die beiden Texte dadurch, dass das erste Hochgebet vom biblischen Versöhnungsgedanken ausgeht, während das zweite – hier zu analysierende – Hochgebet in der konkreten Erfahrungswelt der Menschen ansetzt und diese im Licht des Glaubens deutet.[179]

Beide Hochgebetstexte gehen auf französische und deutschsprachige Entwürfe zurück, die schon in der Erarbeitungsphase in englische, italienische und spanische Fassungen übersetzt wurden.[180] Der lateinische Text beider Hochgebete – der so erst nachfolgend von Abt Egger, einem Mitarbeiter des Staatssekretariates erstellt wurde[181] – wurde mit Datum vom 1.11.1974 den einzelnen Bischofskonferenzen zugesandt und für die liturgische Verwendung „ad experimentum" zugelassen.[182] Zunächst sollte dabei jeweils nur einer der beiden Hochgebetstexte im Gebiet einer Bischofskonferenz approbiert werden.[183] So wurde im deutschen Sprachraum lediglich das zweite Hochgebet [= das II. Versöhnungshochgebet] approbiert[184], obwohl die Beschränkung auf nur einen Hochgebetstext von Seiten des päpstlichen Staatssekretariates mit Wirkung vom 26.1.1975 aufgehoben wurde.[185]

Das II. Versöhnungshochgebet betont inhaltlich den soteriologischen Aspekt der Lebenshingabe Jesu. Formal geschieht dies in sprachlicher Anlehnung an das neutestamentliche Zeugnis und die dort zu findenden Hingabe-Aussagen (Röm 8,32; 1 Joh 3,16). Der Text betont hierbei das versöhnende Handeln Gottes in seinem Sohn Jesus Christus, das alles menschliche Versöhnungswirken begründet, trägt und umfängt. So ist auch die Eucharistie als „Opfer der Versöhnung" in der Versöhnung erwirkenden Lebenshingabe Jesu begründet.

3.3.8 Das Hochgebet für Messen für besondere Anliegen

Das Hochgebet für Messen für besondere Anliegen geht auf den Ursprungstext der sogenannten „Schweizer Hochgebete" zurück.[186] Anlass für die Erstellung dieser „Schweizer Hochgebete" war die „Synode 72" der Schweiz im Jahre 1972.[187] Ein von einer schweizerischen Arbeitsgruppe vorgelegter deutschsprachiger Text erhielt – zusammen mit einer ebenfalls vorgelegten französischen Übersetzung[188] – am 8.8.1972 die römische Konfirmation und wurde zur Veröffentlichung freigegeben.[189] Die erste liturgische Verwendung erfuhr der Text am 8.9.1974 bei einem Gottesdienst der vierten gesamtschweizerischen Synode.

Nachdem der Text in dreißig Ländern zum liturgischen Gebrauch zugelassen wurde[190], sich aber bei der Übertragung in die einzelnen Sprachen durch die Unterschiede der Ausgangsfassungen Schwierigkeiten ergeben hatten, erstellte die Gottesdienstkongregation eine authentische lateinische Fassung[191], die in die zukünftige Editio typica des Missale Romanum aufgenommen werden soll und somit auch verbindlich für alle künftigen landessprachlichen Fassungen ist.[192]

Im Gebiet der Deutschen Bischofskonferenz, wo die ursprüngliche Fassung der „Schweizer Hochgebete" nicht approbiert worden war, musste somit eine deutschsprachige Fassung erstellt werden, die sich stark an den inhaltlichen Vorgaben der lateinischen Fassung orientiert. Dieser deutschsprachige Hochgebetstext wurde unter dem Titel „Hochgebet für Meßfeiern für besondere Anliegen" am 1.7.1993 von der Sakramentenkongregation konfirmiert.[193]

Formal handelt es sich sowohl beim „Schweizer Hochgebet"[194] als auch beim „Hochgebet für Messen für besondere Anliegen"[195] um *einen* Hochgebetsgrundtext[196] mit vier verschiedenen Präfationen und dazu jeweils passenden Interzessionen.

Beim „Schweizer Hochgebet" heißen diese vier thematisch-verschiedenen Präfationen und Interzessionen: „I: Gott führt die Kirche", „II: Jesus, unser Weg", „III: Jesus geht an keiner Not vorüber", „IV: Die Kirche auf dem Weg zur Einheit"; beim „Hochgebet für Messen für besondere Anlässe" – in etwas anderer Reihenfolge: „I: Die Kirche auf dem Weg zur Einheit", „II: Gott führt die Kirche", „III: Jesus, unser Weg", „IV: Jesus, der Bruder aller".

Sowohl das „Hochgebet für die Kirche in der Schweiz" als auch das „Hochgebet für Messen für besondere Anliegen" zeichnen sich in den Präfationen und in den Interzessionen durch eine besonders gegenwartsnahe Sprache aus, die „heutig" ist, die also die Feiernden in ihrem Erfahrungshorizont anspricht und dennoch nicht – das beweist die theologische Tiefe der Aussagen – ins sprachlich Beliebige abgleitet.

Tipps zum Weiterlesen

Quellensammlungen

Hänggi, Anton / Pahl, Irmgard. (Hg.). *Prex Eucharistica. Textus variis liturgiis antiqioribus selecti.* (Spicilegium Friburgense 12). Freiburg Schweiz 1968.

Liturgische Quellen

MISSALE ROMANUM. Ex decreto Sacrosancti Oecumenici Concilii Vaticani II instauratum auctoritate Pauli PP. VI promulgatum Ioannis Pauli II cura recognitum. Editio typica tertia. Rom/Vatikan 2002. [vgl. auch: Editio typica. Rom/Vatikan 1970; und: Editio typica altera. Rom/Vatikan 1975.]

Messbuch. Für die Bistümer des deutschen Sprachgebietes. Authentische Ausgabe für den liturgischen Gebrauch. Herausgegeben im Auftrag der Bischofskonferenzen Deutschlands, Österreichs und der Schweiz sowie der Bischöfe von Luxemburg, Bozen-Brixen und Lüttich. Freiburg u. a. 1975. [vgl. auch: [2]1988].

FÜNF HOCHGEBETE. Hochgebet zum Thema „Versöhnung“, Hochgebet für Meßfeiern mit Kindern. Studienausgabe für die Bistümer des deutschen Sprachgebietes. Mit einem Anhang: Hochgebet für Meßfeiern mit Gehörlosen. Approbierter und konfirmierter Text. Herausgegeben von den Liturgischen Instituten Salzburg, Trier und Zürich. Freiburg u. a. 1994.

HOCHGEBET FÜR DIE KIRCHE IN DER SCHWEIZ „Gott führt die Kirche“. Herausgegeben vom Liturgischen Institut Zürich und vom Institutum Liturgicum Salzburg. Einsiedeln [13]1995.

DIE FEIER DER GEMEINDEMESSE. Handausgabe. Auszug aus der authentischen Ausgabe des Meßbuches für die Bistümer des deutschen Sprachgebietes. Anhang: Hochgebet für Messen für besondere Anliegen. Votivhochgebet „Versöhnung“. Freiburg u. a. 1995.

Zur Entwicklung des Hochgebets

STUFLESSER, Martin/WINTER, Stephan. Geladen zum Tisch des Herrn. Die Feier der Eucharistie (Grundkurs Liturgie, Bd. 3), Regensburg 2004, 63–95. (Knappe Darstellung der historischen Entwicklung des Eucharistischen Hochgebets in den ersten Jahrhunderten.)

FOLEY, Ed. (Hg.). A Commentary on the Order of Mass of the Roman Missal. Collegeville (USA) 2011. (Zur Zeit sicherlich der umfassendste Kommentar zur editio tertia des Missale Romanum von 2002/2008 und zur neuen, englischsprachigen Übersetzung des Roman Missal von 2011).

Zu den Eucharistischen Hochgebeten

HAUNERLAND, Winfried. Das eine Herrenmahl und die vielen Eucharistiegebete. Traditionen und Texte als theologische und spirituelle Impulse.

In: Mehr als Brot und Wein. Theologische Kontexte der Eucharistie. Hg. v. W. Haunerland. Würzburg 2005, 119–144. (Guter Überblick der verschiedenen Hochgebete.)

Meyer, Hans-Bernhard. Eucharistie. Geschichte, Theologie, Pastoral. Mit einem Beitrag von Irmgard Pahl (Gottesdienst der Kirche 4), Regensburg 1989, 344–353. (Übersichtliche Darstellung der Hochgebete im Messbuch.)

4 Die Feiergestalt der Eucharistie seit dem II. Vatikanischen Konzil

Zum Aufbau der nachkonziliaren Messfeier heißt es in der GORM, Nr. 28:

> 🕮 **GORM, Nr. 28**
> Die heilige Messe besteht gewissermaßen aus zwei Teilen, der Liturgie des Wortes und der Eucharistischen Liturgie, die jedoch so eng miteinander verbunden sind, dass sie eine gottesdienstliche Einheit bilden. Denn in der Messe wird der Tisch sowohl des Gotteswortes als auch des Herrenleibes bereitet. Von dort sollen die Gläubigen Belehrung und Nahrung empfangen. Einige weitere Riten aber eröffnen und beschließen die Feier.

Jeder dieser Teile enthält wieder eine Reihe von Feier-Elementen, die gemäß der dialogischen Grundstruktur der Liturgie angeordnet sind:
- Gott wendet sich uns zu und schenkt uns sein Heil (katabatische Dimension der Liturgie);
- wir antworten auf Gottes Zuwendung mit Lobpreis und Bitte (anabatische Dimension);
- Gottes Geist durchdringt unsere Lebenswelt und vor allem unsere zwischenmenschlichen Beziehungen (diabatische Dimension).

Im Folgenden wollen wir nun den Ablauf der Messe (den sogenannten „Ordo Missae“) und die einzelnen Teile der Messfeier in ihrer heutigen Feiergestalt erschließen, die im deutschsprachigen Messbuch (MB) von 1975 (2. Auflage 1988) grundgelegt sind.[197]

Eröffnung	Kreuzzeichen + Gruß / Einführung	↓ / ↔	sich vergewissern, dass Gott die Gemeinde gesammelt hat; sich als Gemeinde finden; inhaltliche Einstimmung
	Schuldbekenntnis	↑ /[↔]	Bekenntnis dessen, was die Versammelten von Gott und untereinander trennt
	Kyrie	↑	Huldigung für den in seiner Gemeinde gegenwärtigen Herrn Jesus Christus
	Gloria	↑	Lobpreis Gottes
	Tagesgebet	↑	Bündelung der Eröffnung
Liturgie des Wortes	1. Lesung: AT (Osterzeit: Apg)	↓	Verkündigung des Gotteswortes
	Antwortpsalm	↓/↔/↑	Gemeinde eignet sich das Wort Gottes der 1. Lesung an, verbindet es mit der eigenen Lebenswelt und antwortet Gott auf sein Wort; sie tut dies mittels eines von Gott geschenkten Gebetes aus der Heiligen Schrift
	2. Lesung: NT	↓	Verkündigung des Gotteswortes
	Halleluja/Ruf vor dem Evangelium	↑	Christusakklamation
	Evangelium	↓	Verkündigung des Gotteswortes
	Homilie	↔	Auslegung des Gotteswortes oder eines anderen gottesdienstlichen Elementes (Mystagogie)
	Credo	↑	Gemeinde bekennt ihren Glauben
	Allgemeines Gebet / Fürbitten	↑	priesterlicher Dienst des ganzen Gottesvolkes im bittenden Eintreten für die Anliegen von Kirche und Welt

Eucharistische Liturgie	Gabenbereitung Gabenprozession Gabengebet	↑	Herbeibringen und Bereitstellen der Gaben, um mit ihnen zeichenhaft das gesamte Dasein der Menschen und die Schöpfung Gott hinzugeben
	Eucharistisches Hochgebet Eröffnungsdialog Präfation Sanctus Postsanctus Bitte um die Wandlung der Gaben von Brot und Wein Einsetzungsworte Kommunionbitte Schlussdoxologie Amen	↑ / ↓	nach Aufruf und Einladung zum Gebet preisendes Gedächtnis des Paschamysteriums und Bitte um Wandlung der Gaben und der Mahlteilnehmer in der Kraft des Heiligen Geistes; Gebet wird durch den Priester vorgebetet und durch das Amen der Gemeinde bestätigt
	Kommunion Vaterunser Friedensgruß	 ↑ ↑/↔	 Vorbereitungsgebet Bitte, Gottes Erbarmen und Frieden weiterschenken zu können und Ausdruck der Versöhnungsbereitschaft in der Gemeinde
	Brotbrechung / Agnus Dei	↓/↔	Symbol der Einheit derer, für die Christus sich hat zerbrechen lassen und an die er sich austeilt
	Kommunion	↓	Empfang und Verzehr der Mahlelemente
	Danksagung	↑	Dank für Christus, der sich selber verschenkt, in Stille oder durch einen Gesang
	Schlussgebet	↑	Bündelung der Kommunion
Abschluss	[Vermeldungen] Segen Entlassung Auszug / Gesang	 ↑/↔ ↑/↔	 Segen und Sendung hinein in den Alltag Dank und Ausklang

4.1 Der Eröffnungsteil

4.1.1 Die Versammlung der Gemeinde

Womit beginnt nun die Feier der Eucharistie? Schauen wir dazu in den entsprechenden Ordo Missae, die Messordnung, die dem Messbuch vorangestellt ist, einmal in der vorkonziliaren und einmal in der nachkoziliaren Fassung.

Missale Romanum / Das Römische Messbuch (1570)–1962	**Die Feier der Gemeindemesse (MR 1970 / MB 1975)**
„Sacerdos Missam celebraturus …“ „Mit allen liturgischen Gewändern angetan, nimmt der Priester mit der Linken den Kelch, legt die Rechte auf die Bursa, macht eine Verneigung vor dem (Sakristei-)Kreuz und begibt sich mit bedecktem Haupt zum Altar“	„Populo congregato …“ „Die Gemeinde versammelt sich. Darauf tritt der Priester an den Altar. Er wird begleitet von denen, die … einen besonderen Dienst versehen …“

Die Einführung zum aktuellen Messbuch verdeutlicht, dass die Feier der Eucharistie schon damit beginnt, dass sich das Volk Gottes zum Gottesdienst versammelt. Die Versammlung ist (vgl. SC, Art. 7) die grundlegende Weise der Gegenwart Jesu Christi. So führt auch GORM, Nr. 27 aus:

> 🕮 **GORM, Nr. 27**
> In der Messe, dem Herrenmahl, wird das Volk Gottes zu einer Gemeinschaft unter dem Vorsitz des Priesters, der in der Person Christi handelt, zusammengerufen, um das Gedächtnis des Herrn, das eucharistische Opfer zu feiern. Deshalb gilt für diese Zusammenkunft der heiligen Kirche an einem Ort in hervorragender Weise die Verheißung Christi: „Wo zwei oder drei in meinem Namen versammelt sind, da bin ich mitten unter ihnen“ (Mt 18,20). In der Messfeier, in der das Kreuzesopfer fortdauert, ist Christus wirklich gegenwärtig in der Versammlung, die in seinem Namen zusammengeführt wurde, in der Person des Amtsträgers und in seinem Wort sowie wesenhaft und bleibend unter den eucharistischen Gestalten.

Es ist also nicht der Priester oder der Bischof allein, der Liturgie feiert, sondern das ganze, zum Gottesdienst versammelte Volk Gottes ist Träger der Liturgie. Der Priester/Bischof ist Vorsteher der liturgischen Versammlung, er leitet diese an in ihrem liturgischen Tun. Mit den einzelnen Eröffnungsriten bildet sich die liturgische Versammlung, so führt GORM, Nr. 46 aus:

> 🕮 **GORM, Nr. 46**
> Die Riten, die der Liturgie des Wortes vorausgehen, nämlich der Einzug, der Gruß, der Bußakt, das Kyrie, das Gloria und das Tagesgebet haben Eröffnungs-, Einführungs- und Vorbereitungscharakter. Ihr Ziel ist es, dass die zusammenkommenden Gläubigen eine Gemeinschaft bilden und sich darauf vorbereiten, in rechter Weise das Wort Gottes zu hören und würdig die Eucharistie zu feiern. In bestimmten Feiern, die nach Maßgabe der liturgischen Bücher mit der Messe verbunden sind, werden die Eröffnungsriten unterlassen oder in besonderer Form vollzogen.

Die Eröffnung ist deshalb nicht unbedingt ein exakter Zeitpunkt, sondern die Versammlung der Gemeinde beginnt schon lange bevor der Gottesdienst im engeren Sinn beginnt. Dennoch gehört dieser Akt konstitutiv zur Liturgie dazu. Die Vorbereitung beginnt lange vor dem Gottesdienst, mit dem Weg zur Kirche. Das zeigen auch die Glocken an, die in regelmäßigen Abständen zum Gottesdienst rufen. Diese Rhythmen zeigen uns: Wir benötigen eine Zeit der Vorbereitung, bis der Gottesdienst beginnen kann. Zur Vorbereitung gehört auch das „Ankommen" im Kirchenraum: Wir betreten die Kirche durch schwere, große Türen und Portale und erleben eine Schwellensituation. Wir bekreuzigen uns mit Weihwasser als Erinnerung an die eigene Taufe und als Zeichen der Zugehörigkeit zum Volk Gottes, zum königlichen Priestertum der Getauften. Wir machen eine Kniebeuge/Verneigung zum Altar/Tabernakel, den Symbolen der Gegenwart Christi. Wir knien kurz oder bleiben kurz stehen, und wir halten zu einem kurzen persönlichen Gebet inne.

4.1.2 Der Einzug

Nachdem sich also die Gemeinde versammelt hat, beginnt der Einzug. Hierzu wird als Begleitgesang der „Introitus" gesungen, der Gesang zum Einzug. Dieser Gesang („antiphona ad introitum") hat, wie die GORM in Nr. 47 ausführt, die Aufgabe, „die Feier zu eröffnen, die Zusammengehörigkeit aller Teilnehmer zu fördern, sie innerlich in das Mysterium der liturgischen Zeit oder des Festes einzustimmen, sowie den Einzug des Priesters und der liturgischen Dienste zu begleiten."

Freilich ist der Einzugsgesang nicht einfach irgendein Lied, das zum Einzug gesungen wird. Werfen wir einen Blick in das Messbuch, so sehen wir: Der Gesang des Introitus entspricht der heiligen Handlung, unterstreicht den jeweiligen Charakter des Tages und der liturgischen Zeit. Zudem werden bei den lateinischen Introiten im gregorianischen Choral nicht einfach irgendwelche Texte gesungen, sondern sorgsam ausgewählte, dem Festgeheimnis des Tages zugeordnete Abschnitte aus der Hl. Schrift. Der Eingangsgesang hat dabei sogar früher vielen Sonntagen ihren Namen gegeben: der Sonntag „Gaudete" etwa (3. Adventssonntag) oder der Sonntag „Laetare" (4. Fastensonntag).

Im deutschen Sprachgebiet greift man anstelle des eigentlich im Messbuch vorgesehenen Gesangs zum Einzug gerne auf ein Lied zurück. Ein sinnvolles Beispiel für ein Lied zum Einzug aus dem Gotteslob (GL) wäre etwa Nr. 640/477: „Gott ruft sein Volk zusammen rings auf dem Erdenrund, eint uns in Christi Namen zu einem neuen Bund. Wir sind des Herrn Gemeinde und feiern seinen Tod. In uns lebt, der uns einte, er bricht mit uns das Brot."

Dies geschieht im Gegensatz zu anderen Ländern wie etwa Italien, Frankreich und den USA, wo sich nach der jüngsten Liturgiereform, in Ermangelung unserer deutschen Liedtradition, ein eigenes neues (geistliches) Liedgut entwickeln musste, das stärker von den eigentlich vorgesehenen liturgischen Gesängen und ihren starken biblischen Bildern her geprägt ist. Es ist bedauerlich, dass sich hierzulande für die Aktionsgesänge der Liturgie (zum Einzug, zur Gabenbereitung, zur Kommunion) keine im besten Wortsinn populäre, volksprachliche Fassung eingebürgert hat. Umso mehr ist auch bei uns das Lied zum Einzug, das an die Stelle des eigentlich vorgesehenen Introitus treten kann, immer mit Bedacht und Sorgfalt dem Festgeheimnis des Tages entsprechend auszuwählen.

Alle, die einen liturgischen Dienst ausüben, begeben sich währenddessen in Prozession von der Sakristei zum Altar: Bischof/Priester, Diakon (mit Evangelienbuch), (ggf.) Lektoren/-innen, Ministranten/-innen, letztere mit Weihrauch, Kreuz, Leuchtern (vgl. GORM, Nr. 120). Dies muss nicht unbedingt auf kürzestem Wege geschehen, sodass in vielen Kirchen immer noch der missliche Eindruck entsteht, die liturgischen Dienste kämen wie im Theater plötzlich und unvermittelt aus den Kulissen hervor, um nun eine Art heiliges Schauspiel vorzuführen. Eine Einzugsprozession, die aus der Mitte der Gemeinde (meist dann durch den Mittelgang) hervorgeht, unterstreicht hingegen noch einmal die Bedeutung der versammelten Gemeinde als Trägerin der Liturgie: Sie ist das heilige Volk Gottes, das in geordneter Form unter (An-)Leitung des Vorstehers (des Bischofs oder des Priesters) nun seinen heiligen Dienst vollzieht.[198]

4.1.3 *Die Verehrung des Altares*

Im Altarraum angekommen, verehren alle liturgischen Dienste den Altar als Christussymbol. Dies unterstreicht auch der Altarkuss durch Priester und Diakon und die Verehrung des Altars mit Weihrauch. So heißt es im Hochgebet zur Altarweihe:

> 🕮 **Weihegebet, Altarweihe**
> Für immer sei er (der Altar) die Stätte des Opfers Christi, für immer der Tisch des Herrn, an dem dein Volk gestärkt wird im heiligen Mahle. Dieser Altar sei uns ein Bild des Herrn Jesus Christus, aus dessen geöffneter Seite im Wasser und im Blut die Sakramente der Kirche hervorgehen. Dieser Altar sei die festliche Tafel, um die sich die Tischgenossen Christi freudig versammeln.

Der verwendete Weihrauch ist hierbei gleichermaßen Zeichen des aufsteigenden Gebetes (Psalm 141,2), wie er die Gegenwartsweisen Christi (in seinem Wort, in den eucharistischen Gestalten) und seine Symbole (der Altar, das Kreuz, die Osterkerze) markiert und verehrt.

4.1.4 *Die Begrüßung der Gemeinde*

Anschließend begibt sich der Vorsteher zum Vorstehersitz, von dem aus er den Eröffnungsteil der Messe und die Liturgie des Wortes leitet. Nach GORM, Nr. 310 sollen Aufstellung und Beschaffenheit des Vorstehersitzes Amt und Funktion des Vorstehers entsprechen, den Gottesdienst zu leiten. Wenn keine baulichen Aspekte dagegen sprechen, ist ein Ort „im Scheitelpunkt des Altarraumes, dem Volk zugewandt" für den Vorstehersitz besonders geeignet, das Aussehen eines Throns ist zu vermeiden.

Es folgen das Kreuzzeichen und der liturgische Gruß. Das Kreuzzeichen ist hier die kürzeste Form der Tauferinnerung, die auf den und im „Namen des Vaters, und des Sohnes, und des Heiligen Geistes" geschieht.[199] Der liturgische Gruß, so führt GORM, Nr. 50 aus, zeigt die Gegenwart des auferstandenen Herrn inmitten seiner Gemeinde an und verweist auf „das Mysterium der versammelten Kirche". Der liturgische Gruß lautet in der Grundform: „Der Herr sei mit euch – Und mit deinem Geiste."

Das Messbuch kennt insgesamt acht Grußworte, die zumeist den Anfängen (Röm 1,7; 1 Kor 1,3; 2 Kor 1,2; Gal 1,3; Eph 1,2) oder Schlüssen (2 Kor 13,13) der Paulusbriefe entnommen sind:

– Der Herr sei mit euch (Bischof: Der Friede sei mit euch).
– Die Gnade unseres Herrn Jesus Christus, die Liebe Gottes des Vaters und die Gemeinschaft des Heiligen Geistes sei mit euch.
– Gnade und Friede von Gott, unserem Vater, und dem Herrn Jesus Christus sei mit euch.
– Gnade und Friede von dem, der ist und der war und der kommen wird, sei mit euch.
– Gnade und Friede in der heiligen Versammlung der Kirche Gottes sei mit euch.
– Der Herr der Herrlichkeit und der Spender jeder Gnade sei mit euch.
– Die Gnade des Herrn Jesus, der für uns Mensch geworden ist (gelitten hat, gestorben ist …), sei mit euch.
– Die Gnade unseres Herrn Jesus Christus sei mit euch.

Das in der deutschen Übertragung eingefügte „sei" ist insofern missverständlich, als es sich hierbei nicht um einen in der Möglichkeitsform formulierten frommen Wunsch handelt, sondern das Sich-Zusprechen der Gewissheit: Der auferstandene und erhöhte Herr *ist* mitten unter uns! (vgl. Mt 18,20, sowie GORM, Nr. 50).

Die Antwort der Gemeinde lautet jeweils: „Und mit deinem Geiste", was mehr und anderes bedeutet als ein schlichtes: „Und auch mit dir!", wie bis 2011 im englischen Sprachraum im dortigen Sacramentary von 1973 die Übersetzung lautete („And also with you!"). Das lateinische „et cum spiritu tuo" erinnert zum einen an das spezifische Amtscharisma des ordinierten Vorstehers (als Geistträger, vgl. 1 Tim 4,14), zudem aber auch an den in der Taufe verliehenen Gottesgeist, der die zum Gottesdienst versammelte Gemeinde der Getauften untereinander verbindet (vgl. Gal 6,18; Phil 4,23 u. ö.). Mit den Worten des bekannten Credo-Liedes von Rudolf Alexander Schröder: „Den Geist, der heilig, insgemein lässt Christen Christi Kirche sein (…)." (GL 276/355, 5. Strophe)

Das Messbuch räumt an dieser Stelle auch die Möglichkeit ein, mit wenigen Worten („brevibus verbis“!) in die Messfeier einzuleiten, was allzu ausufernde Formen ausschließt (GORM, Nr. 50).

4.1.5 Das Schuldbekenntnis/der Bußakt

Bevor die Gemeinde das rettende und richtende Gotteswort zu vernehmen im Stande ist, bekennt sie vor Gott ihre Schuld. Die Gemeinde weiß sich der Erlösung bedürftig. Im Wissen, wo sie dem Anspruch des Evangeliums nicht gerecht geworden ist, vertraut sie auf dessen Zuspruch. In diesem in der Taufe grundgelegten Vertrauen in die Barmherzigkeit Gottes heißt es schon in Didache 14,1: „Wenn ihr am Herrentag zusammenkommt, brecht das Brot und sagt Dank, nachdem ihr zuvor eure Übertretungen bekannt habt, damit euer Opfer rein sei.“[200] Der Mensch tritt im Bewusstsein seiner eigenen Sündhaftigkeit vor das Angesicht des lebendigen Gottes und hofft auf dessen reiches Erbarmen.

An die Stelle des früheren Stufengebetes mit seinem Sündenbekenntnis (Confiteor) tritt im Messbuch nun das Allgemeine Schuldbekenntnis. Insgesamt handelt es sich um eine Kürzung des vormaligen Gebetes und um eine Erweiterung, in der auch Unterlassen des Guten als schuldhaftes Verhalten thematisiert wird: „dass ich Gutes unterlassen und Böses getan habe“. Der Bußakt ist dabei dreigeteilt:

- die Einladung durch den Priester (frei formulierbar),
- das gemeinsame Bekenntnis,
- die Vergebungsbitte.

Sinvollerweise wird nach der Einladung des Vorstehers zur Erforschung des Gewissens wirklich ein Moment der Stille gehalten. Andernfalls wären die Aussagen „prüfen wir uns selbst“ oder „wollen wir uns besinnen“ vollkommen sinnentleert.

Insgesamt gibt das Messbuch drei unterschiedliche Formen vor:

Messbuch: Bußakt

Form A: Schuldbekenntnis / Confiteor (oder Bußlied)
Einladung: (P) Wir wollen uns auf die Feier der hl. Geheimnisse vorbereiten.
Bekenntnis: (P) Wir sprechen das Schuldbekenntnis.
Ich bekenne Gott, dem Allmächtigen …
Vergebungsbitte: (P) Der allmächtige Gott erbarme sich unser. Er lasse uns die Sünden nach und führe uns zum ewigen Leben.
(A) Amen.

Form B: Wechselgebet aus Psalmversen (oder ein Bußlied)
Einladung: s. o.
Bekenntnis: (P) Erbarme dich, Herr, unser Gott, erbarme dich.
(A) Denn wir haben vor dir gesündigt.
(P) Erweise, Herr, uns deine Huld.
(A) Und schenke uns dein Heil.
Vergebungsbitte: (P) Nachlass, Vergebung und Verzeihung unserer Sünden gewähre uns der allmächtige und barmherzige Herr.
(A) Amen.

Form C: Kyrie-Litanei
Einladung: s. o.
Anrufungen: (V) Herr Jesus Christus, du bist vom Vater gesandt, zu heilen, was verwundet ist:
(V) Kyrie eleison. / Herr, erbarme dich (unser).
(A) Kyrie eleison. / Herr, erbarme dich (unser).

(V) Du bist gekommen, die Sünder zu berufen:
(V) Christe eleison. / Christus, erbarme dich (unser).
(A) Christe eleison. / Christus, erbarme dich (unser).

(V) Du bist zum Vater heimgekehrt, um für uns einzutreten:
(V) Kyrie eleison. / Herr, erbarme dich (unser).
(A) Kyrie eleison. / Herr, erbarme dich (unser).
Vergebungsbitte: (P) Der Herr erbarme sich unser. Er nehme von uns Sünde und Schuld, damit wir mit reinem Herzen diese Feier begehen.
(A) Amen.

Allerdings ist bei Form C, wie wir im folgenden Unterpunkt sehen werden, die Gefahr einer inhaltlichen Vermischung von Bußakt und Kyrie gegeben. Zudem wird der Bußcharakter des Kyrie hierdurch sehr stark betont.

Der Bußakt kann, besonders an den Sonntagen der Osterzeit, auch durch das Taufgedächtnis ersetzt werden (vgl. GORM, Nr. 51). Im Messbuch heißt es hierzu: „An Sonntagen kann an die Stelle des Allgemeinen Schuldbekenntnisses das Sonntägliche Taufgedächtnis (Besprengung mit Weihwasser) treten. Siehe Anhang." Leider fristet das Sonntägliche Taufgedächtnis im Anhang des Messbuchs ein trauriges Dasein. Es wäre zu wünschen, dass die Gemeinden diese schlichte, schöne Form des liturgischen Gedächtnisses der eigenen Taufe wieder neu für sich entdecken und damit auch das eigene Taufbewusstsein stärken.

4.1.6 *Das Kyrie*

Trotz des in vielen Gemeinden häufig verwendeten Bußaktes in der Form C (Kyrie-Litanei) ist das Kyrie grundsätzlich erst einmal vom Bußakt zu unterscheiden. GORM, Nr. 52 führt hierzu aus:

> 🕮 **GORM, Nr. 52**
> Nach dem Bußakt wird immer das Kyrie eleison angestimmt, sofern es im Bußakt nicht schon selbst enthalten war. Da in diesem Gesang die Gläubigen den Herrn anrufen und sein Erbarmen erflehen, wird das Kyrie für gewöhnlich von allen vollzogen, insofern das Volk und die Schola beziehungsweise der Kantor daran beteiligt sind. Jeder Ruf wird in der Regel zweimal vorgetragen; doch sind weitere Wiederholungen nicht ausgeschlossen, sofern sich dies aus der Eigenart der verschiedenen Sprachen, aus der musikalischen Form oder aus den jeweiligen Gegebenheiten ergibt. Wird das Kyrie als Teil des Bußritus gesungen, wird den einzelnen Rufen jeweils ein „Tropus" vorangestellt. [Anmerkung: „Tropus" meint hier einen zusätzlichen Vers, der Christus anruft.]

Bereits in der Antike war der Ruf „Kyrie eleison" als Huldigungsruf bekannt, entweder an eine Gottheit oder einen Herrscher, den man als Gott verehrte. Die frühe Kirche bezieht diesen Ruf auf Christus, den auferstandenen, erhöhten Herrn, den Kyrios Christus (vgl. Phil 2,6–11). Der Hoheitstitel Kyrios = Herr ist demnach als Bekenntnis der Gemeinde zu verstehen, die von Christus, ihrem Herrn, das Heil erfleht. Das Messbuch deutet denn auch den Kyrie-Ruf als Huldigung der versammelten Gemeinde an den in ihrer Mitte gegenwärtigen erhöhten Herrn Jesus Christus.

Sind die Kyrie-Rufe schon im Eingangslied enthalten, entfallen sie an dieser Stelle (vgl. als ein Beispiel für solch eine nach dem Liedschluss „Kyrieleis" genannte „Leise" das bekannte Lied „Christ ist erstanden"; GL 213/318).

4.1.7 Das Gloria

Es folgt an den Sonn- und Festtagen des Kirchenjahres (außer in der Adventszeit und der österlichen Bußzeit) der Hymnus des Gloria. Dieser trinitarisch strukturierte Hymnus wird auch „die große Doxologie", der große Lobpreis, genannt.

Das Gloria stammt ursprünglich wohl aus der Ostkirche. Der in der Morgenhore der Tagzeitenliturgie beheimatete Gloriahymnus taucht in der abendländischen Messe im 4. Jahrhundert auf (und zwar zunächst nur an Weihnachten; vgl. Lk 2,14). Das Gloria blieb bis ins Mittelalter der bischöflichen Messe und der Primiz vorbehalten.

Der trinitarische Lobgesang des Gloria führt das christologisch ausgerichtete Kyrie fort in dem feierlichen Hymnus zur Verherrlichung Gottes und Christi als geopfertes Lamm. Neben die Proklamation, dass Christus der Herr ist (im Kyrie), tritt nun im Gloria die Proklamation der Einzigkeit seiner Herrschaft: „Denn du allein bist der Heilige, du allein der Herr, du allein der Höchste" („tu solus sanctus, tu solus dominus, tu solus altissimus", vgl. 1 Kor 8,6).

Das Gloria wird gesungen, zur Not auch gesprochen. Das Messbuch lässt als Ersatz auch ein Gloria-Lied zu, also etwa eine freiere deutschsprachige Übertragung wie das bekannte Lied „Allein Gott in der Höh sei Ehr" (GL 457/170). Das Messbuch weist aber ausdrücklich darauf hin, dass an dieser Stelle nicht einfach irgendein sonstiges Loblied gesungen werden soll.

Der leider immer noch weit verbreitete Brauch, an der Stelle des Gloria lediglich irgendein Loblied zu singen, stammt aus der vorkonziliaren Messfeier, in der der Priester das Gloria (und die übrigen Aktionsgesänge, vgl. 10.3) leise mitbetete, während die Gemeinde in der sogenannten „Betsingmesse" oder dem „Deutschen Hochamt" irgendein mehr oder weniger passendes (Lob-)Lied sang. Weil aber die Gemeinde die Trägerin der Liturgie ist, ist es wichtig und bedeutsam, was an dieser Stelle gesungen wird. Analoges gilt für sogenannte „Orchestermessen“, bei denen der Chor in kunstvoll vertonten Mess-Kompositionen den Part der Gemeinde übernimmt.

4.1.8 Das Tagesgebet

Das Tagesgebet ist das erste Präsidialgebet, das der Vorsteher im Namen der versammelten Gemeinde spricht. Es schließt den Eröffnungsteil der Messe ab. Es dient der Sammlung und Bündelung des Gebetes aller zum Gottesdienst Versammelten. Deshalb folgt auf die Einladung zum Gebet („Lasset uns beten“) auch zunächst eine Gebetsstille, „um sich darauf zu besinnen, dass sie vor dem Angesicht Gottes stehen und um ihre Bitten im Herzen aussprechen zu können“, bevor der Vorsteher mit dem eigentlichen Tagesgebet das stille Gebet der Gemeinde bündelt und beschließt (GORM, Nr. 54). Das Tagesgebet folgt dem klassischen Aufbau der Oration, den wir schon kennengelernt haben (vgl. 3.1.1). Das Tagesgebet ist im Verlauf der Messfeier das erste Gebet im eigentlichen Sinne.

4.2 Liturgie des Wortes

4.2.1 Die Schriftlesungen

Verkündigung der Heiligen Schrift als Verkündigung des Pascha-Mysteriums im Heiligen Geist

In der Pastoralen Einführung zum Messlektionar, die in den Lektionaren einleitend abgedruckt ist, heißt es in Nr. 5: „Die Kirche verkündet ein und dasselbe Mysterium Christi, wenn sie das Alte und wenn sie das Neue Testament verkündet. Denn im Alten Testament ist das Neue verborgen, und im Neuen Testament erschließt sich das Alte.“ Die Schriftlesung ist Verkündigung des Pascha-Mysteriums: des Handelns Gottes in und durch Jesus Christus zum Heil der Welt. Im Heilswort der Schrift offenbart sich die Heilstat Gottes (2 Kor 5,18–21).

Zwar hat Gott durch das versöhnende Handeln in Jesus Christus uns einmalig und endgültig sein Wesen offenbart, aber Gott handelt auch in unserer Zeit, hier und heute, zum Heil des Menschen. Insofern wird das Geschick Jesu zu „meinem“ Geschick und Gottes Verheißung wird in der Verkündigung der Hl. Schrift auch mir zugesprochen.

Dies geschieht in der Verkündigung der Hl. Schrift pneumatisch vermittelt: es handelt sich um ein wirkmächtiges Geschehen im Heiligen Geist. Wir können sagen: Der Geist führt den Menschen zum rechten Verständnis des verkündigten Gotteswortes. So betont auch die GORM in Nr. 29:

> 🕮 **GORM, Nr. 29**
> Wenn in der Kirche die Heiligen Schriften gelesen werden, spricht Gott selbst zu seinem Volk und verkündet Christus, gegenwärtig in seinem Wort, das Evangelium. Daher sind die Lesungen des Wortes Gottes, die ein höchst bedeutsames Element der Liturgie sind, von allen mit Ehrfurcht zu hören. Zwar richtet sich Gottes Wort in den Lesungen der Heiligen Schrift an alle Menschen aller Zeiten und ist ihnen auch verständlich, doch wird sein tieferes Verständnis gefördert und seine Wirksamkeit begünstigt durch die lebendige Auslegung, die Homilie, die Teil der liturgischen Handlung ist.

Die Bedeutung der Heiligen Schrift für die Feier der Liturgie

Die fundamentale Bedeutung der Heilgen Schrift für das Leben der Kirche unterstreicht die Dogmatische Konstitution über die Offenbarung des II. Vatikanischen Konzils, *Dei Verbum*, wenn es dort heißt:

> 🕮 **Dei Verbum, Art. 21**
> Die Kirche hat die Heiligen Schriften immer verehrt wie den Herrenleib selbst, weil sie, vor allem in der heiligen Liturgie, vom Tisch des Wortes Gottes wie des Leibes Christi ohne Unterlass das Brot des Lebens nimmt und den Gläubigen reicht. In ihnen zusammen mit der Heiligen Überlieferung sah sie immer und sieht sie die höchste Richtschnur ihres Glaubens, weil sie, von Gott eingegeben und ein für alle Male niedergeschrieben, das Wort Gottes selbst unwandelbar vermitteln und in den Worten der Propheten und der Apostel die Stimme des Heiligen Geistes vernehmen lassen.

Und so unterstreicht auch Papst Benedikt XVI. die Sakramentalität des Wortes Gottes in seinem nachsynodalen Apostolischen Schreiben *Verbum Domini*:

🕮 Benedikt XVI., Nachsynodales Apostolisches Schreiben „Verbum Domini" (2010), Nr. 56:
Die Sakramentalität des Wortes lässt sich so in Analogie zur Realpräsenz Christi unter den Gestalten des konsekrierten Brotes und Weines verstehen. Wenn wir zum Altar gehen und am eucharistischen Mahl teilnehmen, empfangen wir wirklich den Leib und das Blut Christi. Die Verkündigung des Wortes Gottes in der liturgischen Feier geschieht in der Einsicht, dass Christus selbst in ihr gegenwärtig ist und sich uns zuwendet, um aufgenommen zu werden. Über die Haltung, die sowohl gegenüber der Eucharistie als auch gegenüber dem Wort Gottes einzunehmen ist, sagt der hl. Hieronymus: „Wir lesen die Heiligen Schriften. Ich denke, daß das Evangelium der Leib Christi ist; ich denke, dass die Heiligen Schriften seine Lehre sind. Und wenn er sagt: Wer mein Fleisch nicht isst und mein Blut nicht trinkt (*Joh* 6,53), dann kann man zwar diese Worte auch in bezug auf das [eucharistische] Mysterium verstehen; dennoch ist der Leib Christi und sein Blut wahrhaft das Schriftwort, die Lehre Gottes. Wenn wir uns der Eucharistie nähern und ein kleines Stückchen davon fällt auf den Boden, meinen wir, wir seien verloren. Wenn wir beim Hören des Wortes Gottes, während das Wort Gottes – das Fleisch Christi und sein Blut – uns in die Ohren geträufelt wird, an etwas anderes denken, in welch große Gefahr geraten wir da?" Christus, der unter den Gestalten von Brot und Wein wirklich gegenwärtig ist, ist in analoger Weise auch in dem Wort gegenwärtig, das in der Liturgie verkündigt wird.

Die Analogie zwischen der Hl. Schrift und dem Tisch des Wortes Gottes auf der einen Seite und dem (eucharistischen) Herrenleib und dem Tisch des Leibes Christi auf der anderen Seite mag zunächst ungewohnt klingen. Sie unterstreicht jedoch noch einmal die fundamentale Verbundenheit und Gleichrangigkeit der beiden Teile der Messfeier: der Liturgie des Wortes und der Eucharistischen Liturgie (vgl. SC, Art. 6). Dies wird auch in der Liturgiekonstitution noch einmal unterstrichen, wenn es dort zur tragenden Relevanz der Hl. Schrift für die Feier der Liturgie insgesamt heißt:

SC, Art. 24

Von größtem Gewicht für die Liturgiefeier ist die Heilige Schrift. Aus ihr werden nämlich Lesungen vorgetragen und in der Homilie ausgedeutet, aus ihr werden Psalmen gesungen, unter ihrem Anhauch und Antrieb sind liturgische Gebete, Orationen und Gesänge geschaffen worden, und aus ihr empfangen Handlungen und Zeichen ihren Sinn. Um daher Erneuerung, Fortschritt und Anpassung der heiligen Liturgie voranzutreiben, muss jenes innige und lebendige Ergriffensein von der Heiligen Schrift gefördert werden, von dem die ehrwürdige Überlieferung östlicher und westlicher Riten zeugt.

Bei der Liturgie des Wortes, nachfolgend dargestellt an der ausführlicheren Ordnung des Sonntags, haben wir es mit einem zweiteiligen Grundgeschehen zu tun:

Verkündigung	**Gebet**
– Schriftlesung aus dem AT (außer in der Osterzeit: Apg, Offb) – Psalm – Nicht-evangelische Schriftlesung aus dem NT – Evangelium (begleitet von Halleluja-Akklamation) – (Homilie/Predigt)	– Fürbitten/Allgemeines Gebet

Die Liturgie kennt zwei Grundhaltungen, die dem verkündeten Gotteswort angemessen entsprechen:
– das Hören des Wortes Gottes,
– das Verweilen beim Wort Gottes (= Zeit der Stille).

Die Verkündigung des Gotteswortes in der Liturgie

Was nun ist Verkündigung des Gotteswortes? Zunächst wird die Verkündigung des Gotteswortes rituell inszeniert. Im Mittelpunkt steht die Hl. Schrift selbst, das Buch der Bücher, in Gestalt der liturgischen Bücher Lektionar und Evangeliar. Die Verkündigung findet an einem besonderen Ort statt, dem Ambo als dem „Tisch des Wortes“ (SC, Art. 51). Es gibt einen besonderen Dienst der Verkündigung: den Lektor/die Lektorin (für die Lesungen), den Diakon (für das Evangelium). Die Prozession zum Evangelium inszeniert die Epiphanie, das Erscheinen Christi in seinem Wort (vgl. SC, Art. 7).

Die versammelte Gemeinde stimmt dem verkündigten Gotteswort zu in wichtigen Akklamationen: „Wort des lebendigen Gottes" – „Dank sei Gott" (Verbum Domini – Deo gratias!), mit dem Halleluja (ein Zitat aus der himmlischen Liturgie: aus der Hochzeit des Lammes in Offb 19,6 f und auch sonst an zahlreichen Stellen in der Hl. Schrift), der Akklamation nach dem Evangelium: „Evangelium unseres Herrn, Jesus Christus" – „Lob sei dir Christus", die einen lobpreisenden, doxologischen Charakter hat und den Auferstandenen gegenwärtig in seinem Wort preist.

Schließlich wird das Wort Gottes nicht nur verlesen, sondern auch gesungen. Dieses Singen, die sogenannte Kantillation, steigert zum einen die Feierlichkeit und dient zugleich der Verfremdung (das Gotteswort ist keine alltägliche Rede). Alle diese Elemente der rituellen Inszenierung dienen der Begegnung der Gemeinde mit Christus in seinem Wort.

Die Leseordnung – der Ordo Lectionum Missae

Dem Wunsch des II. Vatikanischen Konzils, „dass den Gläubigen der Tisch des Gotteswortes reicher bereitet werde" (SC, Art. 51), entspricht die neue, nachvatikanische Leseordnung, der Ordo Lectionum Missae (OLM) von 1969 (bzw. die zweite, authentische Ausgabe von 1981, dort mit einer Pastoralen Einführung versehen, den Text der Nova Vulgata verwendend).

Die Grundgestalt dieser Leseordnung – bestehend aus alttestamentlicher Lesung, Epistel und Evangelium – ist dabei keine neue Erfindung des II. Vatikanischen Konzils (bzw. der nachkonziliaren Reform). Sie findet sich so vielmehr schon zur Zeit der frühen Kirche, etwa bei Ambrosius († 397), wenn dieser die in Mailand übliche Liturgie des Wortes beschreibt: „Prius Propheta legitur, et Apostolus, et sic Evangelium."[201] Die derzeitige Leseordnung kann deshalb mit den Worten von SC, Art. 23 als gelungene Rückkehr zur „gesunden Überlieferung" der Väterzeit angesehen werden.

Nach der Leseordnung werden die Abschnitte der Hl. Schrift in der Feier der Eucharistie an den Sonn- und Feiertagen in einem dreijährigen Zyklus verkündigt: Es gibt drei Lesejahre A-B-C, denen die Evangelien folgendermaßen zugeordnet sind: A = Mt; B = Mk; C = Lk. (Das

Johannes-Evangelium ist der österlichen Bußzeit, der Osterzeit und dem 17.–21. Sonntag im Jahreskreis (Joh 6) zugeordnet.)

Die Grundgestalt an den Wochentagen sieht so aus: Es gibt zwei biblische Lesungen: Lesung + Evangelium. Es gibt zwei Lesejahre I und II (I in den ungeraden, II in den geraden Jahren). Während sich die Lesungen je nach Lesejahr verändern, bleiben die Evangelien an den Wochentagen gleich.

Hierbei gibt es zwei grundlegende Auswahlprinzipien für die biblischen Lesungen:
- Bahnlesung (vgl. 2. Lesung am Sonntag),
- thematische Auswahllesung (vgl. 1. Lesung am Sonntag in Bezug zum Evangelium).

Bahnlesung: Ein biblisches Buch wird vom Anfang bis zum Schluss vorgetragen, teils unter Auslassung bestimmter Passagen.

Thematische Auswahllesung: Hier werden bestimmte biblische Texte einander inhaltlich und thematisch zugeordnet. So etwa die alttestamentliche Lesung zum Evangelium. Während der Zeit im Jahreskreis sind die Lesungen von Altem Testament und Evangelium thematisch aufeinander bezogen; die Epistel hingegen läuft durch (= Bahnlesung). Anders ist dies in den geprägten Zeiten des Kirchenjahres (Advent und Weihnachten/Österliche Bußzeit und Osterzeit): Hier sind alle Lesungen stärker aufeinander bezogen.

Zur Hermeneutik der Auswahl der Lesungstexte

Die nachvatikanische Leseordnung hat gerade in jüngerer Zeit von exegetischer Seite zum Teil heftige Kritik erfahren. So seien vor allem die alttestamentlichen Lesungen teilweise so stark gekürzt worden, dass es sich, mit den Worten des ehemaligen Münsteraner Alttestamentlers Erich Zenger, um einen beinahe unverständlichen Textverschnitt handele.[202] Des Weiteren wird das Fehlen wichtiger Texte aus dem Alten Testament kritisiert, die in der Leseordnung nicht vorgesehen sind, und es wird die grundsätzliche (bibel-hermeneutische) Frage gestellt, ob die Leseordnung dem Eigenwert des Alten Testaments genug Gewicht beimesse.[203] Es ist an dieser Stelle nicht möglich, die Argumente des Für und Wider der einzelnen Fragen und Themenfelder abschließend zu diskutieren. Wichtig erscheint uns, an dieser Stelle lediglich noch einmal an jene Hermeneutik zu erinnern, die

die Leseordnung und damit die Feier der Liturgie selbst vorgibt. So betont die Pastorale Einführung in das Messlektionar in Nr. 106:

> 🕮 **Pastorale Einführung, Messlektionar, Nr. 106**
> Die Lesungen aus dem Alten Testament sind im Hinblick auf die Evangelienperikopen ausgesucht. Damit wollte man zu große Unterschiede zwischen den Lesungen innerhalb der Messe vermeiden und vor allem auch die Einheit von Altem und Neuem Testament unterstreichen. (…) Verteilt wurden sie je nach ihrer Eignung im Bezug auf das Evangelium, also nicht in einer logischen Reihenfolge.

Und, die eigentlichen hermeneutischen Kernpunkte noch deutlicher herausarbeitend, heißt es in Nr. 66:

> 🕮 **Pastorale Einführung, Messlektionar, Nr. 66**
> Diese Aufteilung macht deutlich, dass die beiden Testamente wie die gesamte Heilsgeschichte eine Einheit bilden: ihre Mitte ist Christus, der in seinem Pascha-Mysterium vergegenwärtigt wird.[204]

Die Auswahl der Schrifttexte in der Leseordnung entspricht also gerade nicht – so ein häufig vorgetragener Vorwurf von exegetischer Seite – einem simplifizierendenen Verheißungs-Erfüllungs-Schema. Das hermeneutische Auswahlkriterium ist vielmehr das Pascha-Mysterium, das das Zentrum der Heilsgeschichte bildet und das in der Liturgie feiernd verkündet wird. Insofern ist, wie wir gesehen haben, schon von frühester Zeit das Evangelium der Kern- und Kristallisationspunkt der Verkündigung in der Liturgie des Wortes. Es ist „als narrative Vergegenwärtigung des Ursprungsereignisses (…) damit das zentrale Medium des kulturellen Gedächtnisses der Kirche."[205] Und Meßner führt zur Verhältnisbestimmung der einzelnen Lesungen in der Liturgie des Wortes näherhin aus:

> 🕮 **Reinhard Meßner, Einführung in die Liturgiewissenschaft**
> Zur evangelischen Lesung müssen freilich noch andere Schriftlesungen hinzukommen, denn das Evangelium und das ihn ihm Berichtete ist isoliert von der ihm vorausliegenden „Schrift" (= Altes Testament) unverständlich. (…) Durch Gottes Handeln in Christus kommt die

Geschichte Gottes mit Israel zu ihrem Ziel; die Christusgeschichte ist also der endgültige Abschluss und die universale Aufsprengung der Ursprungserzählung Israels, die literarisch im Pentateuch gespeichert ist. Deshalb tritt zur Evangelienlesung die alttestamentliche Schriftlesung hinzu. Die nichtevangelischen neutestamentlichen Lesungen bilden eine dritte Schicht; sie geben apostolische Deutung des Evangeliums, die ergänzend und interpretierend zur narrativen Grundgestalt hinzukommt.[206]

Will man die Hermeneutik der Auswahl der Schriftlesungen in der Leseordnung graphisch darstellen, so bietet sich nachfolgendes Schaubild an:[207]

AT-Lesung	Epistel-Lesung	Evangelium	Parusie Christi (eschatologische Perspektive)

Bedeutsam erscheint es, für ein rechtes Verständnis der hier zugrundeliegenden Schrift-Hermeneutik die grundlegende eschatologische Perspektive im Blick zu behalten. So ist das Evangelium nicht einfachhin die Erfüllung des Alten Testaments. Vielmehr steht auch die Verkündigung des Evangeliums in der Feier der Liturgie unter dem eschatologischen Vorbehalt, den die Gemeinde in der anamnetischen Akklamation in jeder Messfeier proklamiert: „bis du kommst in Herrlichkeit". Die demütig flehende Vaterunser-Bitte „dein Reich komme!" korrespondiert mit dem Gebetsruf der frühen Christenheit: Maranatha! Komm, o Herr, komm!

Denn die Vollendung des in Jesus Christus angebrochenen Gottesreiches steht noch aus, noch liegt nicht der Wolf beim Lamm (Jes 65,25)[208], noch harrt die Schöpfung sehnsüchtig der Offenbarung der Söhne Gottes (Röm 8,19), noch ist die Kirche als pilgerndes Gottesvolk unterwegs, ihrem personalen Ziel entgegen: dem erhöhten, wiederkehrenden Herrn Jesus Christus.

Deshalb markiert die Verkündigung der biblischen Lesungen in der gefeierten Liturgie, in der Einheit der beiden Testamente, als Feier des Pascha-Mysteriums Christi, einen Vorgeschmack jener Herrlichkeit, die an uns offenbar werden soll (Röm 8,18) und die wir glaubend erhoffen.

Pastorale Einführung, Messlektionar, Nr. 4
Durch das Wort Gottes wird das Heilswerk unaufhörlich gegenwärtiggesetzt und fortgeführt und findet im gottesdienstlichen Tun sogar erst seinen vollen Ausdruck. So wird der Gottesdienst zur dauernden, vollen, und wirksamen Verkündigung des Wortes Gottes.

Zur Praxis der Auswahl und des Auslassens von einzelnen Lesungen

Obwohl es eines der Hauptanliegen der Liturgiereform des II. Vatikanischen Konzils gewesen ist, die Auswahl der biblischen Lesungen anzureichern und somit, wie es das Konzil im Bild umschreibt, den „Tisch des Gotteswortes" reicher zu decken und die „Schatzkammer der Bibel" zu öffnen (SC, Art. 51), erlebt man bedauerlicherweise in vielen Gottesdiensten hierzulande eine Reduzierung der biblischen Lesungen.[209]

Oft wird argumentiert, die Fülle der biblischen Lesungen, die die Leseordnung für die sonntägliche Eucharistie vorsieht, sei eine Überforderung der Gemeinde. Aus „pastoralen Gründen" werden dann biblische Lesungen weggelassen, zusammengekürzt oder gar durch freie, literarische Texte ersetzt.

Unabhängig von der Tatsache, dass es nicht im Ermessen des jeweiligen Vorstehers der Liturgie liegt, eine weltkirchlich festgelegte liturgische Ordnung nach eigenem Gutdünken auszusetzen[210], bleibt eine solche Reduktion der biblischen Botschaft auch theologisch fragwürdig.[211] Die Verkündigung der biblischen Botschaft bildet den zentralen Hintergrund für das Verständnis dessen, was wir in der Eucharistie feiern: das Heilshandeln Gottes in seinem Sohn Jesus Christus. Wer hier kürzt oder weglässt, schmälert und reduziert diese Botschaft vom Handeln Gottes zum Heil der Welt.

Auch das Argument, die Gemeinde werde durch die Anzahl der Lesungen überfordert, kann nicht überzeugen. So darf man den Mitfeiernden nicht zu wenig zutrauen und ihnen die Fähigkeit des Verstehens absprechen. Und man sollte bedenken, dass die Feier der Eucharistie immer eine Herausforderung sein soll – das ist noch längst keine Überforderung. In anderen Situationen können Menschen sehr lange still zuhören, etwa im Theater oder im Kino. Dort ist noch mehr Zeit nötig als etwa 20 Minuten beim Vorlesen aus der Schrift. Zur Steigerung der Aufmerksamkeit könnte außerdem ein Wechsel von Lektoren beitragen, auch das Singen des Psalms ist eine Hilfe. Gute Dramaturgie hilft der Gemeinde, der Schriftverkündigung besser zu folgen.

Hinzu kommt, dass „participatio actuosa“, die tätige Teilnahme aller Gläubigen (SC, Art. 14), im Hinblick auf die Liturgie des Wortes innerhalb der Messfeier sicher nicht bedeutet, dass jeder und jede Teilnehmer(in) im Zuhören jeden Satz in gleicher Intensität aufnimmt. Die Schrift, so ließe sich mit Martin Luthers bekanntem Wort sagen: „treibet Jesum Christum“; sie trifft, wie im Gleichnis vom Sämann, auf offene Ohren, auf abschweifende Gedanken, auf verstockte Herzen wie auf sensible Zuhörer. Wo und in welcher Weise das Samenkorn Gottes im Herzen der Teilnehmenden aufgehen mag, ist zudem nicht in unser menschliches Belieben gestellt: In der Verkündigung der alttestamentlichen Lesung, des Psalms (auch er ist Verkündigung und daher nicht durch ein beliebiges Lied zu ersetzen), der Epistel, des Rufes vor dem Evangelium und schließlich des Evangeliums wird ein großer heilsgeschichtlicher Bogen gespannt.

Die Fülle der biblischen Botschaft, die uns der eucharistische Gottesdienst zu Gehör bringen will, sollte also nicht zuerst als eine Last, sondern als Bereicherung, Chance zum Wachstum und zur Vertiefung im Glauben verstanden werden.

4.2.2 Die Antwortgesänge und Akklamationen

Der Psalm

Die GORM erschließt in Nr. 61 die Bedeutung des Psalmes nach der ersten Lesung als wichtigen Teil der Liturgie, der die Betrachtung der Schriftverkündigung fördert. Der Psalm soll der Lesung entsprechen und ist nach ihr im Lektionar abgedruckt. Am besten sollte er gesungen werden. Eine wichtige Rolle für die Beteiligung der Gemeinde spielt der Kehrvers: Ihn kann sie gemeinsam singen im Wechsel mit den Psalmversen des Kantors.

Der Psalm ist ebenfalls Schriftverkündigung: Er ist zunächst Psalm-Lesung. Dies tritt in eine gewisse Spannung zum Verständnis des Psalms als Antwortpsalm oder gar als irreführend so genannter „Zwischengesang“ – als ob es beim Psalm lediglich um eine Art „Pausenfüller“ ginge. Demgegenüber betont die GORM, dass der Psalm kein beliebig ersetzbares Element der Messfeier ist. Er kann auch nicht einfach durch irgendein Lied ausgetauscht werden. Falls er nicht gesungen vorgetragen werden kann, weil kein Kantor vor Ort ist, so sollte er doch, so die GORM, zumindest gelesen (= verkündigt) werden, wobei die Antiphon auch dann gesungen werden kann.

Das Halleluja – der Ruf vor dem Evangelium

Für das Halleluja als Ruf vor dem Evangelium gilt: Die versammelte Gemeinde „empfängt und begrüßt den Herrn, der im Evangelium zu ihr sprechen wird, und bekennt singend ihren Glauben“ (GORM, Nr. 62). Die GORM betont auch, dass „diese Akklamation (einen) selbständigen Ritus, das heißt eine eigenständige Handlung“ darstellt. Das Halleluja ist also mehr als ein bloßer Begleitgesang zur Evangelienprozession.

Dass Akklamationen als Bekenntnis des Glaubens immer wirkliche Handlungen der versammelten Gemeinde sind, wird u. a. daran deutlich, dass man beim Halleluja steht – die liturgische Körperhaltung gespannter Teilnahme und Aufmerksamkeit. Vor allem steht man, um Christus zu begrüßen, der durch sein Wort zur Gemeinde spricht.

In der österlichen Bußzeit wird das Halleluja durch eine passende Christus-Akklamation ersetzt, etwa: „Lob dir Christus, König und Erlöser“ (GL 562/176,5).

Die Sequenz

Sequenzen (von lat. *sequi* = „folgen“, weil sie in der Liturgie unmittelbar dem Antwortpsalm folgen) sind hymnenartige Gesänge. Ursprünglich sind es neue, freie Texte (sogenannte Tropen), die auf bekannte gregorianische Halleluja-Vertonungen gesungen werden. Sie kommen ab dem frühen Mittelalter auf. Gegenüber einer Vielzahl von Sequenzen, die es in spätmittelalterlichen Missalien noch gab, schränkt schon das Missale Romanum 1570 die Anzahl der Sequenzen drastisch ein. Im MB (MR 1970) sind nur noch die Sequenzen erhalten von: Ostern („Victimae paschali laudes“; GL 215/320), Pfingsten („Veni Sancte Spiritus“, GL 243/343), Fronleichnam („Lauda Sion Salvatorem“; dt. Fassung: GL 545/850) und Sieben Schmerzen Mariens („Stabat Mater dolorosa“ in dt. Übertragung: „Christi Mutter stand mit Schmerzen“; GL 584/532). Außer an Ostern und an Pfingsten (GORM, Nr. 64) ist die Sequenz freigestellt.

In einzelnen Ortskirchen haben sich in den diözesanen Eigenfeiern bis heute mittelalterliche Sequenzen erhalten, etwa am Fest des jeweiligen Diözesanpatrons (so im Bistum Würzburg an Kiliani, dem Hochfest der Frankenapostel Kilian, Kolonat und Totnan, dem 8. Juli).

4.2.3 Die Homilie

Schon das II. Vatikanische Konzil fordert in der Liturgiekonstitution nachdrücklich die Homilie an den Sonn- und Feiertagen des Kirchenjahres:

> 🕮 **SC, Art. 52**
> Die Homilie, in der im Laufe des liturgischen Jahres aus dem heiligen Text die Geheimnisse des Glaubens und die Richtlinien für das christliche Leben dargelegt werden, wird als Teil der Liturgie selbst sehr empfohlen. Ganz besonders in den Messen, die an Sonntagen und gebotenen Feiertagen mit dem Volk gefeiert werden, darf man sie nicht ausfallen lassen, es sei denn, es liege ein schwerwiegender Grund vor.

Doch was unterscheidet eine Homilie von einer Predigt im allgemeinen Sinne? Oder ist hiermit dasselbe gemeint? Deutlicher wird dies in der GORM in Nr. 65 dargelegt:

> 🕮 **GORM, Nr. 65**
> Die Homilie ist ein Teil der Liturgie und wird nachdrücklich empfohlen: Denn sie ist notwendig, um das christliche Leben zu nähren. Sie soll einen Gesichtspunkt aus den Lesungen der Heiligen Schrift oder aus einem anderen Text des Ordinariums oder des Propriums der Tagesmesse darlegen – unter Berücksichtigung des Mysteriums, das gefeiert wird, und der besonderen Erfordernisse der Hörer.

Dabei erscheint der Hinweis auf Proprium und Ordinarium zunächst verwirrend: Proprium und Ordinarium sind Gesänge der Liturgie. Doch bereits beim Propriumsgesang des Introitus, dem Gesang zum Einzug, haben wir gesehen, dass es sich vom Ursprung her immer um vertonte, gesungene Schrifttexte handelt. Gesang in der Liturgie ist immer „cantus" – vertontes Wort der Hl. Schrift. Die Homilie ist also Schriftauslegung. Wenn man dagegen von „Predigt" im allgemeinen Sinne spricht, können dort auch andere Themen und Fragen behandelt werden, die nicht so eng in Verbindung mit der Schrift und der Liturgie stehen. Die Homilie ist den ordinierten Amtsträgern vorbehalten.

Die Liturgie des Wortes hat in der Kombination aus Schriftlesung und Homilie drei zentrale Funktionen:

- Die didaktische (lehrende) Funktion: Die Homilie erschließt den Inhalt der Schrift. Die Unterweisung der Katechumenen, der Taufbewerber bei der Erwachsenentaufe, zeigt diese didaktische Funktion.
- Die anamnetische (vergegenwärtigende) Funktion: Schriftlesung und Homilie sind ein Medium der Vergegenwärtigung der in der Schrift zusammengefassten (Heils-)Geschichte. Am deutlichsten wird dies wahrnehmbar in den Festgottesdiensten der großen Festkreise: an Weihnachten und an Ostern. Was einst geschah, das geschieht hier und jetzt.
- Die parakletische (einführend-unterweisende) Funktion: Die Hl. Schrift ist Unterweisung für die christliche Lebensführung. Hier besteht allerdings immer auch die Gefahr der Verzweckung der Hl. Schrift.[212]

4.2.4 Das Credo als Teil der Eucharistiefeier

Zur Funktion des Credo als Teil der Eucharistiefeier heißt es in der GORM in Nr. 68:

> 🕮 **GORM, Nr. 68**
> Das Credo oder Glaubensbekenntnis dient dazu, dass das ganze versammelte Volk auf das Wort Gottes, das in den Lesungen aus der Heiligen Schrift verkündet und in einer Homilie ausgelegt wurde, antwortet und dass es, indem es die Glaubensnorm in einer für den liturgischen Gebrauch approbierten Form vorträgt, der großen Mysterien des Glaubens gedenkt und sie bekennt, bevor deren Feier in der Eucharistie beginnt.

Es handelt sich beim Credo um ein sekundäres, ein später hinzugetretenes Element in der Eucharistiefeier. Es wurde erst im Jahr 1014 n. Chr. auf Betreiben von Kaiser Heinrich II. in Rom zusätzlich in die Eucharistiefeier eingefügt.

Aber auch inhaltlich ist das Credo/das Glaubensbekenntnis ein sekundäres Element: Das Credo fasst (vgl. Apostolikum) das in der Schrift verkündete Ursprungsgeschehen zusammen – es ist ein Akt der Anerkennung (Credo – Ich glaube!). Das Credo ist wie ein großes „Amen“ unter das Heilshandeln Gottes, wie es der Gemeinde in der Hl. Schrift verkündet wurde, und ist damit vergleichbar dem „Amen" nach dem Eucharistischen Hochgebet. Damit ergibt sich auch eine funktionale Parallele zum Eucharistischen Hochgebet: So wurde das Eucharistische Hochgebet in der frühen Kirche „Kanon", Richtschnur genannt. Denn im Hochgebet, dem Kanon der Messe, war der Glaube an das Heilshandeln Gottes zusammengefasst, und die Gemeinde antwortete hierauf, wie wir schon bei Justin dem Märtyrer gesehen haben, mit dem Bekenntnis: Amen. Insofern ist das Credo/das Glaubensbekenntnis der Messe eigentlich eine inhaltliche Doppelung zum Eucharistischen Hochgebet. Das Credo zählt indes einzelne Glaubensartikel auf, während das Eucharistische Hochgebet eine heilsgeschichtliche Gesamtschau entfaltet.

Es gibt das Credo/ das Glaubensbekenntnis in zwei Grundformen:

- Das *Apostolische Glaubensbekenntnis* / das *Apostolikum*: Es geht auf das Glaubensbekenntnis des Täuflings bei der Feier der Erwachsenentaufe zur Zeit der frühen Kirche zurück (vgl. TA 21) und lag ursprünglich in Frageform vor: „Glaubst du an Gott, den Vater …?" – „Ich glaube."[213]
- Das *Große Glaubensbekenntnis* / das *Nizäno-Konstantinopolitanum*: Es geht auf das erste Konzil von Konstantinopel zurück (381 n. Chr.) und vereint und verbindet im Grundtext alle Christen im gemeinsamen Bekenntnis an den dreifaltigen Gott.

Das Credo ist ursprünglich ein Taufbekenntnis. Insofern ist das Sprechen des Glaubensbekenntnisses innerhalb der Messfeier ein Akt des Taufgedächtnisses: Die Christen sprechen bewusst jenes Taufbekenntnis, das bei ihrer eigenen Taufe (im Regelfall: als Säugling) Eltern und Paten in Stellvertretung für sie gesprochen haben.

4.2.5 Das Allgemeine Gebet der Gläubigen („Fürbitten")

Im Frühmittelalter war das seit der Zeit der frühen Kirche übliche Allgemeine Gebet in den Anliegen von Kirche und Welt (die Fürbitten) durch aufkommende Litaneien und die Einfügung der Interzessionen in das Eucharistische Hochgebet außer Übung geraten. Das Allgemeine Gebet wurde dann gemäß dem Willen des II. Vatikanischen Konzils in der nachkonziliaren Liturgiereform wieder in die Feier der Eucharistie eingeführt.[214]

So sollen nach SC, Art. 53 vor allem an Sonn- und Feiertagen nach dem Evangelium „unter Teilnahme des Volkes Fürbitten gehalten werden für die heilige Kirche, für die Regierenden, für jene, die von mancherlei

Not bedrückt sind, und für alle Menschen und das Heil der ganzen Welt." Die hier in der Liturgiekonstitution empfohlenen Fürbitten finden sich schon in der Hl. Schrift:

> 📖 **1 Tim 2,1–4**
> Vor allem fordere ich zu Bitten und Gebeten, zu Fürbitte und Danksagung auf, und zwar für alle Menschen, für die Herrscher und für alle, die Macht ausüben, damit wir in aller Frömmigkeit und Rechtschaffenheit ungestört und ruhig leben können. Das ist recht und gefällt Gott, unserem Retter; er will, dass alle Menschen gerettet werden und zur Erkenntnis der Wahrheit gelangen.

Das Volk Gottes übt im Allgemeinen Gebet sein „priesterliches Amt" aus, das es „in der Taufe empfangen hat" (der Ungetaufte darf noch nicht mitbeten). Das ist eine Form der Antwort auf das Wort Gottes und die Übernahme der Verantwortung, die aus der Taufe erwächst (vgl. GORM, Nr. 69). Es handelt sich also beim Allgemeinen Gebet um eine heilige Pflicht, die unserer Taufwürde (= dem gemeinsamen Priestertum aller Getauften) entspringt.

Die Perspektive der Bitten ist dabei eine, die über die versammelte Gemeinde hinausgehen soll: Uns-Bitten („Lass uns …") sind hier ebenso wie moralische, paränetische Aufforderungen fehl am Platz. Letztere gehören, wenn überhaupt, in die Predigt.

Es geht in den Fürbitten vielmehr um die Anliegen der Welt, die Anliegen der *anderen* also, für die die zum Gottesdienst versammelte Gemeinde (selbstlos) fürbittend bei Gott eintritt. Dieser Perspektive nach außen hin (ad extra) entsprechen auch die Intentionen (Gebetsanliegen), die in GORM, Nr. 70 für das Allgemeine Gebet genannt werden: für die Anliegen der Kirche, für die Regierenden und für das Heil der ganzen Welt, für die von jedweder Schwierigkeit Bedrückten, für die örtliche Gemeinschaft.

Bei besonderen Anlässen wie z. B. der Firmung, der Trauung oder einem Begräbnis kann die Reihe der Anliegen angepasst werden, Ergänzungen und Entfaltungen der Gebetsanliegen sind immer möglich.

4.3 Die Eucharistische Liturgie

4.3.1 Die Gabenbereitung

Bei der Gabenbereitung werden die Gaben von Brot und Wein (Hostienschale und Kelch) zum Altar gebracht. Es ist sinnvoll, wenn diese Gaben nicht nur von einer seitlichen Kredenz herbeigebracht werden, sondern in einer wirklichen Gabenprozession aus der Mitte der Gemeinde. Denn so, wie die Gemeinde die Gaben der Schöpfung vor Gott trägt, um sie wandeln zu lassen, so soll – das drückt das Zeichen aus – die Gemeinde auch sich selbst Gott hingeben, mit der gleichen Liebe, aus der Christus sich für die Menschen hingegeben hat. Sinnvollerweise sollte diese Gabenprozession auch die Gaben der Kollekte beinhalten, denn auch diese sind Zeichen der Hingabe der Gemeinde.

Bei der Gabenbereitung wird durch den Priester (bzw. den assistierenden Diakon) dem Wein im Kelch ein wenig Wasser hinzugefügt. Dieser seit der Spätantike bezeugte Brauch mag zunächst den profanen Grund gehabt haben, dass man den (starken, schweren) Wein in südlichen Ländern generell mit Wasser mischte, um ihn besser genießbar zu machen. Später wurde der Ritus symbolisch und allegorisch gedeutet: als Hinweis auf Blut und Wasser bei der Kreuzigung Christi (vgl. Joh 19,34), als Verweis auf die zwei Naturen Christi [was jedoch streng genommen christologisch in die Irre führt, denn gemäß dem Konzil von Chalzedon (451) sind die Naturen Christi ungetrennt, aber eben auch unvermischt] oder als Verweis auf die Teilhabe an der Gottheit Christi, die den Gläubigen in der Teilnahme am eucharistischen Opfer gewährt wird.[215]

GORM, Nr. 77 führt aus, dass mit dem Gebet über die Opfergaben die Gabenbereitung abgeschlossen wird. Dieses Gebet, das im Deutschen schlicht Gabengebet genannt wird, dient aber gleichermaßen der Vorbereitung auf das Eucharistische Hochgebet. Es steht also an der Scharnierstelle zwischen Gabenbereitung und Hochgebet.

Für das Gabengebet sind im deutschsprachigen Messbuch verschiedene Formen der *Gebetseinladung*[216] zur Auswahl vorgesehen: Während Form A relativ unmissverständlich lautet: „Lasset uns beten zu Gott, dem allmächtigen Vater, dass er die Gaben der Kirche annehme zu seinem Lob und zum Heil der ganzen Welt", besteht Form B in der schlichten Gebetseinladung: „Lasset uns beten" mit anschließender Stille für ein kurzes persönliches Gebet. Form C, die im lateinischen Missale die einzig vorgesehene Form der Einladung zum Gabengebet ist, enthält ein Wechselgebet zwischen Vorsteher und Gemeinde:

Einladung zum Gabengebet, Form C
P.: Betet Brüder und Schwestern, daß mein und euer Opfer Gott, dem allmächtigen Vater, gefalle. A.: Der Herr nehme das Opfer an aus deinen Händen zum Lob und Ruhme seines Namens, zum Segen für uns und seine ganze heilige Kirche.

Der seit karolingischer Zeit bezeugten Gebetseinladung „Orate, fratres"[217] folgt die wohl aus dem 11. Jahrhundert stammende Antwort des „Suscipiat"[218], die von den inhaltlichen Motiven her einer mittelalterlichen Deutung des Eucharistischen Hochgebets entstammt, bei der der Priester allein in das Allerheiligste des Kanons eintritt, um dort „das schauererregende Geheimnis der innersten Meßfeier"[219] zu sehen. Obwohl diese Gebetseinladung eigentlich schon (mit dem Fachausdruck: *proleptisch*) auf das Eucharistische Hochgebet vorgreift, wurde sie auf ausdrücklichen Wunsch Papst Pauls VI. beibehalten[220], der in dem Wechselgebet zwischen Vorsteher und Gemeinde wohl die Möglichkeit einer größeren Beteiligung der Gemeinde am Geschehen der Gabenbereitung sah. Der hier zum Ausdruck kommende Opfergedanke wäre in mehrfacher Hinsicht zu problematisieren: So ist die Trennung in „mein und euer Opfer" wohl vor allem als Zeichen einer sich an dieser Stelle manifestierenden „klerikalen Mentalität"[221] anzusehen, so Emil J. Lengeling, denn es wird nicht ersichtlich, worin die besondere Qualifizierung des „Opfers" des Vorstehers gegenüber dem „Opfer" der Gemeinde liegt.[222]

Deshalb ist es demgegenüber wichtig zu betonten dass unter der Aussage „mein und euer Opfer" nicht verschiedene „Opfer" oder auch „Opferweisen" zu verstehen sind, sondern gerade ein und dasselbe. Das Opfer der Kirche, welches der Vorsteher im Namen der versammelten Gemeinde darbringt, ist eben Opfer *der Kirche*. Insofern beten die versammelten Gläubigen diesen Text als Einverständnis, geradezu als Ratifizierung des priesterlichen Tuns, ganz im Sinne von SC, Art. 48: „Sie sollen Gott danksagen und die unbefleckte Opfergabe darbringen nicht nur durch die Hände des Priesters, sondern auch gemeinsam mit ihm und dadurch sich selber darbringen lernen."

Das nachfolgende Gabengebet erbittet die Segnung der Gaben, dient aber auch der Fürbitte für die mit der Gabendarbringung verbundenen

Anliegen und somit auch der spirituellen Vorbereitung auf das Eucharistische Hochgebet.

In dieser Hinsicht ist auch das Händewaschen des Vorstehers zu verstehen, ein von Anfang an eher symbolisch gedeuteter Ritus, dem eigentlich keine praktische Relevanz zukam. So heißt es auch jetzt in GORM, Nr. 76: „Dann wäscht der Priester an der Seite des Altars die Hände. Durch diesen Ritus wird das Verlangen nach innerer Reinigung ausgedrückt".

Bedeutsam sind die beiden für das Missale Romanum 1970 neu eingefügten Gebete zur Gabenbereitung, die das Schema der Berakah aufgreifen und sich an den beiden Segensgebeten des jüdischen Festmahls orientieren: „Gepriesen bist Du Herr, unser Gott, Schöpfer der Welt, Du schenkst uns das Brot" und „Gepriesen bist Du Herr, unser Gott, Du schenkst uns den Wein". Diese ebenfalls auf persönliche Intervention Papst Pauls VI. in das Messbuch eingefügten Gebete bringen uns in unmittelbare Nähe zum Geschehen im Abendmahlsaal und sind sicher eine große Bereicherung in ihrem unmittelbaren Bezug zur Stiftungshandlung Jesu im Kontext eines jüdischen Festmahls beim Letzten Abendmahl (vgl. Punkt 2.2).

4.3.2 Das Eucharistische Hochgebet

Das zentrale Präsidialgebet

Da das Eucharistische Hochgebet schon ausführlich im 3. Kapitel behandelt wurde, sollen an dieser Stelle nun wenige Anmerkungen genügen. GORM, Nr. 78 führt zum Eucharistischen Hochgebet aus:

> 🕮 **GORM, Nr. 78**
> Nun beginnen Mitte und Höhepunkt der ganzen Feier: das Eucharistische Hochgebet selbst, das heißt, das Gebet der Danksagung und der Heiligung. Der Priester lädt das Volk ein, die Herzen zum Herrn in Gebet und Danksagung zu erheben und vereint es mit sich in jenem Gebet, das er im Namen der ganzen Gemeinschaft durch Jesus Christus im Heiligen Geist an Gott den Vater richtet. Sinn dieses Gebetes aber ist es, dass die ganze Versammlung der Gläubigen sich mit Christus im Lobpreis der großen Taten Gottes und in der Darbringung des Opfers verbindet. Das Eucharistische Hochgebet verlangt, dass alle es ehrfürchtig und schweigend anhören.

Das Eucharistische Hochgebet ist demnach das zentrale Präsidialgebet der Messe; daher richtet es der Vorsteher im Namen der Gemeinde an Gott den Vater, durch Jesus Christus im Heiligen Geist. Im Gegensatz zur vorkonziliaren Praxis, bei der nur Präfation und Sanctus vom Vorsteher laut gebetet wurden, das restliche Eucharistische Hochgebet aber leise, entspricht die nachkonziliare Praxis der Bedeutung dieses zentralen euchologischen Textes der Eucharistiefeier: Das Hochgebet wird vom Vorsteher stellvertretend und im Namen der versammelten Gemeinde laut und vernehmlich gebetet (bereits möglich seit 1965) und kann nicht mehr nur auf Latein, sondern auch in der jeweiligen Volkssprache gebetet werden (schon seit 1967).

Tätige Teilnahme am Eucharistischen Hochgebet

Gerade weil das Eucharistische Hochgebet nur vom Vorsteher vorgetragen werden soll, ist es wichtig, die versammelte Gemeinde in Akklamationen am Geschehen zu beteiligen. Neben dem Einleitungsdialog, dem Sanctus und dem Amen am Ende des Hochgebets kennt das deutschsprachige Messbuch noch weitere Möglichkeiten für Akklamationen der Gemeinde, wovon sich allerdings nur die (anamnetische) Akklamation „Deinen Tod, o Herr, verkünden wir …“ durchgesetzt hat.

Die im vorkonziliaren Canon Romanus in das Kelchwort eingefügte Formel „mysterium fidei“ wurde an das Ende der Einsetzungsworte verlegt und dient als Überleitung zur Akklamation der Gemeinde.[223] Die Akklamation nach den Einsetzungsworten ist eine Neuerung der nachvatikanischen Hochgebete.[224] Sie richtet sich an Christus und füllt den Gedächtnisbefehl aus dem Deutewort über den Kelch inhaltlich aus: „Gedächtnis“ ist die Feier des Paschamysteriums, die Feier des Todes und der Auferstehung Jesu Christi bis zu seiner Wiederkunft. Diese Akklamation bildet somit nicht nur eine formale, sondern auch eine inhaltliche Überleitung zum nachfolgenden Anamnesegebet.[225]

Die übrigen anamnetischen Akklamationen finden sich relativ versteckt im Anhang V ganz am Ende des deutschsprachigen Messbuchs auf S. 1190:

– Heiland der Welt, schenke uns dein Heil; denn durch Tod und Auferstehung hast du uns erlöst.
– Sooft wir dieses Brot essen und aus diesem Kelch trinken, verkünden wir deinen Tod, o Herr, bis du kommst in Herrlichkeit.

Andere muttersprachliche Messbücher bieten hier eine größere Vielfalt an möglichen Akklamationen der Gemeinde. Auch das schweizerische Katholische Gesangbuch bietet verschiedene Akklamationen an.

Knien oder Stehen beim Eucharistischen Hochgebet?

Welche Körperhaltung ist die angemessene beim Eucharistischen Hochgebet? In den meisten Gemeinden ist es wohl üblich, dass man vom Einleitungsdialog („Der Herr sei mit euch“) über die Präfation bis zum Sanctus steht, sich nach dem Sanctus aber hinkniet und dann knien bleibt bis zum Abschluss des Eucharistischen Hochgebets mit der Schlussdoxologie („Durch ihn und mit ihm und in ihm …“) und dem gemeinsamen „Amen“. Ist es aber sinnvoll, innerhalb des einen Eucharistischen Hochgebets unterschiedliche Körperhaltungen einzunehmen? Oder wäre es nicht sinnvoller, die Einheit des Hochgebets mit einer einheitlichen Körperhaltung zu unterstreichen? Und ist hierfür das Knien oder das Stehen die angemessene Haltung?

Um die Bedeutung des Kniens in der Liturgie erfassen zu können, müssen wir das Knien im Kontext der anderen Körperhaltungen in der Liturgie betrachten. Neben dem Knien finden wir in der Liturgie als grundlegende Körperhaltungen noch das Stehen und das Sitzen. Alle drei Körperhaltungen zeichnen unterschiedliche Formen der Aufmerksamkeit und der Beteiligung an der Liturgie aus:

– Das Stehen in der Gegenwart Gottes ist ein Zeichen der Aufmerksamkeit. Zugleich zeugt es aber auch von Ehrerbietung. So wie ich als ein Zeichen der Höflichkeit aufstehe, wenn eine bedeutende Persönlichkeit einen Raum betritt, so stehen wir, wenn das Evangelium mit dem Ruf des Halleluja angekündigt und dieses anschließend verkündigt wird. Wir stehen, wenn wir Gott lobpreisen (im Gloria etwa).
– Das Sitzen ist das Zeichen des (entspannten) aufmerksamen Zuhörens. Eigentlich sitzen wir bei der Feier der Liturgie nur bei der Wortverkündigung, also bei den Lesungen (außer beim Evangelium) und bei der Predigt.
– Das Knien ist das Zeichen der Verehrung und der Anbetung. Dies wird deutlich, wenn der Priester vor der Kommunion der Gemeinde die konsekrierte Hostie zeigt mit den Worten: „Seht das Lamm Gottes …“ und die Gemeinde hierauf antwortet: „Herr, ich bin nicht würdig …!“

Nun lassen sich aber die hier kurz dargestellten Körperhaltungen in manchen Teilen der Messliturgie nicht so klar trennen oder voneinander unterscheiden. Das Stehen ist eigentlich für alle zentralen Gebete vorgesehen, die der Priester im Namen der Gemeinde vorbetet, also für die sogenannten Präsidialgebete. Hier handelt es sich um das Tagesgebet am Ende des Eröffnungsteiles, das Gabengebet zum Ende der Gabenbereitung und das Schlussgebet am Ende der Kommunion. Aber auch das Eucharistische Hochgebet, als das zentrale Gebet der Messfeier, ist eigentlich im Stehen zu hören und innerlich mitzubeten.

So sieht auch die Grundordnung für das Römische Messbuch (GORM, Nr. 43) das Knien beim Eucharistischen Hochgebet eigentlich nur zu den Einsetzungsworten bis zur Akklamation des „Geheimnis des Glaubens“ vor. Die Praxis, sich während des gesamten Hochgebetes hinzuknien, entspricht eigentlich nicht dem Charakter dieses zentralen Gebetstextes, in dem es noch nicht um die Anbetung der eucharistischen Gestalten geht, sondern um das gemeinsame Stehen vor Gott im Gebet (vgl. Lk 22,46; Offb 7,9). So heißt es auch im II. Hochgebet: „Wir danken dir, dass du uns berufen hast, vor dir zu *stehen* und dir zu dienen!“ Weshalb es zunächst ein wenig verwundert, dass niemand dies wörtlich nimmt und spätestens an dieser Stelle im Hochgebet aufsteht.

Hinzu kommt ein Weiteres: Das Stehen vor Gott ist das Zeichen des erlösten Christseins. So betont etwa der Hl. Augustinus für die Osterzeit: „stantes oramus“, dass also die Gebete im Stehen zu vollziehen sind (Epistula 55,28). Er unterstreicht hiermit, dass wir in der Osterzeit besonders unserer Erlösung durch die Auferstehung Jesu Christi gedenken. Und das erste Konzil von Nicäa beschließt im Jahr 325 n. Chr.[226], dass das Knien am Sonntag als dem Gedenktag der Auferstehung des Herrn ausdrücklich verboten ist, eine Regelung, an die sich die Ostkirchen bis heute halten.

Letztlich geht es auch bei der Frage nach der angemessenen Körperhaltung beim Eucharistischen Hochgebet darum, welche Körperhaltung dem gläubigen Mitvollzug und insofern der tätigen Teilnahme der ganzen versammelten Gemeinde am Eucharistischen Hochgebet am ehesten dienlich ist. Mit Emil J. Lengeling können wir deshalb festhalten: „Das bei uns übliche Knien während der Worte ‚Deinen Tod, o Herr, verkünden wir …‘ nach der Wandlung und darauf bis nach der Schlussdoxologie passt nicht recht zum Charakter der Akklamation und der priesterlichen Würde der Gemeinde, die in Gedächtnis, Darbringung und Lobpreis zum Ausdruck kommt.“[227]

Verschiedene Hochgebete zur Auswahl

Eine wichtige Neuerung der nachkonziliaren Messliturgie ist die Vielzahl der Eucharistischen Hochgebete, die es nun zur Auswahl gibt. War seit der Spätantike im Bereich des lateinischen Ritus nur noch der Canon Romanus, das heutige Hochgebet I, in Gebrauch, so gibt es nun die nachfolgenden Eucharistischen Hochgebete (vgl. 3.3):

- Hochgebet I (Canon Romanus, das Römische Hochgebet),
- Hochgebet II (der „Traditio Apostolica“ nachempfunden, siehe oben),
- Hochgebet III (eine Neuschöpfung, die besonders den Opfercharakter betont),
- Hochgebet IV (eine Neuschöpfung, die sich an ostkirchlichen Hochgebeten orientiert),
- 3 Hochgebete für die Messfeier mit Kindern (zur leichteren Verständlichkeit),
- das Hochgebet für die Messfeier mit Gehörlosen,
- das II. Hochgebet zum Thema Versöhnung,
- „Hochgebet für Messen für besondere Anliegen“.

4.3.3 Der Kommunionteil

Ursprünglich hatte die Liturgie der Eucharistie eine klare und einfache Struktur, bestehend aus:

- dem Eucharistisches Hochgebet,
- dem Brotbrechen,
- der Kommunion.

Seit Mitte des 1. Jahrtausends wurden dann weitere Elemente eingefügt:

- das Vaterunser mit Embolismus,
- der Friedensritus,
- die Mischung von Brot und Wein.

So entsteht nach und nach ein eigener, entfalteter Kommunionteil.

4.3.4 Das Vaterunser

Das Vaterunser ist ab dem 4. Jahrhundert als Element der Eucharistiefeier in Ost- und Westkirche bekannt[228], ursprünglich wohl wegen der enthaltenen Bitte um Sündenvergebung („vergib uns unsere Schuld“) als Gebet unmittelbar vor dem Kommunionempfang. Seit Papst Gregor d. Gr.

(† 604) rückt das Vaterunser dann, wie wir gesehen haben, an seinen jetzigen Ort, unmittelbar anschließend an das Hochgebet.

Im Vaterunser bittet die Gemeinde um das eucharistische Lebensbrot: „unser tägliches Brot gib uns heute". Die Bitte um das Kommen des Gottesreiches („dein Reich komme") verweist auf die Kommunion, die Vergebungsbitte im Vaterunser („vergib uns unsere Schuld") auf das Kelchwort im Hochgebet („Das ist mein Blut …").

Im nachkonziliaren Messbuch wird das Vaterunser aufgewertet, denn die ganze Gemeinde spricht nun das Herrengebet gemeinsam (vor der Liturgiereform tat dies nur der Priester) und die Akklamation der Gemeinde („Denn dein ist das Reich …") wird angefügt. Letztere findet sich so schon in Didache 9,4, also in frühester Zeit, und ist den neutestamentlichen Huldigungsrufen (vgl. Offb 7,12) vergleichbar. Diese frühchristliche Doxologie wird dann von Martin Luther in seine Bibelübersetzung und damit in die evangelische Gebets- und Gottesdienstpraxis übernommen (und findet sich in analoger, abgewandelter Form auch in den östlichen Riten). Insofern ist das gemeinsame Beten dieses feierlichen Lobspruches am Ende des Herrengebetes auch ein wichtiges Zeichen ökumenischer Verbundenheit.

Zum Embolismus

Der Embolismus ist jener Einschub, den der Vorsteher betet: „Erlöse uns, Herr, von allem Bösen …". In manchen Gemeinden gilt dieser Embolismus geradezu als „abgeschafft". Als Begründung ist oftmals zu hören, es handele sich um eine Verdoppelung der letzten Bitte des Herrengebets. Auch verunsichere der Wechsel von Gemeindegebet – Vorstehergebet – Gemeindegebet die Gemeinde. Beides trifft jedoch kaum zu: Schon die altkirchliche römische Ordnung kennt den Embolismus. Die Bitte um Erlösung von „dem Bösen" (Gemeinde) zu „allem Bösen" (Embolismus) weitet zudem die Perspektive: Das, was die Theologie „strukturelle Sünde" nennt, wird in den Blick genommen. Auch die eschatologische Bitte im Embolismus benennt einen zentralen Aspekt: „Damit wir voll Zuversicht das Kommen unseres Erlösers Jesus Christus erwarten" (vgl. Tit 2,13) – darauf folgt die zustimmende Akklamation der Gemeinde: „Denn dein ist das Reich …". Somit ist festzuhalten: Ein Verzicht auf den Embolismus wäre ein Verzicht auf eine wahrhaft „katholische" Tradition, die etwa 1500 Jahre alt ist und die ähnlich auch in den Kirchen des Ostens und den mit der römisch-katholischen Kirche unierten Ostkirchen gebetet wird.

4.3.5 Das Friedensgebet und der Friedensgruß

Da das Friedensgebet in der deutschen Übertragung – anders als im Lateinischen und den übrigen muttersprachlichen Fassungen – keine Schlussformel hat, ist es schwierig, dieses als Gebet zu erkennen. Es basiert auf der Verheißung des Herrn in Joh 14,27: „Frieden hinterlasse ich euch, meinen Frieden gebe ich euch; nicht einen Frieden, wie die Welt ihn gibt, gebe ich euch."

Das Friedensgebet ist somit flehendes Gebet um Einheit in der Kirche und aller Menschen (vgl. GORM, Nr. 82); es ist ausgerichtet auf die Communio der Gemeinde, denn die nachfolgende Kommunion ist Communio mit Christus und untereinander. Hier handelt es sich um nicht trennbare Dimensionen der eucharistischen Communio.

Schon Augustinus († 430) bezeugt: „Nach dem Herrengebet sagt man: Friede mit euch, und die Christen küssen einander mit dem Heiligen Kuss!" In den Riten des Ostens ist der Friedensgruß immer erhalten geblieben, im lateinischen Westen war er seit dem Mittelalter auf den Klerus beschränkt.

In der nachkonziliaren Neuordnung geschieht der Ausgang des Friedensgrußes vom Altar (= Christus) schon wirkmächtig durch den Wunsch des Priesters: „Der Friede des Herrn sei allezeit mit euch!" Dies bedeutet aber, dass es weder notwendig ist, dass der Priester durch die Gemeinde geht, noch müssen Messdiener in die Gemeinde „ausschwärmen". Es bedarf beim Friedenszeichen keines weiteren Zeichens von dort nach hier. Der Sinn des Friedenszeichens liegt vielmehr darin, dass die versammelten Christen einander den Frieden bekunden. Das vorausgehende Wort des Vorstehers gibt hierzu nur die Aufforderung. Insofern mahnt auch GORM, Nr. 82 zu Recht: „Was das Friedenszeichen selbst betrifft, ist seine Form von den Bischofskonferenzen entsprechend der Eigenart und den Bräuchen der Völker zu bestimmen. Es ist aber angebracht, dass jeder nur mit den Nächststehenden auf schlichte Weise das Friedenszeichen austauscht."

Der Friedensgruß ist allerdings an dieser Stelle nicht unproblematisch, denn er unterbricht das Gefüge von Hochgebet, Brotbrechen und Kommunion. In der Liturgie der frühen Kirche (und in den Kirchen des Ostens) befand sich der Friedensgruß an der Scharnierstelle von Wortgottesdienst und Eucharistiefeier. So haben wir schon bei Justin dem Märtyrer gehört: „Haben wir die Gebete beendigt, so begrüßen wir einander durch einen Kuss. Dann werden dem Vorsteher der Brüder und Schwestern Brot und ein Becher mit Wasser und Wein gebracht." Diese Praxis entsprach auch dem Wort Jesu aus der Bergpredigt: „Wenn du deine Opfergabe zum

Altar bringst und dir dabei einfällt, dass dein Bruder etwas gegen dich hat, so lass deine Gabe dort vor dem Altar liegen; geh und versöhne dich zuerst mit deinem Bruder, dann komm und opfere deine Gabe." Ganz in diesem Sinne hat Papst Benedikt XVI. im nachsynodalen Apostolischen Schreiben *Sacramentum Caritatis* (2007) angeregt, „die Möglichkeit zu untersuchen, den Friedensgruß auf einen anderen Zeitpunkt zu verlegen, zum Beispiel vor den Gabengang."[229]

4.3.6 Das Brotbrechen und der Gesang zur Brotbrechung

Schon in der Emmausgeschichte haben wir das Brotbrechen als Erkennungszeichen für den erhöhten Herrn wahrgenommen (Lk 24,35). Auch die jungen Christengemeinden halten fest „an der Lehre der Apostel und an der Gemeinschaft, am Brechen des Brotes und an den Gebeten" (Apg 2,42). Das Brotbrechen ist damit die älteste und wichtigste Vorbereitung für den Empfang der Kommunion. Das Essen von dem einen Brot konstituiert die Mahlgemeinschaft (so schon beim jüdischen Pascha-Mahl), und das Brot, das wir brechen, ist Teilhabe am Leib Christi (1 Kor 10; und 1 Kor 5,7: Christus als das Paschalamm). So heißt es im Eucharistiegebet der Traditio Apostolica bei den Einsetzungsworten sogar: „Dies ist mein Leib, der für euch zerbrochen wird".

Das eucharistische Brot wird zerbrochen, wie das Leben Jesu für uns „zerbrochen" wurde: Von daher ist auch der Gesang zur Brotbrechung („Lamm Gottes, du nimmst hinweg die Sünde der Welt") zu verstehen, denn er liefert eine bedeutsame opfertheologische Deutung des Brotbrechens. Deshalb sollte das Brotbrechen als wirkliches Zeichen in angemessener Ruhe ohne alle Hektik vollzogen werden, indem mehrere große Hostien vom Priester/Diakon gebrochen werden. GORM, Nr. 83 führt hierzu aus:

> 🕮 **GORM, Nr. 83**
> Die Anrufung Lamm Gottes (Agnus Dei) wird üblicherweise von der Schola oder vom Kantor im Wechsel mit dem Volk gesungen oder zumindest mit lauter Stimme gesprochen. Die Anrufung begleitet die Brechung des Brotes. Deshalb kann man sie so oft wie nötig wiederholen, bis der Ritus beendet ist. Die letzte Anrufung schließt mit den Worten: gib uns deinen Frieden (dona nobis pacem).

Zur Geschichte: Die ursprüngliche Bedeutung des Brotbrechens geht mit dem römisch-fränkischen Messordo im frühen Mittelalter verloren. Ab dem 9.–11. Jahrhundert kommt es zur Einführung ungesäuerten Brotes in Form von kleinen Hostien für die Gläubigen. Im Hintergrund steht im Mittelalter auch eine übergroße Ehrfurcht und Angst vor dem Kommunionempfang. Insofern wird die Brechung ab diesem Zeitpunkt auf die sogenannte *Priesterhostie* beschränkt. Demgegenüber betont die GORM in Nr. 83 das biblische und bereits seit der Zeit der frühen Kirche bezeugte Verständnis:

GORM, Nr. 83

Die Gebärde der Brotbrechung, die von Christus beim Letzten Abendmahl vollzogen wurde und die in apostolischer Zeit der ganzen Eucharistiefeier den Namen gab, ist ein Zeichen dafür, dass die vielen Gläubigen bei der Kommunion von dem einen Brot des Lebens, das der für das Heil der Welt gestorbene und auferstandene Christus ist, ein Leib werden (1 Kor 10,17).

In den Kontext des Ritus des Brotbrechens ist auch die *Mischung* einzuordnen: Der Priester nimmt ein kleines Stück des zuvor gebrochenen eucharistischen Brotes und senkt es in den Kelch. Geht dieser Brauch wohl ursprünglich auf das fermentum zurück, jenen stadtrömischen Brauch zu Zeiten der Spätantike, bei dem der Papst als Zeichen der Einheit (communio!) eine konsekrierte Hostie an die Kirchen der Stadt Rom entsandte, so wird dieser kleine Ritus nun durch das Begleitwort als Zeichen der Anteilnahme an dem einen, eucharistischen Herrenleib (Leib und Blut Christi) gedeutet.[230]

Die nachfolgende Einladung zur Kommunion, bei welcher der Vorsteher den Gläubigen ein Stück der Hostie zeigt, besteht im lateinischen Missale Romanum aus zwei zusammengefügten Schriftworten: „Seht das Lamm Gottes, das hinwegnimmt die Sünde der Welt", worauf der Priester unmittelbar anfügt: „Selig, die zum Hochzeitsmahl des Lammes geladen sind" (Offb 19,9). Die Gemeinde und der Vorsteher sprechen hierauf gemeinsam: „Herr, ich bin nicht würdig, dass du eingehst unter mein Dach, aber sprich nur ein Wort, so wird meine Seele gesund" (in Anlehnung an Mt 8,8). In der derzeitigen Fassung des deutschsprachigen Messbuchs erfolgt das „Herr, ich bin nicht würdig" unmittelbar auf das „Seht das Lamm Gottes".

4.3.7 Die Kommunion

Das zentrale Zeichen: Die Teilhabe an Leib und Blut Christi

Wenn die zentralen Zeichenhandlungen innerhalb der Feier der Eucharistie unser Handeln mit Brot und Wein sind, dann ist die Frage wie wir mit diesen Zeichen umgehen, höchst bedeutsam.

Paulus schreibt in 1 Kor 10,16f.:

> 📖 **1 Kor 10,16f.**
> Ist der Kelch des Segens, über den wir den Segen sprechen, nicht Teilhabe am Blut Christi? Ist das Brot, das wir brechen, nicht Teilhabe am Leib Christi? Ein Brot ist es. Darum sind wir viele ein Leib; denn wir alle haben Teil an dem einen Brot.

Wir alle essen von dem einen Brot, so sagt Paulus, doch tun wir das auch? Und gibt uns der Kelch „Teilhabe am Blut Christi", wenn wir an diesem Kelch gar keinen Anteil haben, weil wir nicht aus ihm trinken? Es geht hier ja um nichts Geringeres als um die zentrale Symbolik der Eucharistiefeier: Wir alle essen von dem einen Brot und trinken aus dem einen Kelch. Die ersten Christen nannten deshalb sogar die ganze Feier: „das Brotbrechen". Dies ist also einer der ältesten Namen für das Herrenmahl. Aber wie sollen wir erfahren, dass wir alle ein Leib sind in Jesus Christus, wenn kein Brot mehr gebrochen, sondern vorgestanzte, portionierte Oblaten als Brotersatz gereicht werden? Wenn papierdünne Oblaten weniger an Brot erinnern, denn an essbares Papier? Entsprechend betont die GORM:

> 📖 **GORM, Nr. 321**
> Die Zeichenhaftigkeit verlangt, dass die Materie der Eucharistiefeier tatsächlich als Speise erkennbar ist. Daher soll das eucharistische Brot, auch wenn es ungesäuert ist und in der herkömmlichen Form bereitet wird, so beschaffen sein, dass der Priester in einer mit dem Volk gefeierten Messe die Hostie wirklich in mehrere Teile brechen und diese wenigstens einigen Gläubigen reichen kann.

Wie ernst nehmen wir also unsere eigenen Zeichenhandlungen? Für das Verständnis der Eucharistie als Opfer ist das Brotbrechen und dabei auch der

Begleitgesang des „Lamm Gottes" (Agnus Dei) zentral: Im Anbieten seiner selbst als Speise wird Christi Opfer auf der Ebene des liturgischen Zeichens gegenwärtig – vielleicht ist uns das eine Motivation, dieses Zeichen wieder deutlicher hervorzuheben und entsprechend feiernd zu vollziehen.

Das gilt auch für die Teilhabe am Kelch: Obwohl die liturgischen Dokumente die Kommunion unter beiderlei Gestalten ausdrücklich zulassen und ermöglichen, ist diese Vollform der Kommunion immer noch viel zu selten in den Gemeinden zu erleben. Dagegen unterstreicht die GORM in Nr. 281:

> 🕮 **GORM, Nr. 281**
> Die hinsichtlich der Zeichenhaftigkeit vollere Form hat die heilige Kommunion, wenn sie unter beiden Gestalten geschieht. In dieser Form tritt nämlich das Zeichen des eucharistischen Mahles deutlicher hervor und der Wille Gottes, wonach der neue und ewige Bund im Blut des Herrn geschlossen wird, wird klarer ausgedrückt, ebenso der Zusammenhang zwischen dem eucharistischen Mahl und dem eschatologischen Mahl im Reich des Vaters.

Das Dokument der Deutschen Bischofskonferenz zum 40. Jahrestag der Liturgiekonstitution unterstreicht auch den spirituellen Gewinn einer regelmäßig in den Gemeinden geübten Praxis der Kommunion unter beiderlei Gestalten: „Die Verbindung von Kommunion und eucharistischem Opfer kann durch die Kommunion unter beiderlei Gestalten zeichenhaft besonders eindrücklich erfahren werden (…)."[231]

Und die Instruktion *Redemptionis Sacramentum* betont: „Um den Gläubigen die Fülle des Zeichens klarer bewusst zu machen, werden […] auch die christgläubigen Laien zur Kommunion unter beiden Gestalten zugelassen."[232] So heißt es auch in GORM, Nr. 283:

> 🕮 **GORM Nr. 283**
> Ebenso wird dem Bischof die Vollmacht gegeben, die Kommunion unter beiden Gestalten zu erlauben, sooft dies dem Priester, dem als zuständigem Hirten die Gemeinschaft anvertraut ist, angebracht erscheint. Voraussetzung ist, dass die Gläubigen gut unterrichtet sind und jede Gefahr ausgeschlossen ist, dass das Sakrament verunehrt wird oder dass der Ritus wegen der Menge der Teilnehmenden oder aus einem anderen Grund sich schwieriger gestaltet.[233]

Im Wort zur Kommunionspendung im „Gottesdienstbuch" der Evangelischen Kirchen (EKD/VELKD) in Deutschland heißt es beim Empfang des Kelches: „Christi Blut, für dich vergossen!" Dies ist Zuspruch und Anspruch zugleich. Muten wir uns diesen Anspruch ruhig häufiger zu, um so auch den Zuspruch der Verheißung Gottes zu erfahren, der in diesen Worten und in diesem Handeln begründet liegt.

Dass es in der liturgischen Praxis auch anders geht, mag ein Blick in andere Länder zeigen: Wer schon einmal in den USA an einer römisch-katholischen Eucharistiefeier teilgenommen hat, der wird erlebt haben, wie dort in jeder noch so kleinen Gemeinde die Kelchkommunion selbstverständlich zur Feier der Eucharistie dazugehört. Auch hier kann das Argument „Das geht doch nicht!" keine Geltung beanspruchen.

Es geht immerhin um den wichtigsten Teil der eucharistischen Liturgie, welche wiederum vom II. Vatikanischen Konzil als Höhepunkt des christlichen Lebens bezeichnet wird (LG, Art. 11). Sollte für diesen Höhepunkt die Bereitstellung einer genügenden Anzahl von Kelchen und die Organisation einer ausreichenden Anzahl von Kommunionhelferinnen und Kommunionhelfern nicht ein Leichtes sein?

Ein Problem: Kommunionspendung vom Tabernakel aus

Immer wieder ist es in den Gemeinden zu erleben: Der Vorsteher der Eucharistiefeier vollzieht das Eucharistische Hochgebet über eine kleine Anzahl von bereitgestellten Hostien. Zur Kommunion werden große Speisekelche vom Tabernakel zum Altar gebracht. Das bereits zitierte Dokument der Deutschen Bischofskonferenz zum 40. Jahrestag der Liturgiekonstitution merkt dazu an: „Die weit verbreitete Praxis, regelmäßig bei der Kommunionspendung innerhalb der Messe auf Ziborien mit bereits früher konsekrierten Hostien zurückzugreifen, steht in Spannung zu einem ausdrücklichen Wunsch in der Allgemeinen Einführung in das Römische Messbuch."[234] Dort heißt es in der AEM, Nr. 56 h: „Es ist wünschenswert, dass für die Kommunion der Gläubigen die Hostien möglichst in jeder Messe konsekriert werden […]." Diese Bestimmung übernimmt auch die GORM, wenn es in Nr. 85 heißt:

> 🕮 **GORM, Nr. 85**
> Sehr wünschenswert ist es, dass die Gläubigen, so wie es auch der Priester selbst zu tun hat, den Leib des Herrn von den Hostien

empfangen, die in derselben Messe konsekriert worden sind, und bei den vorgesehenen Anlässen (vgl. Nr. 283) am Kelch teilhaben. Auf diese Weise soll die Kommunion auch durch die Zeichen klarer als Teilhabe an dem Opfer erscheinen, das gerade gefeiert wird.

Die liturgische Funktion des Tabernakels ist es nicht, der Ort der Kommunionspendung während der Eucharistiefeier zu sein. Sondern der Tabernakel soll, so erläutert das liturgische Buch „Kommunionspendung und Eucharistieverehrung außerhalb der Messe“, ein würdiger Ort sein für die „Aufbewahrung der Eucharistie“ für die „Spendung der Wegzehrung“ und die Kommunion für die Kranken.

Auch die Liturgiekonstitution betont in SC, Art. 55: „Mit Nachdruck wird jene vollkommene Teilnahme an der heiligen Messe empfohlen, bei der die Gläubigen nach der Kommunion des Priesters aus derselben Opferfeier den Herrenleib entgegennehmen.“[235] So ist mit Klemens Richter zu unterstreichen: „Es ist nicht ein und dasselbe, ob die Kommunion mit den Hostien aus der gerade gefeierten Messe oder mit denen, die aus dem Tabernakel geholt werden, empfangen wird. Die Eucharistiefeier ist ein in allen Teilen zusammengehöriges Heilsgeschehen. […] Wir haben daher kein Recht, diese Einheit des Herrenmahls ohne Not zu zerreißen.“[236] Ganz in diesem Sinn schärft auch die neue Instruktion „Redemptionis Sacramentum“ ein, dass es wünschenswert ist, dass die Gläubigen die Kommunion „[…] in Hostien empfangen können, die in derselben Messe konsekriert wurden.“ [Nr. 89]

Doch auch hier gilt ganz generell: Welche Aufmerksamkeit lassen wir diesem zentralen liturgischen Zeichen zukommen? Wie viel Zeit lassen wir uns für dieses zentrale Zeichen der Kommunion? Was sagt es über unsere Wertschätzung für die Eucharistiefeier aus, wenn die Kommunion mehr einer „Herdenfütterung“ gleicht denn der gemeinschaftlichen Teilhabe am Leib Christi? Jede Gemeinde wird hier ihren Weg finden müssen, wie sie die Gemeinschaft im Herrenmahl in der Kommunion feiert – uns geht es hier mehr um Anregungen, in welche Richtung weiterzudenken wäre, und um die Ermutigung, sich nicht von der Banalität eines „Das geht doch nicht!“ abschrecken zu lassen, wenn es um Quelle und Höhepunkt unserer liturgischen Feierformen geht.

4.3.8 Die Danksagung

Nach der Kommunion wird für die Danksagung Ruhe und Stille gehalten, in der alle Zeit finden für das persönliche Gebet. Es ist hier auch möglich, einen Psalm zu singen, ein Loblied oder einen passenden eucharistischen Hymnus (= Dankhymnus; vgl. GORM, Nr. 88).

Zum Reinigen (Purifizieren) der liturgischen Gefäße sei angemerkt, dass dieses naturgemäß mit der notwendigen Ehrfurcht zu geschehen hat. Es soll, wenn möglich, an der Kredenz vollzogen werden, also nicht am Altar, besser noch: im Anschluss an den Gottesdienst. So heißt es in GORM, Nr. 279: „Die sakralen Gefäße werden vom Priester oder vom Diakon oder von einem beauftragten Akolythen nach der Kommunion oder nach der Messe, wenn möglich am Kredenztisch, purifiziert."

4.3.9 Das Schlussgebet

Das Schlussgebet, „in dem um die Früchte des gefeierten Mysteriums gebetet wird" (GORM, Nr. 89), bildet den Abschluss der Kommunion und schließt auch den ganzen Kommunionteil der Messe ab. Inhaltlich greift das Schlussgebet häufig noch einmal einen Leitgedanken des Tagesevangeliums auf. Es hat eine Scharnierfunktion zwischen dem Kommunionteil und dem Schlussteil der Messe.

4.4 Der Schlussteil

Der Schlussteil ist der kürzeste Teil der vier Teile der Messe. GORM, Nr. 90 nennt die folgenden Teile, die zu den Abschlussriten gehören:
- kurze Mitteilungen,
- der Gruß und der Segen des Priesters,
- die Entlassung des Volkes durch den Diakon oder den Priester,
- der Altarkuss durch den Priester und den Diakon, anschließend die tiefe Verneigung vor dem Altar durch den Priester, den Diakon und die anderen liturgischen Dienste.

4.4.1 Die Verlautbarungen

Vor dem Schlusssegen ist der Ort, an dem Verlautbarungen an die Gemeinde möglich sind, also das Gemeinschaftsleben betreffende Mitteilungen. Hierbei ist zunächst daran zu erinnern, dass weder der Ambo, als Tisch des Wortes Gottes, noch der Altar, als Tisch der Eucharistie, der rechte liturgische Ort sind für diese Verlautbarungen. Übernimmt der Vorsteher (im Regelfall also der Priester) die Verlautbarungen, so sollten diese vom Vorstehersitz aus erfolgen. Übernimmt ein Mitglied der Gemeinde die Verlautbarungen, so ist ein geeignetes Mikrofon hierfür bereitzustellen.

Die Verlautbarungen sollen kurz und knapp gehalten sein. In GORM, Nr. 90 a heißt es deshalb auch einschränkend: „kurze Mitteilungen, falls sie notwendig sind“. Heute stehen verschiedene Medien (Pfarrbrief, Internet, …) zur Verfügung, um Informationen oder Mitteilungen zu bieten und auf Veranstaltungen hinzuweisen. Daher genügen meist kurze Mitteilungen an dieser Stelle. Aufgrund der Bedeutung vor allem der sonntäglichen Eucharistie für das Gemeindeleben sind die Verlautbarungen aber sicher legitim und sinnvoll.

4.4.2 Der Segen

Nach dem liturgischen Gruß erteilt der Vorsteher den Schlusssegen. Für den Schlusssegen sieht das MB drei unterschiedliche Formen vor:
- der schlichte trinitarische Segen: „Es segne euch der dreifaltige Gott, der Vater und der Sohn und der Hl. Geist“,
- der dreigliedrige Feierliche Schlusssegen,
- das Segensgebet über das Volk (mit trinitarischem Abschluss)[237]

4.4.3 Der Entlassruf

Der von Priester oder Diakon vorgetragene Entlassruf lautet im Deutschen: „Gehet hin in Frieden“. Hierbei handelt es sich allerdings um eine etwas unglückliche, leicht verharmlosende deutsche Übertragung des lateinischen „Ite missa est“; denn dies heißt eigentlich wörtlich übersetzt soviel wie: „Geht, es ist Sendung!“ Insofern unterstreicht der Entlassruf den Sendungscharakter der eucharistischen Feier: Was soeben gefeiert wurde, das muss nun mit Leben erfüllt werden. Die Eucharistiefeier verlässt der Christ mit einer Sendung in die Welt.

So ist es sinnvoll, dass in die neue, dritte Auflage des deutschsprachigen Messbuchs (gemäß dem Nachdruck der dritten Auflage des Missale Romanum von 2008) auch neue Entlassformeln aufgenommen werden, die den missionarischen Charakter der Eucharistie noch stärker betonen. Sie werden deutlich machen, dass die Teilnehmer der Eucharistiefeier zum Zeugnis für das Evangelium in der Welt berufen sind, dass das ganze Leben der Christen den Herrn verherrlichen soll oder dass die Gemeinde auch außerhalb des Gottesdienstes in Frieden und Einheit mit Gott und untereinander leben soll.

Der Hl. Johannes Chrysostomus schreibt hierzu:

„Du hast das Blut des Herrn verkostet – und erkennst doch deinen Bruder nicht. Du entehrst diesen Tisch, denn du hältst den nicht für würdig, deine Nahrung zu teilen, der gewürdigt wurde, an diesem Tisch teilzuhaben. Gott hat dich von allen deinen Sünden befreit und dich dazu eingeladen. Und du bist nicht einmal dann barmherziger geworden?"
(Johannes Chrysostomus, hom. in 1 Cor. 27,4) KKK 1497.

Papst Benedikt XVI., nachsynodales Apostolisches Schreiben Sacramentum Caritatis (2007), Nr. 51:

Schließlich möchte ich auf das eingehen, was die Synodenväter über den Entlassungsgruß am Ende der Eucharistiefeier gesagt haben. Nach dem Segen verabschiedet der Diakon oder der Priester das Volk mit den Worten: *„Ite missa est"*. In diesem Gruß können wir die Beziehung zwischen der gefeierten Messe und der christlichen Sendung in der Welt erkennen. Im Altertum bedeutete *„missa"* einfach „Entlassung". Im christlichen Gebrauch hat das Wort jedoch eine immer tiefere Bedeutung gewonnen, indem *„missa"* zunehmend als *„missio"* verstanden und so Entlassung zu Aussendung wird. Dieser Gruß drückt in wenigen Worten die missionarische Natur der Kirche aus. Darum ist es gut, dem Volk Gottes zu helfen, diese Grunddimension des kirchlichen Lebens – ausgehend von der Liturgie – zu vertiefen. In dieser Hinsicht kann es nützlich sein, über entsprechend approbierte Texte für das Gebet über das Volk und den Schlußsegen zu verfügen, die diese Verbindung deutlich zum Ausdruck bringen.

Tipps zum Weiterlesen

Zur Feiergestalt der Messe seit dem II. Vatikanischen Konzil

Berger, Rupert. Die Feier der Heiligen Messe. Eine Einführung. Freiburg 2009, bes. 76–201. (Sehr gute, kompakte Darstellung der nachkonziliaren Feiergestalt.)

Emminghaus, Johannes H. Die Messe. Wesen – Gestalt – Vollzug. (Schriften des Pius-Parsch-Instituts 1). 5. Auflage durchgesehen und überarbeitet v. Th. Maas-Ewerd. Klosterneuburg 1992. (20 Jahre alte, aber immer noch sehr gut lesbare Darstellung der Feiergestalt nach dem II. Vatikanischen Konzil.)

Zur Liturgie des Wortes

Bärsch, Jürgen. „Von größtem Gewicht für die liturgische Feier ist die heilige Schrift" (SC 24). Zur Bedeutung der Bibel im Kontext des Gottesdienstes. In: LJ 53 (2003) 222–241. (Sehr gut lesbare Darstellung einer Theologie der Schriftverkündigung.)

Gottes Wort in Gottes Dienst. Die Heilige Schrift in der Liturgie. (Gottesdienst extra). Hg. von den Liturgischen Instituten Deutschlands, Österreichs und der Schweiz. Trier 2012. (Umfassende, didaktisch gut aufbereitete Darstellung der Verkündigung der Hl. Schrift in der Liturgie.)

Nagel, Eduard. Vor allem Gottes Wort. Von der Bedeutung der Schriftlesung im Gottesdienst. In: gd 34 (2000) 41–43. (Kurze und knappe Darstellung der Schriftverkündigung innerhalb der Messe.)

Zum Kommunionteil der Messe

Mehr als Brot und Wein. Der Kommunionteil der Messfeier. Erarbeitet von Eduard Nagel. (Sinn&Gestalt. Deutsches Liturgisches Institut). Trier [2]1999. (Gut lesbare Darstellung des Kommunionteils der Messe.)

Richter, Klemens. Die Kommunion. Gottesdienstliche Erneuerung zwischen Wirklichkeit und Anspruch. Münster 2002. (Ausführliche Darstellung des Kommunionteils der Messe mit vielen praktischen Anregungen.)

Lehramtliche Dokumente
Enzyklika *Ecclesia de Eucharistia*. Von Papst Johannes Paul II. […] über die Eucharistie und ihre Beziehung zur Kirche. Vom 17. April 2003. (Verlautbarungen des Apostolischen Stuhls 159.)
Instruktion „*Redemptionis Sacramentum* über einige Dinge bezüglich der heiligsten Eucharistie, die einzuhalten und zu vermeiden sind“. Vom 25. März 2004. (Verlautbarungen des Apostolischen Stuhls 164).
Nachsynodales Apostolisches Schreiben „*Sacramentum Caritatis*“. Von Papst Benedikt XVI. Vom 22. Februar 2007. (Verlautbarungen des Apostolischen Stuhls 177).
Nachsynodales Apostolisches Schreiben „Verbum Domini“. Von Papst Benedikt XVI. Vom 30. September 2010. (Verlautbarungen des Apostolischen Stuhls 187).

5 Der Sinngehalt der Feier der Eucharistie

In den ersten Kapiteln hatten wir schon die Unterscheidung von Sinngehalt und Feiergestalt der Liturgie kennengelernt. Man kann bei der Feier der Eucharistie sagen, dass der Sinngehalt ganz durch das Christusereignis bestimmt wird: Die Feier des Brotbrechens ist lobpreisendes Gedächtnis (Anamnese) des Heilshandelns Gottes in Jesus Christus, das die Kirche als Volk Gottes im eucharistischen Mahl vollzieht. Hierdurch ändert sich im Vergleich zur Feier des Paschamahles auch die Feiergestalt, denn es findet eine Reduktion und Konzentration statt: Der Dank steht nun im Mittelpunkt, das Gedächtnis von Leiden, Tod und Auferstehung Jesu und das Handeln mit den Gaben von Brot und Wein. Der Sinngehalt gibt der gesamten Feier den Namen: Eucharistie.

Der Sinngehalt der Feier der Eucharistie, das lobpreisende Gedächtnis, bleibt immer gleich, ob in den frühen Texten wie bei Justin dem Märtyrer, der Traditio Apostolica oder in den liturgischen Texten heute. Nur die Feiergestalt ändert sich und passt sich der um den Tisch des Herrn versammelten Gemeinde an (vgl. SC, Art 21). Insofern stellt sich die Aufgabe, den Sinngehalt immer wieder aus der Feiergestalt heraus zu erschließen. Dazu sollen nun einzelne Fragen des Sinngehaltes behandelt werden.

5.1 Lobpreisendes Gedächtnis – die Eucharistie als Feier des Paschamysteriums

Wie kann man Geheimnisse feiern?

Wenn wir versuchen, den Begriff „österliches Geheimnis“ („paschale mysterium“) zu erklären, so haben wir es hier zunächst im Deutschen mit einem Übersetzungsproblem zu tun. „Geheimnis“ bedeutet etwa nach einem einschlägigen Wörterbuch: „etwas, was nicht erkennbar und nicht erklärbar ist“[238], und so erinnert uns das Wort „Geheimnis“ heute im Deutschen wohl eher an Gothic-Novels, an Harry Potter oder Fantasy-Geschichten. So kritisiert auch Reiner Kaczynski: „Das Wort ‚Geheimnis/Geheimnisse‘ bringt oft genug nur das Unbestimmte und Rätselhafte, Unerkennbare und Unerklärbare, das nicht Vorstellbare, ja sogar Unheimliche zum Ausdruck.“[239]

Nun meint das griechische Wort μυστήριον *(mysterion)* im Neuen Testament aber etwas anderes. Denn hier geht es um etwas, das sehr wohl (im Glauben) erkennbar und (theologisch) erklärbar ist. So heißt es bei Paulus am Ende des Römerbriefs in 16,25–27:[240]

> 🕮 **Röm 16,25–27**
> Ehre sei dem, der die Macht hat, euch Kraft zu geben – gemäß meinem Evangelium und der Botschaft von Jesus Christus, gemäß der Offenbarung jenes Geheimnisses, das seit ewigen Zeiten unausgesprochen war, jetzt aber nach dem Willen des ewigen Gottes offenbart und durch prophetische Schriften kundgemacht wurde, um alle Heiden zum Gehorsam des Glaubens zu führen.

Mysterion meint also bei Paulus gerade nicht etwas, was verborgen bleibt, sondern etwas, was offenbar wird, es bezeichnet „[…] den Heilsplan Gottes als Ganzes wie auch die einzelnen Phasen der Verwirklichung dieses Heilsplanes, in dessen Mitte Jesus Christus steht."[241] So lässt sich mit Klemens Richter festhalten, „dass die Übersetzung dieses Begriffes mit dem deutschen ‚Geheimnis' den Inhalt des Begriffes Mysterium nicht in seiner ganzen Fülle wiederzugeben vermag."[242]

In der Feier der Liturgie erhalten wir an diesem Mysterium, diesem Heilshandeln Gottes, Anteil. Dabei klingt ein Geheimnis, das keines ist, zunächst paradox und ist es auch: Denn einerseits ist und bleibt es ja ein Geheimnis des Glaubens, dass Gott in Jesus von Nazaret Mensch wird, in ihm das Reich Gottes verkündet, leidet und stirbt, um am dritten Tage aufzuerstehen. Und doch, so sagt Paulus ganz deutlich, ist es genau dieses Geheimnis, das in Christus offenbar wurde, das verkündet werden und damit auch gefeiert werden soll in der Liturgie.

Das II. Vatikanische Konzil antwortet auf die zentrale Fragestellung, was wir in der Liturgie der Kirche feiernd begehen, dass die Feier der Liturgie immer Feier des Pascha-Mysteriums Jesu Christi ist. Das Konzil erklärt den Begriff „Pascha-Mysterium" in Art. 5 der Liturgiekonstitution genauer, dort heißt es:

📖 SC, Art. 5
Dieses Werk der Erlösung der Menschen und der vollendeten Verherrlichung Gottes (...) hat Christus, der Herr, erfüllt, besonders durch das Pascha-Mysterium: sein seliges Leiden, seine Auferstehung von den Toten und seine glorreiche Himmelfahrt.

Pascha-Mysterium, so das II. Vatikanische Konzil, ist das österliche Heilshandeln Gottes an und in seinem Sohn Jesus Christus.[243] Das Konzil gewinnt hier also jene heilsgeschichtliche Weite wieder[244], die dem Begriff μυστήριον im Neuen Testament zu eigen ist. Und das Konzil hält fest: Wir begehen dieses Handeln Gottes zu unserem Heil in jeder der verschiedenen liturgischen Feierformen. Dies bedeutet aber: Wir feiern in der Liturgie nichts Geringeres als den Kern unseres Glaubens. Papst Benedikt XVI. unterstreicht dies in seinem nachsynodalen Apostolischen Schreiben „Sacramentum Caritatis", wenn er betont: „Die Quelle unseres Glaubens und der eucharistischen Liturgie ist ja ein und dasselbe Ereignis: die Selbsthingabe Christi im Pascha-Mysterium."[2245]

Auf die Feier der Eucharistie hin konkretisiert ließe sich demnach festhalten: Die Feier der Eucharistie ist immer Feier von Leiden, Tod und Auferstehung Christi, sie ist immer das Gedächtnis der Lebenshingabe Jesu am Kreuz, sie ist immer das Eintreten der Gemeinde in diese Lebenshingabe Jesu, immer das Lob- und Dankopfer der Kirche Jesu Christi, sie ist immer Teilhabe an Jesu Geschick und somit auch Teilhabe an seinem Leib und Blut. Nicht umsonst bekennen wir als zum Gottesdienst versammelte Gemeinde an zentraler Stelle dieses „Geheimnis unseres Glaubens": „Deinen Tod, o Herr, verkünden wir, und deine Auferstehung preisen wir, bis du kommst in Herrlichkeit."

Bereits in seiner Stellungnahme zum ersten Entwurf der Liturgiekonstitution (Schema I) hatte der französische Liturgiewissenschaftler Aimé-Georges Martimort ausgeführt, die Liturgie werde zurecht als Mysterium bezeichnet, denn für sie gelte: „res visibilis (est / M.St.), in qua Deus invisibiliter agit" – die Liturgie ist sichtbarer Vollzug, in dem Gott unsichtbar handelt.[246] So schreibt Klemens Richter zusammenfassend: „In Christus ist das Mysterium Gottes unter uns sichtbar geworden, das sich in der Gemeinde fortsetzt, die damit selbst Mysterium ist und dieses Mysterium zugleich in Zeichenhandlungen, in Wort und Sakrament, feiernd begeht (vgl. SC 7)."[247]

Konkretisierung: Die Eucharistie als Feier des Paschamysteriums

Die Eucharistie wird in der Liturgiekonstitution „Sacrosanctum Concilium“ im zweiten Kapitel behandelt, dort unter der Überschrift: „Das heilige Geheimnis der Eucharistie“ (SC, Art. 47–59). Wie wir bereits gesehen haben, beginnt auch dieses Kapitel der Liturgiekonstitution zunächst mit einer theologischen Einführung (SC, Art. 47–49). Interessanterweise kommt in diesem zweiten Kapitel der Liturgiekonstitution, das der Eucharistie gewidmet ist, der Ausdruck Pascha-Mysterium kein einziges Mal vor. Der Grund hierfür liegt wahrscheinlich darin, dass verschiedene Unterkommissionen für die Erstellung und Redaktion der einzelnen Abschnitte des Endtextes der Liturgiekonstitution verantwortlich waren. Wie sich auch an anderen Stellen nachweisen ließe, ist es nicht gelungen, bei der Endredaktion des Textes der Liturgiekonstitution alle Eigenheiten der jeweiligen Entwürfe anzugleichen.

Umso wichtiger erscheint deshalb Art. 6 der Liturgiekonstitution, in dem die Eucharistie als zweites Hauptsakrament (der sacramenta maiora) neben der Taufe genannt wird.

> 🕮 **SC, Art 6**
> Seither hat die Kirche niemals aufgehört, sich zur Feier des Paschamysteriums zu versammeln, dabei zu lesen: „was in allen Schriften von ihm geschrieben steht“ (Lk 24,27), die Eucharistie zu feiern, in der „Sieg und Triumph seines Todes dargestellt werden“, und zugleich „Gott für die unsagbar große Gabe Dank zu sagen“ (2 Kor 9,15), in Christus Jesus „zum Lob seiner Herrlichkeit“ (Eph 1,12), all das aber geschieht in der Kraft des Heiligen Geistes.

Knapp wird in diesem Artikel aufgeführt, dass in der Feier der Eucharistie das Paschamysterium gefeiert wird (lat.: *celebrare*). Vergleicht man diese Aussage mit derjenigen kurz vorher im selben Art. 6, in der die Taufe als Einfügung (lat. *insertio*) in das Paschamysterium bezeichnet wird, und ergänzen wir dies durch die ebenfalls dort vorfindliche Aussage, dass die Gläubigen, „so oft sie das Herrenmahl genießen, den Tod des Herrn, bis er wiederkommt“, verkünden, so lässt sich zusammenfassend sagen: In SC, Art.6 wird ausgesagt, dass die Eucharistie schlechthin universalen Charakter hat und somit das Paschamysterium an sich vergegenwärtigend gefeiert wird. Mit Irmgard Pahl können wir festhalten: „Alles bisher über das Paschamysterium Gesagte konzentriert sich in dieser Mahlfeier: ihr ist das Paschamysterium eingestiftet (…).“[248]

Dass die Eucharistie die Feier des Paschamysteriums schlechthin ist, zeigt sich, gemäß dem Wortlaut von SC, Art. 6, auch in den einzelnen liturgischen Vollzügen. Genannt werden die Verkündigung der Heilstaten in der Hl. Schrift und die (sakramentale) Eucharistiefeier im engeren Sinne, sowie die Danksagung an Gott – wobei es sich hier nicht um getrennte Vollzüge handelt, denn diese geschehen gemäß dem lateinischen Text „*simul*“, also gleichzeitig, und stellen eine Einheit dar. Zusammengefasst ließe sich sagen: Sowohl in der Verkündigung der Heilstaten Gottes in der Hl. Schrift als auch in der Feier der Eucharistischen Liturgie im engeren Sinne geschieht die Feier des Paschamysteriums, präziser ausgedrückt: in der Einheit beider Vollzüge. Dies wiederum geschieht im Modus der Danksagung.

Wenn die Verkündigung der Hl. Schrift als Vergegenwärtigung des Paschamysteriums bezeichnet wird, so weist dies auf den anamnetischen Charakter des Verkündigungsgeschehens hin. Es sind die Heilstaten Gottes, die verkündet werden, die wiederum im Paschamysterium Christi ihren Höhepunkt und ihre Erfüllung gefunden haben. In der Feier des Gedächtnisses wird die zur Eucharistiefeier versammelte Gemeinde in diese Heilsgeschichte Gottes mit den Menschen hineingestellt („eingefügt“). Konsequenterweise betont dann auch der nachfolgende Art. 7 die Gegenwart Jesu Christi in seinem Wort, „da er (= Christus) selbst spricht, wenn die Heiligen Schriften in der Kirche gelesen werden“.

Diese Betonung des Ersthandelns Christi, die aller liturgischen Antwort des Menschen vorausgeht, bedeutet jedoch, wie wir im nachfolgenden Punkt aufzuzeigen versuchen, keine Passivität der Gläubigen. Ganz im Gegenteil resultiert hieraus die Antwort der Kirche auf das verkündete Wort Gottes in Lobpreis, Dank und Bitte, in Form des Bekenntnisses des Glaubens, in Form von Akklamationen und Gesängen.

Im Rückgriff auf die Aussage des Konzils von Trient, dass die Eucharistie die Vergegenwärtigung des „Sieges und Triumphes des Todes Christi“ ist[249], wird diese Aussage in Art. 6 eingebunden in den größeren Kontext der Feier des Paschamysteriums: Eucharistie ist immer Gedächtnisfeier seines Todes *und* seiner Auferstehung (vgl. SC, Art. 47).

Gegenüber einer einseitigen Zuspitzung auf den Aspekt des Todes Jesu, etwa in Formulierungen von der „Darbringung des Kreuzesopfers“ Christi in der Eucharistie, wird hier der Heilstod Christi eingeordnet in den größeren heilsgeschichtlichen Zusammenhang und ergänzt um den siegreichen Gang zum Vater in der Auferstehung, also um den Aspekt der Erhöhung Christi.

Schlussendlich bezeichnet SC, Art. 6 die Eucharistie als die „Danksagung der Kirche“. Das lobpreisende Gedächtnis in der Feier der Danksagung, der Eucharistia, ist der Kern der Feier. Freilich ist auch dieser anamnetische Lobpreis der Kirche, das lobpreisende Gedächtnis des Paschamysteriums Christi, von Gottes Handeln getragen und ermöglicht.

Die epikletisch formulierte Bitte der Kirche gipfelt denn auch in der Aussage, Gott möge an ihr genauso handeln, wie er es bereits in der Vergangenheit getan hat. Deshalb kann mit dem Gabengebet des Gründonnerstags bekannt werden, dass, sooft die Kirche sich versammelt, um das Paschamysterium Christi zu feiern, sich in dieser Gedächtnisfeier von Leiden, Tod und Auferstehung Jesu Christi das Werk der Erlösung vollzieht.

Teilhabe am Pascha-Mysterium in der Feier der Eucharistie

Fragen wir uns abschließend, in welchem Verhältnis die Feier der Liturgie zum konkreten Heilshandeln Gottes in der Geschichte steht, wie es uns die Hl.Schrift überliefert, so lässt sich festhalten, dass die Feier der Liturgie immer Feier des Gedächtnisses ist. Wir feiern die liturgische Anamnese der Heilstaten Gottes in seinem Sohn Jesus Christus. Insofern gilt auch, mit einem bekannten Satz Papst Leos des Großen, dass all das, „[…] was an unserem Erlöser [Jesus Christus / M.S.] sichtbar war, in die Mysterien [der Liturgie / M.S.] übergegangen ist.“[250]

„Liturgie ist damit Weiterführung des priesterlichen Wirkens Christi, wobei dieses sazerdotale Amt allen durch die Taufe in den Leib Christi Eingegliederten zukommt. Daraus ergibt sich, dass alle Träger der Liturgie sind (vgl. SC 14; 26–29).“[251]

Sind aber alle Trägerinnen und Träger der Liturgie, wird die Frage umso bedeutsamer, wie wir in angemessener Weise an dieser Liturgie als Feier des Pascha-Mysteriums feiernd teilhaben. Schon in den Debatten in der Konzilsaula hatte der damalige Gnesener Weihbischof Wronka mit Nachdruck darauf verwiesen: „Mysterium significat actum redemptivum Christi, in quo fidelis aliquomodo participare potest.“[252] „Mysterium“ ist demnach ein Tun Cristi, das die Erlösung der Menschen zum Ziel hat und an dem *wir teilhaben* dürfen. Schon im Begriff „Mysterium“ selbst ist also die Teilhabe des Menschen am gottgewirkten Heil, welches in der Feier der Liturgie rituell vermittelt und feiernd begangen wird, grundgelegt.

Dem Gedanken der Teilhabe entspricht der lateinische Begriff der „participatio", womit wir bei einem weiteren Schlüsselbegriff der Liturgietheologie der Liturgiekonstitution angekommen sind, der „participatio actuosa". Welches ist also die angemessene Form der Teilhabe und Teilnahme an der (eucharistischen) Liturgie?

5.2 „... nicht wie außenstehende, stumme Zuschauer" – die tätige Teilnahme an der eucharistischen Feier

Die „tätige Teilnahme" ist ein Schlüsselbegriff, wenn wir uns der Frage zuwenden, *wie* wir die (eucharistische) Liturgie angemessen feiern können. Um dieses Herzwort des Konzils zu verstehen, müssen wir noch einmal einen kurzen Blick zurück werfen. Wie kritisch die Konzilsväter die ganz konkrete Feier der Liturgie zu ihrer Zeit am Ende der 1950er-Jahre sahen, offenbart gerade der Art. 48 der Liturgiekonstitution. Dort betonen die Konzilsväter, dass die Gläubigen nicht wie „außenstehende und stumme Zuschauer" der Messe lediglich passiv beiwohnen sollen. „Außenstehende und stumme Zuschauer", das war anscheinend das gängige Bild, das die Bischöfe negativ vor Augen hatten und das sie gerade durch die Reform der Liturgie abwenden wollten. Doch wie war es dazu gekommen?

Zwar hatten die offiziellen liturgischen Texte und auch die lehramtlichen Verlautbarungen immer daran festgehalten, dass die Feier der Liturgie unter der Leitung des Bischofs oder des Priesters Sache des gesamten versammelten Gottesvolkes ist. Aber eine über die Jahrhunderte immer stärker gewordene Betonung der Verschiedenheit von Klerus und Laien führte, wie wir gesehen haben, schlussendlich dazu, dass der Klerus, gewissermaßen als Spezialisten, die eigentliche Feier der Liturgie vollzog, das Volk aber in dieser Feier mehr und mehr in die Rolle von nur beiwohnenden Zuschauern und Statisten gedrängt wurde. Während der Priester „die Messe las", betete das Volk fromme Andachten oder den Rosenkranz. Nun ist weder gegen volksfromme Andachten noch gegen den Rosenkranz an sich etwas einzuwenden. Dass aber die Gläubigen der heiligen Handlung nicht mehr folgten, aufgrund der lateinischen Liturgiesprache zumeist gar nicht folgen konnten, und daher parallel dazu etwas anderes beteten, um die Leere zu füllen, bekümmerte, wie wir gesehen haben, schon vor dem II. Vatikanum sowohl die Kirchenleitung (etwa die Päpste Pius X. und Pius XII.) als auch die Theologie (= Liturgische Bewegung).

Zunächst ist deshalb festzuhalten: Am Vorabend des II. Vatikanischen Konzils bestand Handlungsbedarf. Obwohl uns dies heute wieder manche Kreise in der Kirche einzureden versuchen[253], waren die liturgischen Zeiten vor dem Konzil eben nicht goldene Zeiten im Sinne eines „früher war alles besser". Die Konzilsväter zumindest haben dies ganz sicher anders gesehen[254], sonst hätten sie nicht die Liturgiekonstitution am 4. Dezember 1963 mit 2147 Ja-Stimmen und nur vier Gegenstimmen verabschiedet. Für eine Verklärung der vorkonziliaren Verhältnisse besteht daher kein Anlass. Denn gerade im Hinblick auf die Frage der Partizipation aller Getauften an der Feier des Pascha-Mysteriums sahen die versammelten Bischöfe des II. Vatikanischen Konzils, was die vorkonziliare (Feier-)Gestalt der Liturgie anging, größeren Reformbedarf.

In der Liturgiekonstitution nimmt der Begriff der actuosa participatio / der tätigen Teilnahme an der Liturgie denn auch eine zentrale Stelle ein und wird geradezu zum Leitfaden, der sich durch alle Aussagen der Liturgiekonstitution zieht.[255] Insgesamt findet sich der Ausdruck der Teilnahme in Form des lat. *participatio / participare* 28-mal in der Liturgiekonstitution.[256] Zentral dafür, wie das II. Vatikanische Konzil den Begriff der participatio inhaltlich füllt, ist Art. 14 der Liturgiekonstitution; dort heißt es:

SC, Art. 14

Die Mutter Kirche wünscht sehr, alle Gläubigen möchten zu der vollen, bewußten und tätigen Teilnahme an den liturgischen Feiern geführt werden, wie sie das Wesen der Liturgie selbst verlangt und zu der das christliche Volk, „das auserwählte Geschlecht, das königliche Priestertum, der heilige Stamm, das Eigentumsvolk" (1 Petr 2,9; vgl. 2,4–5) kraft der Taufe berechtigt und verpflichtet ist. Diese volle und tätige Teilnahme des ganzen Volkes ist bei der Erneuerung und Förderung der heiligen Liturgie aufs stärkste zu beachten, ist sie doch die erste und unentbehrliche Quelle, aus der die Christen wahrhaft christlichen Geist schöpfen sollen.

Alle Glaubenden nehmen teil am Priestertum Jesu Christi als dem (!) königlichen Priestertum des Neuen Bundes, „das zur Liturgie kraft der Taufe berechtigt und verpflichtet ist."[257] Im Rückgriff auf 1 Petr 2,9 begründet das Konzil die actuosa participatio in der Liturgie als eine Konsequenz, die sich aus der Taufe ergibt: Die Voraussetzung für die tätige Teilnahme der

Getauften an der Liturgie ist, so Reiner Kaczynski in seinem Kommentar zur Liturgiekonstitution, „ihre Teilhabe am dreifachen Amt Christi (…), die sich aus der von Jesus Christus gewährten Teilgabe ergibt. Participatio meint also zunächst eine Teilhabe aufgrund einer von Jesus Christus gewährten Anteilgabe und bedingt und erfordert eine volle Teilnahme."[258] Liturgie ist somit also Vollzug des Priesteramtes Christi (vgl. SC, Art. 7), an welchem der Getaufte qua Taufe Anteil gewinnt: „Wenn alle Getauften (…) geradezu ‚ordiniert' sind zur Teilhabe am Geheimnis der Eucharistie, dann ist ein Kriterium für die Sachgerechtheit der Liturgie die volle, bewusste und tätige Teilnahme der Laien."[259] Liturgie ist keine Privathandlung (vgl. SC, Art. 26), sondern ist Grundvollzug der Kirche und kann daher nie nur reine Klerusliturgie sein (vgl. LG, Art. 11).

Die Feier der Liturgie darf die Getauften nicht ausschließen, und so sorgt sich die Kirche, wie es SC, Art. 48 formuliert, „dass die Christen diesem Geheimnis des Glaubens nicht wie Außenstehende und stumme Zuschauer beiwohnen; sie sollen vielmehr durch die Riten und Gebete dieses Mysterium wohl verstehen lernen und so die heilige Handlung bewußt, fromm und tätig mitfeiern."[260]

Das Konzil begründet die actuosa participatio also vom Wesen der Liturgie her.[261] Actuosa participatio ist die Leitidee der Liturgiekonstitution und wird in SC, Art. 79 gar zu den „obersten Grundsätzen" („norma primaria") gerechnet.

Das Konzil hat mit der Liturgiekonstitution die Reformanliegen, „die in der Kirche seit vielen Jahrzehnten geäußert wurden, geprüft und aus ihnen das Gültige für die ganze Kirche ausgewählt und schließlich verbindliche Impulse für die ganze Kirche gegeben."[262] Der damalige Kardinal Joseph Ratzinger hat dies in seinem Vortrag zum 40. Jahrestag der Liturgiekonstitution im Jahr 2003 treffend ins Wort gebracht, wenn er schreibt: „Aufgabe der Konzilien ist (…) nicht, vorher Unbekanntes hervorzubringen, sondern es hat aus den Strömungen einer Zeit das Gültige, wirklich aus dem Glauben der Kirche Herausgewachsene herauszufiltern, auf diese Weise Gemeinsamkeit zu schaffen und die Richtung des weiteren Weges zu bestimmen."[263]

Die Väter des Konzils, die in Rom versammelten Bischöfe, fingen jedoch mit ihren Überlegungen nicht bei Null an. Schon seit Beginn des 20. Jahrhunderts hatten sich, vor allem aus der bündischen Jugend kommend und im Gespräch mit der zeitgenössischen Theologie (vor allem Frankreichs und Deutschlands) die Bibelbewegung und die Liturgische Bewegung als die zwei Lungenflügel entwickelt, welche die Liturgiereform zum Atmen brachten: die Wiederentdeckung der Hl. Schrift also als der Gründungsurkunde unseres Glaubens und die Wiederentdeckung der Liturgie als gemeinschaftlicher Feier. Ganz, wie es Kardinal Ratzinger beschrieben hat, wurde das Gültige „aus den Strömungen der Zeit" herausgefiltert und neu ins Bewusstsein gehoben.

Das eigentlich Neue der Liturgiekonstitution besteht somit präzise gefasst „in der kirchenamtlichen Festschreibung der vollen, bewussten und tätigen Teilnahme aller Christen an der liturgischen Feier".[264] Aus dieser kirchenamtlichen Festschreibung resultiert denn auch die Reform der Liturgie, welche dem Ziel dient, die volle, tätige und gemeinschaftliche Teilnahme zu befördern (vgl. SC, Art. 21). Es wird immer wieder genau zu überprüfen sein, inwieweit eine Reform der Liturgie dieses Ziel auch wirklich erfüllt hat; insofern bleibt auch die nachkonziliar erneuerte Liturgie eine „liturgia semper reformanda".[265]

Die Participatio der Gläubigen wird in der Liturgiekonstitution durch Adjektive näher inhaltlich umschrieben und bestimmt: „Es geht also um die geschuldete, der Gemeinschaft eigene, wahre, echte, angemessene, wissende und bewusste, innere und äußere, tätige, lebendige, fromme, volle, vollkommene, wirksame und fruchtbare Teilnahme am Tun Christi".[266] Diese beigefügten Adjektive bezeichnen präzise, wie das Konzil den Begriff der participatio versteht. Auch wenn das Konzil keine umfassende Theologie der „tätigen Teilnahme" vorlegt, so geben die beigefügten Adjektive doch eine Richtung vor und enthalten eine genauere Vorstellung davon, wie die vom Konzil ausdrücklich gewünschte participatio in ihrer praktischen Programmatik umgesetzt und gedacht werden kann.

Im grundlegenden Artikel 14 der Liturgiekonstitution werden im ersten Abschnitt lediglich die Adjektive „voll", „bewusst" und „tätig" verwendet. So wollen wir uns für ein tieferes Verständnis, was Teilnahme / participatio für die Feier der eucharistischen Liturgie bedeutet, im Folgenden diesen drei in der Liturgiekonstitution am häufigsten verwendeten Begriffen noch einmal im Einzelnen zuwenden: der vollen Teilnahme (participatio plena), der bewussten Teilnahme (participatio conscia) und schließlich der tätigen Teilnahme (participatio actuosa).

Participatio plena – die volle Teilnahme: Das Konzil setzt eine Zielvorgabe

Wenn das Konzil von der participatio plena spricht[267], so ist mit dieser „vollen" Teilnahme zunächst das Gegenteil von „teilweise" oder „unvollkommen“ gemeint. Das Konzil formuliert hier eine anspruchsvolle Zielvorgabe. Denn es ist sich sehr wohl bewusst, dass diese Sicht einer vollen Teilnahme aller Getauften an der Liturgie über lange Zeit nicht im Zentrum des Interesses stand – so hatten auch die liturgischen Bücher, wie wir gesehen haben, zumeist nur das Tun der Kleriker im Blick. Demgegenüber betont das Konzil, dass jede(r) Gläubige kraft der Taufe Recht und Amt besitzt.[268] Hieraus lassen sich zwei Rückschlüsse ziehen:

Zum einen sahen die Konzilsväter die liturgische Praxis ihrer Zeit offenkundig in diesem Punkt als defizitär an (vgl. SC, Art. 50). Zwar hatte es in der Kirchengeschichte nie völlig an der Teilnahme der Getauften gefehlt, doch war diese eben zeitweilig zumindest nicht „voll“, sondern eher „teilweise“ und „unvollkommen“.

Hieraus folgt aber zum Zweiten, dass es das erklärte Ziel der Liturgiereform des II. Vatikanischen Konzils war, dass die Teilnahme nach der und durch die Reform der Liturgie zu einer vollen Teilnahme werden soll. Nun waren die Konzilsväter sicher nicht so naiv anzunehmen, dass dieses Ziel leicht und einfach, quasi über Nacht zu erreichen sei. Dennoch ist die theologische Zielvorgabe klar und eindeutig formuliert: Es darf zumindest nicht an der Feiergestalt der Liturgie liegen, wenn eine (volle) Teilnahme nicht möglich ist.

Hat also die Liturgiereform ihr Ziel erreicht und zu einer participatio plena geführt? Die Frage ist sicherlich differenziert zu beantworten. Zunächst ist festzuhalten, dass die Bezeichung „volle Teilnahme“ insinuiert, dass es auch unvollkommene Formen der Teilnahme gegeben hat, in Zukunft geben kann und immer wieder geben wird.

So angemessen es sicher ist, bei einer Zielvorgabe, und um eine solche handelt es sich bei der participatio plena, auch von einer idealtypischen Zielgruppe auszugehen, so wissen wir doch, dass es in unseren Gemeinden alle möglichen Formen gestufter Teilnahme gibt. Da gibt es Gläubige, die Sonntag für Sonntag voll (und tätig) an der Liturgie teilnehmen, andere, die zwar an der Liturgie teilnehmen, aber eben nicht wirklich „voll“, bis hin zu Menschen, die nur noch sehr selten am Gottesdienst teilnehmen, aber sich doch irgendwie als praktizierende „Christen“ verstehen.[269] Zwischen am Rande stehend (= unvollkommen) bis zur vollen Teilnahme sind hier viele Zwischenstufen möglich. Dies hat auch Auswirkungen auf die konkrete Feier der Liturgie, die wir m. E. in der konkreten Gestaltung viel stärker beachten müssten.

Insofern bleibt die Frage, wie die volle Teilnahme aller an der Liturgie der Kirche erreicht werden kann, auch fast 50 Jahre nach SC eine dringliche Aufgabe. Denn – das Wortspiel sei gestattet – zumindest äußerlich betrachtet sind unsere Gottesdienste seit dem II. Vatikanum gerade nicht „voller" geworden. Die Kirchenbesuchszahlen gingen über Jahrzehnte zurück und pendeln sich mittlerweile auf einem niedrigen Niveau ein. Hat also die Liturgiereform des II. Vatikanischen Konzils anstatt zur vollen Teilnahme zu leeren Kirchen geführt?

Reiner Kaczynski begegnet in seinem Kommentar zu SC diesen Vorwürfen und sieht die leerer werdenden Kirchen geradezu als eine Art logische Konsequenz, die aus dem Prinzip der actuosa participatio resultiert: „Der seit Beginn der Liturgiereform immer wieder erhobene Vorwurf, diese habe die Teilnehmerzahlen an den Sonntagsgottesdiensten nicht wachsen, sondern eher abnehmen lassen, erstaunte die für die liturgische Erneuerung Verantwortlichen keineswegs. Sie waren sich vielmehr von vorneherein darüber im klaren, dass bei einem Gottesdienst, der nicht mehr nur als Pflichterfüllung ‚besucht', sondern von allen ‚tätig mitgefeiert' werden soll, die Gemeinden kleiner werden müssen, zumal dann, wenn die ‚volle und tätige', also engagierte Teilnahme nicht durch eine intensive Unterweisung begründet wird."[270] Kurzum: Muss ich nicht zuallererst verstehen, was ich feiere, um überhaupt aktiv tätig werden, oder, mit den Worten Reiner Kaczynskis, „engagiert" feiern zu können?

Participatio conscia – die bewusste Teilnahme: Das eigene Taufbewusstsein als Grundlage aller liturgischen Bildung

Wenn das Konzil von der participatio conscia spricht[271], so ist sicher auch hier ein Gegensatz formuliert zu den „Außenstehenden und stummen Zuschauern" (SC, Art. 48). Bewusste Teilnahme meint aber zunächst keine vordergründig rationale Verstehbarkeit, sondern „die Betroffenheit der seelischen Tiefenschicht, des Herzens, die sich im Mittun beim Gebet und Gesang aus innerer Notwendigkeit äußert".[272] Es kann also mit der bewussten Teilnahme sicherlich nicht gemeint sein, die Verständlichkeit auf dem niedrigst möglichen Level anzusetzen – auch in Zukunft wird die Feier der Liturgie der mystagogischen Erschließung bedürfen.

Dennoch muss Liturgie, wenn auch nicht in allen Einzelheiten sofort und auf Anhieb verstehbar, so doch zumindest nachvollziehbar sein. Insofern zielt die participatio conscia auch auf die Frage der Volkssprache und der Verständlichkeit der Riten. Gerade die Frage der volkssprachlichen Liturgie ist ein Beispiel, an dem sich die Eigendynamik, die der

Grundsatz der participatio (conscia) in der nachkonziliaren Reformphase entwickelt hat, gut ablesen lässt.

Das Konzil selbst äußert sich zunächst zur Frage der Volkssprache sehr vorsichtig: Prinzipiell wird am Latein als Liturgiesprache festgehalten (SC, Art. 36); jene Teile, die auch in die Volkssprache übertragen werden dürfen, der, wie es das Konzil ausdrückt, „ein gebührender Platz eingeräumt werden soll", werden im Einzelnen aufgeführt. Ausdrücklich genannt wird die Verwendung der Volkssprache „in den Lesungen, im ‚Allgemeinen Gebet' sowie je nach den örtlichen Verhältnissen in den Teilen, die dem Volk zukommen" (SC, Art. 54).

In der Zeit unmittelbar nach dem Konzil zeigte sich aber, wie Winfried Haunerland zusammenfasst, „dass es bei dem neuen kirchlichen Verständnis der Liturgie eigentlich keine wichtigen Teile mehr gibt, die nicht auch dem Volk zukommen. So ergab es sich, dass innerhalb von weniger als vier Jahren faktisch die gesamte Messliturgie in der Volkssprache gefeiert werden konnte."[273]

Es liegt also durchaus in der Intention des Konzils, wenn in der nachkonziliaren Reform der Liturgie der Volkssprache ein breiterer Raum zugestanden wird und die Riten, wie vom Konzil gewünscht, „den Glanz edler Einfachheit an sich tragen und knapp, durchschaubar und frei von unnötigen Wiederholungen" sind (SC, Art. 34). Um die participatio conscia zu ermöglichen, sollen die liturgischen Riten so mit- und nachvollziehbar sein, dass sie „nicht vieler Erklärungen bedürfen" (SC, Art. 34), was freilich eine katechetische und mystagogische Erschließung der Riten und Symbole und Bemühungen um eine umfassende liturgische Bildung nicht ausschließt (vgl. SC, Art. 14).

Wenn demnach zur Zeit gerade im englischen Sprachraum um eine angemessene Übersetzung des Missale Romanum aus dem Lateinischen ins Englische gerungen wird, so sei daran erinnert, dass das primäre Ziel einer solchen Übersetzungsarbeit aus Sicht des Konzils nicht die Schaffung neuer etwaiger Sakralsprachen (in den Volkssprachen) sein kann, sondern die Beförderung der bewussten Teilnahme aller Getauften an der Liturgie der Kirche.[274] Eine neue Messbuchübersetzung, die die feiernde Gemeinde erneut zu „Außenstehenden und stummen Zuschauern" machte, fiele unter das Verdikt der Liturgiekonstitution.

Und doch sei hier nochmals an die eingangs angeführte Tiefendimension der participatio conscia erinnert. So mahnt SC, Art. 11 mit einem fast wörtlichen Zitat aus der Regula Benedicti geradezu beschwörend die Notwendigkeit an, dass die Gläubigen, damit die Liturgie Quelle und Höhepunkt allen kirchlichen Tuns sein kann (SC 10 = wiederum eine Zielvorgabe), „mit recht bereiteter Seele zur heiligen Liturgie hinzutreten, dass ihr Herz mit der Stimme zusammenklinge (…).“[275] Participatio conscia/bewusste Teilnahme an der Liturgie ist also mehr als das äußerliche Mit- und Nachvollziehenkönnen der einzelnen Texte, Gebete, Riten und Gesänge. Die bewusste Teilnahme zielt zudem auf die spirituelle Tiefendimension der Liturgie, es geht um eine bewusste Teilnahme mit geistlichem Gewinn.

Wenn der nachfolgende Art. 12 der Liturgiekonstitution im Rückgriff auf Röm 6,3–8 formuliert, dass „wir allzeit das Sterben Jesu an unserem Leibe tragen“, so wird deutlich, dass diese liturgische Spiritualität jene Form der Spiritualität meint, die bereits in der Taufe grundgelegt ist, das Bewusstsein der eigenen Taufe als Hineinnahme in das Paschamysterium Christi: „Das Sakrament der Taufe, mit dem wir Christus gleichgestaltet, in die Kirche aufgenommen und Kinder Gottes werden, ist die Eingangstür zu allen Sakramenten. Mit ihm werden wir in den einen Leib Christi (vgl. 1 Kor 12,13), in das priesterliche Volk, eingegliedert.“[276]

Um ein solch vertieftes Bewusstsein der eigenen Taufe zu erlangen, bedarf es wohl der katechetischen und mystagogischen Unterweisung. In jüngerer Zeit wird immer wieder das nahezu fehlende Taufbewusstsein in unseren Gemeinden beklagt und davor gewarnt, welch negative Auswirkungen dies für eine christliche Identitätsbildung insgesamt hat. Fehlt aber das Taufbewusstsein, so muss dies ja geradezu negative Konsequenzen haben für die Implementierung eines Liturgieverständnisses, das, wie wir gesehen hatten, genau diese Taufe – im Rückgriff auf Schrift und Tradition – als Grund ansieht für alles liturgische Handeln. Wie soll, wer sich der fundamentalen Bedeutung der Taufe für seine eigene christliche Existenz nicht bewusst ist, dann ausgerechnet im liturgischen Vollzug das gemeinsame Priestertum aller Getauften für sich entdecken, es aktiv ausüben (= voll und tätig teilnehmen) und für sich spirituell fruchtbar machen?

Participatio actuosa – die tätige Teilnahme: Die spannungsvolle Einheit von innerer und äußerer Teilnahme

Wenn das Konzil von der participatio actuosa spricht, so müssen hierbei innere und äußere Teilnahme als eine spannungsvolle Einheit gesehen werden. Dies legt auch Art. 19 der Liturgiekonstitution nahe, wo es heißt: „Die Seelsorger sollen eifrig und geduldig bemüht sein um die liturgische Bildung und die tätige Teilnahme der Gläubigen, *die innere und die äußere*, je nach deren Alter, Verhältnissen, Art des Lebens und Grad der religiösen Entwicklung."

In kaum einem Wort lässt sich diese Spannung so deutlich ablesen wie im Adjektiv „actuosus" selbst. Actuosus bedeutet ja, wie alle Wörter im Lateinischen auf „-osus", das innere Erfülltsein von etwas, in diesem Falle: von Aktivität. Dieses „Erfülltsein von Aktivität" wird im Deutschen mit der gelungenen und durch die liturgische Bewegung vorbereiteten Übersetzung „tätige Teilnahme" wiedergegeben.[277]

Dabei bedeutet „tätige" Teilnahme nicht, dass jeder Gottesdienstteilnehmer ständig irgendetwas Außergewöhnliches zu tun haben muss oder mit irgendwelchen äußerlichen Aktionen beschäftigt sein soll. Liturgischer Aktionismus ist vom Konzil nicht intendiert. Würde man die Aussagen der Liturgiekonstitution dahingehend interpretieren, läge sicher ein großes Missverständnis vor; ganz im Gegenteil betont das Konzil ausdrücklich: „Bei den liturgischen Feiern soll jeder, sei er Liturge oder Gläubiger, in der Ausübung seiner Aufgabe nur das und all das tun, was ihm aus der Natur der Sache und gemäß den liturgischen Regeln zukommt" (SC, Art. 28).

Eine „Bewegung der Veräußerlichung", bei welcher der Maßstab ist: „Jeder soll etwas zu tun haben"[278], kann sich also nicht auf Geist und Buchstaben des Konzils berufen. Dementsprechend ist immer wieder darüber aufzuklären, dass mit der tätigen Teilnahme nicht einfach nur „eine einfache äußere Aktivität während der Feier gemeint ist".[279] Denn geistloser Aktionismus ist nicht gleichbedeutend mit geistlicher und fruchtbarer Teilnahme.

Umgekehrt erwartet das Konzil durchaus, dass die tätige Teilnahme nicht in der rein abstrakten Innerlichkeit verbleibt, sondern auch nach außen hin sichtbar wird. In SC, Art. 30 heißt es: „Um die tätige Teilnahme zu fördern, soll man den Akklamationen des Volkes, den Antworten, dem Psalmengesang, den Antiphonen, den Liedern sowie den Handlungen und Gesten und den Körperhaltungen Sorge zuwenden. Auch das heilige Schweigen soll zu seiner Zeit eingehalten werden." Die actuosa participatio aller Gläubigen äußert sich demnach im gemeinsamen Beten, im gemeinsamen Singen, in gemeinsamen Körperhaltungen, in Akklamationen und den (gemeinsam vollzogenen) Gesängen.

Es gilt also im Hinblick auf die konkret gefeierte Liturgie diese Spannung von innerer und äußerer Teilnahme auszuhalten.[280] Tätige Teilnahme meint weder sinnlosen Aktionismus noch die reine Innerlichkeit.[281] Wenn das Konzil die actuosa participatio als innerlich und äußerlich definiert, so erwehrt es sich dabei, so Winfried Haunerland, einer „Spiritualisierung und Vergeistigung (…), die dem Wesen der Liturgie fremd ist. Es ist ja gerade ihr Kennzeichen, dass Inneres und Äußeres untrennbar verbunden sind und Liturgie nicht nur das innere Gebet meint, sondern die Leibhaftigkeit des Menschen ernst nimmt“.[282]

Zu dieser innerlich und äußerlich vollzogenen tätigen Teilnahme sind die Gläubigen kraft der Taufe berechtigt und verpflichtet. In der Gesamtheit der Gemeinde der Getauften gibt es aber immer auch unterschiedliche Charismen, Ämter und Dienste. Wenn das Konzil nun das gemeinsame Priestertum aller Getauften als theologische Grundlage für die participatio actuosa am Gottesdienst ansieht, so bedeutet dies auch, dass nicht nur der Vorsteherdienst, sondern auch die liturgischen Laiendienste, welche „kraft der Taufe“ ausgeübt werden, wahrhaft liturgische Dienste sind.[283] Insofern handelt es sich bei Lektoren und Ministranten auch nicht um abgeleitete Dienste in Stellvertretung eines Klerikers.[284] Wenn diese Dienste kraft der Taufe ausgeübt werden, bedeutet dies im Umkehrschluss aber auch, dass jede Form der Klerikalisierung dieser Laiendienste zu vermeiden ist.[285] Diese konkreten, genuinen liturgischen Laiendienste sind dabei freilich kein Selbstzweck, sie dienen vielmehr der tätigen Teilnahme aller.

Tätige Teilnahme ist nicht gleichbedeutend mit äußerlichem Aktivismus

Es ist aufschlussreich, dass die Kritik an einer rein äußerlich verstandenen Teilnahme der Gläubigen an der Liturgie oftmals einhergeht mit einer Klage über eine ideologische (im Sinne einer einseitig belehrenden) Verzweckung der Liturgie und der Kritik an einer oftmals anzutreffenden Banalisierung unserer Gottesdienste.[286] Der amerikanische Theologe Richard Niebuhr († 1962) fasste diese Banalisierungstendenzen so zusammen: „Ein Gott ohne Zorn brachte Menschen ohne Sünde mit Hilfe eines Christus ohne Kreuz in ein Reich ohne Gericht.“[287]

Wenn aber der Inhalt unserer Gottesdienste banal und beliebig ist, so muss es nicht wundern, wenn die Teilnahme an diesen zurückgeht. Wenn wir im Folgenden aber den Anspruch formulieren wollen, den die tätige Teilnahme an der Liturgie an uns als getaufte Christen stellt, genügt es nicht – um ein bekanntes Diktum des Liturgiewissenschaftlers Josef Pascher aufzugreifen –, allein die Rubriken (die in roter Farbe gedruckten, äußeren zeremoniellen Vorschriften und Regieanweisungen der liturgischen Bücher) zu befolgen, viel wichtiger sind die Nigriken, also der innere Anspruch der schwarz gedruckten liturgischen Texte.[288] Wissen wir aber überhaupt, welches Mysterium wir da feiern? Und wenn ja, hat dieses auch nur irgendeine Relevanz für unser Leben?

Wenn wir noch einmal einen Blick auf die Aussagen der Liturgiekonstitution werfen, so ist es interessant, in welchem Kontext das vielzitierte Wort von den „Außenstehenden" und den „stummen Zuschauern" in SC, Art. 48 steht. Das Konzil hatte wohl zuerst eine katechetische Unterweisung im Sinn („dieses Mysterium wohl verstehen lernen"), aus welcher dann die bewusste, fromme und tätige Teilnahme erfolgt. Auch die Feier des Glaubens in der Liturgie setzt das Wissen um den Glauben voraus. Der Kontext freilich, in dem das Konzil hier über die tätige Teilnahme spricht, ist die Feier der Eucharistie, konkreter die Feier des eucharistischen Opfers, die Gedächtnisfeier des Opfers Jesu, die Darbringung durch die Kirche, also das Opfer der Kirche in der Feier der Eucharistie.

5.3 Die Eucharistie als Feier der Lebenshingabe Jesu Christi – der Opfercharakter der Eucharistie

Wir tun uns heute schwer mit dem Begriff des Opfers, der in den liturgischen Texten der Eucharistie häufig vorkommt, um Jesu Hingabe und deren Feier zu deuten. Bereits die frühen Christen bemühten sich um das richtige Verständnis des Todes Jesu. Wenn wir also an dieser Stelle Überlegungen anstellen, inwiefern der Tod Jesu als Opfertod verstanden werden kann oder inwieweit die Eucharistie abgeleitet als ein Opfer zu verstehen ist, erscheint es sinnvoll, zunächst einen Blick in das Alte Testament zu werfen, um so den Kontext zu erhellen, in dem Jesus (vielleicht) selbst oder doch zumindest die frühen Christen seinen Tod gedeutet haben.

Alttestamentliche (Opfer-)Bilder

Zentral ist in diesem Zusammenhang ein Lesungstext der Osternacht: Gen 22, die Opferung Isaaks durch Abraham, die christologisch gedeutet und als Typos für Jesu eigenes Sterben gesehen wird.

Abraham, der den Willen Gottes zu erfüllen bereit ist, der seinen eigenen Sohn nicht verschonen will und dabei ist, ihn zu opfern, wird von Gott an diesem schrecklichen Geschehen gehindert. Gott will nicht das Opfer des Sohnes, und Abraham opfert als Zeichen seines Gehorsams gegenüber Gott schließlich einen Widder, der sich zufällig in einem Dornengestrüpp in der Nähe verfangen hat. Die christologische Deutung sieht darin ein typologisches Abbild des Geschehens auf Golgotha: Gott hat im Geschick Jesu von Nazaret seinen eigenen Sohn gerade nicht verschont. Joseph Ratzinger fasst diese Deutung so zusammen: „Die Vision des Lammes, die in der Isaakgeschichte auftaucht – des Lammes, das sich im Gestrüpp verfängt und den Sohn erlöst – ist wahr geworden: Der Hirt wird Lamm; er lässt sich binden und opfern, um uns frei zu machen."[289]

Der in Gen 22 deutlich werdende Gedanke der Stellvertretung, also der Opferung eines Tieres in Stellvertretung für das Menschenopfer, ist auch bedeutsam für das Verständnis der Exodus-Tradition und der jüdischen Pesach-Feier. Das Pascha-Lamm wird geopfert und erinnert so an den Auszug des Volkes Israel aus Ägypten, an die Befreiung des Volkes aus der Knechtschaft und an das Abwenden der Tötung der Erstgeborenen durch den Würgeengel. Der Bundesschluss am Sinai schließlich (Ex 24) verdeutlicht im Zeichen des Blutes, mit dem das Volk durch Mose besprengt wird, die Verbindung Gottes mit seinem auserwählten Volk.

Am jüdischen Versöhnungstag (Lev 16) wird ein Bock rituell mit den Sünden des Volkes beladen und in die Wüste geschickt (als „Sündopferbock"), während der Hohe Priester in Erinnerung an den Bundesschluss am Sinai Blut eines Jungstiers an die Bundeslade spritzt. Das soll stellvertretend die Buße des Volkes für seine Sünden bezeichnen und Verzeihung bewirken. In späterer Zeit wird solch eine sühnende Opfervorstellung verbunden mit dem Leiden eines Menschen: im Lied vom leidenden Gottesknecht (Jes 53). Es fand also eine Weiterentwicklung statt: vom Naturalopfer zur stellvertretenden Selbsthingabe eines Menschen. Daneben findet sich im Alten Testament auch Kritik an den Opfern, v. a. durch die Propheten: Sie fordern statt äußerer Riten die innere Hingabe des Menschen an Gott.

Im frühen Christentum ging diese Kritik an der Opferpraxis im Jerusalemer Tempel einher mit einer sehr sorgfältigen Vermeidung aller kultischen Bezeichnungen für den Vorsteher der eucharistischen Liturgie: Dieser war „presbyter", Ältester, und nicht „archihiereus", Hohepriester. Denn allein Jesus Christus (vgl. Hebr 4,14) ist der eigentliche Hohepriester, der am Kreuz „ein für alle Mal" das „Opfer" seiner „Selbsthingabe aus Liebe" dargebracht hat.

Versucht man also die Entwicklung, die der Opfergedanke im Alten Testament genommen hat, in aller hier gebotenen Kürze zusammenzufassen, so lässt sich sagen, dass dieser immer stärker personalisiert und vergeistigt wurde. Immer deutlicher tritt der Gedanke hervor, dass es bei ‚Opfer' nicht primär um das Schlachten irgendwelcher Tiere geht, sondern dass die blutigen Tieropfer allenfalls stellvertretende Funktion haben. Ihre stellvertretende Funktion liegt darin begründet, dass sie ein Abbild für die innere Haltung desjenigen sind (oder: sein sollten, so die prophetische Kritik), der dieses Opfer begeht.

Das Opfer Jesu Christi – Selbsthingabe ein für alle Mal

Es ist also diese innere Einstellung, die bereits die alttestamentlichen Propheten einfordern. Es liegt auf der Hand, wenn man die Entwicklung betrachtet, die der Opfergedanke über die Jahrhunderte nimmt, dass am Ende einer solchen Entwicklung auch innerhalb des Judentums das Opfer im Sinne einer kultischen Schlachtung von Tieren obsolet wird. Die Psalmen machen hier deutlich, dass das Opfer des Lobes und des Dankes – als Zeichen der inneren Einstellung des Opfernden zu seinem Gott – der zentrale Aspekt ist.

Dieser religionsgeschichtliche Kontext ist zu beachten, wenn wir uns nun der Frage zuwenden, wie die frühen Christen Jesu Tod gedeutet haben und warum sie sich offensichtlich mit der Deutung dessen, was mit Jesus von Nazaret geschehen ist, sehr schwer taten.

Die Emmaus-Geschichte in Lukas 24 berichtet davon, wie erst der auferweckte Herr „ausgehend von der Schrift und den Propheten" den verzagten Jüngern erklären musste, warum dies alles so geschehen sei. Es lag ihnen also offensichtlich fern, die politisch motivierte Hinrichtung des Aufrührers aus Nazaret als ein „Opfer" zu interpretieren. Denn die Distanz, die das junge Christentum zur Opferpraxis am Jerusalemer Tempel empfand, führte zu einem sehr zurückhaltenden Umgang mit der Rede vom „Opfer" oder der Anwendung der Opfermetapher auf den Tod Jesu. Der Blick in das Neue Testament zeigt vielmehr, dass es eine ganz Reihe von möglichen Interpretationen gab, wie der Tod Jesu zu verstehen sei:

- Im Johannesevangelium heißt es im Kontext dessen, was die Exegeten als „hellenistische Freundschaftsethik" bezeichnen, in Kapitel 15,13: „Eine größere Liebe als diese hat keiner, dass einer sein Leben gibt für seine Freunde".
- Eine andere Möglichkeit, den Tod Jesu zu deuten, findet sich bei den Synoptikern, bei denen der Tod Jesu gesehen wird als ein typisches Beispiel für das Geschick eines Propheten, der von Gott gesandt und vom Volk verworfen und abgelehnt wird. So etwa in Mk 8,31, wo es heißt, dass Jesus begann, „sie darüber zu belehren, der Menschensohn

müsse vieles erleiden und von den Ältesten, den Hohenpriestern und den Schriftgelehrten verworfen werden; er werde getötet, aber nach drei Tagen werde er auferstehen.“ Diese Tradition des „Leidenden Gerechten“, die sich so auch schon alttestamentlich in Nehemia 9,26–30 findet oder in Weisheit 2,12 (wo es heißt: „Lasst uns dem Gerechten auflauern! Er ist uns unbequem und steht unserem Tun im Weg. Er wirft uns Vergehen gegen das Gesetz vor und beschuldigt uns des Verrats an unserer Erziehung“), greifen die Synoptiker auf und verwenden sie zur Deutung des Todes Jesu, den sie als den letzten von Gott gesandten Propheten verstehen, den freilich das Volk ebenso verwirft und in seiner Verstocktheit nicht verstehen will wie die von Gott zuvor gesandten Propheten.
- Erst der relativ späte Hebräerbrief bedient sich einer kultischen Sprache und deutet in kultischen Kategorien den Tod Jesu am Kreuz als einen Opfertod. Der Hebräerbrief betont jedoch auch, dass dieser Opfertod Jesu am Kreuz „ein für alle Mal“ geschehen sei (Hebr 10,10), womit begründet wird, dass dieses schlechthin nicht überbietbare Opfer die Opfer am Tempel überflüssig gemacht hat.
- In ähnlicher Weise deutet auch schon der Apostel Paulus in Röm 3,25 den Tod Jesu im Kontext des Geschehens am Versöhnungstag, wie wir es in Lev 16 gesehen haben, wenn er schreibt: „Ihn hat Gott dazu bestimmt, Sühne zu leisten mit seinem Blut, Sühne wirksam durch Glauben. So erweist Gott seine Gerechtigkeit durch die Vergebung der Sünden, die früher in der Zeit seiner Geduld begangen wurden.“ Dieser soteriologische Opferbegriff, der in Jesu Tod das „sühnende“ Sterben des Einen in Stellvertretung für die Vielen sieht, ist zentral für Paulus. Dennoch ist bei Paulus klar, dass es Gott ist, der diese Möglichkeit zur „Sühne“, also zur Versöhnung der Menschen mit ihm und untereinander, erst eröffnet und gewährt: Die Versöhnung geht von Gott aus – nicht umgekehrt. Insofern haben wir es hier mit einem radikal gewendeten Opferverständnis zu tun. Nicht der Mensch opfert einer Gottheit, nein, Gott opfert, und zwar nicht irgendetwas, sondern er verschenkt sich selbst.

„Opfer“ ist offensichtlich eine mögliche Interpretation des Todes Jesu neben anderen. Wichtig ist festzuhalten, dass der Begriff „Opfer“ in den neutestamentlichen Schriften ganz klar und ausschließlich für den Tod Jesu verwendet wird. Es findet sich keine Bezugsstelle, an der die Eucharistie als Opfer bezeichnet wird.

Zusammenfassend lässt sich sagen, dass das Neue Testament einen deutlichen Akzent auf das aktive Tun desjenigen legt, der sich selbst „hingibt“ oder „opfert“. Es geht nicht um ein passives Geopfert-werden, sondern darum, wie schon im alttestamentlichen Opferverständnis grundgelegt, dass im Opfer eine innere Haltung zum Ausdruck gebracht wird, eine Haltung der Hingabe an Gott. „Opfer“ ist somit ein höchst aktives Geschehen, das sich zusammenfassen lässt mit einem Begriff aus Eph 5,2: Christliches Opfer ist „Selbsthingabe aus Liebe“.

Die Eucharistie als Opfer Jesu Christi und der Kirche

Von frühchristlicher Zeit an wurde die wöchentliche Feier des Herrenmahls als Feier von Leiden, Tod und Auferstehung unseres Herrn Jesus Christus verstanden. So schärft schon der Apostel Paulus in 1 Kor 11,26 der Gemeinde in Korinth ein: „Denn sooft ihr von diesem Brot esst und aus dem Kelch trinkt, verkündet ihr den Tod des Herrn, bis er kommt.“ Im Vollzug des gemeinschaftlichen Mahles geschieht somit die erinnernde Vergegenwärtigung des Todes des Herrn, und die versammelte Gemeinde erhält Anteil an diesem historisch einmaligen Geschehen. Das Gabengebet am Gründonnerstag bringt diesen Gedanken so zum Ausdruck: „[…] sooft wir die Gedächtnisfeier dieses Opfers begehen, vollzieht sich an uns das Werk der Erlösung“ (MB^2 [25]).

Wir haben gesehen: Das christliche Verständnis von Opfer gipfelt in dem Wort von der „Selbsthingabe aus Liebe“ (Eph 5,2). Jesus Christus hat sich, indem er seiner Sendung bis zur letzten Konsequenz treu geblieben ist, „für uns“ hingegeben. Als ein Zeichen dieser Liebe, dieses „Für-andere-da-Seins“ (Proexistenz), deuten die Christen von Anbeginn jenes Tun, das seinen Anfang nahm „in der Nacht, da er verraten wurde“, als der Herr Brot und Wein nahm, den Lobpreis darüber sprach und sagte: „Das ist mein Leib, der für euch hingegeben wird. (…) Das ist mein Blut, das für euch und für alle vergossen wird.“ So wie das Brot zerbrochen und an die Vielen weitergereicht wird, so wie der Wein vergossen wird für die Vielen, so hat der Herr seinen Leib, ja, sich mit seiner ganzen Existenz (für uns) hingegeben, als Zeichen einer radikalen Liebe, einer Hingabe an Gott, die sich selbst und ihrer Sendung treu bleibt.

Die Eucharistie ist nur und ausschließlich deshalb ein Opfer, weil in der Feier der Eucharistie das Gedächtnis des einmaligen Opfers Jesu – seiner Selbsthingabe – gefeiert wird. Die versammelte Gemeinde trägt dabei ihre Gebete, ihr Lob und ihren Dank vor das Antlitz Gottes, weshalb schon von frühester Zeit diese Feier des Gedächtnisses als ein Lob- und Dankopfer verstanden werden konnte.

Letztlich war jedoch vom biblischen Befund her klar, dass der Ruf in die Nachfolge Jesu, in seine Jüngerschaft, auch und gerade in jeder Feier der Eucharistie vor Augen führte, dass dies mit letzter Konsequenz zu geschehen habe: „Gebt Euch IHM hin, mit allem, was ihr habt, mit Leib und Seele, Herz und Verstand: als lebendiges Opfer, das IHN erfreut. Geheiligt und vom Geist berührt: So soll Euer Gottesdienst sein – vernünftig, weil er Gottes Willen entspricht“, so der Apostel Paulus in Röm 12,1 (in der Übersetzung von Walter Jens, Stuttgart 2000). Eine Aufforderung, die letztlich auch nicht davor Halt macht, sein eigenes Leben auch außerhalb der gottesdienstlichen Versammlung in der Nachfolge Jesu einzusetzen und „hinzugeben“, was die enge Verbindung von liturgischer Feier und diakonischem Tun unterstreicht. So durchdringen sich bei der Frage nach dem „Opfer der Kirche“ Liturgie und (eucharistische) Ethik, „lex orandi“ und „lex agendi“, das Gesetz des Betens und das Gesetz des Handelns, der gefeierte und der gelebte Glaube.

Wenn wir von der Messe als einem Opfer sprechen, ist dies nicht etwa als ein eigenständiges Opfer, sondern als Teilhabe an der Selbsthingabe des Herrn zu verstehen. Denn wir sind von uns aus gar nicht in der Lage, Gott ein würdiges Opfer darzubringen. Wenn wir uns fragen, was denn nun unser Opfer, das Opfer der Kirche ist, so können wir mit dem Hl. Johannes Chrysostomus festhalten: „wir opfern, aber dadurch, dass wir ein Gedächtnis seines Todes begehen.“[290]

Dabei ist aber auch zu betonen, dass die Kirche nicht bloß passives Objekt ist, denn dies würde die biblische Rede vom Leib Christi und seinen Gliedern und dem daraus resultierenden Teilhabegedanken verneinen. Die Kirche verweist im eucharistischen Geschehen auf das Opfer Christi, oder wie es im Hochgebet III heißt, „sie stellt Gott das Lamm vor Augen“. Sie verweist jedoch nicht nur auf das Opfer Christi, sondern sie lässt sich von ihm erfassen und einbeziehen in seine Hingabebewegung zu Gott, dem Vater, sodass wir mit dem 2. Hochgebet für die Messfeier mit Kindern beten: „Wir gedenken des Todes und der Auferstehung Jesu, der sich ganz dir schenkt und unsere Opfergabe sein will. Er nimmt uns mit auf den Weg zu dir.“ Der Ökumenische Arbeitskreis evangelischer und katholischer Theologen fasst dieses Ineinander von Opfer Jesu Christi und Opfer der Kirche wie folgt zusammen:

Das Opfer Jesu Christi und der Kirche, 4.6.2
Opfer der Kirche meint also nicht Darbringung einer uns gegenüberstehenden heiligen Gabe auf dem Altar an Gott durch die Hand des menschlichen Priesters, sondern Eingehen der Kirche in die Hingabe Jesu Christi, d. h. Darbringung unserer selbst durch, mit und in Jesus Christus als lebendige Opfergabe.[291]

So ist das christliche Opferverständnis, mit seiner Sinnspitze der „Selbsthingabe aus Liebe", ein höchst aktives Geschehen, das die Gemeinde in die Hingabebewegung Jesu Christi zum Vater mit einbezieht.

Das Opfer in der Kritik der Reformatoren und die Antworten des Konzils von Trient:

Gerade die Kritik der Reformatoren hat zu Recht immer wieder darauf hingewiesen, dass es bei der Rede von der Eucharistie als Opfer niemals darum gehen kann, dass die Kirche zu einem eigenmächtigen Subjekt neben Jesus Christus wird, sodass der missverständliche Eindruck entstehen könnte, die Kirche würde Jesus Christus in jeder Eucharistiefeier aufs neue „opfern". Eine Aussage, die zudem ganz klar dem biblischen Zeugnis von Hebräer 10,10 widersprechen würde, wo das „Ein-für-alle-Mal" des Opfers Jesu, seine Allgenügsamkeit und Einzigartigkeit betont wird.

Das Konzil von Trient antwortet in seinem „Dekret über das Messopfer" (DH 1751–1759) auf die Anfrage der Reformatoren, dass das einmalige Opfer Jesu in jeder Feier der Eucharistie „repräsentiert" (gegenwärtig gesetzt), „kommemoriert" (erinnert) und „appliziert" (zugewendet) wird (DH 1739–1741). Das Opfer Jesu wird also dargestellt, indem das Gedächtnis seines Leidens, seines Todes und seiner Auferstehung gefeiert wird. Trient betont ebenfalls, dass es sich bei der Feier der Eucharistie um eine Gedächtnisfeier handelt. Im 2. Kapitel des tridentinischen Messopferdekretes heißt es: „Denn die Opfergabe ist ein und dieselbe; derselbe, der sich selbst damals am Kreuze darbrachte, bringt sich jetzt durch den Dienst der Priester dar; allein die Weise der Darbringung ist verschieden." (DH 1743)[292]

Selbsthingabe aus Liebe im Zeichen des eucharistischen Mahles

Neben der Frage der verbalen Kommunikation innerhalb der liturgischen Feier stellt sich auch die Frage nach der non-verbalen Kommunikation der Opferthematik. Sucht man ein Abbild des „Opfercharakters der Eucharistie" auf der Ebene des liturgischen Zeichens, so betont der Ökumenische Arbeitskreis evangelischer und katholischer Theologen, dass das „sichtbare Zeichen für die Opferhingabe Jesu Christi in der Eucharistiefeier und unser Einbezogenwerden in die Selbsthingabe [...] nicht irgendein erdachter oder konstruierter Darbringungsritus [ist], sondern das Mahl."[293] Im Anbieten seiner selbst als Speise, im Zeichen des „für uns" gebrochenen Brotes, findet sich das deutlichste Abbild der „Selbsthingabe aus Liebe" unseres Herrn Jesus Christus.

Indem wir uns Sonntag für Sonntag versammeln, Brot und Wein auf den Altar legen und der Priester stellvertretend für die ganze Gemeinde das große anamnetisch-epikletische Eucharistische Hochgebet spricht, feiern wir das Gedächtnis von Leiden, Tod und Auferstehung Jesu. So ist es die Form des Mahles, in der die Lebenshingabe Jesu in der Feier der Eucharistie gegenwärtig wird. Wir feiern das Gedächtnis seiner Lebenshingabe am Kreuz, die somit für uns im Hier und Heute gegenwärtig und als lebensrettend erfahrbar wird, die uns aber auch auffordert, IHM nachzufolgen, sodass wir mit einem Hochgebet für die Kirche in der Schweiz wirklich zu beten vermögen: „Schau herab auf dieses Opfer: auf Christus, der sich mit Leib und Blut hingibt und uns in seiner Hingabe den Weg öffnet zu dir, seinem Vater."

5.4 „Gott ist nah in diesen Zeichen" – die Gegenwart Jesu Christi in den eucharistischen Mahlelementen

Wie wir bereits gesehen haben, ist Jesus Christus, der erhöhte Herr, in der Liturgie auf vielfältige Weise gegenwärtig: in der versammelten Gemeinde, in der Person des Vorstehers, in seinem Wort wie auch „vor allem unter den eucharistischen Gestalten" (SC, Art. 7). Die Liturgiekonstitution hebt demnach hervor, dass der erhöhte Herr vor allem „unter den eucharistischen Gestalten gegenwärtig" ist und verweist hierbei auf die (somatische = leibhaftige) Realpräsenz in den eucharistischen Gestalten von Brot und Wein. Dabei ist SC, Art. 7 unbedingt dahingehend auszulegen, dass die verschiedenen Gegenwartsweisen Jesu Christi in der Liturgie einander ergänzen und aufeinander verwiesen sind. Wie ist demnach das „vor allem“ der Gegenwart Jesu Christi unter den eucharistischen Gestalten näher zu beschreiben?

Lk 24,30 f.
Und als er mit ihnen bei Tisch war, nahm er das Brot, sprach den Lobpreis, brach das Brot und gab es ihnen. Da gingen ihnen die Augen auf und sie erkannten ihn; dann sahen sie ihn nicht mehr.

Auch am Beginn unserer Überlegungen zur Frage nach der Gegenwart Jesu Christi in den eucharistischen Mahlelementen steht ein kurzer Ausschnitt aus der biblischen Erzählung von den Emmaus-Jüngern, die uns in diesem Band nun schon häufiger begegnet ist. Welche Beobachtungen lassen sich für unser Thema aus dieser Schriftstelle ziehen?[294]

Zunächst wird betont, dass Jesus Christus, der auferstandene Erhöhte, der Mahlherr ist. Er ist der Handelnde. Dann ist das ganze Geschehen, das die Jünger zunächst noch gar nicht begreifen können, getragen von seiner Gegenwart: und zwar vom Bereiten des Tisches, über das Sprechen des Lobpreises, bis zum Brechen und Austeilen des Brotes. Hierdurch wird das Mahl zum Ort der Erkenntnis: Es ist geradezu sein Erkennungszeichen, das Zeichen des erhöhten Herrn, dass er das Brot für uns bricht, dass er sich uns schenkt im Zeichen des Brotes, dass es sein Leib ist, also er als Person, mit allem, was ihn ausmacht. Jedoch, und das ist die ernüchternde abschließende Beobachtung, heißt es in aller Klarheit: „dann sahen sie ihn *nicht* mehr.“

Die Gegenwart, die die beiden Emmaus-Jünger spüren, war so real, dass ihnen sogar „das Herz brannte“ (Lk 24,32). Und doch ist sie verhüllt, verhüllte Gegenwart, die sich ihnen eigentlich erst durch den „Sinn der Schrift“ erschließt (Lk 24,33). Später wird es in einem der bekanntesten Hymnen auf die Eucharistie heißen: „Augen, Mund und Hände täuschen sich in dir, doch des Wortes Botschaft offenbart dich mir.“[295] Kürzer und prägnanter könnte man die Stelle aus dem Lukas-Evangelium nicht zusammenfassen. Nur wer im Glauben sieht, wer dem Wort vertraut, das Jesus im Abendmahlssaal gesprochen hat: Das ist mein Leib! Das ist mein Blut!, nur demjenigen enthüllt sich die Gegenwart Jesu. Aber für den ist sie real – so real, wie nur irgendetwas real sein kann im Leben: Gegenwart Jesu Christi.

Was heißt reale Präsenz/Realpräsenz?

Wir sind es als katholische Christen gewohnt, im Blick auf die Eucharistie zu betonen, dass wir an die somatische Realpräsenz Jesu Christi in den eucharistischen Gestalten glauben. Doch was bedeutet das: reale Präsenz, oder, in einem Wort: Realpräsenz?

Zunächst ist mit dem Wort von der somatischen Realpräsenz nichts anderes gemeint als mit den Emmausjüngern von der realen Gegenwart des Herrn zu sprechen. Diese reale Gegenwart suchten Theologen von Anbeginn mit Hilfe philosophischer Begrifflichkeit in Worte zu fassen und damit verstehen zu lernen.[296] Für die frühe Kirche und die Kirchenväter war es vor allem die Philosophie des griechischen Philosophen Platon (428–348 v. Chr.), die sich als hilfreicher Verstehenszugang erwies. Gemäß der Erkenntnislehre der platonischen Philosophie, wie sie sich etwa in Platons berühmtem Höhlengleichnis zeigt, ist alles Sichtbare ein Abbild der (eigentlichen) Welt der Ideen. An dieser Welt der Ideen hat das Sichtbare Anteil (Teilhabe = griech. *metexis*): Wir können von einem Urbild-Abbild-Schema sprechen.

Dieses ließ sich nun durch die Theologen der Väterzeit auf die Eucharistie anwenden: Die Eucharistie ist Abbild jener himmlischen Wirklichkeit, und in der Feier der Eucharistie haben wir hieran Anteil. Biblische Bilder, wie das vom eschatologischen himmlischen Hochzeitsmahl, fügten sich in hervorragender Weise ein in diese philosophisch/theologische Deutung. Jene eschatologische Wirklichkeit, das Bild vom endzeitlichen Hochzeitsmahl, wird in der Eucharistie im Hier und Jetzt schon als Abbild erfahrbar. Dies geschieht „im Heiligen Geist", wie es auch in den liturgischen Gebeten der Eucharistie heißt, besonders im epikletischen Teil des Eucharistischen Hochgebets, also pneumatologisch vermittelt als geistig geistliches Geschehen. Wohlgemerkt: Im Rahmen dieser Deutung ist das (Ab-)Bild (also die Ebene der Zeichenhaftigkeit) die höchste Form der Teilhabe am Urbild, an der (noch nicht offen zutage liegendenden) Urrealität. Mit den Worten Alexander Gerkens lässt sich dieses Denken wie folgt zusammenfassen:

🕮 Alexander Gerken, Theologie der Eucharistie, S. 76 f.
Bei Platon war die Idee das in sich ruhende Urbild. (…) Demgegenüber wird in der Theologie der griechischen Väter ein geschichtliches Ereignis zum Urbild: Der Heilstod Jesu, das Mysterium der

Erlösung, ist ein Vor-gang, hier kommt durch Geschichte eine neue Wirklichkeit hervor. Dieses Ereignis schafft sich ein Abbild in der Feier der Eucharistie, die als solche auch ein Vor-gang ist. Die christliche Kontemplation ist daher Mitvollzug, Einschwingen in das Ereignis, das sich durch sein Bild öffnet, ist im Schauen Tat, allerdings geschenkte und empfangene Tat. (...) Die Eucharistiefeier drückt nach patristischer Auffassung also das „Zwischen" der kirchlichen Situation aus. Sie wird verstanden als die Stärkung und sogar als der Ausdruck der pilgernden Kirche, die schon berührt ist vom Geheimnis der Erlösung und doch noch unterwegs ist in die Vollendung.[297]

Doch mit der Germanenmission wird dieses Urbild-Abbild-Schema, wohl durch das sehr dingliche Verständnis von Wirklichkeit und die handfeste Weltsicht, die den Germanen zu eigen war, nicht mehr verstanden, sondern führt eher zu fatalen Missverständnissen. Wir sprechen deshalb auch von der „Krise der sakramentalen Idee"[298], die sich etwa in den Abendmahlsstreiten des 9. Jahrhunderts (zwischen Paschasius Radbertus und Ratramnus von Corbie[299]) und des 11. Jahrhunderts (um die Positionen des Berengar von Tours) zeigt.[300]

Anstatt vom Urbild, das im Bild gegenwärtig ist, von der Urwirklichkeit im Zeichen auszugehen, fragt man nun, ob Jesus Christus, der erhöhte Herr, in den eucharistischen Gaben von Brot und Wein *nur* (im durchaus abwertenden Sinne) im Bild/im Zeichen (in figura) oder *doch auch* real, in Wirklichkeit (in realitate) gegenwärtig sei. Anstatt Wirklichkeit *im* Zeichen (Urbild-Abbild-Schema), wird hier eine verhängnisvolle Alternative aufgemacht: Wirklichkeit *oder* Zeichen. Beides zusammen zu denken, scheint zu diesem Zeitpunkt nicht mehr möglich zu sein.[301]

Wie schwer es fällt, das Ineinander von äußerem Zeichen und innerer gnadenhafter Wirklichkeit zusammen zu denken, zeigt das Glaubensbekenntnis des Berengar von Tours, welches dieser ablegen musste, um damit seinen (vermeintlichen) Irrlehren abzuschwören.[302]

🕮 Bekenntnis des Berengar von Tours von 1059

Ich, Berengar, (...), bekenne mit Mund und Herz (...), dass nämlich das Brot und der Wein, die auf den Altar gelegt werden, nach der Konsekration nicht nur ein Sakrament, sondern auch der wahre Leib und das wahre Blut unseres Herrn Jesus Christus sind und sinnenhaft

> – nicht nur im Sakrament, sondern in Wahrheit – mit den Händen der Priester berührt und gebrochen und mit den Zähnen der Gläubigen zerrieben werden.[303]

„Non solum sacramento, sed in veritate", nicht nur im Sakrament, sondern in Wahrheit – für einen an Platon geschulten Theologen zur Zeit der frühen Kirche wäre die hier formulierte Alternative schlicht unverständlich gewesen: Denn für ihn hätte gegolten: Gerade weil es sich um ein Sakrament handelt, deshalb in Wahrheit![304] Doch dieses Verstehensmodell war zur Zeit Berengars so nicht mehr nachvollziehbar. Die Konsequenz hieraus lautete für die damalige Zeit: „Die Kirche des Frühmittelalters hat (...) über zweihundert Jahre, vom neunten bis zum elften Jahrhundert, die Wirklichkeit der Eucharistie vollzogen, ohne einen richtigen theologischen Ausdruck zu finden."[305]

Ein geeignetes Verstehensmodell – die Transsubtantiationslehre

In dem berühmten eucharistischen Hymnus *Pange lingua* heißt es: „Und das Wort, das Fleisch geworden, schafft durch Wort aus Brot und Wein Fleisch und Blut zur Opferspeise, sieht es auch der Sinn nicht ein. Es genügt dem reinen Herzen, was ihm sagt der Glaub allein." Verdichtet in poetischer Sprache beschreibt diese Strophe des Hymnus die Gegenwart Jesu Christi in den eucharistischen Gestalten von Brot und Wein. Ein theologisch sehr bedeutsamer Versuch, das „vor allem" der Gegenwart Jesu Christi unter den eucharistischen Gestalten (vgl. SC, Art. 7) näherhin zu beschreiben, ist die sogenannte Transsubstantiationslehre. In den Lehrkapiteln zum Sakrament der Eucharistie (doctrina) des Konzils von Trient (1545–1563) findet sich hierüber der folgende Abschnitt:

> 🕮 **Konzil von Trient, Dekret über das Sakrament der Eucharistie, Lehraussagen, Cap. 4:**
> Weil aber Christus, unser Erlöser, sagte, das, was er unter der Gestalt des Brotes darbrachte, sei wahrhaft sein Leib, deshalb hat in der Kirche Gottes stets die Überzeugung geherrscht, und dieses heilige Konzil erklärt es jetzt von neuem: Durch die Konsekration des Brotes und Weines geschieht eine Verwandlung der ganzen Substanz des Brotes in die Substanz des Leibes Christi, unseres Herrn, und der ganzen Substanz des Weines in die Substanz seines Blutes.

Diese Wandlung wurde von der heiligen katholischen Kirche treffend und im eigentlichen Sinne *Wesensverwandlung [Transubsstantiation]* genannt.[306]

Das Konzil von Trient betont also die christliche Glaubensüberzeugung, dass der erhöhte Herr im Sakrament des Altares *wirklich* gegenwärtig ist. Aufgrund der Heiligung der Gaben von Brot und Wein durch den der Eucharistiefeier vorstehenden Priester geschieht die sogenannte *Konsekration* der eucharistischen Gaben (von lat. *consecrare*: der Gottheit weihen). Das Konzil von Trient betont, dass diese Wandlung treffend (lat. *aptissime*) als Wesensverwandlung (Transsubstantiation) bezeichnet werden kann.

Zwar wird in Theologie und kirchlicher Praxis immer wieder auf die Transsubstantiationslehre rekurriert, gerade, wenn es darum geht, das katholische Eucharistieverständnis darzustellen. In vielen Fällen sind jedoch die Vorstellungen, die sich hinter einem solchen Rekurs auf die Transsubstantiationslehre verbergen, höchst missverständlich und führen in die Irre.

Was meint Substanz?

Dies hängt sicherlich zunächst damit zusammen, dass sich in unserem alltäglichen Sprachgebrauch die Verwendung des Wortes „Substanz“ im Vergleich zum Hochmittelalter grundlegend geändert hat. Mit dem naturwissenschaftlichen Denken verstehen wir unter Substanz etwas, das messbar und wiegbar ist, das eine Dichte hat sowie Farbe und Aussehen, das sich zudem klar lokalisieren lässt.

Gerade dieses heute allgemein übliche Verständnis des Wortes *Substanz* führt jedoch in die Irre, würden wir es auf die Eucharistie anwenden und – in diesem naturwissenschaftlichen Sinne – sagen, hier habe sich die Substanz gewandelt. Schon Thomas von Aquin betont, dass das eucharistische Brot, rein äußerlich betrachtet, Brot bleibt. Es sieht aus wie Brot, es riecht wie Brot, es schmeckt wie Brot, auch am Gewicht oder der atomaren Struktur ändert sich nichts. Dasselbe gilt analog für den (eucharistischen) Wein. Mit den Worten Joseph Ratzingers können wir sagen: „Die eucharistische Verwandlung bezieht sich per definitionem nicht auf das, was erscheint, sondern auf das, was nie erscheinen kann. (…) Das heißt aber, ganz deutlich gesagt: physikalisch und chemisch gesehen vollzieht sich an den Gaben schlechterdings nichts – auch nicht irgendwo in einem mikroskopischen Bereich. Sie sind nach der Verwandlung physikalisch und chemisch gesehen genau dasselbe wir vor ihr.“[307]

Die philosophische Denkrichtung, die der Transsubstantiationslehre zugrunde liegt, versteht jedoch unter dem Begriff Substanz (lat. *substantia*) etwas völlig anderes: nämlich das Wesen einer Sache. Und dieses Wesen, das sich wandelt, ist äußerlich gerade nicht sichtbar und mit den Augen oder unseren übrigen Sinnen wie Geruchs- oder Geschmackssinn wahrnehmbar.

Transsubstantiation = Wesensverwandlung

Wie ist es aber nun zu verstehen, wenn wir mit der Transsubstantiationslehre sagen, in der Eucharistie finde eine Wesensverwandlung statt? Um diese Frage zu beantworten, müssen wir uns zunächst noch einmal ins Gedächtnis rufen, was eigentlich die Absicht der Transsubstantiationslehre war und ist.[308] Es geht um den theologischen Versuch, die Gegenwart Jesu Christi in der Liturgie und hier speziell in der Eucharistie in den eucharistischen Gaben von Brot und Wein näherhin zu beschreiben. Dies soll mit einem möglichst klaren und verständlichen philosophischen und theologischen Instrumentarium an nachvollziehbaren und plausiblen Argumenten geschehen. Solches zu tun ist durchaus legitim, denn es gilt der Grundsatz *fides quaerens intellectum*, der Glaube sucht das theologische Verstehen. Die hier vorgelegten Überlegungen wollen, wie alle begrifflichen Bemühungen, „den Geheimnischarakter der eucharistischen Gegenwart nicht aufheben, sondern voraussetzen und aussagen. Denn die verheißene Wirklichkeit (der Realpräsenz Jesu Christi) liegt allen Versuchen des ‚Nachdenkens' weit voraus."[309]

Was in der Transsubstantiationslehre über die Eucharistie ausgesagt wird, ist freilich nicht verständlich ohne eine kurze Rückbesinnung darauf, was überhaupt ein Sakrament ist. Es wird dabei an dieser Stelle nicht möglich sein, die Veränderungen und inhaltlichen Konnotationen des Sakramentsbegriffs über die Jahrhunderte in allen Einzelheiten darzustellen. Das lateinische Wort *sacramentum*, das ursprünglich den Fahneneid der Soldaten bezeichnet und von Tertullian in die lateinische / westliche Theologie übernommen wird, ist sozusagen der inkulturierte Übersetzungsbegriff für das griechische Wort *mysterion*. Diesen Begriff haben wir im vorausgegangen Kapitel 5.1 schon kennen gelernt, dort im 16. Kapitel des Römerbriefs, wo Paulus mit *Mysterion* das Heilshandeln Gottes in Jesus Christus bezeichnet. Mysterion ist also nicht einfach ein Geheimnis, sondern im Gegenteil ein Offenbarungsgeschehen: Was einst verborgen war, ist nun in Jesus Christus offenbar geworden, das Heilshandeln Gottes zum Heil der Menschen. Dieses *Mysterion* (Singular) wird sichtbar in den verschiedenen *Mysterien* (Plural), die die Kirche feiert. Denn in ihnen vollzieht sich die Teilhabe am Mysterium Christi, dem Geheimnis des Heilshandelns Gottes, dem Paschamysterium.

Für den großen mittelalterlichen Theologen Thomas von Aquin (1224–1274) stellt sich eine inhaltliche Bestimmung des Begriffs des Sakraments folgendermaßen dar: Thomas versucht zunächst, die Weite des biblischen Mysterienbegriffs zu nutzen, wenn er im *Dritten Teil* seines theologischen Hauptwerkes, der *Summa theologiae* („Summe der Theologie", abgekürzt „s. th. III"), im 3. Artikel (art. 3) der sogenannten „*Quaestio* [Fragestellung] 60" (q. 60) ausführt:

📖 Thomas von Aquin, s. th. III q. 60 art. 3
Drei Dinge können in Betracht gezogen werden: Die Ursache unserer Heiligung, d. h. das Leiden Christi; die Form unserer Heiligung, die in der Gnade und in den Tugenden besteht; der letzte Zweck unserer Heiligung, d. h. das ewige Leben. Dies alles wird durch die Sakramente bezeichnet. Deshalb ist das Sakrament sowohl ein Erinnerungszeichen für das, was vorausging, d. h. das Leiden Christi, als auch ein Hinweiszeichen für das, was in uns durch das Leiden Christi bewirkt wird, nämlich die Gnade, als auch ein vorauswissendes Hoffnungszeichen, d. h. eine Ankündigung der künftigen Herrlichkeit.

Nach Thomas von Aquin kommt also den Sakramenten eine dreifache Zeichenfunktion zu: Sie sind zunächst anamnetische Erinnerungszeichen (lat.: *signa rememorativa*), zum Zweiten sind Sakramente anzeigende Hinweiszeichen *(signa demonstrantiva)* und schließlich vorausweisende Hoffnungszeichen *(signa prognostica)*. Die dreifache Zeichenebene der Sakramente lässt sich den Zeitebenen des anametisch-epikletischen Betens in der Liturgie zuordnen: das rememorative Gedächtnis der vergangenen Heilsereignisse in der Anamnese und die epikletisch formulierte, prognostische Bitte auf die Zukunft hin.

Freilich, dies hatten wir schon gesehen, geht die Initiative hierbei immer von Gott aus: Es ist sein Heilshandeln, das allem Antworten des Menschen zugrunde liegt. Die klassische Sakramententheologie versucht diesen Primat des Handelns Gottes mit dem Begriff des *opus operatum* zu umschreiben: das letztlich von Gott vollzogene Werk. Erst Gottes Handeln ermöglicht dann das sogenannte *opus operantis*, das Werk der Handelnden, also in unserem Fall das Handeln der zur Feier der Eucharistie versammelten Gemeinde.

Dieser Auffassung entspricht die Formulierung in unseren Eucharistischen Hochgebeten, die flehend um die Herabsendung des Gottesgeistes bittet, auf dass dieser die Gaben von Brot und Wein wandle in Leib und Blut Christi. Mit einem Verweis auf Augustinus ruft dies auch die Liturgiekonstitution ins Gedächtnis, wenn sie in SC, Art. 2 betont, dass „wenn immer einer tauft, Christus selber tauft (…). Infolgedessen ist jede liturgische Feier als Werk Christi, des Priesters, und seines Leibes, der die Kirche ist, in vorzüglichem Sinn heilige Handlung, deren Wirksamkeit kein anderes Tun der Kirche an Rang und Maß erreicht." Es ist das Wirken des Hl. Geistes, das Handeln Gottes in Jesus Christus, das unser liturgisches Handeln erst ermöglicht und trägt.

Auch die Wandlung in der Eucharistie ist demnach nicht zuerst unser Werk, sondern Werk Gottes. Dieses wirkmächtige Heilshandeln Gottes in Jesus Christus, an dem wir in der Feier der Liturgie im lobpreisenden Gedächtnis Anteil erhalten, ist ein die Wirklichkeit verwandelndes Geschehen. Auch wenn unsere menschlichen Sinne nach der Konsekration im Sehen und Ertasten der eucharistischen Gaben nur Brot und Wein wahrnehmen, so bekennt doch der Glaube, dass wirklich und wesenhaft Leib und Blut des erhöhten Herrn gegenwärtig sind. In dem Hymnus *Adoro te devote*, der Thomas von Aquin zugeschrieben wird, heißt es deshalb korrekterweise: „Augen, Mund und Hände täuschen sich in dir, doch des Wortes Botschaft offenbart dich mir."

Wie ist es nun auf der einen Seite möglich, dass die Gegenwart Jesu Christi in den Sakramenten, die wir im Glauben wahrnehmen und erfassen, ganz der Initiative und dem Heilshandeln Gottes geschuldet ist? Und wie kann dieser Wahrheitsanspruch, den der christliche Glaube erhebt, dass der erhöhte Herr Jesus Christus wirklich, wahrhaftig gegenwärtig ist in den Gestalten von Brot und Wein, in der Eucharistie rational begründet werden?

Thomas von Aquin versucht in seiner Fort- und Weiterentwicklung der Transsubstantiationslehre genau diese Spannung zu bearbeiten. In der Quaestio 75 seiner Summa theologiae stellt sich Thomas als erstes der Frage, ob der Leib Christi in der Eucharistie in Wahrheit gegenwärtig sei. Der Hintergrund für diese Frage ist das Glaubensbekenntnis, dass Jesus Christus im Himmel ist und zur Rechten des Vaters sitzt. Wie kann er dann aber zugleich unter den Gestalten von Brot und Wein real gegenwärtig sein?

Thomas von Aquin, s. th. III q.75 art. 1
Der wahre Leib Christi und sein Blut sind in diesem Sakrament, und weder durch die Sinne noch durch den Verstand kann [dies] erfasst werden, sondern allein durch den Glauben, der sich auf die göttliche Autorität stützt.

Nach Thomas von Aquin ist die Erkenntnis, dass in diesem Sakrament der Leib und das Blut Christi gegenwärtig sind, allein durch den Glauben gegeben, der sich auf das Wort Gottes stützt. Um diese reale Gegenwart nun näher zu beschreiben, verwendet Thomas von Aquin den Substanzbegriff, wie ihn der griechische Philosoph Aristoteles (384–322 v. Chr.) entfaltet hat.[310] Die aristotelische Philosophie wird im 13. Jahrhundert in der westlichen Theologie breit rezipiert; so auch durch Thomas von Aquin, der sie verwendet, um die Transsubstantiationslehre nunmehr weiter gedanklich zu entfalten. Er greift dabei auf ein Dekret des 4. Laterankonzils (1215) zurück, das in einem lehramtlichen Dokument bereits den Begriff der *Transsubstantiation* verwendet hatte. Dort heißt es, dass im Sakrament des Altares „durch göttliche Macht das Brot in den Leib und der Wein in das Blut Christi transsubstantiiert worden sind".[311]

Ohne hier weiter ausführlich darauf eingehen zu können, ist es doch wichtig zu betonen, dass die aristotelische Philosophie die Denkvoraussetzung bildet, um die Transsubstantiationslehre überhaupt angemessen verstehen zu können. Wenn Aristoteles von der Substanz, also dem Wesen eines Gegenstandes spricht, ist dabei zunächst zu beachten, dass es etwas Einzelnes, also ein Einzelding, das nicht einer bestimmten Art zugehört, nicht gibt. Wenn wir die Aussage treffen: Martin ist ein Mensch, so bezeichnet „‚Martin' (…) etwas Einzelnes, hier: einen ganz bestimmten individuellen Menschen, und ‚Mensch' das ‚Wesen', das dieses Einzelne als der und der Art zugehörig klassifiziert."[312]

Da sich aber ein Mensch äußerlich sehr grundlegend ändern, etwa an Gewicht zunehmen oder wachsen kann, ist es notwendig, auch diese äußerlichen Veränderungen, die mit den Sinnen wahrnehmbar sind, zu definieren. Mit Stephan Winter können wir sagen: „Diese Eigenschaften bezeichnet Aristoteles als die *akzidentellen*, die *zufällig hinzukommenden* Eigenschaften – oder kurz: *Akzidentien*. Doch damit man diese verschiedenen Eigenschaften von einem bestimmten Gegenstand aussagen kann, muss er zumindest in einer Hinsicht unverändert bleiben: in seiner Zugehörigkeit zur menschlichen Art, seinem ‚Mensch-Sein' (…)."[313]

In der Eucharistie geschieht nun etwas, das es, zumindest nach der gerade vorgestellten aristotelischen Vorstellungswelt, gar nicht geben dürfte. Von einzelnen Gegenständen, die gerade noch Brot und Wein waren und die gemäß unserer Sinneswahrnehmung auch weiterhin aussehen, schmecken und sich anfühlen wie Brot und Wein, wird ausgesagt, dass diese nun Leib und Blut Christi sind. Während also die äußerlich wahrnehmbaren (Aristoteles/Thomas würden sagen: akzidentellen) Eigenschaften gleich bleiben, ändert sich offensichtlich das, was diese Dinge wesentlich sind. Für diesen Vorgang verwendet Thomas von Aquin den Ausdruck *Transsubstantiation*.

Hierbei bezieht sich Thomas von Aquin auf die Worte Jesu im Abendmahlsaal: Dies ist mein Leib, dies ist mein Blut! Im Abschiedsmahl Jesu deutet dieser seinen bevorstehenden Tod durch eben diese Worte. Das ganze Leben Jesu, seine *Proexistenz*, seine Selbsthingabe aus Liebe, sein Dasein für andere, macht auch nicht davor halt, dass der Herr sein Leben hingibt für die Vielen. In poetischer Sprache verdichtet findet sich diese Aussage, wie wir bereits gesehen haben, auch in der vierten Strophe des Hymnus *Pange lingua*, wenn es dort heißt:

Pange lingua, 4. Strophe

Verbum caro panem verum verbo carnem efficit fitque sanguis Christi merum; et, si sensus deficit, ad firmandum cor sincerum sola fides sufficit.	Wort ist wahres Fleisch geworden: Brot kann wahres Fleisch nun sein. In der Kraft desselben Wortes wird zu Christi Blut der Wein. Ist's den Sinnen auch verborgen: Es genügt der Glaub' allein.[314]

Thomas betont, dass die Gegenwart Jesu, also die Gegenwart seiner Selbsthingabe aus Liebe, nun nicht einfach so zu denken sei, als gehe es um eine raum-zeitliche Person. Nach Thomas ist der erhöhte Herr nicht einfach an den Raum-Zeit-Stellen, wo zuvor noch Brot und Wein waren, im gewöhnlichen Sinne lokalisierbar, was ja auch dem Gedanken widersprechen würde, dass er zugleich als der erhöhte Herr zur Rechten des Vaters sitzt. Für Thomas von Aquin ist es deshalb bedeutsam festzuhalten, dass Brot und Wein nicht einfach weiter existieren. Sie werden aber auch nicht einfach vernichtet, denn ein Vorgang der Zerstörung der Materie wäre sinnlich wahrnehmbar. Tatsächlich wird das Wesen der Gaben durch göttliche Kraft („im Heiligen Geist") verwandelt, während ihre äußerliche wahrnehmbare Erscheinung dieselbe bleibt.

Es handelt sich also bei der Transsubstantiation um einen einmaligen Ausnahmefall: Hier und nur hier (!) lässt sich sagen, dass die eine Substanz in eine andere verwandelt wird. Wenn die Substanz das Wesen eines Gegenstandes ist, so handelt es sich hier im Fall der eucharistischen Wandlung um den einmaligen Fall, der völlig verschieden ist von allen sonst bekannten und mit den Sinnen wahrnehmbaren Veränderungsprozessen.

🕮 **Thomas von Aquin**

s. th. III q.75 art. 3:
Diese Verwandlung ist also den natürlichen Verwandlungen nicht ähnlich, sondern gänzlich übernatürlich, allein bewirkt durch Gottes Kraft.

s. th. III q.76 art. 7:
Vom Verstand des Menschen im Pilgerstand kann [Christus] nicht gesehen werden, es sei denn im Glauben, wie es für die übrigen übernatürlichen Dinge gilt.

Die Wesensverwandlung der nicht sinnlich wahrnehmbaren Substanz kann also nur mit Hilfe eines philosophischen Denkmodells erschlossen werden, das eigentlich, streng genommen, in diesem einmaligen Fall versagt und gerade darin ein Erklärungsmodell liefert.[315] Deshalb können wir von den eucharistischen Gaben nach der Wandlung mit Berufung auf die Autorität der Worte Jesu aussagen, dass sie Leib und Blut Christi sind. Es ist dieses Wort Gottes, „des Wortes Botschaft" also, das die Erkenntnis im Glauben erst trägt und ermöglicht. Denn es ist das Wort des erhöhten Herrn, dass er bei uns sein wird alle Tage bis zum Ende der Welt (vgl. Mt 28,20) und er somit seine Proexistenz, sein Dasein für uns, auch nach seiner Auferweckung und Erhöhung in der Feier der Eucharistie als sein Wesen offenbart.

Corpus Christi mysticum – corpus Christi reale

Allerdings ist dieses Wesen gerade nichts Statisches. Bernhard Welte hat hierfür schon 1959 die nachfolgende Sprachregelung vorgeschlagen: „Der Tod des Herrn wird im Sakrament gegenwärtig als Mahl."[316] Es geht also um die ereignishafte Vergegenwärtigung des erhöhten, auferweckten Gekreuzigten in den Gaben von Brot und Wein, es geht um seine personale Gegenwart. Wir können deshalb auch von Personalpräsenz sprechen – es geht um die Zuwendung der Person des erhöhten Herrn, die in personaler Weise geschieht – und von Aktualpräsenz: was die biblische Überlieferung so zusammenfasst, „dass das Geschehen seiner liebenden Hingabe, sein Handeln, sein Leben und Sterben, das Tun, die ‚Actio' sakramental präsent wird".[317]

Für die Eucharistietheologie der frühen Kirche war es möglich, diese dynamische Gegenwart des erhöhten Herrn im Urbild-Abbild-Schema begrifflich zu fassen. Diese Dynamik geht jedoch seit der Spätantike zunehmend verloren. So beschreibt Arnold Angenendt die Transsubstantiationslehre zutreffend als einen „Versuch, dem Wandlungsrealismus gerecht zu werden, ohne aber die primäre Gegenwart Christi zur Rechten des Vaters in Frage zu stellen".[318] Es war, wie wir gesehen haben, die „Krise der sakramentalen Idee", die die Grundlagen des Eucharistieverständnisses der frühen Kirche als nicht mehr verständlich erscheinen ließ: Der Verlust der Urbild-/Abbildinterpretation bewirkte eine folgenreiche Verschiebung. Es geht nicht mehr primär um die Realpräsenz der Person Jesu Christi, sondern, so Angenendt, „um die Realpräsenz seines historischen Fleisches und Blutes und erst in deren Gefolge auch seiner Person".[319]

Hiermit geht auch eine Veränderung der verwendeten Begrifflichkeit einher, die der große französische Theologen Henri de Lubac in seiner grundlegenden Studie „Corpus mysticum" aufgezeigt hat: War in der Zeit der Kirchenväter die konkret versammelte Gemeinde, die Kirche das „corpus reale" und die Eucharistie das „corpus mysticum", so verkehrt sich dieser Sprachgebrauch im Mittelalter in das Gegenteil: Die Kirche wird zum mystischen Leib, während die Eucharistie nun der wirkliche Leib ist.[320]

Auf der Ebene der Theologie gelingt es zwar, einen dinglich magischen Realismus abzuwehren: So ist für Thomas von Aquin die Antwort auf die Frage, ob Christus im Tabernakel auf dieselbe Art anwesend sei, wie sich etwa ein Mensch an einem spezifischen Ort befindet, völlig klar. Nullo modo, in keiner Weise, so antwortet Thomas, sei Christus im Tabernakel wie an einem Ort („localiter"), denn Anwesenheit an einem Ort setzt räumliche Ausdehnung voraus.[321] Diese räumliche Ausdehnung betrifft aber, ebenso wie Farbe, Gewicht, Geruch, lediglich die akzidentelle Gestalt, und diese ist und bleibt Brot.[322] Der erhöhte Herr ist demgegenüber personal anwesend („personaliter"), also genau so, wie einander Personen nahe sind.[323]

Ein analoges Beispiel ist die im Hochmittelalter immer wieder in Variationen behandelte Frage, was denn eine Maus zu sich nimmt, die sich durch die Wände eines Holztabernakels geknabbert hat. Hat diese Maus, so fragte und diskutierte man, nun etwa den Leib Christi konsumiert? Oder lediglich Brot? Mit der Transsubstantiationslehre können wir sagen, dass die Maus allenfalls das äußere Zeichen sinnlich fassen kann. Die Maus frisst Brot. Denn die Ebene gläubiger Erkenntnis sowie, darauf aufbauend, die Ebene personaler Beziehung und Begegnung mit dem erhöhten Herrn ist ihr verwehrt.[324]

Die von Thomas von Aquin in letzter Stringenz vorgenommene Unterscheidung zwischen Substanz und Akzidenz möchte zwar einen Wandlungsnaturalismus abwehren, aber selbst Thomas von Aquin geht davon aus, dass in der Brotgestalt „der ganze Körper, d. h. Knochen und Sehnen und dergleichen“ anwesend sei.[325] Auch bei Thomas finden wir demnach eine „objektivierend-statische, auf die somatische Realpräsenz des (historischen, mit dem verklärten gleichgesetzten) Leibes und Blutes Christi ausgerichtete Auffassung“.[326] Demgegenüber können wir mit Joseph Ratzinger festhalten: „Der Herr ist nicht anwesend wie eine naturale Sache, sondern auf pesonale Weise und in der Zuordnung auf Personen hin. (…) Christus, der Herr ist für die Geschichte anwesend nicht in einer naturalen Ubiquität (Allgegenwart / M.S.), sondern er ist da durch das Angebot seiner Nähe, seiner Agape auf uns hin. Dass solches Da-Sein keinen selbstverständlichen, naturalen Charakter hat, bedeutet positiv, dass es zu verstehen ist von der Weise her, in der Liebe allein anwesend sein kann als freies Sichgewähren und Sichschenken eines Ich an ein Du.“[327]

Die Transsubstantiationslehre – ein ökumenischer Stolperstein?

Dass ein differenziertes Verständnis der Transsubstantiationslehre auch im Gespräch zwischen den christlichen Konfessionen keinen ökumenischen Hinderungsgrund mehr darstellen muss, wenn man die reale Gegenwart Jesu Christi in den eucharistischen Gestalten angemessen zu beschreiben sucht, haben die vielfältigen ökumenischen Dialoge der vergangenen Jahrzehnte gezeigt.[328] Wichtig ist, hier noch einmal auf die genaue Aussage des Konzils von Trient zur *Transsubstantiation* zu verweisen. Dort heißt es:

Konzil von Trient, Dekret über das Sakrament der Eucharistie, Kanon 2

Wer sagt, im hochheiligen Sakrament der Eucharistie bleibe die Substanz von Brot und Wein zugleich mit dem Leib und Blut unseres Herrn Jesus Christus bestehen, und wer jene wunderbare und einzigartige Verwandlung der ganzen Brotsubstanz in den Leib und der ganzen Weinsubstanz in das Blut leugnet, wobei nur die Gestalten von Brot und Wein bleiben – diese Wandlung nennt die katholische Kirche sehr treffend *(aptissime)* Wesensverwandlung *(transsubstantiatio)* –, der sei ausgeschlossen.[329]

Umgekehrt finden sich auch im Augsburger Bekenntnis, der Confessio Augustana aus dem Jahr 1555, einer der wichtigsten lutherischen Bekenntnisschriften, positive Aussagen, welche die wesenhafte Gegenwart Jesu Christi in der Eucharistie positiv bejahen:

Confessio Augustana (1555) Art. 10 und Apologie zu Art. 10

Vom Abendmahl des Herrn wird so gelehrt, dass der wahre Leib und das wahre Blut Christi wirklich unter der Gestalt des Brotes und Weines im Abendmahl gegenwärtig ist und dort ausgeteilt und empfangen wird.

Der zehnte Artikel wurde gebilligt, in dem wir die Meinung bezeugen, dass im Abendmahl des Herrn Leib und Blut Christi wirklich und wesentlich *(vere et substantialiter)* gegenwärtig sind und dass sie mit jenen sichtbaren Elementen Brot und Wein wirklich denen, die das Sakrament empfangen, dargeboten werden.[330]

So stellt die Aussage des Trienter Konzils, dass „im Sakrament der heiligsten Eucharistie wahrhaft, wirklich und substanzhaft der Leib und das Blut zusammen mit der Seele und Gottheit unseres Herrn Jesus Christus und daher der ganze Christus enthalten ist“[331], keinen ökumenischen Dissens mehr dar, zumindest nicht zwischen Katholiken und Lutheranern und jenen Reformierten, die sich auf den Schweizer Reformator Jean Calvin gründen.[332]

Die Transsubstantiationslehre wird zudem durch das Konzil von Trient nicht als einziges Verstehensmodell vorgeschrieben, sondern, positiv einschränkend, als „sehr geeignet“ bezeichnet (lat.: *aptissime*), um die eucharistische Wandlung zu beschreiben und zu verstehen, mit den Worten Alexander Gerkens: „Nicht dieser Begriff (Transsubstantiation / M.S.)

und nicht die Unterscheidung ‚substantia – accidens' sind durch das Konzil definiert, sondern die Tatsache, dass in den eucharistischen Gaben Christus sich selbst uns schenkt."[333]

Im Nachdenken, wie die reale Gegenwart des Herrn in der Eucharistie begrifflich näher zu fassen ist, blieb die theologische Reflexion freilich nicht stehen. Ohne hier ausführlich auf die einzelnen Theorien mit ihren Stärken und theoretischen Defiziten und Schwächen eingehen zu können, seien hier zumindest überblicksartig erwähnt[334]*:*

- *Konkomitanz*: schon zur Zeit der Hochscholastik entwickelte Überzeugung, dass der erhöhte Herr sowohl in der Gestalt des eucharistischen Brotes wie des Weines *ganz* gegenwärtig ist, mit dem Leib somit auch das Blut, sodass der Gläubige in der Kommunion (ausschließlich) der eucharistischen Brotgestalt doch den ganzen Christus empfängt. (DH 1640 f.)
- *Transsignifkation*: wörtl. Umbezeichnung oder Bedeutungswandel. Der vor allem auf niederländische Theologen (Leenhardt, Schoonenberg, Schillebeeckx) zurückgehende Versuch einer Neubestimmung und Weiterentwicklung der Transsubstantiationslehre. Brot und Wein werden als realisierende Zeichen gedeutet: Durch das Wirken des Hl. Geistes werden diese gewissermaßen „umbezeichnet". Brot und Wein erhalten eine völlig neue Zeichenfunktion, eine neue Bedeutung (lat. *significatio*) und werden als solche im Glauben erkannt. Starke Betonung der personalen Dimension (Stichwort: relationale Ontologie). Man spricht auch von *Transfinalisation*, wörtl. Zweck- oder Sinnverwandlung. Weiterentwicklung des Modells der Transsignifikation, bei welcher der Akzent stärker auf der Wandlung der Finalität (lat. *finis* = Ziel) liegt.[335]
- Neuere *sprachphilosophische Ansätze* setzen bei der Performativität von Sprache an (vgl. im Englischen: *to perform* = vollführen, vollbringen). Das gesprochene Wort kann Wirklichkeit wandeln. Das Eucharistische Hochgebet ist in dieser Hinsicht performative Sprache, weil durch die Deuteworte über Brot und Wein eine neue, andere Wirklichkeit gesetzt wird.[336]

Positiv lässt sich im Hinblick auf die neueren Erklärungsversuche der Transsignifikation festhalten, dass diese sich bemühen, „die Transsubstantiationsfrage nicht mehr philosophisch, sondern aus dem Zusammenhang des liturgischen Geschehens und seiner Richtungsbestimmung der Euchararistie zu deuten", wobei sich damit die Frage stellt, ob hier nicht doch zwei Ebenen vermischt werden: Lässt sich eine philosophische Frage (nach einem möglichen Denkmodell) von der Feiergestalt der Liturgie her einer Klärung zuführen?[337]

Das Problem der hier vorgestellten Ansätze ist zudem, dass sie bislang nicht lehramtlich rezipiert wurden, sondern, im Gegenteil, zum Teil sehr grundsätzliche Kritik erfahren haben, als die eucharistische Wirklichkeit nur unzureichend beschreibend und damit verkürzend.[338] Außerdem wäre kritisch zu hinterfragen, wie weit ihren jeweiligen Zeitkontexten verhaftete philosophische Deutemodelle überhaupt tragen und damit zum Verständnis der eucharistischen Wirklichkeit beitragen können. Anders formuliert: Muss ich, um beim Beispiel der Transsubstantiationslehre zu bleiben, zuerst die aristotelische Metaphysik verstanden haben, um Eucharistie feiern zu können? Dass dem sicherlich nicht so ist, zeigen die Abendmahlsstreite im Frühmittelalter, bei denen die eucharistische Praxis im Vertrauen auf das Herrenwor: „Tut dies zu meinem Gedächtnis!" weiter fortbestand, ohne die reale Gegenwart des Herrn in den eucharistischen Gestalten mit dem philosophischen Instrumentarium der Zeit adäquat beschreiben und deuten zu können.

Dies entbindet weder eine systematische Liturgiewissenschaft noch die systematische Theologie davon, alle einem Menschen möglichen Denkanstrengungen zu unternehmen, um die Frage der Realpräsenz begrifflich möglichst präzise zu fassen. Aber es relativiert doch die konkrete Bedeutung solcher Ansätze für die konkrete liturgische und pastorale Praxis. Denn es sei an dieser Stelle daran erinnert, dass wir als Christen nicht an philosophisch/theologische Theorien zur Realpräsenz glauben – seien sie noch so sehr geeignet oder auch weniger geeignet, sondern an die reale, personale, bleibende Gegenwart des erhöhten Herrn in den eucharistichen Gestalten von Brot und Wein.

Die Transsubstantiationslehre ist demgemäß *ein* mögliches Denkmodell neben anderen möglichen Denkmodellen, um die reale Gegenwart des erhöhten Herrn in den eucharistischen Gestalten zu beschreiben. Sie ist, nach katholischer Lehre, ein sehr geeignetes Verstehensmodell, das jedoch mit bestimmten philosophischen Denkansätzen verbunden ist, die es zunächst zu verstehen gilt, um nicht mit einer Fehlinterpretation einer nur vermeintlich verstandenen Transsubstantiationslehre völlig in die Irre zu laufen.

Schlussendlich gilt es festzuhalten, dass wir als Christen nicht an die *Transsubstantiationslehre* glauben, sondern an die *reale Gegenwart Jesu Christi* unter den eucharistischen Elementen von Brot und Wein. Entsprechend kann der ökumenische Arbeitskreis evangelischer und katholischer Theologen in seinem bedeutenden Dokument „Lehrverurteilungen – kirchentrennend?“ aus dem Jahr 1986 festhalten:

🕮 ÖAK, Lehrverurteilungen – kirchentrennend? Bd. I, hier 107 f.

1. Durch die sakramentale Indienstnahme geschieht mit den eucharistischen Mahlgaben von Brot und Wein jene Veränderung, die seit dem Altertum als conversio bzw. mutatio (= Wandlung / M.S.) bezeichnet wurde. Der an diesem Mahl und seinen Gaben von Brot und Wein in der Kraft des Heiligen Geistes durch das Wort geschehende „Wesenswandel“ ist nicht mehr überholbar, er hat eschatologischen [endzeitlichen] Sinn und bezeichnet das endgültige Wesen dieser „Speise zum ewigen Leben“.
2. Das klare und unzweideutige Bekenntnis zur wirklichen Gegenwart Jesu Christi ist nicht notwendigerweise an die Erklärungsmodelle gebunden, welche die Transsubstantiationslehre bzw. die Ubiquitätslehre bieten. Wichtig ist allerdings, dass wir der Gefahr der Verfälschung und der Verflüchtigung dieses Bekenntnisses wehren, indem wir uns „gemeinsam gegen eine räumliche oder naturhafte Art der Gegenwart und gegen ein rein erinnerndes oder figuratives Verständnis des Sakraments“ wenden.
3. „Das eucharistische Mahl ist das Sakrament des Leibes und Blutes Christi, das Sakrament seiner wirklichen Gegenwart (Realpräsenz). Christus erfüllt sein Versprechen, bis zum Ende der Welt immer bei den Seinen zu sein, in vielfältiger Weise. Doch die Art der Gegenwart in der Eucharistie ist einzigartig. Jesus sagt über dem Brot und dem Wein der Eucharistie: ‚Dies ist mein Leib … dies ist mein Blut‘. Was Christus sprach, ist wahr, und diese Wahrheit wird jedesmal erfüllt, wenn die Eucharistie gefeiert wird. Die Kirche bekennt Christi reale, lebendige und handelnde Gegenwart in der Eucharistie.“[339]

Die Eucharistie als Feier der Aktualpräsenz des Pascha-Mysteriums

Mit einem Zitat aus der Lima-Eklärung „Taufe – Eucharistie – Amt“ von 1982 fasst der ÖAK zusammen, dass die Kirche die reale, lebendige und handelnde Gegenwart Jesu Christi in der Eucharistie bekennt. Nach den bereits aufgeführten Gedanken zur realen Gegenwart (der somatischen Realpräsenz) soll nun noch abschließend jene Form der Gegenwart betrachtet werden, welche im Lima-Zitat als „die lebendige und handelnde Gegenwart“ umschrieben wird – es geht um die Aktualpräsenz Christi (von lat. *actus* = die Taten/das Handeln).

Der Theologe Johannes Betz fasste bereits zu Beginn der 60er-Jahre des vergangenen Jahrhunderts die Gegenwartsweise(n) Jesu Christi in der Eucharistie im Rückgriff auf das neutestamentliche Zeugnis wie folgt zusammen:

„Überschauen wir die biblische Abendmahlskündung mit einem umfassenden Blick, so heben sich ihre durchgehenden Linien und tragenden Ideen umso deutlicher heraus. Es ergibt sich folgende Synthese: das Neue Testament verkündet in all seinen Schichten die Identität der eucharistischen Gaben mit der leibhaftigen Person Jesu, die sich für uns und unser Heil in den blutigen Sühnetod am Kreuz – und hier im Sakrament zum Genuß hingibt, um uns so die im Tod gewirkte Erlösung zuzuwenden. Diese Erlösung ist daher wesentlich Er selber, seine inkarnierte, sich zum Sühneopfer dahingebende, in alledem zu unserem Heile handelnde Person. Mit der Realpräsenz dieser Person ist daher die Aktualpräsenz ihrer einstigen Heilstat eng verbunden, und die Eucharistie wird zur sakramentalen Gegenwart des ganzen Heilsereignisses ‚Jesus‘, in dem die Person und ihr Werk eine unlösliche Einheit bilden. Diesen Glauben bekunden alle neutestamentlichen Zeugen.“[340]

Betz’ Ausführungen sind insofern theologiegeschichtlich höchst bedeutsam, als sie geholfen haben, ein rein statisches Verständnis der (somatischen) Realpräsenz aufzusprengen: Betz betont – im Rückgriff auf das Neue Testament und die Theologie der Väterzeit –, dass der erhöhte Herr in den eucharistischen Gaben gegenwärtig ist, nicht wie eine Sache oder ein Gegenstand, sondern als Person. Es geht bei der Frage, wie Realpräsenz zu denken ist, also um eine *personale* Kategorie. Es geht um die *personale* Begegnung mit dem erhöhten Herrn in der sakramentalen Kommunion unter den eucharistischen Gestalten von Brot und Wein.

Unserer Ansicht nach vermag die Bestimmung der Liturgie als Feier des Paschamysteriums, wie sie das II. Vatikanische Konzil in der Liturgiekonstitution vornimmt, einen neuen Verständnishorizont für die Frage nach der eucharistischen Gegenwart zu eröffnen. Wie wir gesehen haben, haben unterschiedliche Zeiten versucht, die christliche Grundüberzeugung, dass Jesus Christus in der Feier der Eucharistie gegenwärtig ist, mit den jeweiligen philosophischen Mitteln ihrer Zeit zu verstehen und zu deuten.

Bedeutsam erscheint, auch vor dem Hintergrund der hier vorgelegten Ausführungen zur Frage der Opfertheologie (vgl. 5.3), festzuhalten, dass es sich bei der Frage nach der Präsenz um ein personales Geschehen handelt. Gerade Art. 7 der Liturgiekonstitution, der in seiner Bedeutsamkeit und seinen liturgietheologischen Implikationen nicht hoch genug eingeschätzt werden kann, ordnet die Frage nach der Gegenwart Jesu Christi in den eucharistischen Gestalten ein in die übrigen Gegenwartsweisen Christi in der Feier der Liturgie. Als Ausgangs- und Vergleichspunkt zur Liturgie als Feier des Paschamysteriums erscheint der Begriff der Aktualpräsenz. Konkret sprechen wir von der sogenannten kommemorativen Aktualpräsenz, als einer Präsenz des Heilshandelns Gottes in Jesus Christus in der anamnetischen Gedächtnisfeier der Liturgie.

In der Feier des lobpreisenden Gedächtnisses der Liturgie geschieht, wie wir gesehen hatten, Begegnung mit dem auferstandenen, erhöhten Herrn. Hier ließe sich auch von einer prinzipalen Aktualpräsenz sprechen, denn die Liturgie ist, so SC, Art. 2, im Wesentlichen Handeln des erhöhten Herrn Jesus Christus. Gemäß SC handelt Christus in besonderer Weise sakramental durch den Vorsteher der Feier (den Priester, den Bischof) und ist wirkmächtig gegenwärtig in den Sakramenten. Diese Auffassung wird jedoch in SC, Art. 7 ergänzt um die Gegenwart Christi in seinem Wort und in der versammelten Gemeinde. Die Aktualpräsenz Christi wird in SC, Art. 7 demnach ausgeweitet auf die gesamte Feier der Liturgie.

Freilich ist dies parallel zu lesen zu Art. 6 der Liturgiekonstitution, weil hier die Feier der Eucharistie als integrale Einheit von Liturgie des Wortes und eucharistischer Liturgie beschrieben wird. Das Opfer Christi und das darauf antwortende Lobopfer der Gemeinde mit der Darbringung des Opfers der Kirche gehen hier ineinander. Wichtig ist, sich hierbei vor Augen zu führen, dass die anabatische Linie, also das Lob- und Dankopfer der Gemeinde als Antwort auf das einmalige Opfer Christi, erst kraft der Aktualpräsenz Christi getragen und ermöglicht ist. Dies gilt auch für die heilsgeschichtliche Anamnese, die in der Verkündigung der Hl. Schrift und in der Feier des eucharistischen Gedächtnisses von Leiden, Tod und Auferstehung Jesu Christi ihren Höhepunkt findet.

Man wird sagen können, dass die gesamte Feier der Eucharistie getragen und ermöglicht ist von einer dynamisch verstandenen Aktualpräsenz des erhöhten Herrn. Umgekehrt kann sich Teilhabe der versammelten Gemeinde am Paschamysterium Christi nur personal vollziehen im Mithandeln der Menschen mit dem erhöhten Herrn.

Insofern ließe sich von diesem sehr weiten Verständnis einer dynamischen Aktualpräsenz Christi im liturgischen Geschehen zurückfragen, was dies dann für die Frage der somatischen Realpräsenz bedeutet, also für die Gegenwart Jesu Christi in den Gestalten von Brot und Wein in der Feier der Eucharistie.

Dabei ist daran zu erinnern, dass der erhöhte Herr unter den Gestalten von Brot und Wein nicht einfachhin irgendwie gegenwärtig wird, sondern im Zustand seiner liebenden Hingabe am Kreuz, seines Leidens, seines Todes, seiner Auferstehung und seiner Erhöhung zum Vater.[341] Die Hingabe Jesu Christi wird also „in mysterio“ gegenwärtig. Die Bezeichnung ‚somatische Realpräsenz‘ verdeutlicht hierbei, dass dies in einer untrennbaren und bleibenden Verbindung mit den eucharistischen Gestalten von Brot und Wein geschieht. Mit den bereits angeführten Worten Bernhard Weltes: „Der Tod des Herrn wird im Sakrament gegenwärtig als Mahl.“[342]

Teilgabe und Teilhabe an der Aktualpräsenz des erhöhten Herrn

Wie ist also das Verständnis der Liturgie als Feier der Aktualpräsenz Christi auf die Frage der eucharistischen Teilhabe und Teilgabe anzuwenden? Wenn die Feier des Paschamysteriums in der Eucharistie ein dynamisches Geschehen ist, das auf die Teilhabe der versammelten Gemeinde abzielt, so gilt das inhaltlich auch für die Teilgabe und Teilhabe am Sterben und Auferstehen Christi. Der Transitus Christi durch Leiden und Tod zur Herrlichkeit der Auferstehung ist, so können wir mit Paulus im 6. Kapitel des Römerbriefs sagen, Vorbild des Transitus der Jüngerinnen und Jünger Jesu, die auf Christi Tod getauft sind, um mit ihm zu sterben und auferweckt zu werden zu einem neuen Leben.

Röm 6,3–5
Wisst ihr denn nicht, dass wir alle, die wir auf Christus Jesus getauft wurden, auf seinen Tod getauft worden sind? Wir wurden mit ihm begraben durch die Taufe auf den Tod; und wie Christus durch die Herrlichkeit des Vaters von den Toten auferweckt wurde, so sollen auch wir als neue Menschen leben. Wenn wir nämlich ihm gleich geworden sind in seinem Tod, dann werden wir mit ihm auch in seiner Auferstehung vereinigt sein.

Insofern können wir hier mit Blick auf die Wesensbestimmung der Liturgie als Feier des Gedächtnisses des Paschamysteriums von einem dynamisierten Verständnis der Präsenz Christi in den eucharistischen Gaben sprechen. Diese Präsenz ist nicht Selbstzweck, sondern soll die Jüngerinnen und Jünger Jesu dazu befähigen, den Lebensweg Jesu mitzugehen.

Dieses Geschehen ist in der Taufe grundgelegt und wird in der Feier der (eucharistischen) Liturgie aktualisierend und vergegenwärtigend entfaltet. Insofern wäre der Begriff der Transsubstantiation dynamisch im Sinne einer relationalen Ontologie[343] zu entfalten: War es die Intention der Transsubstantiationslehre auszusagen, dass die Gegenwart Jesu Christi in den eucharistischen Gestalten „warhrhaft und wirklich ist"[344], so ist dieses Verständnismodell vor einem materialistisch dinglichen Missverständnis durch die Einführung eines personal-relationalen Verständnisses der Eucharistie zu entfalten.

Der Transitus Christi durch Leiden, Tod und Auferstehung zur Erhöhung beim Vater wird in der Feier der Eucharistie bleibend gegenwärtig und wirksam. Jesus Christus, der erhöhte Herr, wird in den eucharistischen Gestalten von Brot und Wein gegenwärtig. Dies geschieht real und substantiell, es geschieht in seinem Transitus, also in seiner Hingabe und seinem Hinübergang zum Vater: Christus ist gegenwärtig als der bereits Hinübergegangene. Als solcher eröffnet er den auf seinen Namen Getauften und damit, so Paulus, den vom Tod befreiten und in seinen Transitus eingefügten Menschen ein neues Leben.

Er hält den Weg des Lebens offen, um uns in das Leben beim Vater zu führen, wo der erhöhte Herr uns bereits eine Wohnung bereitet hat. Dieses dynamische Verständnis der Gegenwart Jesu Christi in den eucharistischen Gestalten auf der Grundlage einer Theologie der Liturgie als Feier des Paschamysteriums Christi erscheint uns nicht nur ökumenisch konsensfähig zu sein, es wäre auch in der Lage, innerkatholische, fast schon an Magie gemahnende Fehlvorstellungen und -deutungen, die einer missverstandenen, spätmittelalterlichen enggeführten Sakramententheologie verhaftet bleiben, aufzubrechen.

In hervorragender Weise hat Alexander Gerken in seiner „Theologie der Eucharistie" diesen Gedanken der *Teilgabe und Teilhabe an der Aktualpräsenz des erhöhten Herrn* als innere Verwiesenheit von Taufe und Eucharistie entfaltet:

Aledander Gerken, Theologie der Eucharistie, München 1973, hier S. 215:

Dabei wird in der eucharistischen Handlung deutlicher hervorgehoben, was bei der Taufe geschah: Die Taufe war als Eingliederung in den Tod und die Auferstehung Christi zugleich Eingliederung in seinen Leib, die Kirche. Die Eucharistiefeier ist Vollzug der Kirche als der um den Herrn versammelten Gemeinde. Die Taufe war Übernahme der Todeshingabe Jesu in die Auferstehung hinein. Die Eucharistiefeier ist Vergegenwärtigung der Todeshingabe Jesu bis zu dem Grad, dass er sich selbst im Mahl als den für uns Hingegebenen gibt, so dass die daraus resultierende Verpflichtung zur Nachfolge Christi im sakramentalen Zeichen unmittelbar sichtbar wird. Die Taufe war Besiegelung mit dem Geist, der das Angeld der kommenden Herrlichkeit ist. Die Eucharistie ist die Realverheißung der durch Christus erlösten Schöpfung, des „Gott alles in allem".[345]

5.5 Ubi eucharistia – ibi ecclesia: Eucharistie und Ekklesiologie

In der Dogmatischen Konstitution über die Kirche, *Lumen Gentium*, heißt es zum Verhältnis von Kirche und Eucharistie:

Lumen Gentium, Nr. 3

Sooft das Kreuzesopfer, in dem Christus, unser Osterlamm, dahingegeben wurde (1 Kor 5,7), auf dem Altar gefeiert wird, vollzieht sich das Werk unserer Erlösung. Zugleich wird durch das Sakrament des eucharistischen Brotes die Einheit der Gläubigen, die einen Leib in Christus bilden, dargestellt und verwirklicht (1 Kor 10,17).

Mit Alexander Gerken können wir demnach festhalten: „Die Eucharistiefeier ist *Vollzug der Kirche* als der um den Herrn versammelten Gemeinde.“[346] Die Kirche ist eucharistische Gemeinschaft (Communio), denn in der Feier der Eucharistie wird die Kirche, der Leib Christi, auferbaut.[347]

Johannes Paul II., Enzyklika *Ecclesia de Eucharistia*, Nr. 34
Die auf Erden pilgernde Kirche ist aufgerufen, die Gemeinschaft mit dem dreifaltigen Gott wie auch die Gemeinschaft unter den Gläubigen zu bewahren und zu fördern. Dafür besitzt sie das Wort und die Sakramente, vor allem die Eucharistie, aus der die Kirche „immerfort lebt und wächst“ und in der sie zugleich ihr Wesen zum Ausdruck bringt. Nicht zufällig ist der Begriff *Kommunion* eine der besonderen Bezeichnungen für dieses erhabene Sakrament geworden.[348]

Ohne dass es im Folgenden möglich sein wird, das Verhältnis von Eucharistie und Kirche umfassender zu entfalten und damit eine eigenständige Eucharistische Ekklesiologie vorzulegen, sollen doch zumindest einige Aspekte aufgeführt werden, die aus Sicht der Liturgiewissenschaft bedeutsam erscheinen.[349]

Communio – sakramental vermittelte Gemeinschaft im Heiligen Geist

Im Eucharistischen Hochgebet finden wir in der sogenannten Kommunion-Epiklese nach den Einsetzungsworten die Bitte um die Herabkunft des Heiligen Geistes auf die versammelte Gottesdienstgemeinde. Im Hochgebet II lautet diese: „Schenke uns Anteil an Christi Leib und Blut und lass uns eins werden durch den Heiligen Geist.“ Analog heißt es im Hochgebet III: „Stärke uns durch den Leib und das Blut deines Sohnes und erfülle uns mit seinem Heiligen Geist, damit wir *ein* Leib und *ein* Geist werden in Christus.“[350]

Diese zweite (Kommunion-)Epiklese enthält demnach eine bedeutsame ekklesiologische Aussage: Kirche ist Communio (griech.: *koinonia*). Aus der Feier des Paschamysteriums, der Partizipation an Leiden, Tod und Auferstehung des Herrn entsteht die Communio, die Gemeinschaft mit dem dreifaltigen Gott: Nur so werden wir „ein Leib und ein Geist“ (vgl. Eph 4,4; 1 Kor 12,13). Zusammenfassend lässt sich sagen: Kirche wird, gemäß der Aussage der Epiklese im Eucharistischen Hochgebet, durch die sakramentale Kommunion (communio) auferbaut: Die gemeinsame

Teilhabe an Leib und Blut des Herrn ermöglicht und gewährt erst die Gemeinschaft der Teilhabenden untereinander (1 Kor 10,16 f.).[351]

Communio – Gemeinschaft am/der Heiligen

Im Apostolischen Glaubensbekenntnis heißt es im abschließenden Teil (dem sogenannten dritten Artikel): „Ich glaube an den Heiligen Geist, die heilige, katholische Kirche, Gemeinschaft der Heiligen …“ Sprechen wir von der „Gemeinschaft der Heiligen“, lat. der *Communio Sanctorum*, so ist dieser Genitiv zunächst doppeldeutig, denn er kann ein männliches oder ein sächliches Nomen bezeichnen: Entweder ist also von den „sancti“ (griech.: *hagioi*, den Heiligen) die Rede, oder aber wir reden von den „sancta“ (griech.: *ta hagia*) im Sinne von den Heilsgaben, den Heilsgütern. Die Rede von der Sanctorum Communio im Apostolischen Glaubensbekenntnis bezeichnet zunächst die Heilsgüter und bezieht sich damit auf die Feier der Eucharistie. Weil der Satz von der Communio Sanctorum eigentlich als weiterführende Erklärung des dritten Artikels des Glaubensbekenntnisses: „credo ecclesiam“ zu interpretieren ist, wollen wir im Sinne einer Eucharistischen Ekklesiologie hier noch einmal näher darauf eingehen.

Die Gemeinschaft der Heiligen ist zunächst die Gemeinschaft am Heiligen, die Gemeinschaft an den heiligen Sakramenten. Dem entspricht die Akklamation in den östlichen Liturgien: „Das Heilige den Heiligen“. Diese Betonung der Verwurzelung der Kirche in der sie begründenden und stiftenden Versammlung der Eucharistie verdeutlicht, dass Kirche keine rein horizontal zu denkende, soziologisch zu verstehende Gemeinschaft ist, sondern sich eigentlich nur von der Vertikale her bestimmen lässt. Kirche lebt aus der Feier des Paschamysteriums, aus der Feier der Selbsthingabe Jesu Christi, der Feier der Memoria Passionis, wie sie in den Sakramenten vollzogen wird. Gerade durch den Gedanken der im Heiligen Geist vollzogenen Teilgabe am Geschick Jesu, wie sie in der Feier der Sakramente geschieht, kann Kirche erst adäquat verstanden werden.[352] Die Gemeinschaft *am* Heiligen in der Eucharistie setzt sich fort in der Gemeinschaft *der* Heiligen (= der Gläubigen) untereinander und im eschatologischen Ausblick auf die Vollendung der Heiligen bei Gott.

Communio ist damit nicht nur ein Verfassungsprinzip von Kirche, sondern geradezu ihr innerstes, vom Heiligen Geist getragenes dynamisches Lebensprinzip, welches zu einer erneuerten „kommunikativ-dialogischen Gestalt der Kirche“ führen kann und muss, was aber nur gelingt,

(…) wenn die Kirche in der eucharistischen *communio* Mitte, Quelle und Höhepunkt ihres Lebens hat und ganz aus der *communio* mit Gott durch Jesus Christus im Hl. Geist lebt."[353]

Volk Gottes – in doxologischer Perspektive

Schon bei unseren Überlegungen zur tätigen Teilnahme der Getauften in der Liturgie hatten wir SC, Art. 14 genauer betrachtet; dort heißt es:

> 🕮 **SC, Art. 14**
> Die Mutter Kirche wünscht sehr, alle Gläubigen möchten zu der vollen, bewussten und tätigen Teilnahme an den liturgischen Feiern geführt werden, wie sie das Wesen der Liturgie selbst verlangt und zu der das christliche Volk, „das auserwählte Geschlecht, das königliche Priestertum, der heilige Stamm, das Eigentumsvolk" (1 Petr 2,9; vgl. 2,4–5) kraft der Taufe berechtigt und verpflichtet ist.

Dabei verweist das Konzil auf 1 Petr 2,5.9:

> 🕮 **1 Petr 2,5.9**
> Lasst euch als lebendige Steine zu einem geistigen Haus aufbauen, zu einer heiligen Priesterschaft, um durch Jesus Christus geistige Opfer darzubringen, die Gott gefallen. (…) Ihr aber seid ein auserwähltes Geschlecht, eine königliche Priesterschaft, ein heiliger Stamm, *ein Volk, das sein besonderes Eigentum wurde*, damit ihr die großen Taten dessen verkündet, der euch aus der Finsternis in sein wunderbares Licht gerufen hat.

Es ist das Verdienst des II. Vatikanischen Konzils, mit der Dogmatischen Konstitution über die Kirche *Lumen Gentium* die Bestimmung der Kirche als Volk Gottes erneut ins Bewusstsein gehoben zu haben.[354] Die Volk-Gottes-Ekklesiologie ist freilich keine Erfindung des II. Vatikanischen Konzils. Schon im Canon Romanus, dem heutigen Hochgebet I, wird die Kirche als „plebs tua sancta", als „dein heiliges Volk" bezeichnet, so auch in der Vätertheologie zur Zeit der frühen Kirche.[355]

Die Kirche ist *Volk*, aber eben nicht irgendein Volk, wofür im Griechischen der Begriff „demos" stünde (daher auch das Wort: Demokratie), sondern sie ist Volk *Gottes* (griech.: *laos*). Wenn wir also von der Kirche als *Volk Gottes* sprechen, so ist dieser Begriff in sich schon heilsgeschichtlich geprägt und theologisch bestimmt.[356] Schon die im Neuen Testament verwendete Bezeichung *ekklesia* (wörtl: die Herausgerufene), verweist auf den Primat der Initiative Gottes, der, wie es im Hochgebet III heißt, sich bis ans Ende der Zeiten *ein Volk versammelt hat*, damit seinem Namen das reine Opfer dargebracht werde vom Aufgang der Sonne bis zum Untergang.[357] Das Volk Gottes, welches die Kirche ist, ist also vom Wesen her doxologisch bestimmt, wie dies auch die Präfation für die Wochentage IV ausdrückt: [358]

📖 Präfation für Wochentage IV
In Wahrheit ist es würdig und recht, dir, allmächtiger Vater, zu danken und deine Größe zu preisen. Du bedarfst nicht unseres Lobes, es ist ein Geschenk deiner Gnade, dass wir dir danken. Unser Lobpreis kann Deine Größe nicht mehren, doch uns bringt er Segen und Heil durch unseren Herrn Jesus Christus.[359]

Die Kirche ist als Volk Gottes die eschatologische Sammlungsbewegung Gottes, zu der „alle eingeladen sind, Juden wie Griechen, Frauen wie Männer, (...) einfache Gemüter wie Intellektuelle, Gesunde wie Behinderte (...). Die kulturellen, sozialen, nationalen, sexistischen und anderen Unterschiede sind im Volk Gottes nicht einfach aufgehoben, aber sie sind relativiert. Im Volk Gottes wird der eschatologische *schalom* unter den Bedingungen des gegenwärtigen Äon antizipiert."[360]

Leib Christi – Christus das Haupt, wir die Glieder

Die Bestimmung der Kirche als *Volk Gottes* meint jedoch nicht eine amorphe Masse, sondern sieht das Volk Gottes durchaus als strukturierte Größe an. Schon der griechische Begriff der *ekklesia* meint, wie Klaus Berger nachgewiesen hat[361], in der römischen Kaiserzeit (im Gegensatz zur früheren Demokratie Athens) eine von (kaiserlichen) Beamten *geleitete* Versammlung, sodass wir mit Walter Kasper festhalten können: „Eine gewisse communio hierarchica hat es von Anfang an gegeben, freilich eine solche, welche die Beteiligung der ganzen Gemeinde einschließt."[362]

Christologisch zugespitzt findet sich eine solche strukturierte Sicht von Kirche im Begriff des *Leibes Christi*, den wir schon bei Paulus finden

(1 Kor 10,17; Röm 12,14 f. u. ö.). Ergänzend betonen der Epheser- und der Kolosserbrief Christus als das *Haupt* seines Leibes (Eph 1,22 f; Kol 1,18). Die Kirchenkonstitution greift diesen Gedanken auf, wenn es dort heißt:

🕮 Lumen Gentium, Art. 8

Der einzige Mittler Christus hat seine heilige Kirche, die Gemeinschaft des Glaubens, der Hoffnung und der Liebe, hier auf Erden als sichtbares Gefüge verfasst und trägt sie als solches unablässig; so gießt er durch sie Wahrheit und Gnade auf alle aus. Die mit hierarchischen Organen ausgestattete Gesellschaft und der geheimnisvolle Leib Christi, die sichtbare Versammlung und die geistliche Gemeinschaft, die irdische Kirche und die mit himmlischen Gaben beschenkte Kirche sind nicht als zwei verschiedene Größen zu betrachten, sondern bilden eine einzige komplexe Wirklichkeit, die aus menschlichem und göttlichem Element zusammenwächst. Deshalb ist sie in einer nicht unbedeutenden Analogie dem Mysterium des fleischgewordenen Wortes ähnlich. Wie nämlich die angenommene Natur dem göttlichen Wort als lebendiges, ihm unlöslich geeintes Heilsorgan dient, so dient auf eine ganz ähnliche Weise das gesellschaftliche Gefüge der Kirche dem Geist Christi, der es belebt, zum Wachstum seines Leibes (vgl. Eph 4,16).

Kirche wird hier nicht einfach als Verlängerung der Menschwerdung (Inkarnation) Christi gesehen, sondern sie ist deren Gegenwart, die im Hl. Geist vermittelt geschieht, wobei in dieser „komplexen Wirklichkeit“ göttliche und menschliche Elemente zusammenwirken und zusammenwachsen. Der erhöhte Herr Jesus Christus selbst ist dabei das Haupt seiner Kirche. Ein analoges Bild findet sich gleich zu Beginn der Kirchenkonstitution, wenn Christus (nicht die Kirche!) als das Licht der Völker (lat.: *lumen gentium*) bezeichnet wird, welches die Kirche gleichsam widerspiegelt.[363]

Dass die Kirche hier gänzlich als von Gott her Empfangende zu verstehen ist, zeigt sich auch in der Liturgie, etwa im Hochgebet I, wenn es dort heißt: „So bringen wir aus den Gaben, *die du uns geschenkt hast*, dir, dem erhabenen Gott, die reine, makellose Opfergabe dar (…).“[364] Wenn wir hier also von der eucharistischen Darbringung des Leibes Christi im Opfer der Kirche sprechen, bedeutet dies:

- Die Gaben von Brot und Wein sind als Zeichen der Lebenshingabe Jesu Christi aus dem alltäglichen Gebrauch ausgesondert und werden Gott „dargebracht" als Symbol der Hingabe der versammelten Gemeinde.
- So wird Gott „das Deine vom Deinen" (lat.: *de tuis donis ac datis*) dargebracht: Die versammelte Gemeinde weiß um ihre eigene Hilflosigkeit. Sie kann Gott nichts darbringen, was ihr nicht vorher ihrerseits von Gott geschenkt worden wäre; eine biblisch begründete Überzeugung, die sich so schon im Dankgebet König Davids in 1 Chr 29,14 findet: „Doch wer bin ich, und was ist mein Volk, dass wir die Kraft besaßen, diese Gaben zu spenden? Von dir kommt ja alles; und was wir dir gegeben haben, stammt aus deiner Hand."
- So bringt die Kirche in jeder Eucharistie als ein „geistiges Opfer" (Röm 12,1: Λογική θυσία) Gott sich selber dar und lässt sich von der Hingabebewegung Jesu auf den Vater hin erfassen.[365]

Leib Christi – Teilhabe durch Teilgabe am Paschamysterium Christi

Schon im 2. Kapitel unserer Überlegungen hatten wir an das Diktum des Hl. Augustinus erinnert: „Empfangt, was ihr seid: Leib Christi, damit ihr werdet, was ihr empfangt: Leib Christi."[366] Dies fasst das Schlussgebet am Fest des Hl. Augustinus wie folgt zusammen:

> 🕮 **Gedenktag des Hl. Augustinus, Schlussgebet**
> Herr, unser Gott, heilige uns durch die Teilnahme am Mahl deines Sohnes, damit wir als Glieder am Leibe Christi in Wahrheit das sind, was wir im Sakrament empfangen haben. Darum bitten wir …

Wenn wir im Folgenden die Sicht der Kirche als *Volk Gottes* durch diejenige der Kirche als *Leib Christi* ergänzen wollen, so sei zunächst noch einmal an die theologische Begründung für die tätige Teilnahme an der Liturgie der Kirche erinnert: das gemeinsame Priestertum aller Getauften. Die Gemeinschaft der Getauften, so sagt das Konzil, ist sogar eine der Hauptgegenwartsweisen Jesu Christi in seiner Kirche: „Gegenwärtig ist er schließlich, wenn die Kirche betet und singt, er, der versprochen hat: ‚Wo zwei oder drei versammelt sind in meinem Namen, da bin ich mitten unter ihnen' (Mt 18,20)." Das Konzil lehrt in SC 7, dass das grundlegende Zeichen der Gegenwart Christi in der Liturgie die liturgische Versammlung selbst ist.

Dies ist ein hoher Anspruch, denn die versammelte Gemeinde ist hiermit die deutlichste Erscheinung von Kirche, sie ist wirksames Zeichen. Sie wird zum Grundsakrament für die Gegenwart Jesu Christi, weil sie der *Leib Christi* ist, weil der letztlich in ihr und durch sie handelnde Christus als das Ursakrament in ihr gegenwärtig ist. Es ist das Verdienst des großen französischen Theologen Henri de Lubac, in seiner grundlegenden Studie „Corpus mysticum" diese eucharistische Ekklesiologie der kirchlichen Frühzeit neu ins Gedächtnis gebracht zu haben.[367]

Die Liturgiekonstitution greift die eucharistische Ekklesiologie der frühen Kirche wieder auf: Jesus Christus ist in seiner Kirche und Gemeinde – so SC 7 – „immerdar gegenwärtig, besonders in den liturgischen Handlungen". Mit Arno Schilson können wir zusammenfassend sagen: „Der eigentliche und wahre Träger der sakramentalen Handlung bleibt zwar zunächst und zuerst Christus; aber mit dem selben Recht ist die Kirche, und zwar die konkrete Gemeinde (…) Mitakteurin."[368]

Zur Mitakteuerin wird die konkret zum Gottesdienst versammelte Gemeinde aber „kraft der Taufe", denn ihr Tun in der liturgischen Feier folgt dem Auftrag Jesu. Der Impuls, uns zum Gottesdienst zu versammeln, ist bereits eine Antwort auf jene Einladung, die Gott allen Menschen guten Willens im Leben, Sterben und der Auferstehung seines Sohnes, Jesus Christus, übermittelt hat. Unsere Taufe ermöglicht es uns überhaupt erst, auf die Einladung Gottes zu antworten, weil sie uns in das Paschamysterium Christi eintaucht. Unsere Taufe ermächtigt uns, Dank zu sagen, Eucharistie zu feiern, weil wir in der Taufe den Auftrag Christi empfangen haben: Tut dies zu meinem Gedächtnis![369]

Mit der und durch die Taufe sind wir eingegliedert in den Leib Christi, und diese Eingliederung aktualisiert sich in jeder Feier der Eucharistie als erneute Leib-Christi-Werdung. Mit den Worten eines bekannten Kirchenliedes:

> 🕮 **GL 634/484: „Dank sei dir, Vater"**
> 3. Wir, die wir alle essen von dem Mahle und die wir trinken aus der heilgen Schale, sind Christi Leib, sind seines Leibes Glieder, Schwestern und Brüder.
> 4. Aus vielen Körnern ist ein Brot geworden: So führ auch uns, o Herr, aus allen Orten zu einer Kirche durch dein Wort zusammen in Jesu Namen.

Leib Christi – Communio mit Christus und untereinander im Volk Gottes

Versuchen wir nun, die drei großen Begriffe für die Kirche – Communio – Volk Gottes – Leib Christi – zusammenzudenken, so bietet sich von der Liturgie herkommend der Begriff der Partizipation an. Es geht um die Partizipation (1 Kor 10,16–17) am (Pascha-)Mysterium, welches wir in der Eucharistie feiernd begehen, denn: „In der Eucharistie entschlüsseln wir den genetischen Code der Communio, der zutiefst die Identität der Kirche ausmacht.“[370]. Noch einmal sei deshalb an SC, Art. 48 erinnert:

> 🕮 **SC, Art. 48**
> So richtet die Kirche ihre ganze Sorge darauf, daß die Christen diesem Geheimnis des Glaubens nicht wie Außenstehende und stumme Zuschauer beiwohnen; sie sollen vielmehr durch die Riten und Gebete dieses Mysterium wohl verstehen lernen und so die heilige Handlung bewußt, fromm und tätig mitfeiern (lat. *participent*/M. St.), sich durch das Wort Gottes formen lassen, am Tisch des Herrenleibes Stärkung finden. Sie sollen Gott danksagen und die unbefleckte Opfergabe darbringen nicht nur durch die Hände des Priesters, sondern auch gemeinsam mit ihm und dadurch sich selber darbringen lernen. So sollen sie durch Christus, den Mittler, von Tag zu Tag zu immer vollerer Einheit mit Gott und untereinander gelangen, damit schließlich Gott alles in allem sei.

Wenn wir die tätige Teilnahme am Gottesdienst der Kirche gemäß den Aussagen des II. Vatikanischen Konzils als Recht und Pflicht, die aus der Taufe resultieren, begreifen, dann ist es freilich notwendig, im Folgenden auch noch einmal präziser zu schauen, wie sich der gefeierte Glaube der Liturgie und der gelebte Glaube zueinander verhalten. Eine tätige Teilnahme, die sich lediglich auf die Liturgie erstreckt, aber ohne Relevanz für den oft mühsam gelebten Alltag bliebe, wäre ebenfalls reine Äußerlichkeit.[371]

Der Kontext freilich, in dem das Konzil in SC, Art. 48 über die tätige Teilnahme spricht, ist die Feier der Eucharistie, konkreter die Feier des eucharistischen Opfers, die Gedächtnisfeier des Opfers Jesu, die Darbringung durch die Kirche, also das Opfer der Kirche in der Feier der Eucharistie.[372]

Und damit sind wir im Zentrum des christlichen Glaubens angelangt: Wenn Liturgie Feier des Paschamysteriums Jesu Christi ist, wenn wir durch die Taufe in dieses Pascha Jesu Christi mit hineingenommen worden sind, so feiern wir in jeder Eucharistie seine Selbsthingabe aus Liebe in letzter Konsequenz bis in den Tod (Eph 5,2), und wir feiern, dass wir in diese Hingabe Jesu zum Vater mit hineingenommen sind und mit ihm uns selbst darbringen. Um nicht mehr und nicht weniger geht es. Denn der Herr „schenkt sich durch die eucharistischen Gaben seiner Kirche als der menschgewordene, gekreuzigte und auferstandene Sohn des Vaters im Geist (Joh 17,26; Hebr 9,14) und macht dadurch die Kirche zu dem, was sie ist, zum Leib Christi, zur glaubenden und liebenden Jüngergemeinschaft (…).“[373] So kann die Kirche mit der Kommunion-Epiklese des Hochgebets IV beten:

📖 **Hochgebet IV, Kommunion-Epiklese**
Sieh her auf die Opfergabe, die du selber deiner Kirche bereitet hast, und gib, dass alle, die Anteil erhalten an dem *einen* Brot und dem *einen* Kelch, *ein* Leib werden im Heiligen Geist, *eine* lebendige Opfergabe in Christus zum Lob deiner Herrlichkeit.[374]

Tätige Teilnahme an der Liturgie heißt demnach auch tätige Teilnahme an dem, was wir in der Liturgie feiern: Tätige Teilnahme an Leiden, Tod und Auferstehung Jesu Christi, denn „was Christus das Leben gekostet hat, wird uns nicht zu eigen, wird nicht unser Leben ohne unseren Tod“.[375] Das im Jahr 2007 veröffentlichte Dokument der US-amerikanischen Bischöfe „Sing to the Lord“ drückt diesen Zusammenhang zwischen der Feier der Eucharistie als Opfer Jesu Christi und der Kirche und der tätigen Teilnahme kurz und prägnant so aus:

📖 **US-Bischofskonferenz, Dokument „Sing to the Lord“, Nr. 24**
„Bei der Feier der Messe bilden die Gläubigen ein heiliges Volk, das Volk, das Gott sich erworben hat, eine königliche Priesterschaft, damit sie Gott Dank sagen und die makellose Opfergabe nicht nur durch die Hände des Priesters, sondern auch gemeinsam mit ihm darbringen und lernen, sich selber darzubringen.“ (GORM, Nr. 95) Dies ist die Grundlage der „vollen, bewussten und tätigen Teilnahme“ der Gläubigen, welche vom Wesen der Liturgie her gefordert ist.[376]

Im Rückgriff auf Nr. 95 der GORM halten die US-amerikanischen Bischöfe fest: Die Basis unserer tätigen Teilnahme ist das Opfer Christi und unser Eingehen in die Hingabe Jesu zum Vater.[377] Der frühere Mainzer Bischof Hermann Volk formuliert dies so: „Der Gottesdienst beansprucht uns also, und je eindringlicher er wird, umso eindringlicher werden wir beansprucht. Je mehr wir uns beanspruchen lassen, umso mehr entsprechen wir dem Gottesdienst, in welchem die Ganzhingabe Christi an den himmlischen Vater gegenwärtig wird."[378]

Und den Sinn des Pascha-Mysteriums entfaltend, fährt er fort: „Wenn wir also mit Recht und Rühmen sagen, dass in der heiligen Messe als der Feier des Pascha-Mysteriums das Kreuzesopfer gegenwärtig wird, dann heißt bewusst, tätig und mit geistlichem Gewinn daran teilnehmen dürfen und wollen, dass wir uns selbst nicht etwa aussparen wollen, indem wir zwar *etwas* tun, aber gerade darin *unser eigenstes Selbst* zu verschonen versuchen; wir sollen vielmehr in dem christlichen Gottesdienst uns vorbehaltlos Christus stellen, der sich zuerst vorbehaltlos für uns dahingegeben hat."[379]

Um das bekannte Dialog-Modell von Emil Joseph Lengeling aufzugreifen[380]: Wenn die Liturgie ein Dialog zwischen Gott und Mensch ist, wenn Gott uns durch sein Wort, den menschgewordenen Logos, Jesus Christus, der sich am Kreuz für uns hingegeben hat, anspricht, dann ist die Feier der Liturgie eine Form, Gott zu antworten. Wenn wir also solchermaßen bewusst und tätig an der Liturgie teilnehmen, so ist klar, dass es nicht nur um ein äußerliches Tun gehen kann. Es geht vielmehr um uns selbst, um unsere innere Bereitschaft, den Weg Jesu mit zu gehen, durch Leiden und Kreuz zur Herrlichkeit der Auferstehung – diese innere Bereitschaft muss sich dann freilich auch im Tun konkretisieren.

Freilich erfolgt diese Konkretisierung nicht nur in irgendwie gearteten Tätigkeiten innerhalb der Liturgie, sondern – wenn wir ernst nehmen, dass es um unser eigenstes Selbst geht – in einem Tun, dass alle Bereiche unseres Lebens durchdringt: „Angesichts des Erbarmens Gottes ermahne ich euch, meine Brüder, euch selbst als lebendiges und heiliges Opfer darzubringen, das Gott gefällt; das ist für euch der wahre und angemessene Gottesdienst", so schreibt der Apostel Paulus an die Gemeinde in Rom (Röm 12,1). Dies bedeutet aber doch: „In dem Maße, wie wir uns in die Liebe Jesu Christi zu den Menschen und zu Gott dem Vater einbeziehen lassen, werden auch wir selbst zum ‚lebendigen Opfer' (Röm 12,1), zu einem Opfer, das nicht nur in der Stunde des sonntäglichen Gottesdienstes geschieht, sondern im ganzen mühsamen Lebensalltag."[381]

Tätige Teilnahme im Sinne einer Ganzhingabe, die als solche nicht bloß äußerlich sein kann, sondern unser ganzes Leben umfasst, durchdringt Liturgie und Diakonie, Gotteslob und alltägliches Leben, lex orandi und lex credendi.[382] Die Teilhabe an der „bis zum Äußersten gehenden Liebe" Jesu Christi[383] ist ja nichts, das wieder aufhört, sobald der Gottesdienst zu Ende ist. Im Hinblick auf die Eucharistiefeier konkretisiert Karl Lehmann dies, wenn er schreibt: „Eine Eucharistiefeier, die nicht ausmündet in die Diakonie, verdient diesen Namen nicht recht." Und er fährt fort: „nur in der Zone wirklicher Bruderschaft und gelebter Diakonie wird aus der Eucharistiefeier ein volles und unverfälschtes Zeichen des Friedens. Sonst ist sie theologisch und praktisch vom Sakramentalismus schlecht zu unterscheiden."[384]

Die Entscheidung, sich auf den Lebensweg Jesu einzulassen und ihm nachzufolgen, soll vielmehr zu einer größeren Entschiedenheit in allen Bereichen unseres Lebens führen: „Ahme nach, was Du vollziehst ..." – dieser Auftrag, der bei der Priesterweihe den Weihekandidaten bei der Überreichung von Kelch und Patene zugesprochen wird, gilt demnach allen Getauften.[385] Dies wird in der englischen Übersetzung dieser Deuteworte sogar noch deutlicher: „Imitate the mystery you celebrate!"

Die Feier der Liturgie *(lex orandi)* hält in jeder Eucharistie die Erinnerung an das Pascha-Mysterium Christi wach. In dieser Feier stellt sich die Kirche vor den treuen Gott, erinnert ihn an sein Heilshandeln in der Geschichte und gründet darin die – in der Bitte ausgedrückte – glaubende Zuversicht *(lex credendi)*, dass er an ihr genauso handeln möge. So bindet die Feier des Pascha-Mysteriums das eucharistische Mahl zurück an das Kreuzesgeschehen; die Gestalten von Brot und Wein werden zu Zeichen der radikalen Lebenshingabe Jesu am Kreuz.

In diese freiwillige Lebenshingabe lässt sich die Kirche miteinbeziehen. Ihre volle, bewusste und tätige Teilnahme zeigt sich in ihrer Hingabe an Gott und den Nächsten *(lex agendi)*. So verkündet sie Leiden, Tod und Auferstehung ihres Herrn und erwartet seine Wiederkunft: „Deinen Tod, o Herr, verkünden wir, deine Auferstehung preisen wir, bis du kommst in Herrlichkeit."

5.6 Getrennt am Tisch des Herrn? Eucharistie und Ökumene

Am 29. April 2007 haben in einem feierlichen Vespergottesdienst im Magdeburger Dom insgesamt elf Kirchen und kirchliche Gemeinschaften eine gemeinsame Erklärung zur wechselseitigen Anerkennung der Taufe unterzeichnet. Von römisch-katholischer Seite nahm der Vorsitzende der Deutschen Bischofskonferenz, der Bischof von Mainz, Karl Kardinal Lehmann an diesem Gottesdienst teil und unterzeichnete die Erklärung, in der betont wird: „Als ein Zeichen der Einheit aller Christen verbindet die Taufe mit Jesus Christus, dem Fundament dieser Einheit. Trotz Unterschieden im Verständnis von Kirche besteht zwischen uns ein Grundeinverständnis über die Taufe." Und die Erklärung schließt mit den Worten: „Wir bekennen mit dem Dokument von Lima: Unsere eine Taufe in Christus ist ‚ein Ruf an die Kirchen, ihre Trennungen zu überwinden und ihre Gemeinschaft sichtbar zu manifestieren' (Konvergenzerklärung der Kommission für Glauben und Kirchenverfassung des Ökumenischen Rates der Kirchen, Taufe, Nr. 6)."

Nicht erst der 2. Ökumenische Kirchentag im Mai 2010 in München hat die Frage der Gemeinschaft bei der Feier des Abendmahles wieder neu in den Blick treten lassen. In vielen konfessionsverbindenden Ehen wird es immer wieder als besonderer Schmerz empfunden, dass zwei getaufte Christen, die gemeinsam ihrem Herrn Jesus Christus im Sakrament der Ehe nachfolgen, nicht auch aus jener geistlichen Quelle der Eucharistie Kraft schöpfen, ja leben können, die das II. Vatikanische Konzil als „Quelle und Höhepunkt" eines jeden christlichen Lebens bezeichnet.

Wenn wir aber die Taufe gegenseitig anerkennen und auch in zentralen Fragen der Eucharistie (i. e.: Opfertheologie) einen ökumenischen Konsens erreicht haben, wieso ist es dann nicht auch möglich, die Feier der Eucharistie gemeinsam zu begehen? Wieso sind wir vereint in der Taufe und getrennt beim Abendmahl?

Die römisch-katholische Position: Warum eine gemeinsame Feier von Eucharistie/Abendmahl (noch) nicht möglich ist

Wenn trotz der fundamentalen Gemeinsamkeiten beim Verständnis der Taufe und einer fortschreitenden Verständigung im Hinblick auf die Eucharistie, wie wir sie etwa am Beispiel der Eucharistie als Feier des Opfers Christi und der Kirche dargestellt haben, eine gemeinsame Feier der Eucharistie (noch) nicht möglich ist, so liegt dies vor allem an den weiterhin noch ungeklärten theologischen Fragen, die aber letztlich den Kern des Verständnisses des Sakramentes selbst betreffen.

Denn es gilt, so betont Johannes Paul II., nach wie vor die Feststellung, die das II. Vatikanische Konzil im Ökumenismusdekret *Unitatis Redintegratio* getroffen hat: „Die Anmerkung des Konzils bezüglich der kirchlichen Gemeinschaften, die im Abendland im 16. Jahrhundert und danach entstanden und von der katholischen Kirche getrennt sind, bleibt noch immer voll zutreffend: ‚Obgleich bei den von uns getrennten kirchlichen Gemeinschaften die aus der Taufe hervorgehende volle Einheit mit uns fehlt und obgleich sie nach unserem Glauben vor allem wegen des Fehlens des Weihesakramentes [defectus ordinis] die ursprüngliche und vollständige Wirklichkeit [substantia] des eucharistischen Mysteriums nicht bewahrt haben, bekennen sie doch bei der Gedächtnisfeier des Todes und der Auferstehung des Herrn im Heiligen Abendmahl, dass hier die lebendige Gemeinschaft mit Christus bezeichnet werde, und sie erwarten seine glorreiche Wiederkunft‘."[386]

Gerade weil also ein gemeinsames Grundverständnis im Hinblick auf die Feier der christlichen Liturgie als Feier des Pascha-Mysteriums (SC, Art. 5) schon besteht, sind, so betont das II. Vatikanische Konzil, „die Lehre vom Abendmahl des Herrn, von den übrigen Sakramenten, von der Liturgie und von den Dienstämtern der Kirche notwendig Gegenstand des Dialogs." (UR, Nr. 22)

Solange dieser Dialog aber noch nicht abgeschlossen ist, darf, nach römisch-katholischem Verständnis, die Eucharistie nicht als ein „bloßes Mittel" angesehen werden, um die Einheit der Kirche herbeizuführen (vgl. UR, Nr. 8), die Eucharistie kann kein Mittel sein, „das unterschiedslos angewendet wird, um ebendiese Einheit zu erlangen" (*Sacramentum Caritatis*, Nr. 56).

Papst Benedikt XVI. erläutert in seinem nachsynodalen Apostolischen Schreiben *Sacramentum Caritatis* noch einmal ausführlich, warum nach römisch-katholischem Verständnis die Gemeinschaft beim Abendmahl die Gemeinschaft der Kirche voraussetzt:

Sacramentum Caritatis, Nr. 56

Die Eucharistie drückt ja nicht nur unsere persönliche Gemeinschaft mit Jesus Christus aus, sondern schließt auch die volle Communio mit der Kirche ein. Das ist also das Motiv, warum wir mit Schmerz, doch nicht ohne Hoffnung, die nicht katholischen Christen bitten, unsere Überzeugung, die auf die Bibel und die Überlieferung zurückgreift, zu verstehen und zu respektieren. Wir meinen, dass die eucharistische Kommunion und die kirchliche Communio so zuinnerst einander angehören, dass es für nicht katholische Christen im allgemeinen unmöglich ist, die Kommunion zu empfangen, ohne die kirchliche Communio zu teilen.

Wenn der Papst an dieser Stelle davon spricht, dass der Empfang der Kommunion in einer römisch-katholischen Eucharistiefeier „im allgemeinen unmöglich ist", so deshalb, weil es klar umrissene Ausnahmesituationen gibt, in denen ein solcher Empfang möglich ist, wenn „[...] im Hinblick auf das ewige Heil die Möglichkeit der Zulassung einzelner nicht katholischer Christen zur Eucharistie, zum Bußsakrament und zur Krankensalbung besteht. Das setzt jedoch voraus, dass bestimmte, außergewöhnliche, durch genaue Bedingungen gekennzeichnete Situationen gegeben sind." (*Sacramentum Caritatis*, Nr. 56)

Papst Johannes Paul II. fasst in *Ecclesia de Eucharistia* diese Ausnahmesituationen folgendermaßen zusammen: „Ein Grund zur Freude ist in diesem Zusammenhang, daran zu erinnern, dass die katholischen Priester in bestimmten Einzelfällen die Sakramente der Eucharistie, der Buße und der Krankensalbung anderen Christen spenden können, die zwar noch nicht in voller Gemeinschaft mit der katholischen Kirche stehen, aber sehnlich den Empfang der Sakramente wünschen, von sich aus darum bitten und den Glauben bezeugen, den die katholische Kirche in diesen Sakramenten bekennt. Umgekehrt können sich in bestimmten Fällen und unter besonderen Umständen auch die Katholiken zum Empfang derselben Sakramente an die Geistlichen jener Kirchen wenden, in denen sie gültig gespendet werden."[387]

Letztere Situation, dass die Sakramente „gültig gespendet werden", ist in den Ostkirchen gegeben. Und deshalb, so führt es das Dekret über die Ostkirchen *Orientalium Ecclesiarum* des II. Vatikanischen Konzils aus, „können Ostchristen, die guten Glaubens von der katholischen Kirche getrennt sind, wenn sie von sich aus darum bitten und recht vorbereitet sind, zu den Sakramenten der Buße, der Eucharistie und der Krankensalbung zugelassen werden. Ebenso ist es Katholiken erlaubt, dieselben Sakramente von nichtkatholischen Geistlichen zu erbitten, in deren Kirche die Sakramente gültig gespendet werden, sooft dazu ein ernstes Bedürfnis oder ein wirklicher geistlicher Nutzen rät und der Zugang zu einem katholischen Priester sich als physisch oder moralisch unmöglich herausstellt". (OR, Nr. 27)

Im Hinblick auf die aus der Reformation hervorgegangenen, von der katholischen Kirche getrennten kirchlichen Gemeinschaften, betont der Katechismus der Katholischen Kirche: Diese „haben ‚vor allem wegen des Fehlens des Weihesakramentes die ursprüngliche und vollständige Wirklichkeit des eucharistischen Mysteriums nicht bewahrt' (UR, Nr. 22). Aus diesem Grund ist für die katholische Kirche die eucharistische Interkommunion mit diesen Gemeinschaften nicht möglich." (KKK 1400)

Allerdings fährt der Katechismus fort, die genau umschriebenen Ausnahmesituationen erläuternd: „Wenn nach dem Urteil des Diözesanbischofs eine schwere Notlage dazu drängt, spenden katholische Priester die Sakramente der Buße, der Eucharistie und der Krankensalbung erlaubt auch den übrigen nicht in der vollen Gemeinschaft mit der katholischen Kirche stehenden Christen, die von sich aus darum bitten, sofern sie bezüglich dieser Sakramente den katholischen Glauben bekunden und in rechter Weise disponiert sind." (KKK 1401 im Rückbezug auf can. 844, § 4 CIC/1983)

Auf der Suche nach einer ökumenisch verantwortbaren Perspektive: Was ist eine „gravis necessitas"?

Von Seiten des Lehramts der Katholischen Kirche wird, wie wir gesehen haben, betont, dass die völlige Eucharistiegemeinschaft die Kirchengemeinschaft voraussetzt. Und doch: Wir hatten im 3. Kapitel bei der Untersuchung der Epiklese/des Bittteils der Eucharistischen Hochgebete gesehen, dass Christen in jeder Eucharistie darum beten, durch das Wirken des Gottesgeistes immer stärker zum einen Leib Christi zusammengefügt zu werden. Die Feier der Eucharistie setzt die Kirchengemeinschaft also *nicht nur voraus*, sie *schafft sie zugleich auch* durch die Wandlung der zum Herrenmahl Versammelten. Die Eucharistie ist „[…] nicht nur als letztes Ziel des ökumenischen Weges [zu] betrachten, sondern auch als Wegzehrung zur Stärkung auf diesem Weg."[388]

In diese Richtung argumentiert auch der Mainzer Dogmatiker Theodor Schneider in seiner Sakramententheologie „Zeichen der Nähe Gottes":

Aber bei der Diskussion dieser Fragen ist es wichtig, nicht hinter ein bereits erreichtes Problembewusstsein und einen inzwischen gewonnenen Erkenntnisstand zurückzufallen! Man hat mit guten Gründen auf wirkliche Erkenntnisfortschritte hingewiesen, die sich bei der Beschreibung der Kirchenzugehörigkeit durch das Zweite Vatikanische Konzil ergeben haben (LG 14–16). Deshalb ist es wenig hilfreich, einfach wieder auf die Redeweisen Pius XII. von Kirchengliedschaft und Kircheneinheit zurückzugreifen, die in dieser Debatte gerade als unzureichend erkannt wurden. Mir scheint, es reicht auch noch nicht, wenn das Ökumenische Direktorium von 1967 unter bestimmten Bedingungen Nichtkatholiken zur Eucharistie zulassen wollte, „weil ... die Sakramente sowohl Zeichen der Einheit sind wie auch Quellen der Gnade ..." Diese Gegenüberstellung im „sowohl – als auch" ist eine unzureichende Verbindung verschiedener Ebenen: Denn beide Gedanken – der des Zeichens der Einheit wie der des Instruments – lassen sich sowohl unter dem gemeinschaftlichen wie dem individuellen Aspekt betrachten. Ebenso enthalten beide Elemente – Zeichen und Instrument – eine Aussage sowohl über den Geschenkcharakter, über das Gnadenhandeln Gottes, als auch über die menschlichen Voraussetzungen und über den menschlichen Vollzug. Hier sind – scheint mir – noch einige Ungereimtheiten aufzudecken und aufzuhellen.

Die Erklärung des römischen Einheitssekretariats vom 17.10.1973 griff zwar beide Aspekte – Zeichen und Werkzeug – auf. Das ist hervorzuheben, weil es nicht selbstverständlich ist in katholischen Äußerungen. Aber ist die Gedankenführung zwingend, wenn dort der instrumentale Charakter nur im innerkatholischen Bereich anerkannt wurde? „Innerhalb der vollen Gemeinschaft im Glauben ist die eucharistische Kommunion Ausdruck eben dieser Gemeinschaft und somit Ausdruck der Einheit der Gläubigen, sowie zugleich das Mittel, welches diese Einheit erhält und stärkt. Wird die eucharistische Kommunion hingegen von Personen gemeinschaftlich vollzogen, die nicht in voller kirchlicher Gemeinschaft miteinander stehen, kann sie nicht Ausdruck der vollen Einheit sein, welche durch die Eucharistie ihrem Wesen nach bezeichnet wird, aber in diesem Fall nicht vorhanden ist; daher kann eine derartige Praxis nicht als Mittel betrachtet werden, das zur vollen Gemeinschaft führen würde."

Was ist hier mit „voller Gemeinschaft" gemeint, wenn diese doch noch „gestärkt" werden kann und muss? Natürlich kann die Eucharistie im zweiten Fall keine „volle Einheit" (= „volle Gemeinschaft"?) bezeichnen. Wieso aber kann ihr „daher" (!) auch kein instrumentaler

Charakter zur Erreichung der Einheit zugesprochen werden? Wann und wodurch wird der einheitsstiftende, einheitsfördernde, einheitsstärkende, instrumentale Charakter der Eucharistie unwirksam?[389]

Damit stellt sich die Frage, ob es auf dem Weg zur vollen Kirchengemeinschaft in bestimmten, näher zu definierenden Einzelsituationen nicht auch eine theologisch begründete „Eucharistische Gastfreundschaft" geben kann. Die Äußerungen im Dekret über den Ökumenismus „Unitatis redintegratio" (UR) des II. Vatikanischen Konzils bzw. nachkonziliar die Ausführungen des Kirchenrechtes (can. 844 / CIC 1983) und des Ökumenischen Direktoriums bezüglich der Frage der Abendmahlsgemeinschaft sind hier, wie wir gesehen haben, sehr präzise und eindeutig. Anscheinend gibt es jedoch besonders bei can. 844 § 4 einen Interpretationsspielraum, was unter der „gravis necessitas", der „schweren Notlage", von der schon UR, Art. 6 spricht, zu verstehen ist.

Diesen Spielraum hat der Erzbischof von Wien, Christoph Kardinal Schönborn, zu nutzen versucht. In einem persönlichen Brief, der im Folgenden zitiert ist, stellt er zwar keine rechtliche Regelung auf, zeigt aber eine mögliche, theologisch wie pastoral verantwortbare Perspektive:

Kardinal Schönborn: Handregel

Herzlichen Dank für Deinen Brief vom 30. September. Um gleich zum strittigen Punkt zu kommen: Ich habe in der Frage der Kommunion-Gemeinschaft über die Konfessionsgrenzen hinweg eine ganz einfach Handregel genannt: Das Abendmahl, die eucharistischen Gaben, die uns in der Kommunion gereicht werden, sind gewissermaßen die Frucht des eucharistischen Gebetes, das auch Kanon oder Hochgebet genannt wird. In diesem stehen im Zentrum die Herabrufung des Heiligen Geistes über die Gaben und die Worte Jesu beim Abendmahl, von denen wir glauben, dass sie als geistmächtige Worte Jesu Brot und Wein in seinen Leib und sein Blut verwandeln. Das Hochgebet endet mit dem ‚durch Ihn mit Ihm und in Ihm …'. Auf dieses antwortet die ganze Gemeinde mit dem bekräftigenden und bekennenden ‚Amen'. Nun meine kleine ‚Regel': Wer das Amen zum Hochgebet ehrlichen Herzens sprechen kann, der kann auch die Frucht dieses Hochgebets, die Kommunion, ehrlichen Herzens

> empfangen, der kann auf das Wort des Kommunionspenders ‚der Leib Christi‘ mit einem ehrlichen und gläubigen ‚Amen‘ antworten. Und so empfehle ich immer wieder, wenn mir die Frage der Zulassung zur Kommunion in einem katholischen Gottesdienst gestellt wird, dem Betreffenden die Frage, ob er etwa zum dritten Hochgebet das ‚Amen‘ sprechen kann. Ich lege Dir in Fotokopie dieses Hochgebet bei, in dem deutlich der eucharistische Glaube der katholischen Kirche zum Ausdruck kommt: das Gedenken der Heilstaten Gottes, die im Opfer Jesu Christi gipfeln, die Herabrufung des Heiligen Geistes, die Darbringung des eucharistischen Opfers in der Gemeinschaft der ganzen Kirche, in der Gemeinschaft mit dem Papst und dem Ortsbischof, in der Gemeinschaft mit der Kirche der im Himmel Vollendeten, d. h. mit Maria, den Aposteln und Märtyrern und allen Heiligen, und in fürbittender Gemeinschaft mit den in Christus Entschlafenen. Dazu kommt die Glaubensüberzeugung, dass die eucharistische Gegenwart des Herrn über die Dauer der Feier hinausreicht (Tabernakel, Aufbewahrung und Verehrung der Eucharistie). Wer zu diesem großen Hochgebet das ‚Amen‘ sprechen kann, der kann empfangen, was in diesem Hochgebet von Gott erbeten und geschenkt wird. Ich hoffe, diese kleine Regel kann Dir persönlich für eine Klärung Deines Gewissensentscheides in dieser Sache helfen. Dazu kommt zusätzlich gewiß die Frage der seelsorglichen Angemessenheit. Die Frage also, was der öffentliche Akt des Kommunionempfanges als Zeichen bedeutet, wie er von den Gläubigen verstanden oder vielleicht auch missverstanden wird.[390]

Nun ruft Kardinal Schönborn hier etwas in Erinnerung, was wir schon im 2. Kapitel bei Justin dem Martyrer kennengelernt haben: dass nämlich der getaufte Christ durch sein „Amen“ das Eucharistische Hochgebet ratifiziert.

Somit gilt die von Schönborn pointiert zusammengefasste Regel: „Wer zu diesem großen Hochgebet das ‚Amen‘ sprechen kann, der kann empfangen, was in diesem Hochgebet von Gott erbeten und geschenkt wird.“ Dabei macht Schönborn letztlich von seinem Recht als Ortsbischof Gebrauch und bezieht sich auf can. 844, § 4 des CIC, wo es heißt:

Can. 844, §4 (CIC 1983)
Wenn Todesgefahr besteht oder wenn nach dem Urteil des Diözesanbischofs bzw. der Bischofskonferenz eine andere schwere Notlage dazu drängt, spenden katholische Spender diese Sakramente erlaubt auch den übrigen nicht in der vollen Gemeinschaft mit der katholischen Kirche stehenden Christen, die einen Spender der eigenen Gemeinschaft nicht aufsuchen können und von sich aus darum bitten, sofern sie bezüglich dieser Sakramente den katholischen Glauben bekunden und in rechter Weise disponiert sind.

Auf die weiteren theologischen und kirchenrechtlichen Fragen, die sich aus der sogenannten „Handregel“ von Kardinal Schönborn ergeben, kann an dieser Stelle nicht weiter eingegangen werden. Für unsere Überlegungen erscheint indes aus dem bereits Gesagten zweierlei von zentraler Bedeutung:

- Der Begriff der „gravis necessitas“ scheint einen gewissen Interpretationsspielraum zu bieten. Theologisch angemessener ist es, gemäß einem Vorschlag verschiedener Kirchenrechtler/-innen hier nicht von „schwerer Notlage“ zu sprechen, denn es wäre auch pastoral kaum vermittelbar, eine konfessionsverbindende Ehe als eine auf Jahre angelegte „schwere Notlage“ zu definieren. Der lateinische Begriff der „necessitas“ bietet in der Tat Bedeutungsnuancen, die neue theologische Perspektiven eröffnen können. In der aktuellen Literatur zu dieser Frage finden sich deshalb Vorschläge, eher von einer „theologisch-dogmatischen Notwendigkeit“ zu sprechen oder zu differenzieren zwischen einer physischen Notlage (Todesgefahr), einer spirituell-moralischen Notlage (Fälle, in denen das Glaubensleben bzw. das Seelenheil gefährdet sein könnten) und einer theologisch-dogmatischen Notwendigkeit (verdeutlicht am Beispiel der konfessionsverbindenden Ehe).
- Zum Zweiten zeigt die „Handregel“, dass es sehr wohl auf die konkrete (liturgische) Feiergestalt der Eucharistie ankommt. Das Ökumenismusdekret des II. Vatikanischen Konzils nennt als ein zentrales Kriterium das „vollständige Bekenntnis des Glaubens“ (UR, Art 22). An dieser Stelle greift Schönborn das liturgiehistorisch begründete Faktum auf, dass das Eucharistische Hochgebet das eigentliche Glaubensbekenntnis der eucharistischen Liturgie darstellt: Wer zu diesem Hochgebet, das nicht umsonst „Kanon“, also: Richtschnur, genannt wird, sein „Amen“ zu sprechen imstande ist, der kann auch kommunizieren.

Fazit I: Betonen, was uns bereits eint

Die zentrale Frage ist also, ob das vollständige Bekenntnis des Glaubens in einer Eucharistiefeier angemessen zum Ausdruck kommt. Dabei ist die konkrete, die eucharistische Liturgie feiernde Gemeinde vor Ort von besonderer Bedeutung, denn sie bildet (real-)symbolisch die konkrete Gestalt der Kirche ab: Jede Feiergemeinde repräsentiert die Kirche als solche. Kirche stellt sich in der Feier der Eucharistie dar und wird in dieser liturgischen Feier verwirklicht.

Reden wir von Liturgie, so reden wir hier zunächst von den approbierten liturgischen Büchern, in denen die Feiergestalt gleichsam in feste Formen gegossen ist und aus denen sich der Sinngehalt insofern leichter erheben lässt. Dabei ist zu beobachten, dass sich anscheinend im Bereich der Ökumene eine gemeinsame theologische Linie durchsetzt, was der Sinngehalt der eucharistischen Liturgie ist – was sich gerade auch im Eucharistiebuch der Altkatholischen Kirche und im neuen Gottesdienstbuch im Bereich der EKD/VELKD (Evangelischen Kirche Deutschlands / Vereinigten evangelisch-lutherischen Kirche Deutschlands) ablesen lässt.

Andererseits scheint sich dieser wachsende ökumenische Konsens über den Sinngehalt nicht automatisch auf die Feiergestalt der Eucharistie zu erstrecken.[391] Jenseits pauschaler Lösungsvorschläge, die an dieser Stelle nicht geboten werden können und sollen, wäre es ein Anfang, verstärkt darauf zu achten, Gebetstexte in unseren Gottesdiensten zu verwenden, die wirklich das Glaubensbewusstsein (die lex credendi) der Kirche zum Ausdruck bringen, die so möglichst klar und unmissverständlich formuliert sind, zu denen ich „ehrlichen Herzens“ mein „Amen“ sprechen kann.

Wichtig ist dann freilich die Frage: Was sind die Essentials oder, theologisch gesprochen die Konstitutiva, die unverzichtbaren Elemente für eine christliche Feier der Eucharistie? Wir haben sie in den vorangegangenen Kapiteln benannt und wollen sie an dieser Stelle noch einmal bündelnd aufzählen:

- die Verkündigung der Hl. Schrift,
- das allgemeine Gebet in den Anliegen der Welt (die Fürbitten),
- das anamnetisch-epikletische Hochgebet über Brot und Wein, ratifiziert durch das Amen der Gemeinde,
- das Brechen und Austeilen des Brotes und das gemeinsame Trinken aus dem Kelch,
- die Sendung und Entlassung zum Dienst in der Welt.

Fazit II: Ein ehrlicher Umgang miteinander bei den noch offenen Fragen

Auch wenn die gemeinsame Feier des Abendmahles/der Eucharistie aufgrund noch ungeklärter ekklesiologischer und amtstheologischer Fragen noch nicht möglich ist, so hat sich doch eine große Konvergenz über ein ökumenisches Verständnis der Eucharistie herausgebildet. Die intensive theologische Forschung seit dem II. Vatikanischen Konzil und die revidierte liturgische Praxis, die sich in vielen Kirchen und kirchlichen Gemeinschaften um eine Rückbesinnung auf die gemeinsamen Traditionen der frühen Kirche bemüht, zeigt hier deutliche Früchte in einem vertieften Verständnis des Sinngehalts und einer Annäherung in der konkreten Feiergestalt.

Zu klären ist etwa im Bereich der liturgischen Sprache im Hinblick auf den Opfercharakter der christlichen Eucharistie, wie sich ein solches vertieftes Verständnis des Sinngehalts auch in einer (revidierten) Feiergestalt äußern kann, die die neuen theologischen Erkenntnisse in angemessener sprachlicher Form zum Ausdruck bringt, ohne dabei die Integrität der eigenen liturgischen Tradition zu verletzen.[392]

Das II. Vatikanische Konzil hat in Art. 7 der Liturgiekonstitution die Gegenwart des erhöhten Herrn in seinem Wort betont. Dies wurde allgemein sehr positiv aufgenommen als ein Schritt zu einem vertieften Verständnis der Bedeutung der Verkündigung des Wortes Gottes in der Liturgie der Kirche. Unklar ist indessen die Bedeutung der Predigt als Teil der Wortverkündigung. Ist diese auch als eine Repräsentationsweise Jesu Christi anzusehen? (Was unweigerlich auch amtstheologische Folgen hätte, die noch zu wenig bedacht zu sein scheinen.) Und wie ist das Verhältnis von Proklamation des Wortes Gottes und dessen auslegender (mit dem Fachterminus: kerygmagtischer) Verkündigung näher zu bestimmen?[393]

Diese Fragen haben auch Auswirkungen auf das Verständnis des eigentlichen eucharistischen Teiles, wie die Kontroverse um die Frage der Eucharistiegebete im neuen „Evangelischen Gottesdienstbuch“ und um das Verständnis der Einsetzungsworte, der Verba Testamenti, zeigt.[394] Sind diese – eingefügt in das große anamnetisch-epikletische Eucharistiegebet – ebenfalls Gebet, oder sind diese als Mitteilung, also kerygmagtisch zu verstehen?[395]

Schließlich bleibt die grundlegende Frage, wie jene liturgischen Traditionen zu beurteilen sind, die die liturgische Grundform der „Messe“ nicht als einzige und damit regelmäßige Höchstform der sonntäglichen Liturgie kennen, sondern – wie etwa im oberdeutschen Predigtgottesdienst – Predigtgottesdienst und Abendmahlsgottesdienst als zwei gleichberechtigte Formen nebeneinander kennen. Hat ein solches Fehlen eines eigentlichen „Abendmahlsbewusstseins" nicht auch ökumenische Implikationen, die nicht einfach übergangen werden können?[396]

Fazit III: „Auf das sie alle eins seien ..." (Joh 17,21). Mit einer Hoffnung unterwegs

Vor dem Hintergrund der noch offenen Fragen wird deutlich, warum die Einhaltung der aktuellen liturgie-rechtlichen Normen gerade für die „Förderung der Ökumene" nötig ist.[397] Es geht hier um die Wahrhaftigkeit und Ehrlichkeit im ökumenischen Umgang miteinander.[398] Dies ist das Motiv, so Benedikt XVI. in Sacramentum Caritatis, Nr. 56, „[...] warum wir mit Schmerz, doch nicht ohne Hoffnung, die nicht katholischen Christen bitten, unsere Überzeugung, die auf die Bibel und die Überlieferung zurückgreift, zu verstehen und zu respektieren", so sehr wir uns „brennend den Tag herbeiwünschen, [...] an dem wir gemeinsam mit allen Christgläubigen die Eucharistie feiern und so die Fülle der von Christus für seine Jünger gewollten Einheit (vgl. Joh 17,21) ausdrücken können."

Daher lässt sich für die getrennten Christen hoffnungsvoll sagen: „Eben weil sie voneinander getrennt sind, vereinen sie sich mit umso größerer Hoffnung in Christus und vertrauen ihm die Zukunft ihrer Einheit und ihrer Gemeinschaft an."[399]

5.7 Fürbitte über den Tod hinaus: Mess-Intentionen und Mess-Stipendien

Die Feier der Messe ist zunächst aus sich selbst heraus bedeutsam und sinnvoll, wie bereits festgestellt wurde. Dennoch ist es nach dem geltenden kirchlichen Gesetzbuch (CIC/1983, cann. 900 f., 945) möglich, die Messe für jeden lebenden oder verstorbenen Menschen zu feiern, den der Vorsteher festlegt. Man spricht dann von einer „Mess-Intention". Ist eine solche Mess-Intention mit einer finanziellen Gabe verbunden, so sprechen wir von einem Mess-Stipendium. Mess-Intentionen und Mess-Stipendien kamen im Mittelalter auf. Dabei sind beide Begriffe zunächst zu trennen:

Schon zur Zeit der frühen Kirche brachten die Gemeindemitglieder neben Brot und Wein auch andere Naturalgaben zur Eucharistiefeier mit. Diese Gaben dienten caritativen Zwecken und waren u. a. etwa für die Armenspeisung gedacht. Sie waren also ein sinnvolles Zeichen der Verbindung von Liturgie und Diakonie. Hieraus entwickelte sich der „Opfergang" und mit dem Aufkommen der heutigen Geldwirtschaft im Mittelalter die Kollekte.[400]

Auch außerhalb der Messfeier selbst kam es zu Gabenspenden: Man gab Priestern Gaben zur Entlohnung, damit sie in bestimmten Anliegen eine Messe feierten, von der man sich eine besondere Wirksamkeit erhoffte. So entwickelte sich der Brauch des Mess-Stipendiums.

Die teilweise ausufernde Praxis der Mess-Stipendien (die Überzeugung, möglichst viele Messen „lesen" zu lassen, helfe auch viel; die Anhäufung von möglichst vielen Mess-Stipendien pro Messe) führte zu berechtigter Kritik seitens der Reformatoren, denn der Kauf/Verkauf von geistlichen Ämtern oder gar von sakramentalen Handlungen (die sogenannte Simonie) war immer verboten. Doch konterkarierte die konkrete liturgische Praxis oft genug dieses Verbot, wenn Messen „bestellt" wurden und man den Priester fragte, was denn wohl eine Messe „koste".

Zwar kritisierte auch das Konzil von Trient (1545–1563) die missbräuchliche Praxis der Mess-Stipendien, aber erst Papst Urban VIII. regelte 1625, dass von nun an für jede Feier der Eucharistie nur ein einziges Mess-Stipendium durch den Priester angenommen werden durfte. Im weiteren Verlauf wurde auch festgelegt, dass der Pfarrgottesdienst immer für die Pfarrgemeinde zu „applizieren" (= zuzuwenden) sei (also keine weiteren Mess-Intentionen erhalten dürfe).

Das Wort „applizieren" führt uns in die richtige Richtung, denn es lenkt unseren Blick auf die eigentliche theologische Fragestellung: Alle Getauften, ob Lebende oder Verstorbene, sind Teil des einen Leibes Christi, der Kirche, der aus der Eucharistie auferbaut wird. Genauso, wie wir darauf vertrauen, dass diejenigen, die uns vorangegangen sind, „besiegelt mit dem Zeichen des Glaubens" (I. Hochgebet), bei Gott fürbittend für uns hier noch auf Erden Lebende eintreten, genauso dürfen wir für die Verstorbenen beten: dass Gott an ihnen das vollende, was ihnen zu Lebzeiten selbst zu vollenden nicht gelungen ist. Dass Gott den Schmerz und die Trauer, welche sie zu Lebzeiten erlitten haben, in Freude wandeln möge, wie wir im III. Hochgebet bekennen: „Dann wirst du alle Tränen trocknen. Wir werden dich, unseren Gott, schauen, wie du bist, dir ähnlich sein auf ewig und dein Lob singen ohne Ende." (III. Hochgebet)

Wie ist also heute mit dem Anliegen umzugehen, wenn die Messe mit einer besonderen Fürbitte für einen bestimmten (verstorbenen) Menschen gefeiert werden soll? Der Gedanke, mit der Bitte um das Gedenken während der Messe eine finanzielle Gabe zu verbinden, kann auch heute sinnvoll gedeutet werden: Denn die Gabe ist Ausdruck meiner sichtbaren Mitwirkung, sie macht mein fürbittendes Anliegen nach außen hin sichtbar.

Sinnvoll wäre es heute, das Zeichen der Gabe in die liturgische Feier der Eucharistie selbst zu integrieren. Wenn Gläubige dem Priester ein besonderes Anliegen mitteilen, so kann dieses Anliegen in den Fürbitten (für die Verstorbenen in den Interzessionen im Hochgebet) genannt werden. Die Gläubigen könnten dann diese besondere Spende für dezidiert caritative Zwecke, die ihre Fürbitte nach außen hin symbolisiert, im konkreten Gottesdienst bei der Gabenbereitung vor den Altar legen (etwa in einem besonderen Korb oder einem speziellen Opferstock). Dies wäre ein sichtbares Zeichen der Verbindung von Liturgie (fürbittendem Gebet) und Diakonie (Gabe/Spende).

Tipps zum Weiterlesen

Zur Unterscheidung von Sinngestalt/-gehalt und Feiergestalt der Messe

Meyer, Hans-Bernhard. Eucharistie. Geschichte, Theologie, Pastoral. Mit einem Beitrag von Irmgard Pahl (Gottesdienst der Kirche 4), Regensburg 1989, 441–460. (Sinngehalt und Feiergestalt der Messe ausführlich dargelegt.)

Zur Eucharistie als Opfer

Stuflesser, Martin/Winter, Stephan. Geladen zum Tisch des Herrn. Die Feier der Eucharistie (Grundkurs Liturgie, Bd. 3), Regensburg 2004, 135–158. (Übersichtliche Darstellung der Opferthematik mit besonderem Schwerpunkt auf den Aussagen in den Eucharistischen Hochgebeten.)

Zwei klassische, römisch-katholische Sakramententheologien, die bei der Opferthematik die gefeierte Liturgie mit im Blick haben

Nocke, Franz-Josef. Sakramententheologie. Ein Handbuch. Düsseldorf 1997, bes. 170–176.

Schneider, Theodor. Zeichen der Nähe Gottes. Grundriß der Sakramententheologie. Mainz [7]1998, bes. 157–161.

Zur Frage: Eucharistie und Ökumene

Demel, Sabine. Gemeinsam zum Tisch des Herrn? Ein theologisch-rechtliches Plädoyer zur Konkretisierung der „anderen schweren Notwendigkeit" des c. 844 § 4 CIC. In: Stimmen der Zeit 221 (2003) 663–676. (Referiert den aktuellen kirchenrechtlichen Stand.)

Dettwiler, Peter / Faber, Eva-Maria. Eucharistie und Abendmahl. Ökumenische Perspektiven. Frankfurt 2008. (Gut lesbare Einführung in die Thematik.)

6 Die eine Eucharistie in unterschiedlichen Feiergestalten

Die eine Feier der Eucharistie wird in unterschiedlichen Feiergestalten begangen. Diesen Feiergestalten kommt auch ein unterschiedlicher Rang zu.

6.1 Die Eucharistie des Bischofs

Für die Eucharistiefeier der Teilkirche – womit im deutschen Sprachgebiet die Bistümer gemeint sind – hat die vom Bischof geleitete Feier besondere Bedeutung. Wenn der Bischof gemeinsam mit Priestern, Diakonen und Volk seiner Teilkirche sich zur Liturgie versammelt, wird darin, besonders in der Eucharistiefeier, die ganze Kirche sichtbar dargestellt. Denn Liturgie ist nie private Feier, sondern „öffentlich" in dem Sinn, dass die Feiernden immer im Namen der Kirche feiern. In der bischöflichen Liturgie stimmen die Leitung der Teilkirche und die Leitung ihrer Liturgie überein, wodurch der öffentlich-kirchliche Charakter am besten zum Vorschein kommt.

6.2 Die Eucharistie in der Gemeinde: Sonntagseucharistie und Werktagsmesse

Eine besondere Bedeutung kommt sodann der Eucharistiefeier der Gemeinde am Sonntag zu, wie GORM Nr. 113 ausführt:

> 🕮 **GORM, Nr. 113**
> Hochzuschätzen ist auch die Messe, die mit einer Gemeinschaft, vor allem mit der Pfarrgemeinde, gefeiert wird, da diese die Gesamtkirche zu einer bestimmten Zeit und an einem bestimmten Ort darstellt, besonders aber in der gemeinsamen Feier am Sonntag.

Hier wird zunächst auf die enge innere Verbindung von Herrenmahl und Herrentag verwiesen: Der Herrentag ist der Anlass dafür, dass Woche für Woche Menschen unterschiedlicher Herkunft und unterschiedlichen Alters sich zur Eucharistiefeier versammeln. Die in der Taufe grundgelegte

Berufung in den einen Leib Christi übersteigt alle Klassenunterschiede, alle unterschiedlichen Interessen und Vorlieben. Geeint im Bekenntnis des einen Glaubens bildet die sonntägliche Eucharistie der Gemeinde die Kirche ab. Die Sonntagsmesse ist öffentliche Versammlung („missa publica"), die die ganze Kirche „darstellt".[401]

Neben den zentralen Feiern der Eucharistie unter dem Vorsitz des Bischofs und der Messfeier der Gemeinde am Sonntag gibt es auch Eucharistiefeiern am Werktag. Sie sind erst später hinzugekommen, zuvor wurde nur sonntags Eucharistie gefeiert und des Pascha-Mysteriums täglich in der Tagzeitenliturgie gedacht. Werktagsmessen sind immer als eine Entfaltung der Sonntagseucharistie zu verstehen und führen zu dieser höchsten, unaufgebbaren Form hin. Sie sind der Sonntagsfeier im Rang nachgeordnet. Auch wenn diese Werktagsmessen nur ein (kleinerer) Teil der Gemeinde mitfeiert, so wird hier doch genau dasselbe gefeiert wie in der sonntäglichen Eucharistie: Gedächtnis des Pascha-Mysteriums Christi, der in Wort und Sakrament inmitten seiner Gemeinde gegenwärtig ist.

6.3 Messfeiern aus besonderem Anlass

Geschichtliche Entwicklung

Gerade an Werktagen finden auch Messfeiern aus besonderem Anlass statt: Beispielsweise gibt es „Bittmessen", die mit bestimmten Anliegen (lat. *votum*) verbunden sind, für die in der Messe gebetet wird, oder sogenannte „Votivmessen" zur Verehrung Christi und der Heiligen. Ferner feiert man Messen in Verbindung mit Sakramenten und Sakramentalien (sogenannte „Ritualmessen"). Dazu gehören beispielsweise Messen zur Firmung oder Trauung. Auch das „Requiem", die Totenmesse zur Beerdigung eines Verstorbenen, zählt dazu.

Historisch betrachtet wird man sagen können, dass es sich hierbei um einen „anderen Typ von Eucharistiefeier"[402] handelt, der sich von der sonntäglichen Eucharistiefeier in der unaufgebbaren Verbindung von Herrenmahl und Herrentag grundlegend unterscheidet.[403] Hier ist die Messe Ort der besonders intensivierten Fürbitte (vgl. Totenmesse), als Darbringung des Messopfers „für" (lat. *offere pro*), und damit weniger *missa publica* (vgl. 6.2), sondern *missa specialis*. Das Zusammenkommen der ganzen Gemeinde ist hierfür nicht erforderlich. Die Messhäufigkeit wird durch die Häufigkeit der spezifischen, besonderen Anliegen (Voten) geregelt. Die ursprünglich mit der Gabenbereitung verbundene Darbringung einer (Opfer-)Gabe als äußerem Zeichen des vor Gott getragenen Anliegens wird schließlich in Form des Messstipendiums aus der Liturgie ausgelagert (vgl. 5.7).

Pastorale Überlegungen zu Messfeiern aus besonderem Anlass

Es kann vielfältige Anlässse und Anliegen geben, die Menschen außerhalb des regelmäßigen Feierns zur Messe zusammenrufen. Diese sind zunächst einmal ernstzunehmen. Nicht selten feiern hier auch Menschen die Eucharistie mit, die nicht zur Kerngemeinde gehören und denen die einzelnen Riten und Handlungen weniger vertraut sind. Dieser spezifischen, pastoralen Situation gilt es mit hoher pastoraler Sensibilität zu begegnen.

Wenn man diese Messfeiern aus besonderem Anlass besonders sorgfältig vorbereitet und allen Mitfeiernden Hilfestellungen anbietet (etwa: eine Einführung vor Beginn der Messe, Liedzettel, die den Ablauf der Messe darstellen), die Eucharistie bewusst und tätig mitzufeiern, können diese Messfeiern in besonderen Situationen auch eine Chance sein, Menschen wieder einen neuen Zugang zur Mitfeier der Eucharistie zu ermöglichen. Dennoch ist mit pastoraler Klugheit und Sensibilität zu überlegen, ob in solchen Fällen nicht auch eine Wort-Gottes-Feier eine angemessenere Form gottesdienstlichen Feierns sein kann.

6.4 Gruppenmessen

Schon die Liturgiekonstitution betont in Art. 19, dass im Hinblick auf die Mitfeier der Gläubigen in der Liturgie „Alter, Verhältnisse, Art des Lebens und Grad der religiösen Entwicklung“ zu beachten sind. Besondere Regelungen für gruppenspezifische Gottesdienste greifen diesen Auftrag des Konzils auf. Diese Regelungen gelten, wenn eine kleine Anzahl von Gottesdienstteilnehmern oder eine Gruppe mit bestimmten Gemeinsamkeiten den Gottesdienst mitfeiert. Zu denken ist hierbei an: Gottesdienste mit Senioren, mit Familien(-kreisen), mit Jugendlichen, für Schulklassen, Firmlingsgruppen, Mitglieder eines kirchlichen Vereins, Mitglieder caritativer Gruppen in der Gemeinde (z. B. Ausländerbetreuung, Krankenbesuchsdienst).

Die wichtigsten Grundsätze für solche Gruppenmessen sind:

– Gruppenmessen finden zusätzlich zu den Messfeiern für die Gesamtgemeinde statt.
– Gruppenmessen sollen in der Regel nicht am Sonntag stattfinden.
– Auch Gruppenmessen sind immer Feiern der Kiche, keine privaten Angelegenheiten.

Gruppenspezifische Eucharistiefeiern bieten die Chance, spezifische pastorale Anliegen aufzugreifen, sie können flexibler gestaltet werden und machen damit Aspekte der Liturgie erfahrbar, die in den Messfeiern der Gesamtgemeinde so nicht zu verwirklichen sind.

Solche flexibler zu gestaltenden Elemente in Gruppenmessen können sein: die Auswahl der Schriftlesungen, das freie Vortragen von Fürbitten, die freie Nennung von Dankmotiven vor dem Einleitungsdialog zu Beginn des Eucharistischen Hochgebetes, individuelle, spontane Dankgebete bei der Besinnnung nach der Kommunion, spontane Gesänge (an passender Stelle). Für Kindermessen gibt es eigene, leichter verständliche Formulare mit Möglichkeiten freierer Formulierungen. Jedoch ist auch hier zu bedenken: Nicht immer wird die Eucharistiefeier die geeignete Form für alle religiösen Anliegen sein (vgl. die „Richtlinien der Deutschen Bischofskonferenz für Messfeiern kleiner Gemeinschaften [Gruppenmessen]“ Nr. 11).

6.5 Konzelebration

Neben der Feier eines Zelebranten mit der versammelten Gemeinde ist es auch möglich, dass der Bischof mit Priestern oder mehrere Priester gemeinsam der Messfeier vorstehen („konzelebrieren“). Nicht immer in der Geschichte war dies üblich: Nachdem der Brauch viele Jahrhunderte nicht gepflegt wurde (außer ab dem Spätmittelalter bei Bischofs- und Priesterweihen), kam es nach dem II. Vatikanischen Konzil auf dessen ausdrücklichen Wunsch, einen neuen Konzelebrationsritus zu schaffen (vgl. SC, Art. 57 f.), zur Wiedereinführung.[404]

Von besonderem Rang ist die Konzelebration des Bischofs mit seinen Priestern in wichtigen Eucharistiefeiern des Kirchenjahres, auch bei der Bischofs- oder Priesterweihe oder zu anderen wichtigen kirchlichen Anlässen (vgl. dazu GORM, Nr. 203). Die Einzelheiten der liturgischen Ordnung der Konzelebration regelt der Bischof für alle Kirchen und Kapellen seiner Ortskirche (vgl. GORM, Nr. 202).

6.6 Verschiedene Namen für die eine Feier – unterschiedliche theologische Deutungen

Die eine Feier der Eucharistie hat in der Geschichte unterschiedliche Namen erhalten, die auch verschiedene Aspekte des Sinngehaltes verdeutlichen.

- *Das Abendmahl:* verweist auf das Abschiedsmahl Jesu mit seinen Jüngern (vgl. 1 Kor 11). In der Zeit der Konfessionstrennung nach der Reformation wurde „Abendmahl" auch zur Bezeichnung für die evangelische Feierform (in Abgrenzung zur römisch-katholische Messe). Nach evangelischem Selbstverständnis betont die Bezeichnung die stiftungsgemäße Feier durch die größtmögliche Nähe zum Abschiedsmahl Jesu (Mk 14,17 par.). In der Schweiz findet sich hierfür auch die Bezeichnung „Nachtmahl".
- *Zusammenkunft:* Im Neuen Testament (etwa bei Paulus 1 Kor 11,17 f. 20.33 f; 14,23.26) Bezeichung für die gottesdienstliche Feier (häufig in Form der Verben: „sich versammeln", „zusammenkommen"). So dann auch ab dem 3./4. Jahrhundert die geläufige Bezeichnung: „Versammlung" (griech.: *synaxis*).
- *Das Brotbrechen:* eine der ältesten, bereits biblisch bezeugten Bezeichnungen (Apg 2,42; 20,7) für die gesamte Feier. Auch auf der Ebene der Feiergestalt ist die Gebärde des Brotbrechens von besonderer Bedeutung. So führt GORM in Nr. 321 aus: „Die Gebärde des Brotbrechens, die der Eucharistie in apostolischer Zeit schlechthin den Namen gab, wird die Kraft und Bedeutung des Zeichens der Einheit aller in dem einen Brot klarer zum Ausdruck bringen und die Bedeutung des Zeichens der Liebe dadurch, dass das eine Brot unter Brüdern geteilt wird."
- *Das Herrenmahl:* betont die enge Verbindung der Feier mit dem Herrentag – dem Sonntag. Die Bezeichnung „Herrenmahl" unterstreicht zudem die Stiftung der Feier durch den Herrn Jesus Christus, der in der Feier des Herrenmahls Gabe und Geber zugleich ist.
- *Die Eucharistie:* betont bei katholischen und orthodoxen Christen im Rückgriff auf 1 Kor 11,24 den zentralen Aspekt des Sinngehaltes der Feier: die Danksagung für das Heilshandeln Gottes in und durch Jesus Christus. Die Bezeichnung „Eucharistie" hat in vielen römisch-katholischen Gemeinden in der Zeit nach dem II. Vatikanischen Konzil die vorherigen Bezeichnungen „Messe" und „Amt" verdrängt.

- *Die Messe/Messfeier:* leitet sich vom lateinsichen Entlassruf ab: „Ite missa est!" („Geht, Ihr seid gesendet!"), wird dann besonders im Bereich der römisch-katholischen Kirche zur Bezeichnung für die gesamte Feier. Auch Luther spricht von der Messe, wenn er die gesamte Feier in den Blick nimmt (vgl. etwa seine „Deutsche Messe" von 1526). Die Bezeichung „Messopfer" legt einen stärkeren Akzent auf den Opfercharakter der Eucharistie und betont das Gedächtnis des Kreuzesopfers Christi und die Darbringung des Lob- und Dankopfers der Kirche in der liturgischen Feier.
- *Hochamt/Amt:* bezeichnet in der Zeit vor dem II. Vatikanischen Konzil die feierliche Form der Messe an Sonn- und Feiertagen. Im Lauf der Liturgiegeschichte hatten sich, wie wir gesehen haben, unterschiedliche Feierlichkeitsgrade der Messfeier herausgebildet. Der eigentliche Gemeindegottesdienst wurde als Amt bezeichnet (in Unterscheidung zur Privatmesse oder Stillen Messe des Priesters). Der Ausdruck „levitiertes Amt" bezeichnet in der Zeit vor dem Konzil und nach dem Missale Romanum 1962 die feierliche Hochform der Feier mit Priester, Diakon und Subdiakon. Erhalten hat sich bis heute der Ausdruck „Pontifikalamt" für die Eucharistiefeier, der ein Bischof vorsteht.

7 Die Verehrung der Eucharistie außerhalb der Messe

7.1 Die Feier der Eucharistie als Ausgangspunkt

Zur Zeit der frühen Kirche war es üblich, dass die Gläubigen nach der Feier der Eucharistie am Sonntag vom eucharistischen Brot mit nach Hause nahmen und so auch an den Werktagen kommunizieren konnten. Dieser Brauch hielt sich z. T. bis ins Mittalter. Die Priester verwahrten zudem das eucharistische Brot für die Kranken und Sterbenden (zunächst noch in schlichter Form bei sich zuhause). Etwa seit dem 8. Jahrhundert wurde es üblich, das eucharistische Brot für die Krankenkommunion in einem Nebenraum der Kirche für diesen Zweck aufzubewahren. Im Kontext der Wallfahrten nach Jerusalem wird von dort im 11. Jahrhundert die Aufbewahrung von zu viel konsekriertem eucharistischem Brot berichtet. Aus ähnlichen Gründen fand sich dieses Phänomen dann auch in einzelnen Klöstern.

Erst seit Beginn des 17. Jahrhundert setzte sich allmählich der Brauch durch, nur noch zuvor bereits konsekrierte Hostien auszuteilen. Dies führte dazu, dass in der Feier der Eucharistie selbst schließlich nur noch die sogenannte „Priesterhostie“ konsekriert wurde, während die Gläubigen die Kommunion – wenn überhaupt – aus dem Tabernakel erhielten. Erst bei Bedarf wurden wieder neue Hostien für die Gläubigen in größeren Mengen konsekriert.

Im Zuge der Liturgischen Bewegung wurde immer wieder auf die mangelnde Sinnhaftigkeit dieser Kommunion vorkonsekrierter Hostien verwiesen. Bereits Pius XII. forderte daher in seiner Enzyklika „Mediator Dei“ (1947), dass die Gläubigen die Kommunion aus derselben Feier empfangen sollen, die sie mitfeiern. Dies fordern, wie wir gesehen haben, auch das II. Vatikanische Konzil (SC, Art. 55) und die nachkonziliaren Dokumente mit Nachdruck.

7.2 Eucharistische Anbetung

Seit dem Hochmittelalter wird im Zusammenhang mit der Aufbewahrung der Eucharistie die Anbetung des in der Gestalt des Brotes gegenwärtigen erhöhten Herrn zu einer eigenen Frömmigkeitsform (vgl. Schaufrömmigkeit). Zum Zeigen der konsekrierten Hostie wurde ein eigenes Gefäß entwickelt, die sogenannte Monstranz (von lat. *monstrare* = zeigen), und auf den Altären oftmals ein Podest gebaut, auf dem die in der Monstranz gezeigte Hostie der gläubigen Verehrung ausgesetzt wurde (= Aussetzung).

Die geltende liturgische Ordnung findet sich in dem liturgischen Buch „Kommunionspendung und Eucharistieverehrung außerhalb der Messe" (Studienausgabe. Trier u. a. 1976, ²1994). Dort wird in Nr. 5 nachdrücklich auf die enge Verbindung von Feier der Eucharistie und bleibender Gegenwart des Herrn unter den eucharistischen Gestalten verwiesen und eine klare Rangfolge benannt:

📖 **Kommunionspendung und Eucharistieverehrung außerhalb der Messe, Nr. 5 und Nr. 7**

„Der erste und ursprüngliche Zweck der Aufbewahrung der Eucharistie außerhalb der Messe ist die Spendung der Wegzehrung; die Aufbewahrung dient in zweiter Linie der Kommunionspendung außerhalb der Messe und der Anbetung unseres Herrn Jesus Christus, der im Sakrament gegenwärtig ist." Hieraus wird gefolgert, dass „die konsekrierten Hostien in der Anzahl, die für die Kommunion der Kranken und anderer Gläubiger außerhalb der Messe ausreicht, aufbewahrt werden" sollen.

Über den Ort der Aufbewahrung der Eucharistie heißt es, dieser soll ein fest angebrachter Tabernakel an einer hervorgehobenen Stelle sein, die für die private Anbetung geeignet ist. Dieser Ort soll vor allem in größeren Kirchen vom Hauptraum getrennt sein (Nr. 9 f., siehe auch GORM, Nr. 314).

Die Ewige Anbetung

Die „Ewige Anbetung" (auch: Großes Gebet, Ewiges Gebet, Vierzigstündiges Gebet) ist eine weitverbreitete Form der eucharistischen Anbetung.

Schon bei Irenäus von Lyon († um 200) wird bezeugt, dass Christen die Grabesruhe des Herrn (am Karsamstag) im Gebet zubrachten. Seit dem Mittelalter wird dieser Brauch mit dem sogenannten „Heiligen Grab" verbunden (eine Nachbildung der Grabkapelle in Jerusalem), in dem das Allerheiligste (die konsekrierten Gaben) nach der Gründonnerstagsmesse für die Kommunion am Karfreitag aufbewahrt wurde. Dort fand eine 40-stündige Anbetung statt.

Seit dem 16. Jahrhundert wird das Vierzigstündige Gebet auch bei besonderen Notfällen (Krieg, Hungersnot, Seuchen) gehalten. Etwa zur gleichen Zeit entwickelt sich der Brauch der „ewigen Anbetung“ oder des „Ewigen Gebets“: Innerhalb einer Stadt wird das Vierzigstündige Gebet in einem festen Rhythmus organisiert, sodass (zumindest vom Gedanken her) die eucharistische Anbetung ohne Unterbrechung erfolgt.

Auch heute noch ist die „Ewige Anbetung“ an vielen Orten üblich. Zumeist haben Pfarreien bestimmte Termine, wann sie diesen Dienst des Gebets übernehmen, sodass innerhalb eines Bistums an jedem Tag des Jahres die eucharistische Anbetung gehalten wird; und es gibt Ordensgemeinschaften, die sich in besonderer Weise der eucharistischen Anbetung widmen.

Als neuere Formen sind noch die Internationalen Eucharistischen Kongresse zu nennen, die seit dem ersten Eucharistischen Kongress im Jahr 1881 in Lille (Frankreich) alle 3–4 Jahre stattfinden, so zuletzt im Juni 2012 in Dublin, und inzwischen von einem eigenen päpstlichen Komitee zur Vorbereitung der Eucharistischen Weltkongresse geplant und durchgeführt werden. Der letzte Internationale Eucharistische Kongress in Deutschland fand im Jahr 1960 in München statt und hat – in der Zeit unmittelbar vor dem II. Vatikanischen Konzil – bereits viele Gedanken und liturgietheologische Leitideen der liturgischen Bewegung aufgegriffen, so etwa, dass die eigentliche Feier der Eucharistie das liturgische Zentrum bildete, von der dann die unterschiedlichen Formen eucharistischer Anbetung ausgingen.[405]

„Nightfever“ ist eine jugendgemäße Form der Verbindung von Feier der Eucharistie und eucharistischer Anbetung, die nach dem Weltjugendtag 2005 in Köln entstanden ist und mittlerweile in vielen deutschen Bistumsstädten regelmäßig gefeiert wird.

7.3 Eucharistische Prozessionen

Eine weitere Form der Eucharistieverehrung sind eucharistische Prozessionen, in denen das Allerheiligste durch die Straßen getragen wird. Eucharistische Prozessionen demonstrieren öffentlich den Glauben an die bleibende Gegenwart des Herrn in den eucharistischen Gestalten. Die bekannteste und am weitesten verbreitete Form ist die Fronleichnamsprozession. Die Grundform der Fronleichnamsprozession sieht nach der feierlichen Eucharistie eine Prozession mit 4 Stationen (= „Altären“) vor, an denen jeweils ein Evangelienabschnitt verkündigt, Fürbitten gesprochen und der sakramentale Segen erteilt werden.

Dabei geht die Einführung des Fronleichnamsfestes zunächst auf die Vision einer Ordensfrau aus dem 13. Jahrhundert zurück, Juliana von Lüttich († 1258), die als Hinweis auf ein fehlendes Fest zu Ehren der Eucharistie gedeutet wurde. Bereits im Jahr 1246 wurde das Fest vom damaligen Bischof Robert von Lüttich für sein Bistum am Donnerstag nach dem Dreifaltigkeitssonntag eingeführt, damals der erste Donnerstag außerhalb der Osterzeit. Der Donnerstags-Termin erinnert dabei bewusst an den Gründonnerstag, an dem der Einsetzung der Eucharistie gedacht wird. Der Name „Fronleichnam", von mittelhochdeutsch: „Herrenleib", entspricht dem lateinischen Titel, unter dem das Fest im Jahr 1264 von Papst Urban IV. für die gesamte Kirche eingeführt wurde: „Festum Sanctissimi Corporis Christi". Dabei begründet der Papst die Einführung für die gesamte Kirche mit der Abwehr von Irrlehren die Eucharistie betreffend und der übergroßen Dankbarkeit für die Einsetzung der Eucharistie. Gerade den belehrenden Charakter bezeugen auch die Gebetstexte des Festes, die wohl auf Thomas von Aquin zurückgehen und zumindest von diesem durch die redaktionelle Bearbeitung von teilweise älterem, vorhandenen Material zusammengestellt wurden.

Allerdings wurde das Fronleichnamsfest keineswegs sofort und überall in der Kirche rezipiert. Interessanterweise war es gerade die ursprünglich gar nicht zum Grundbestand des Festes gehörende Fronleichnamsprozession, die sich seit der zweiten Hälfte des 13. Jahrhunderts durchsetzte und dem Fest letztlich zum Durchbruch verhalf.

Erst im Zuge der Auseinandersetzungen zur Reformationszeit wurde der Bekenntnischarakter dieser Prozessionen und damit des gesamten Fronleichnamsfestes gestärkt und betont, und das Konzil von Trient sah in der Prozession sogar eine demonstrative Zurschaustellung katholischen Eucharistieverständnisses (DH 1644) gegen etwaige eucharistietheologische Irrlehren der Reformatoren. Viel von dem Brauchtum, welches das Fronleichnamsfest umgibt (Blumenteppiche, Blaskapellen, Trachtengruppen, etc.), ist weniger einer bewusst konfessionell-polemischen oder anti-protestantischen Haltung entsprungen, sondern eher der Freude an der eigenen Liturgie (festliche Prozession, froher Anlass). Dennoch ist es sicherlich kein frömmigkeitsgeschichtlicher Zufall, dass die besondere Blüte des Fronleichnamsfestes in die Zeit nach der Reformation fällt. Die Begleitgesänge und sich gerade auch im deutschen Sprachgebiet entwickelnden Sakramentslieder sind dabei stark geprägt vom Dogma der Realpräsenz, der wirklichen und leiblichen Gegenwart Christi in den eucharistischen Gestalten.

Wenn das Fronleichnamsfest im Messbuch seit dem II. Vatikanischen Konzil den Titel trägt: „Hochfest des Leibes und Blutes Christi", so ist dies ein neu akzentuierter liturgietheologischer Ansatz. In der Frömmigkeitsentwicklung seit dem II. Vatikanischen Konzil findet sich eine Konzentration auf die aktive und tätige Mitfeier der Eucharistie (SC, Art. 14) und vor allem auch auf die Feier des Österlichen Triduums und hier des Gründonnerstags als des Tages, an dem inmitten der gesamten Gemeinde feierlich der Einsetzung der Eucharistie gedacht wird. Demgegenüber haben Sakramentsandachten mit abschließendem Sakramentalem Segen und Sakramentsprozessionen weitgehend an Bedeutung verloren. Zudem betonen die nachkonziliaren römischen Dokumente, dass die Feier der Eucharistie und darin die Kommunion der Gläubigen der eigentliche Ort der Verehrung der Eucharistie ist (Kommunionspendung und Eucharistieverehrung außerhalb der Messe, ^{2}1994, Nr. 82).

Auch wenn bis in jüngste Zeit die Anbetung des in den eucharistischen Gestalten auch außerhalb der eigentlichen Eucharistiefeier gegenwärtig geglaubten erhöhten Herrn empfohlen wird, so ist doch auch im Kontext einer ökumenisch sensibilisierten Debatte über den „usus" des Sakramentes der Eucharistie zu sagen, dass die Aussetzung und Anbetung der Brotsgestalt in Zeigegefäßen sowie eucharistische Prozessionen gegenüber dem eigentlichen Aufbewahrungsgrund, der Kommunion für Kranke und Sterbende, sicher als sekundär anzusehen sind.

So betont das II. Vatikanische Konzil wieder die Feier der Eucharistie und den Empfang des Leibes und (!) des Blutes des Herrn als die Vollform der eucharistischen Feier. Dies bedeutet nicht, dass es sich bei Fronleichnam um ein überflüssiges Fest handelt, ein mittelalterliches Relikt einer vergangenen Frömmigkeitsform, die sich überlebt hat, denn das II. Vatikanische Konzil hat das Fronleichnamsfest keinesfalls abgeschafft, wohl aber liturgietheologisch eingeordnet.

So lässt sich zum einen festhalten, dass es Glaubensgeheimnisse gibt, die so groß sind, dass man sie gar nicht oft genug feiern kann: Wir feiern auch Allerheiligen, obwohl wir doch strenggenommen jedes/r einzelnen Heiligen schon an dessen/deren Gedenktag gedacht haben, oder feiern Christus als König sowohl an Epiphanie/Dreikönig als auch am Christkönigsfest, und feiern so denselben Inhalt doch in verschiedenen Aspekten. So feiern wir am Gündonnerstag die Einsetzung der Eucharistie im Kontext des Österlichen Triduums, also stärker unter dem Aspekt des Leidens des Herrn, seiner Selbsthingabe aus Liebe, bis hin zum Tod am Kreuz, während wir am Fronleichnamsfest in den österlichen Dank für die kostbare Gabe der eucharistischen Feier einstimmen dürfen: als „Vorgeschmack der kommenden Herrlichkeit", wie es im Schlussgebet des Fronleichnamsfestes heißt.

Es ist ein spannendes Phänomen, dass die Fronleichnamsprozession an vielen Orten gerade dann wegbrach, als die Gesellschaft in den 1960er/1970er-Jahren die Straße als Ort der Demonstration von (politischen, religiösen, etc.) Überzeugungen entdeckte. Sicher kann man mit Recht fragen, ob bei einer solchen Prozession unbedingt die konsekrierte Brotsgestalt in der Monstranz mitgeführt werden muss. Andererseits erinnere ich mich noch gut an den Satz eines Studentenpfarrers zu einer Gruppe von Studierenden: „Denken Sie daran, dass man Ihnen ruhig ansehen darf, dass Sie bei der Fronleichnamsprozession hinter Ihrem Gott herlaufen" – einem Gott, der sich in der unscheinbaren Gestalt des Brotes uns schenkt, damit wir es genauso tun, uns verschenken, um so zum „Brot" für andere zu werden.

Motive wie: die Kirche als pilgerndes Gottesvolk, das gemeinsame Unterwegssein, dem kommenden Christus entgegen, sind gewichtige und weiterhin gültige biblische Bilder, die heute bei der Gestaltung der Prozession zum Ausdruck kommen können.

> 🕮 **Thomas v. A., Hymnus „Adoro te devote", zitiert nach GL 546/497**
> Gottheit, tief verborgen, betend nah ich dir. Unter diesen Zeichen bist du wahrhaft hier. Sieh, mit ganzem Herzen schenk ich dir mich hin, weil vor solchem Wunder ich nur Armut bin.
> Augen, Mund und Hände täuschen sich in dir, doch des Wortes Botschaft offenbart dich mir. Was Gott Sohn gesprochen, nehm ich glaubend an; er ist selbst die Wahrheit, die nicht trügen kann.

Tipp zum Weiterlesen

Zur Verehrung der Eucharistie

MEYER, Hans-Bernhard. Eucharistie. Geschichte, Theologie, Pastoral. Mit einem Beitrag von Irmgard Pahl (Gottesdienst der Kirche 4), Regensburg 1989, 580–602. (Ausführliche Darstellung.)

8 Liturgia semper reformanda: Wo stehen wir 50 Jahre nach der Liturgiereform des II. Vatikanischen Konzils?

8.1 Eine notwendige Relecture: Die liturgietheologischen Leitlinien der Liturgiereform des II. Vatikanischen Konzils

Im Hinblick auf die spezifischen Textsorten, die das II. Vatikanische Konzil für die Promulgation seiner einzelnen Konstitutionen, Dekrete und Dokumente wählt, hat der US-amerikanische Theologe John O'Malley in einer grundlegenden Studie auf den epideiktischen Charakter dieser Verlautbarungen hingewiesen.[406] Epideiktisch bedeutet: Die Texte des II. Vatikanums sind ganz bewusst einladend formuliert, sie wenden sich an alle Menschen guten Willens, sie grenzen weniger nach außen hin ab, sondern suchen eher das Gemeinsame und Verbindende zu artikulieren.

Schon in den ersten Worten der Promulgationsformel der Liturgiekonstituion wird dies deutlich, wenn es dort heißt: „Paulus Bischof, Diener der Diener Gottes, zusammen („una cum") mit den Vätern des heiligen Konzils". Das lateinsiche „una cum" ließe sich auch übersetzen mit: „in Gemeinschaft mit den Vätern ..." Dies unterscheidet sich deutlich von der Formel, die noch das I. Vatikanische Konzil verwendet hatte: „Pius IX. ... mit der Billigung des heiligen Konzils". Mit Herbert Goltzen lässt sich sagen: Die „neue Promulgationsformel kündigt die erneuerte kollegiale Struktur der Leitung der römisch-katholischen Kirche an."[407]

Dabei wird die Liturgie in SC, Art. 5 grundlegend charakterisiert als Feier des Pascha-Mysteriums Christi: Die Feier der Liturgie ist zuallererst liturgische Feier des Gedächtnisses des Heilshandelns Gottes. Dieses Heilshandeln Gottes findet seinen heilsgeschichtlichen Höhepunkt in der Selbstmitteilung Gottes in Jesus Christus, deren Gedächtnis die Liturgie festlich begeht. In der Feier des Pascha-Mysteriums ist allerdings auch schon eine gewisse Grundstruktur des christlichen Gottesdienstes grundgelegt; deshalb, so betont das Konzil, „hat die Kirche niemals aufgehört, sich zur Feier des Pascha-Mysteriums zu versammeln, dabei zu lesen, ‚was in allen Schriften von ihm geschrieben steht' (Lk 24,27), die Eucharistie zu feiern, in der ‚Sieg und Triumph seines Todes dargestellt werden', und zugleich ‚Gott für die unsagbar große Gabe dankzusagen' (2 Kor 9,15), in Christus Jesus ‚zum Lob seiner Herrlichkeit' (Eph 1,12). All dies aber geschieht in der Kraft des Heiligen Geistes." (SC, Art. 6) Diese dialogische

Grundstruktur der Liturgie – Gott spricht durch sein Wort; die Gemeinde antwortet in lobpreisendem, dankendem und fürbittendem Gebet – ist somit grundlegend für jede Form des christlichen Gottesdienstes.[408] Die Gedächtnisfeier des Pascha-Mysteriums beinhaltet das Lesen und damit die Verkündigung der Hl. Schrift, in der die großen Heilstaten Gottes an seinem Volk proklamiert werden. Die Anerkenntnis dieses Heilshandelns Gottes, das allem menschlichen Tun in der Liturgie immer vorausgeht (katabatische Linie), führt jedoch zur lobpreisenden Danksagung als Antwort des Menschen auf dieses Handeln Gottes (anabatische Linie): Der Mensch antwortet in Psalmen, Hymnen und Liedern, er lobt, dankt und preist Gott für sein Handeln in der Geschichte (Anamnese) und erhofft und erbittet im Vertrauen darauf, dass Gott ein treuer Gott ist, dass dieser in Zukunft im Heiligen Geist genauso an ihm handeln möge (Epiklese).

Dies bedeutet jedoch, dass es dem getauften Christen überhaupt erst möglich sein muss, dem Anruf Gottes zu antworten. Hier hat die viel zitierte Formel der Liturgiekonstitution des II. Vatikanischen Konzils von der „actuosa participatio" (vgl. SC, Art 14, u. ö.) ihren theologischen Ort. Die Feier der Liturgie ist so zu gestalten, dass es dem Getauften ermöglicht ist, auf den Anruf Gottes in voller, bewusster und tätiger, kurz: in wirklicher Teilnahme zu antworten.[409] Hieraus ergibt sich auch die vom Konzil eingeräumte Möglichkeit (SC, Art. 33), den Gottesdienst in der Volkssprache zu feiern, damit die Getauften so wirklich, tätig und bewusst am Gottesdienst teilzunehmen vermögen.

Dabei ist das Handeln Gottes in Christus nichts Vergangenes, sondern es ist der liturgischen Feier jeweils zeitgleich gegenwärtig: Christus selbst ist gegenwärtig in der Liturgie. Er ist dies aber nicht etwa in statischer Weise, sondern in der Dynamik seines Lebens, seines Leidens, seines Todes und seiner Auferstehung. Somit kann auch konsequenterweise mit SC, Art. 7 Jesus Christus als das eigentliche Subjekt der Liturgie bezeichnet werden. Die Ausführungen von Art. 7 sind höchst bedeutsam: Gegenüber einer vorkonziliar enggeführten alleinigen Konzentration auf die somatische Realpräsenz Jesu Christi in den eucharistischen Gestalten von Brot und Wein gewinnt das Konzil hier eine im eigentlichen Wortsinn katholische Sicht der christlichen Liturgie wieder.[410]

Des Weiteren ist die Betonung bedeutsam, dass Christus in seinem Wort zugegen ist.[411] Hierdurch wird die zwischen den christlichen Kirchen kontroverstheologisch belastete Streitfrage, ob Christus nun im Wort *oder* im Sakrament gegenwärtig sei, auf inklusive Weise gelöst. Auch im Hören auf das Wort geschieht in der liturgischen Feier Begegnung mit dem erhöhten Herrn.[412] Auch in der dogmatischen Konstitution über die Offenbarung *Dei Verbum* (DV) werden der „Tisch des Wortes wie des Leibes Christi" gemeinsam genannt und es wird unterstrichen, dass die Kirche die Schrift verehrt hat „wie den Herrenleib selbst".

Schließlich ist Christus, der erhöhte Herr, gegenwärtig in der Person des ordinierten Amtsträgers, der der liturgischen Feier vorsteht. Allerdings verdeutlicht das Zitat aus Augustins Predigten über das Johannesevangelium[413], dass bei einer Taufe Christus derjenige ist, der tauft, die theologische Argumentationsrichtung dieser Konzilsaussage, nämlich einmal mehr zu unterstreichen, dass Christus das primäre Subjekt der liturgischen Feier ist.[414]

Schließlich werden die eucharistischen Gaben von Brot und Wein als Leib und Blut Christi als besondere Formen der Gegenwart Jesu inmitten der liturgischen Feier seiner Gemeinde hervorgehoben (vgl. auch LG, Art. 11). Gerade diese Zusammenschau der Gegenwartsweisen Jesu Christi, wie sie SC, Art. 7 bietet, ist aber liturgietheologisch besonders bedeutsam: Das Konzil unterstreicht hiermit, dass sich nicht die eine Gegenwartsweise gegen eine andere ausspielen lässt.[415]

Zusammenfassend lässt sich sagen, dass die liturgietheologischen Aussagen der Liturgiekonstitution eine Art Grundkonsens über das Wesen der christlichen Liturgie anbieten. Dass es sich bei diesem anbietenden (!) literarischen Gestus der konziliaren Dokumente nicht nur um eine diplomatische Façon de parler handelt, sondern dass sich hiermit eine klare theologische Option (= die des Dialogs) verbindet, hat unlängst noch einmal John O'Malley deutlich herausgearbeitet.[416]

Dieser gleichbleibende Sinngehalt der Liturgie, so macht das Konzil deutlich, hat sich jedoch historisch betrachtet in durchaus unterschiedlichen Feiergestalten manifestiert, mehr noch, manifestieren müssen. Reformen der Liturgie waren und sind notwendig, um so den Sinngehalt verständlicher zu machen und damit eine tätige Teilnahme der Gottesdienstteilnehmer zu ermöglichen (vgl. SC, Art. 21 u. ö.).

Deshalb ist es bezüglich der Reform der Liturgie innerhalb der römisch-katholischen Kirche wichtig, im Blick zu behalten, welches die Wesensmerkmale der christlichen Liturgie sind (= ihr Sinngehalt). Eine Reform der Liturgie steht dabei in engster Verbindung zur Reform der Kirche: Ziel der Liturgiereform ist es, so bereits der erste Artikel der Liturgiekonstitution, „das christliche Leben unter den Gläubigen mehr und mehr zu vertiefen" (SC, Art. 1).

Dies ist notwendig, denn die Kirche ist, so halten die Konzilsväter in der Dogmatischen Konstitution *Lumen gentium* fest, „zugleich heilig und stets der Reinigung bedürftig; sie geht immerfort den Weg der Buße und Erneuerung" (LG, Art. 8). Dies bedeutet, dass die Kirche „unter der Wirksamkeit des Heiligen Geistes" nicht aufhören soll, „sich zu erneuern, bis sie durch das Kreuz zum Licht gelangt, das keinen Untergang kennt." (LG, Art. 9)

8.2 Eine neue Ausgangslage: Das Motu Proprio „Summorum Pontificum" vom 7. Juli 2007

Die Aussagen des Motu Proprio „Summorum Pontificum"

Mit Datum vom 7. Juli 2007 hat Papst Benedikt XVI. in seinem Motu Proprio „Summorum Pontificum" die Verwendung des Missale Romanum von 1962 für die Liturgie zugelassen. Der Papst betont in seinem Begleitbrief zu *Summorum Pontificum* an die Brüder im Bischofsamt, dass das Missale von 1962 als sogenannte „forma extraordinaria", als außerordentliche Ausdrucksform des einen römischen Ritus zu verstehen ist. Das Missale 1962, von Papst Johannes XXIII. promulgiert (= veröffentlicht), stellt also keinen zweiten Messritus dar, wie gelegentlich fälschlich behauptet wird, sondern die außerordentliche Ausdrucksform der einen „lex orandi" der römisch-katholischen Kirche innerhalb des lateinischen Ritus (Art. 1).

Der Papst verweist im Motu Proprio darauf, dass von nun an erlaubt ist, „das Messopfer nach der vom seligen Johannes XXIII. promulgierten und niemals abgeschafften Editio typica des Römischen Messbuchs als außerordentliche Form der Liturgie der Kirche zu feiern" (Art. 1). Die forma extraordinaria tritt also neben die ordentliche Ausdrucksform (die forma ordinaria) des Missale Romanum von 1970 (promulgiert durch Papst Paul VI.). Es gibt somit seit dem 7. Juli 2007 zwei parallele Ausdrucksformen des einen römischen Ritus.

Die Entscheidung des Papstes wurde von einzelnen Liturgiewissenschaftlern als beispiellos und innovativ bezeichnet.[417] Man wird nicht umhin kommen, an dieser Stelle festzuhalten, dass mit der Veröffentlichung des Motu Proprios im Jahr 2007 eine neue Phase der nachkonziliaren Liturgiereform begonnen hat.[418]

Das Motu Proprio gestattet es nun jedem Priester, bei Messfeiern, die ohne Volk gefeiert werden, zwischen der ordentlichen und der außerordentlichen Ausdrucksform des römischen Ritus zu wählen (außer an den drei österlichen Tagen, vgl. Art. 2 und 4). Diese Messfeiern sind grundsätzlich für die Gläubigen zur Teilnahme offen. Es können „entsprechend dem Recht auch Christgläubige zugelassen werden, die aus eigenem Antrieb darum bitten“ (Art. 4). Dauerhaft existierende Gruppen von Gläubigen, welche der früheren Liturgie anhängen, können, so Art. 5 § 1, den Pfarrer darum bitten, „die Heilige Messe nach dem im Jahr 1962 herausgegebenen römischen Messbuch zu feiern“.

Jene Priester, die die Liturgie nach dem Messbuch von 1962 in der außerordentlichen Ausdrucksform feiern wollen, müssen nach Art. 5 § 4 hierfür geeignet sein. Aus dem Begleitbrief zu *Summorum Pontificum* geht hervor, dass der Papst bei solchen Priestern mit entsprechend guten Lateinkenntnissen rechnet. Den mit Datum vom 30. April 2011 erschienenen Ausführungsbestimmungen zu *Summorum Pontificum*, der Instruktion *Universae ecclesiae*, ist nach Nr. 20 zu entnehmen, dass mit dem Begriff „sacerdos idoneus“ gemeint ist, dass zunächst jeder Priester geeignet ist, die Messe in der forma extraordinaria zu feiern, wobei die Ausführungsbestimmungen betonen, dass eine grundlegende Kenntnis des Gebrauchs der lateinischen Sprache notwendig ist, die es zumindest ermöglicht, dass der Zelebrant in der Lage ist, die Worte richtig auszusprechen und die Bedeutung der Gebetstexte, die er betend vorträgt, zu verstehen.

Ein solches Verständnis fordert *Universae Ecclesiae* auch im Hinblick auf die Vertrautheit mit dem rituellen Ablauf des Ritus der forma extraordinaria (Nr. 20). Gemäß dem Motu Proprio (Art. 6) dürfen auch in Messen der außerordentlichen Ausdrucksform die Lesungen in der Volkssprache verkündet werden, wobei nicht klar ist, was näherhin damit gemeint ist, wenn hierfür der „Gebrauch der vom Apostolischen Stuhl rekognoszierten Ausgaben“ vorgeschrieben wird.[419] Gläubige, die der früheren Liturgie anhängen, haben nach Art. 7 des Motu Proprio das Recht, wenn ihrem Wunsch nach einer Feier nach dem Missale von 1962 durch den zuständigen Ortspfarrer nicht nachgekommen wird, beim zuständigen Diözesanbischof Rekurs einzulegen und schließlich auch bei der römischen Kommission Ecclesia Dei. Mit dieser Aussage wird den Gläubigen erstmals in der Liturgiegeschichte ein so umfassendes und einklagbares (liturgisches) Recht zugesprochen.

Eine neue Ausgangslage

Es ist an dieser Stelle nicht möglich und auch für unsere hier vorgelegten Überlegungen nicht notwendig, die teilweise ausufernde Diskussion, die sich seit der Promulgierung des Motu Proprio ergeben hat, im Einzelnen zu dokumentieren. Hingewiesen sei nur auf wenige zentrale Aspekte.

Papst Benedikt XVI. hat sich als Kardinal Joseph Ratzinger auch zur Frage der nachkonziliaren Liturgiereform geäußert. Hierbei hat er verschiedentlich seiner Meinung Ausdruck verliehen, dass er es für einen Fehler halte, dass das Missale von 1962 verboten (= lat. *abrogiert*) worden sei.[420] Nun betont derselbe, als Papst Benedikt XVI, im Begleitbrief zum Motu Proprio, „dass dieses Missale nie rechtlich abrogiert wurde und insofern im Prinzip immer zugelassen blieb".[421] Schon die einschränkende Formulierung „im Prinzip" wirft hier Fragen auf: So haben Liturgiewissenschaftler darauf hingewiesen, dass nicht nur die Apostolische Konstitution „Missale Romanum" Papst Pauls VI. von 1969, sondern auch die allgemeinen Prinzipien des kanonischen Rechtes (can. 22 / CIC 1917 und entsprechend can. 20 / CIC 1983) eine andere Auffassung vermuten lassen, dass nämlich das neue an die Stelle des alten Messbuchs getreten ist und dieses damit ersetzt.[422] Wenn dem aber so ist, stellt sich die Frage, warum der Papst nicht einfach den zuvor dann wohl doch abrogierten (?) Messritus wieder zulässt.[423]

Ein zweiter Themenkomplex betrifft die Frage der fortschreitenden Liturgiereform der liturgischen Bücher, in diesem Fall der liturgischen Bücher für die Messfeier. Der Papst betont im Motu Proprio und im Begleitschreiben an die Bischöfe mehrfach, dass beide Ausdrucksformen des römischen Ritus lediglich unterschiedliche Anwendungsformen des einen römischen Ritus sind. So führt Papst Benedikt XVI. im Begleitschreiben an die Bischöfe aus: „Es gibt keinen Widerspruch zwischen der einen und der anderen Ausgabe des Missale Romanum. In der Liturgiegeschichte gibt es Wachstum und Fortschritt, aber keinen Bruch. Was früheren Generationen heilig war, bleibt auch uns heilig und groß; es kann nicht plötzlich rundum verboten oder gar schädlich sein."

Die Motivation des Papstes für die Herausgabe des Motu Proprio entspricht dabei, wie er im Begleitschreiben an die Bischöfe betont, seinem Amt und Dienst als Pontifex der Römischen Kirche: „Es geht um eine innere Versöhnung in der Kirche". Der Papst will demnach mit seinem Motu Proprio auf einen vorhandenen Bedarf reagieren, auf die Bedürfnisse von Menschen, die der früheren Liturgie aus Gründen, die im Folgenden noch näher zu betrachten sein werden, verhaftet geblieben sind.

Der Papst will aber mit dem Motu Proprio keinen neuen Bedarf schaffen. So wünscht er in seinem Begleitschreiben: „Die sicherste Gewähr dafür, dass das Missale Pauls VI. die Gemeinden eint und von ihnen geliebt wird, besteht im ehrfürchtigen Vollzug seiner Vorgaben, der seinen spirituellen Reichtum und seine theologische Tiefe sichtbar werden lässt.“ Der Papst erhofft sich sogar, wie er in seinem Begleitschreiben ausführt, dass sich die beiden Ausdrucksformen des römischen Ritus gegenseitig befruchten. So wünscht er auch eine weitere Reform des Missale von 1962 , wenn er darauf verweist, dass die seither kanonisierten Heiligen in den Festkalender aufgenommen werden sollen sowie einige der neuen Präfationen. In umgekehrter Richtung wünscht der Papst, dass durch die (gelegentliche) Feier in der außerordentlichen Form des Römischen Ritus deren Sakralität auch auf die Feier der Messe nach dem Missale Pauls VI. ausstrahlt.

Im Hinblick auf eine Gesamtwürdigung des Motu Proprios ist, mit den Worten Winfried Haunerlands, festzuhalten, „dass es sich bei diesem Motu Proprio um eine pastorale Entscheidung des Papstes handelt. Zu pastoralen Entscheidungen gehört es meist, dass niemand die Chancen und Gefahren im Vorhinein exakt bestimmen kann. Pastorale Entscheidungen zeichnen sich vor allen Dingen auch dadurch aus, dass man legitimerweise unterschiedliche Einschätzungen haben darf. Unter diesem Gesichtspunkt ist es kein Zeichen von mangelnder Katholizität oder mangelnder Liebe zum Heiligen Vater, wenn einzelne Gläubige, Gruppen oder auch Priester und Bischöfe eine andere Entscheidung für sachgerecht gehalten hätten.“[424]

In diesem Sinne sollen hier im Folgenden einige Aspekte kurz aufgeführt werden, die in der aktuellen liturgiewissenschaftlichen Fachdiskusison eine besonders kritische Beachtung erfahren haben.

Das Geschichtsbild des Motu Proprio

Das Motu Proprio betont ein sich organisch fortentwickelndes Bild der Liturgiegeschichte. Unsere Ausführungen, vor allem im 2. Kapitel, haben gezeigt, dass es immer wieder in der Liturgiegeschichte Reformen der Liturgie gab, die als bedeutsame Einschnitte zu werten sind. Hierbei kam es zur Betonung einzelner Elemente der Feiergestalt, wofür andere Elemente gekürzt oder gestrichen wurden und somit ganz entfallen sind. Ob man solche Veränderungen und Reformen mit dem Wort „Bruch“ bezeichnet, scheint zunächst eher eine semantische, denn eine geschichtstheologische Frage zu sein.

Festzuhalten ist, dass sich Liturgiegeschichte immer auch durch tiefgreifende Änderungs- und Reformprozesse ausgezeichnet hat. Mit Arnold Angenendt: „Dieses als organische Entwicklung zu bezeichnen, geht nur, wenn man den heutigen Bestand rückwärts blickend als ‚logische' Gewordenheit deutet."[425] Die Liturgiegeschichte ist aber aus der Sicht des Liturgiehistorikers eine „evident wechselhafte Geschichte (…), sowohl mit Zugewinn, wie mit Defizienzen".[426]

Wie wir gesehen haben, wurde dabei immer wieder in der Liturgiegeschichte der Versuch unternommen, an der Schrift als *norma normans non normata* (also als maßgeblicher Maßstab, der selbst an keinem weiteren Maßstab mehr gemessen werden kann) sowie an der Tradition der frühen Kirche, oftmals tituliert als: die *Norm der Väter*, Maß zu nehmen. Dies spricht mit den Worten Benedikt Kranemanns, „gerade nicht für eine organische Entwicklung, sondern für eine Veränderung und Erneuerung der Liturgie in wechselnden kulturellen Kontexten, auf die die Kirche reagiert hat."[427]

Wie ist vor diesem Hintergrund die (liturgietheologische) Aussage des Papstes zu verstehen, dass es in der Liturgiegeschichte lediglich Wachstum und Fortschritt gegeben habe, aber eben keine Brüche? Geht es hier nur um semantische Unterschiede? Wäre Bruch demnach negativ zu verstehen im Sinne eines totalen Traditionsabbruches, während Reformen, im Sinne von (durchaus einschneidenden) Veränderungen durchaus möglich wären?

Häufig wurde in diesem Zusammenhang auf eine Weihnachtsansprache des Papstes an Mitarbeiter der Kurie in Rom vom 22. Dezember 2005 verwiesen, in der dieser – so viele Autoren – vor einer Hermeneutik des Bruches gewarnt habe, also einer Auslegung, die das Konzil und seine Liturgiereform als Bruch mit der bisherigen kirchlichen Tradition interpretiert, und stattdessen eine Hermeneutik der Kontinuität gefordert habe.

Eine Liturgiewissenschaft, die historisch arbeitet, wird hier kritisch nachfragen müssen: Sie wird zunächst nachweisen können, dass Papst Benedikt zwar in besagter Ansprache wirklich von einer „Hermeneutik des Bruches" spricht, die er ablehnt, sich aber dann für eine „Hermeneutik der Reform" stark macht.[428] So verweisen ja auch die Eingangsworte des Motu Proprio *Summorum Pontificum* darauf, dass es immer wieder die Sorge der Päpste war, die Liturgie zu ordnen, was eben nichts anderes heißt, als sie zu reformieren.

Unterschiedliche Akzente in der Liturgietheologie

Die Ausführungen des Motu Proprio tangieren jedoch auch inhaltliche, liturgietheologische Aspekte. Die Reform des Messritus, auf die wir uns hier konzentrieren wollen, geschah nicht ohne Grund. Wenn in Art. 48 der Liturgiekonstitution betont wird, dass die Gläubigen nicht (!) „wie außenstehende und stumme Zuschauer" der Feier lediglich beiwohnen sollen, sondern dass diese aktiv, bewusst und tätig mitfeiern sollen, bezieht sich dieses negative Urteil über die gefeierte Liturgie genau auf die liturgische Feier ihrer Zeit nach dem Missale Romanum (in der Auflage von 1955 u. 1962), welche die Bischöfe des Konzils vor Augen hatten.[429]

Gegenüber einer Sicht, bei der die Feier der Liturgie, und hier konkret der Messe, lediglich ein Tun des der Feier vorstehenden Priesters war, betont das Konzil das gemeinsame Tun der versammelten Gemeinde, die sogar als Gegenwartsweise Jesu Christi gedeutet wird (SC, Art. 7). In der vorkonziliaren Feiergestalt der Messe spielte die versammelte Gemeinde indes so gut wie keine Rolle. Sie erging sich oftmals in parallelen Andachtsformen, nahm im privaten, stillen Gebet versunken an der Messfeier teil und kommunizierte noch nicht einmal innerhalb der Feier, sondern zumeist in einer eigenen Kommunionandacht davor oder danach. Demgegenüber betont die Liturgiekonstitution, dass die ganze versammelte Gemeinde Trägerin der Liturgie ist, und so soll bei den liturgischen Feiern jeder, sei er Liturge oder Gläubiger, in der Ausübung seiner Aufgabe nur das, aber auch all das tun, was ihm vom Wesen der Liturgie her zukommt (SC, Art. 28). Weitere Beispiele wären zu nennen, etwa der Wunsch des Konzils, den Tisch des Wortes Gottes reicher zu decken (SC, Art. 51).

Kann vor diesem Hintergrund wirklich pauschal verneint werden, dass die unterschiedlichen Ausdrucksformen der *Lex orandi* (des Gesetzes des Betens = der Liturgie) nicht doch auch Ausdruck unterschiedlicher Formen oder doch zumindest Akzentsetzungen innerhalb der *Lex credendi* (des Gesetzes des Glaubens) der Kirche sind?

Eine solche Aussage wäre sicherlich zutreffend, beschränkte sie sich allein auf den Kern des Sinngehalts der eucharistischen Feier: Die außerordentliche wie die ordentliche Form des römischen Messritus feiern die Danksagung für das, was Gott in Jesus Christus zu unserem Heil gewirkt hat.

Nun haben wir aber in den vorhergehenden Kapiteln versucht herauszuarbeiten, dass gerade die Bestimmung des Sinngehalts der Eucharistie als lobpreisende Gedächtnisfeier des Paschamysteriums Jesu Christi den Kern der Liturgietheologie der Liturgiekonstitution ausmacht (vgl. SC,

Art. 5), welche freilich bedeutende Konsequenzen für die konkrete Feiergestalt hat.

Denn aus dieser Bestimmung des Sinngehalts ergibt sich, so die Liturgiekonstitution, in innerer Konsequenz als Formalprinzip die tätige Teilnahme aller Gläubigen an der liturgischen Feier (SC, Art. 14).[430]

Dann ist aber kritisch zu hinterfragen, wie dieses bedeutsame Grundprinzip der Lex credendi, des Eucharistieglaubens der Kirche, der auf dem II. Vatikanischen Konzil lehramtlich verbindlich definiert wurde, auch in der konkreten Feiergestalt der Lex orandi nach dem Missale von 1962 zum Ausdruck kommt oder kommen kann.

Ob es hier genügt, wie dies die US-amerikanische Bischofskonferenz getan hat, einfach thetisch festzuhalten, die Aussagen des Konzils in SC, Art. 14 zur tätigen Teilnahme gälten in gleicher Weise auch für die liturgische Feier nach dem Missale Romanum 1962 (man fragt sich: wie?), erscheint doch eher fraglich.[431] Schon im Jahr 1965 äußerte sich Papst Paul VI. in einer Audienz-Ansprache wie folgt:

> 🕮 **Ansprache Papst Pauls VI. (L'Osservatore Romano vom 18. März 1965)**
> Man soll nicht glauben, dass man nach einer gewissen Zeit zurückkehren wird zu früherer Frömmigkeit und Apathie. Nein, die neue Ordnung (der Messe /M. St.) wird anders sein müssen und wird die Passivität der in der heiligen Messe anwesenden Gläubigen verhindern und aufrütteln müssen. Früher genügte es, anwesend zu sein, jetzt ist es nötig, teilzunehmen, früher reichte die reine Anwesenheit, jetzt sind nötig die Aufmerksamkeit und die tätige Teilnahme. Früher konnte jemand schlummern/ein Nickerchen machen und vielleicht schwätzen, jetzt nicht mehr, denn er muss zuhören und beten.[432]

Vor diesem Hintergrund ist es schwer zu begreifen, „wie also zwei Gebetsordnungen oder auch Ausdrucksformen der Lex orandi wirklich für eine Lex credendi der Kirche stehen können. Dieses kann man nur vertreten, wenn man nicht den Ritus an und für sich, sondern eine Bedeutung des Ritus mit der Lex orandi gleichsetzt. Damit droht aber eine theologische Erkenntnis der liturgischen Bewegung und eine wirkliche Errungenschaft der nachkonziliaren Liturgietheologie verloren zu gehen."[433] So bleibt abschließend die Frage, wie die bedeutsamen liturgietheologischen

Bestimmungen des Konzils auch in der *forma extraordinaria* des Missale Romanum 1962 Beachtung finden können.

Der hermeneutische Zugang: Das Motu Proprio als Zeichen der Versöhnung

Es besteht kein Zweifel daran, dass Papst Benedikt XVI. mit dem Motu Proprio die „innere Versöhnung in der Kirche“ befördern möchte. Sowohl das Motu Proprio als auch das Begleitschreiben sind von einem Bemühen um die Einheit in der Kirche getragen.

Allerdings ist zu fragen, ob es wirklich zur Einheit der Kirche beiträgt, wenn nun, mit der ausgeweiteten Möglichkeit, die Eucharistie in der außerordentlichen Form des römischen Ritus zu feiern, sich zwar alle um den einen Tisch des Herrn versammeln, dies aber parellel tun, in je eigenen (Ausdrucks-)Formen?

Trägt es in Zeiten von Priestermangel, Zusammenlegung von Gemeinden, Großpfarreien und Pfarreiengemeinschaften wirklich zur kirchlichen Einheit bei, wenn in ein und demselben Ort, womöglich noch zur selben Uhrzeit, sich zwei Eucharistiegemeinden in benachbarten Kirchen versammeln und die eine in der ordentlichen und die andere in der außerordentlichen Anwendungsform des Ritus die Eucharistie feiert?

Schließlich: Geht es hier wirklich nur um unterschiedliche Ausdrucksformen des einen Ritus oder nicht doch auch um unterschiedliche Kirchenbilder? Papst Johannes Paul II. betont den engen Zusammenhang von Liturgie und Kirchenreform: „Es besteht nämlich eine sehr enge und organische Verbindung zwischen der Erneuerung der Liturgie und der Erneuerung des ganzen Lebens der Kirche. (...) Daher bildet die liturgische Erneuerung, die im Geist des Zweiten Vatikanischen Konzils auf rechte Weise durchgeführt wird, in gewissem Sinn das Maß und die Bedingung für die Verwirklichung der Lehre dieses Zweiten Vatikanischen Konzils.“[434]

Mit den Worten von Winfried Haunerland ist deshalb festzuhalten: „Die tiefere Problematik der Zulassung einer außerordentlichen Form des römischen Ritus liegt allerdings nicht in inhaltlichen Akzentverschiebungen ihrer Texte, sondern in der Symbolik, die für viele mit der Verwendung des älteren Messbuchs verbunden ist. Wenn Erneuerung der Liturgie nach dem Wort Papst Johannes Pauls II. in einer sehr engen und organischen Verbindung mit der Erneuerung der Kirche steht, dann wird die Verwendung der älteren Form des römischen Ritus allzu leicht zu einem Symbol für die Weigerung, die Reformimpulse des Konzils insgesamt anzuerkennen und aufzunehmen. Der Papst selbst macht deutlich, dass er die Autorität des Zweiten Vatikanischen Konzils in keiner Weise in Frage gestellt sehen will. Aber gilt das auch für alle, die die Wiederzulassung der liturgischen Bücher von 1962 einfordern?“[435]

Welche Motive stehen hinter der Sehnsucht nach „der alten Messe“?

Dementsprechend wären auch die Motive noch einmal kritisch zu hinterfragen, die dazu führen, dass Priester wie Gläubige sich nach einer Messfeier nach dem Missale von 1962 sehnen.[436] Noch einmal sei daran erinnert, dass der Papst mit dem Motu Proprio auf einen Bedarf reagieren will. Wenn nun Priester, gerade der jüngeren Generation, (in welcher wohlmeinenden Absicht auch immer) aus einer eigenen persönlichen Vorliebe für das Missale von 1962 eine eucharistiefeiernde Gemeinde um sich versammeln, können sie sich eigentlich nicht auf den Buchstaben und Geist des Motu Proprio berufen.

Doch wie ist es um die Gläubigen bestellt, die sich nach einer solchen Feier in der traditionellen Form sehnen? Immer wieder ist zu hören, dass Gläubige in der neuen Liturgie den Raum für stilles, persönliches Beten vermissen. Gerade die Still-Messe der Vorkonzilszeit bot hierfür reichlich Raum. Aber artikuliert sich in diesem Wunsch nicht doch eine eigentlich erschreckende Unkenntnis über die Unterscheidung zwischen persönlichem, privatem Gebet und dem liturgischen Gebet der Kirche, welches sich immer in Gemeinschaft vollzieht?

Wir haben bereits auf das berühmte Diktum von Papst Pius X. verwiesen, der bereits zu Beginn des 20. Jahrhunderts wünschte, die Gläubigen mögen doch nicht in der Messe beten, sondern die Messe beten. Kann es sein, dass sich bei manchen Gläubigen, die der traditionellen Form anhängen, ein genau umgekehrtes Bedürfnis manifestiert, dass sie *in der* Messe beten wollen und gerade *nicht* die Messe?[437] Wäre dann aber nicht zu fragen, ob man diese Gläubigen nicht bewusst in die Irre gehen lässt, wenn man sie in diesem Glauben belässt?

So wäre mit Angelus Häußling im Hinblick auf die notwendige „Konzentration“ auf das Paschamysterium und die damit verbundene kritische Rückfrage nach der „Liturgiefähigkeit“ der Gläubigen kritisch rückzufragen: „Kann noch Christ sein, der sich nicht um die Reduktion und die Konzentration seiner Frömmigkeit auf das ‚Pascha-Mysterium‘ bemüht, auch gemäß und in den dazu hilfreich re-formierten Formen der Liturgie?

Handelt eine Kirchenleitung rechtens, die, statt Hilfen zu bieten, dem Ruf der Metanoia zu folgen, sich in den Verdacht bringt, Bequemlichkeit und Dummheit zu sanktionieren, weil sie den Christgläubigen die christliche Mühsal der Umkehr der Kirche auf Gottes Wort hin durch Belassen des Gewohnten erspart? Eine Kirche, der nicht mehr im Ernst daran liegt, aus dem immer neuen Hören des Anspruchs des Geistes zu leben und einander dazu zu verhelfen, verliert ihre Liturgiefähigkeit.“[438]

Für eine ausgewogene Sicht auf die nachkonziliare Liturgiereform

Natürlich gab es in der unmittelbaren Phase der nachkonziliaren Liturgiereform und ihrer Umsetzung auch viel liturgische Experimentierfreude, die nicht immer von großer Sachkenntnis getragen war. Auch heute noch finden sich in manchen Messfeiern Vorkommnisse, die weniger von pastoral-sensiblem Gestaltungswillen als von völliger Unkenntnis über Sinn- und Feiergestalt der eucharistischen Liturgie künden.

Eine sehr deutliche Kritik an solchen liturgischen Missständen zeichnet auch der Papst in seinem Begleitbrief an die Bischöfe, wenn er schreibt, dass „das neue Missale vielerorts nicht in seiner Ordnung getreu gefeiert, sondern geradezu als eine Ermächtigung oder gar Verpflichtung zu ‚Kreativität‘ aufgefasst wurde, die oft zu kaum erträglichen Entstellungen der Liturgie führte. Ich spreche aus Erfahrung, da ich diese Phase in all ihren Erwartungen und Verwirrungen miterlebt habe. Und ich habe gesehen, wie tief Menschen, die ganz im Glauben der Kirche verwurzelt waren, durch die eigenmächtigen Entstellungen der Liturgie verletzt wurden.“

In diesen Äußerungen des Papstes mag sich mancher genervte Gottesdienstbesucher wiederfinden, der angesichts überbordender liturgischer Experimentierfreude oftmals froh gewesen sein dürfte, die Grundgestalt der Eucharistiefeier noch erkennen zu können.

Aber kann man wirklich eine doch alles in allem sehr erfolgreiche Liturgiereform nach dem II. Vatikanischen Konzil nur negativ unter dem Vorzeichen einzelner problematischer Fehlentwicklungen sehen? Man denke als positive Entwicklung nur an die tätige Teilnahme aller Getauften, die sich mittlerweile selbstverständlich weltweit in der Feier der Liturgie nach der ordentlichen Ausdrucksform des Ritus als echte (auch: geistliche!) Frucht der konziliaren Bemühungen durchgesetzt hat.

Besteht demnach in einer zu negativen Sicht auf die nachkonziliare Liturgiereform, wie sie sich vor allem bei jenen findet, die die Kritik des Papstes allzu begierig und einseitig verzerrend aufgreifen, nicht die Gefahr, das gelungene Reformwerk des II. Vatikanischen Konzils insgesamt zu desavouieren?

Natürlich ist es ein Leichtes, ein in Fahnen und Weihrauchschwaden gehülltes, mit großem Chor und einer Orchestermesse in aller Pracht vollzogenes, vorkonziliares Hochamt auszuspielen gegen eine schlecht vorbereitete, nachkonziliare Messfeier, in welcher ein Priester in Verkennung seiner Rolle den eloquenten Alleinunterhalter gibt und sich in Banalitäten ergeht. Aber ginge das nicht auch umgekehrt: Wer würde nicht eine nachkonziliare Papstmesse auf dem Petersplatz, in all der Pracht, die auch der nachkonziliare Ordo Missae zu entfalten vermag, einer in 18 Minuten heruntergelesenen Stillmesse der Vorkonzilszeit vorziehen? Vergleichen wir hier nicht, was sich, will man seriös argumentieren, nicht vergleichen lässt? Und wem ist mit solchen Vergleichen eigentlich gedient?[439]

Kann man überhaupt negative Fehlentwicklungen anhand einzelner Beispiele liturgischer Normabweichungen, die es wohl zu allen Zeiten in der Liturgiegeschichte gegeben hat, vergleichen mit einer sehr idealisierten Sicht auf eine frühere Feiergestalt der Liturgie, die doch, wie wir gesehen haben, gerade von den Bischöfen, die auf dem Konzil versammelt waren, ebenfalls sehr kritisch und zumindest, was die fehlende tätige Teilnahme der Gemeinde anging, als defizitär angesehen wurde?

Schlussendlich: Mehrere Generationen von frommen Priestern und von nicht weniger frommen und ebenfalls theologisch gut ausgebildeten Laientheologinnen und -theologen haben sich seit den Zeiten der Liturgischen Bewegung darum bemüht, den Gläubigen die liturgische Feier zu erschließen, um ihnen eine bewusste und tätige Teilnahme am eucharistischen Mysterium zu ermöglichen. Müsste man diesen redlichen Bemühungen von Menschen, die ebenfalls ganz im Glauben der Kirche verwurzelt waren und sind, nicht auch von Seiten der Kirchenleitung mit größerer Wertschätzung begegnen? Müsste man also nicht umgekehrt die *positiven* Entwicklungen der nachkonziliaren Liturgiereform betonen und damit auch stärken?

Dass die Liturgie eine *Liturgia semper reformanda* ist, ergibt sich aus der Tatsache, dass sie Grundvollzug der Kirche ist, die immer eine *Ecclesia semper reformanda* bleibt. Demgemäß wurden auch schon einige Reformvorschläge in die dritte Auflage des Missale Romanum übernommen, der wahrscheinlich weitere Auflagen mit einzelnen Reformschritten folgen werden. Ein Beispiel ist hierbei die Frage nach einer angemessenen liturgischen Volkssprache, deren wir uns im nächsten Punkt noch einmal genauer vergewissern wollen.

8.3 Ein aktuelles Beispiel: Die Suche nach einer angemessenen liturgischen Sprache für die Messliturgie

Die Verwendung der Volkssprache in der Feier der Liturgie gilt gemeinhin als eines der wichtigsten Merkmale der nachkonziliaren Liturgiefeier in der römisch-katholischen Kirche. Mag dabei auch das häufig zu hörende Diktum, das II. Vatikanische Konzil habe das Latein in der Liturgie abgeschafft, in der Liturgiekonstitution so unmittelbar keine Entsprechung finden (SC, Art. 36 §2), so ist dennoch sicherlich das Empfinden, das sich in solchen Aussagen Ausdruck verleiht, korrekt: Die Zulassung der Volkssprache in der Liturgie stellt eine bedeutsame und nach außen hin wahrnehmbare Konsequenz der nachkonziliaren Liturgiereform dar.

Um eine angemessene sprachliche Gestalt dieser Volkssprache wird seither jedoch auch immer wieder gerungen. Ein aktuelles Beispiel ist die zum Teil hitzig geführte Diskussion um das neue *Roman Missal*, das mit Wirkung vom 1. Advent 2011 in den USA als neue englisch-sprachige Übersetzung der Editio Tertia des lateinischen Missale Romanum aus dem Jahr 2001 eingeführt wurde. Aus diesem Anlass wollen wir an dieser Stelle einige grundsätzliche Überlegungen zur Frage der Liturgiesprache in der Feier der Eucharistie vorlegen. Dies geschieht vor dem Hintergrund, dass auch im deutschen Sprachgebiet zur Zeit an einer neuen Übersetzung des Messbuchs gearbeitet wird.[440]

Die Vorgaben des Konzils zur Sprache der Liturgie

Welche Konseqenzen ergeben sich aus der Zulassung der Volkssprache in der Liturgie durch das II. Vatikanische Konzil? Zunächst ist davon auszugehen, dass der vom Konzil in SC 36 § 2 angeratene „weitere Raum", der der „Muttersprache" („lingua vernacula") zugebilligt wird, neben pastoralen Gründen („nützlich") auch liturgietheologische Gründe hat. Dabei steht der in SC, Art. 14 eingeführte Begriff der „participatio actuosa" als liturgietheologischer Beweggrund aller durch das Konzil angeregten Liturgiereform im Vordergrund: Wenn das Volk Gottes Träger der Liturgie ist, dann versteht es sich von selbst, dass die Riten und Texte der Liturgie so beschaffen sein sollten, dass sie der „vollen, bewussten und tätigen Teilnahme an den liturgischen Feiern" dienlich sind. Das Konzil spricht außer von der „participatio actuosa" auch noch von der „participatio conscia" (SC, Art. 14, 79), der „participatio facilis" (SC, Art. 79) und der „participatio plena" (SC, Art. 14, 21, 41). Dabei darf wohl die

„participatio conscia", die „bewusste Teilnahme" – mit Verweis auf SC, Art. 11 „scienter" – so gedeutet werden, dass das Konzil eine Teilnahme der Gläubigen im Sinn hatte, die sich durch Wissen, Kenntnis und Bewusstsein der in der Liturgie ausgedrückten Inhalte auszeichnet.

Die „participatio conscia" würde also dort verhindert, wo liturgische Texte das Verständnis von Glaubensinhalten erschweren oder gar unmöglich machen. Wenn diese liturgietheologischen Überlegungen des Konzils aber die Begründung liefern für die Verwendung der Volkssprache, dann ist der Begriff einer – wie auch immer gearteten – Liturgiesprache nur funktional, also von der Liturgie her zu bestimmen. Primäres Kriterium für die in der Liturgie verwendete Sprache wäre dann ihre Funktionalität. Umgekehrt könnte und dürfte – als negatives Kriterium – Sprache, die diese Teilnahme erschwert oder verhindert, in der Liturgie keine Verwendung finden. Damit ist aber auch ausgeschlossen, dass es sich bei liturgischer Sprache um eine Fachsprache – vergleichbar etwa der Wissenschaftssprache der universitären Theologie – handelt, denn es geht um die Teilnahme *aller* Gläubigen.

Schon diese allerersten Überlegungen zeigen, dass das Konzept einer künstlich und neu zu schaffenden „Sakralsprache" für die Feier der Liturgie, wie sie stellenweise in jüngerer Zeit wieder gefordert wird, vor dem Hintergrund der konziliaren Liturgietheologie äußerst kritisch zu sehen ist.

Die Sprache für die Liturgie nennt das Konzil „lingua vernacula", im deutschen Text mit „Muttersprache" übersetzt, besser wohl mit „Volkssprache" wiederzugeben, um eine Verwechslung von „Muttersprache" mit „Erstsprache" zu vermeiden. Unter „Volkssprache" wäre somit die gesprochene Umgangssprache als Sprache des täglichen Lebens zu verstehen.

Die Übertragung/Übersetzung liturgischer Gebetstexte in die Volkssprache

Nun besteht aber ein grundlegendes Problem bei der Untersuchung liturgischer Gebetstexte in der römisch-katholischen Kirche darin, dass es sich zumeist nicht um – aus eben dieser Volkssprache neu geschaffene – Eigenorationen handelt, sondern um die Übersetzung oder Übertragung bereits tradierter lateinischer Gebetstexte, sogenannte Orationen, in die jeweilige Volkssprache. Da es sich aber bei den meisten lateinischen Orationen um Zeugnisse einer hochstilisierten Sprachform handelt, ist zu fragen, inwieweit diese vorgegebene Stilebene auch für die Übertragung der Texte in volkssprachliche Fassungen bindend ist. Auskunft ist hier zunächst von der Übersetzerinstruktion „Comme le Prévoit" aus dem Jahre 1969 zu erwarten, wo es heißt:

Übersetzerinstruktion, Comme le Prévoit, 1969
Die verwendete Sprache soll die des täglichen Umgangs sein, also angepaßt an die Gesamtheit der Gläubigen [...]. Daraus folgt nicht, daß diese Sprache vulgär sein dürfte; ‚denn sie muß immer der hohen Wirklichkeit würdig sein, die sie ausspricht' [...] und literarisch tadellos. Auf der anderen Seite macht der Gebrauch der Umgangssprache keineswegs eine Einführung der Gläubigen in den besonderen biblischen und christlichen Sinn bestimmter Worte und Sätze überflüssig. Man darf aber nicht so übersetzen, daß die Gläubigen eine besondere literarische Bildung besitzen müßten, um den Zugang zum Ganzen der liturgischen Texte zu finden. Schließlich muß noch bemerkt werden, daß der Gottesdienst nicht selten sich echt poetischer Texte bedient, was keineswegs den Gebrauch der, allerdings gewählten, Umgangssprache ausschließt.[441]

Hier findet sich das Übersetzungsprinzip der „dynamic equivalence". Dieser Terminus steht im englischen Sprachraum geradezu als Synonym für die von *Comme le Prévoit* (1969) vorgesehene Übertragung von Texten aus dem Lateinischen in die jeweiligen Volkssprachen. Er lässt sich im Deutschen mit „dynamische Entsprechung" nur sehr ungenau wiedergeben. Am ehesten trifft dies, dass die Übersetzerinstruktion eine Übertragung (!) im Gegensatz zu einer wortgetreuen „Übersetzung" von Texten in die Volkssprache intendiert.

Mit dem Erscheinen der „V. Instruktion zur ordnungsgemäßen Durchführung der Konstitution des Zweiten Vatikanischen Konzils über die heilige Liturgie" mit dem Titel „Liturgiam Authenticam" aus dem Jahr 2001 hat sich dies grundlegend geändert. So fordert die neue Übersetzerinstruktion eine vollständige und genaue Übersetzung der lateinischen Originaltexte des römischen Ritus und untersagt etwaige Auslassungen und Hinzufügungen. Auch Anpassungen an die jeweiligen Eigenheiten der verschiedenen Sprachen sind bei der Übersetzung der lateinischen Texte mit Bedacht und Vorsicht durchzuführen [Art. 20–23]. Maßgeblich für die Übersetzungen ist lediglich der lateinische Originaltext [Art. 24], die Übersetzungen haben so auszufallen, dass sie auch von weniger gebildeten Menschen verstanden werden [Art. 25], ein sakraler Stil, den die Übersetzerinstruktion von 1969 ausdrücklich vermeiden wollte, wird nun sogar empfohlen, was auch die Verwendung veralteter Wörter aus dem jeweiligen Wortschatz einschließt [Art. 27]. Selbst der hypotaktische Satzbau des Lateinischen mit seinen komplexen Partizipialkonstruktionen und seinen verschachtelten Konstruktionen aus Haupt- und Gliedsätzen soll im übersetzten Text beibehalten werden [Art. 57]. Mehrfach wird betont, dass die Übersetzungen, sogar der Allgemeinen Einführungen zu den jeweiligen liturgischen Büchern, „ad litteram“ zu geschehen haben, also: „wortwörtlich“.

Das neue Roman Missal 2011 im englischen Sprachraum

Die Geschichte der Übersetzungen des Missale Romanum ins Englische ist eng verbunden mit der Arbeit der Kommission „ICEL“. Hinter dieser Abkürzung verbirgt sich die „International Commission on English in the Liturgy“ aus insgesamt elf englischsprachigen römisch-katholischen Bischofskonferenzen. Die ICEL hatte in den Jahren 1969 bis 1972 bereits die erste Messbuch-Übersetzung erstellt, die unter dem Titel Sacramentary 1973 erschien und seither im liturgischen Gebrauch war. In den 80er-Jahren des 20. Jahrhunderts arbeitete die ICEL an einer Revision der Übersetzung, der jedoch in den 90er-Jahren die vatikanische Gottesdienstkongregation die Zustimmung verweigerte. Mit dem Erscheinen von *Liturgiam Authenticam* 2001 änderte sich die Arbeitsweise der ICEL grundlegend, und eine Kommission *Vox Clara* erhielt als Bindeglied zwischen den Bischofskonferenzen und der Kongregation die Oberaufsicht über die dann neu zu erstellende Messbuch-Übersetzung, die 2010 von Papst Benedikt XVI. konfirmiert und mit Wirkung vom 1. Advent 2011 in den Gemeinden eingeführt wurde.

Nun werden im englischen Sprachraum zur Zeit erste Erfahrungen mit den neu übersetzen Texten des neuen *Roman Missal* gesammelt, die zum Teil wenig ermutigend sind und heftig diskutiert werden. Ein solches umstrittenes Beispiel ist etwa die Übersetzung des liturgischen Grußes zu Beginn der Messfeier:

Sacramentary 1973	Roman Missal 2011
Priest: The Lord be with you. People: **And also with you**.	Priest: The Lord be with you. People: **And with your spirit.**

Es dürfte den Mitgliedern der ICEL auch in den Jahren 1969–1972 von ihrer Kenntnis der lateinischen Sprache her klar gewesen sein, dass „And also with you" eine allenfalls sehr freie Wiedergabe des lateinsichen „Et cum spiritu tuo" darstellt. Erschwerend kommt noch hinzu, dass sich auch in den Englisch-Lateinischen Zwischenmissalien der unmittelbaren Nachkonzilszeit (1964/1966) bereits die (wörtlich übersetzte) Antwort: „And with your spirit" findet. Diese wurde also in der Übergangszeit von 1964–1973 in der gefeierten Liturgie verwendet und erst im Jahr 1973, mit der Publikation des neuen Sacramentary, entsprechend abgeändert. Es lässt sich rekonstruieren, dass die Übertragung „And also with you" zunächst von einer gemeinsamen ökumenischen Kommission zur Erstellung liturgischer Texte (ICET) vorgeschlagen und dann von der ICEL, als Teil der gemeinsamen ökumenischen Texte für die Feier der Liturgie, übernommen wurde.

In den Folgejahren übernahmen die Antwort „And also with you" auch Anglikaner, Methodisten und Lutheraner für ihre jeweiligen liturgischen Bücher. Wenn sich mit dem neuen *Roman Missal* 2011 die Antwort auf den liturgischen Gruß nun im Bereich der römisch-katholischen Kirche ändert, so wird dies von außen betrachtet naturgemäß als anti-ökumenischer Affront angesehen. Warum man allerdings 1973 die Notwendigkeit sah, den damals schon fast 10 Jahre lang (ein)gebeteten Text, der eine wörtliche Übersetzung des Lateinischen darstellt, abzuändern, lässt sich im Nachhinein nicht mehr exakt eruieren.

Überhaupt darf man an dieser Stelle bereits festhalten, dass die genaueren Intentionen der Arbeit von ICEL an der Erstauflage des Sacramentary von 1973 bei einzelnen Übersetzungen im Detail nur schwer nachzuvollziehen sind. Klar und einsichtig ist lediglich die Orientierung am Prinzip der „dynamic equivalence". Gerade SC, Art. 34, der betont, die Sprache solle „der Fassungskraft der Gläubigen angepaßt" sein, hatte für das englische Sprachgebiet naturgemäß noch einmal eine besondere Bedeutung, da viele Migranten Englisch als Zweitsprache verwendeten und in dieser nun auch Gottesdienst feierten.

Veränderungen finden sich auch im (Großen) Credo der Messfeier:

Sacramentary 1973	Roman Missal 2011
We believe in one God, the Father, the Almighty, maker of heaven and earth, of all that is seen and unseen. We believe in one Lord, Jesus Christ, the only Son of God, eternally begotten of the Father, God from God, Light from Light, true God from true God, begotten, not made, **one in Being with the Father.** (…) by the power of the Holy Spirit **he was born of the Virgin Mary**, and became man. (…)	**I believe** in one God, the Father almighty, maker of heaven and earth, of all things visible and invisible. I believe in one Lord Jesus Christ, the Only Begotten Son of God, born of the Father before all ages. God from God, Light from Light, true God from true God, begotten, not made, **consubstantial with the Father;** (…) and by the Holy Spirit **was incarnate** of the Virgin Mary, and became man. (…)

Diese textlichen Veränderungen im Credo wurden breit diskutiert. So entspricht die Änderung von „We believe“ zu „I believe“ gerade nicht der Tradition, denn das Nicaeno-Constantinopolitanum ist im Originaltext in der Wir-Form formuliert. Die Änderung von „one in Being“ zu „consubstantial“ als Übersetzung des griechischen *„homoousios“* ist analog zu sehen zur Änderung des „he was born of the Virgin Mary“ hin zu: „was incarnate of the Virgin Mary“.

Beide Neuübersetzungen sind im engeren Sinne keine Übersetzungen, sondern sind Neologismen, neu geschaffene Lehnworte, die ihre Herkunft aus dem Lateinischen nicht verbergen können (und wollen). Ob eine solche Treue zur lateinischen Vorlage wirklich dem Verständnis des übersetzten Textes dienlich ist, darf indes angezweifelt werden. Hinzu kommt, dass ausgerechnet der erste Fall, das lateinische „consubstantialem Patri“, in *Liturgiam Authenticam* Nr. 53 als Beispiel genannt wird, bei dem man überlegen solle, hier freier zu übertragen, anstatt wortwörtlich zu übersetzen. Die bisherige englische Übersetzung „one in being with the father“ erfüllt demnach die Bedingungen von Liturgiam Authenticam. Dies wirft dann aber die Frage auf, warum sie dennoch geändert wurde.

Versuch eines (Zwischen-)Fazits: Lernen aus Erfahrung

Die Sprache, in der wir in der Liturgie beten und singen, ist nichts Beliebiges. Die zum Teil heftigen Auseinandersetzungen im englischen Sprachraum um die Neuübersetzung des *Roman Missal* zeigt dies eindrücklich. Ausnahmslos alle Autoren, die sich hier öffentlich zu Wort gemeldet haben, betonen dabei allerdings positiv, dass selten in der jüngeren Kirchengeschichte so intensiv um die Liturgie gerungen wurde. Sie alle sehen dies als ein positives Zeichen an – Liturgie und die Sprache, in der diese gefeiert wird, sind den Gläubigen keinesfalls egal.

Man darf sagen, dass die beteiligten Bischofskonferenzen die Einführung der englischen Neuübersetzung als Kairos erkannt haben und diesen nun nutzen zu einer beispielhaften konzertierten Aktion liturgischer Katechese. Mag auch aus europäischer Sicht der Pragmatismus, der hier vorherrscht, erstaunen, der eher an den bekannten Grundsatz „to make the best of a bad job" gemahnt, wird man positiv festhalten können, dass sowohl Bischöfe als auch Liturgiewissenschaftler sich ihrer Verantwortung bewusst sind und diese Situation aktiv nutzen, um das Beste daraus zu machen.

Man wird im Rückblick auf nahezu 50 Jahre Liturgiereform, die wir im Jahr 2013 mit dem 50. Jahrestag der Promulgierung der Liturgiekonstitution *Sacrosanctum Concilium* feiernd begehen, sagen dürfen, dass es vielleicht wirklich zu blauäugig und naiv war anzunehmen, mit der Einführung der volkssprachlichen Liturgie sei die Feier dieser Liturgie nun verständlich und damit nahezu selbsterklärend.

Die Erfahrungen der Praxis und ein leider weit verbreitetes Unverständnis für Sinn- und Feiergestalt der Liturgie legen eher den Umkehrschluss nahe: Durch die volkssprachliche Liturgie sind die Defizite in der liturgischen Bildung noch deutlicher zutage getreten. Insofern wäre die Frage, wie man auch im deutschen Sprachgebiet die Einführung eines neuen Messbuchs nutzen kann, um, mit Hilfe von liturgischer Katechese, die liturgische Bildung bei den für die Liturgie verantwortlichen Hauptamtlichen (Pfarrern, Diakonen und Laientheologinnen und -theologen) wie bei den einfachen Gläubigen zu vertiefen.

Die grundlegende Frage, wieviel Einheitlichkeit in der Liturgie und damit auch in der liturgischen Sprache notwendig ist, damit der Gottesdienst noch als Gottesdienst der einen katholischen Kirche wahrgenommen wird, und wieviel Vielfalt möglich ist, damit er zugleich authentischer Glaubensausdruck der feiernden Ortskirche ist, wird dabei nicht einmal und für alle Zeiten zu beantworten sein. Die hier formulierte

Spannung, dies lehrt auch die Erfahrung mit dem neuen *Roman Missal*, ist nicht einfach nach einer Seite hin aufzulösen.

Die Übersetzung und Übertragung von liturgischen Texten in Volkssprachen ist und bleibt vor diesem Hintergrund ein mühsames Unterfangen, da diese Volkssprachen lebendigem Wandel unterworfen sind. In der Zeit unmittelbar nach dem Konzil musste die Kirche erst lernen, so der australische Liturgiewissenschaftler Tom Elich, der als langjähriges Mitglied der ICEL auf die Zeit der Entstehung des *Sacramentary* von 1973 zurückblickt: „how to pray in the vernacular". Man dachte damals im englischsprachigen Raum wohl, so Elich, man müsse die Sprache der Liturgie möglichst einfach und schlicht halten, damit diese im hörenden und mitfeiernden Vollzug besser verstanden werde. Tom Elich beschreibt den Lernprozess der vergangenen 40 Jahre wie folgt: „We who speak English have learned through our experience of vernacular worship that greater complexity and richness is both possible and desirable. ICEL liturgical translations have developed and changed accordingly."[442]

Der fatale Eindruck der Gläubigen in den USA und in anderen Bereichen der englischsprachigen Welt, man habe 40 Jahre lang „falsch" gebetet, ist deshalb mit dem ehrlichen Verweis auf einen Lernprozess im Umgang mit volkssprachlicher Liturgie unbedingt zu vermeiden.

Weder das am 1. Advent 2011 neu eingeführte *Roman Missal* noch ein gerade im Übersetzungsprozess befindliches neues Messbuch für das deutsche Sprachgebiet werden aller Voraussicht nach die letzten ihrer Art sein. Insofern bieten die gemachten Erfahrungen, auch diejenigen negativer Art, durchaus die Chance, hieraus für die Zukunft zu lernen.

Für die Übertragung der Liturgie ins Deutsche finden sich etwa in dem von B. Kranemann und St. Wahle herausgegebenen Sammelband: „ ‚... Ohren der Barmherzigkeit'. Über angemessene Liturgiesprache" weiterführende Überlegungen des Liturgiewissenschaftlers Martin Klöckener. Dieser kommt zu dem Schluss:

> Gleichwohl ist das Prinzip, dass die Liturgiesprache für die meisten Mitfeiernden verstehbar und mitvollziehbar sein muss, nicht verhandelbar, wenn nicht wesentliche Konzilsanliegen aufgegeben werden sollen. Die Liturgie verlangt von ihrem Wesen her eine Sprache, die den gemeinschaftlichen Vollzug, die „participatio actuosa" aller ermöglicht und damit den Glauben an den dreifaltigen Gott mit Hilfe der Sprache weckt, stärkt und neu inspiriert.[443]

8.4 Fazit: Liturgia semper reformanda und/oder: „Reform der Reform"?

Wo stehen wir also 50 Jahre nach der Promulgierung der Liturgiekonstitution Sacrosanctum Concilium? Was sind die Lehren, die wir aus der Erfahrung von knapp 45 Jahren mit der durch das Konzil erneuerten volksprachlichen Messliturgie ziehen können? Einige Aspekte, die nicht den Anspruch der Vollständigkeit erfüllen können und wollen, seien hier aufgelistet:

Plädoyer für eine größere Gelassenheit in der noch jungen Phase der Konzilsrezeption

Wir befinden uns, knapp 50 Jahre seit Beginn des II. Vatikanischen Konzils, in einer noch jungen Phase der Rezeption dieses jüngsten ökumenischen Konzils der Kirche. An dieses Faktum ist angesichts vieler Aufgeregtheiten und zum Teil hitzig geführter Diskussionen, die im Hinblick auf die Reform der Liturgie anzutreffen sind, mit Nachdruck zu erinnern. Dass es nach einem Konzil zunächst eine Phase des Aufbruchs, dann eine Phase der nochmaligen intensiven Diskussion der Konzilsbeschlüsse und schließlich eine Phase der Konsolidierung gibt, ist nichts Neues. Analoge Entwicklungen ließen sich für die großen Konzilien der Spätantike mit ihren christologischen und trinitätstheologischen Lehrentscheidungen ebenso nachweisen wie für das Konzil von Trient.

Dass es gerade zur Zeit zu bisweilen erbitterten Auseinandersetzungen um eine angemessene Rezeption des II. Vatikanischen Konzils kommt, hat zunächst auch biografische Gründe: Die Konzilsgeneration tritt ab, eine nachgeborene Generation tritt an ihre Stelle, für die freilich das II. Vatikanum ähnlich historisch weit weg ist wie das Konzil von Trient. So geht es bei den gegenwärtig zu erlebenden theologischen Auseinandersetzungen um eine angemessene Rezeption auch um die Frage der Deutungshoheit: Liegt diese allein bei jenen, die das Konzil miterlebt haben, die sozusagen „dabei waren"? In welcher Form können und sollen sich Nachgeborene die Beschlüsse und Impulse des II. Vatikanums zu eigen machen? Und welche (unter Umständen: neuen und kritischen) Sicht- und Zugangsweisen kann und darf eine nachgeborene Generation hierbei für sich in Anspruch nehmen?

Es ist ein schlichtes Faktum, dass sich zum gegenwärtigen Zeitpunkt noch nicht abschließend sagen lässt, wie die Rezeptionsgeschichte des

II. Vatikanischen Konzils weiter verlaufen wird.[444] Nach einer Phase des zuweilen euphorischen Aufbruchs in der unmittelbaren Nachkonzilszeit, bei der freilich, so wird man aus heutiger Sicht kritisch anfügen dürfen, weniger auf die Texte und konkreten Beschlüsse des Konzils als auf dessen „Geist" rekurriert wurde, scheint das Pendel nun in die Gegenrichtung auszuschlagen. Bestrebungen, das II. Vatikanum als „bloßes" (?) Pastoralkonzil abzuwerten, gehen einher mit Bemühungen, dessen Aussagen als rein zeitbedingt abzutun, einer zu großen Fortschrittsgläubigkeit der 60er-Jahre des vergangenen 20. Jahrhunderts verhaftet. Dass letztere Position sich ebenso wenig auf die Dokumente des II. Vatikanischen Konzils beziehen kann wie eine allzu kühne Fortschreibung seiner Reformideen in dessen „Geist", ohne näher zu bestimmen, was darunter zu verstehen ist, liegt auf der Hand.

Gefährlich ist an solchen extremen Tendenzen, dass sie sich zum einen beide von den eigentlichen Aussagen des Konzils, wie sie in dessen lehramtlich verbindlichen Dokumenten niedergelegt sind, vollkommen loslösen, zum anderen aber auch zunehmend eine „doctrina sana", eine gesunde katholische, im eigentlichen Wortsinn: umfassende, die Gegensätze vereinende, mittlere Position vermissen lassen.

Ein Marsch der Kirche „hinter das Konzil zurück" in ein selbstgewähltes Ghetto einer vermeintlich „guten alten Zeit" ist keine wirkliche Option. Dem US-Liturgiewissenschaftler John F. Baldovin ist in seinem klaren Urteil nur zuzustimmen: Diese Zeiten sind ein für allemal vorbei und mit ihnen auch die Liturgie dieser Zeit."[445]

Zudem erscheint eine solche, von eigentlich zutiefst unchristlicher Hoffnungslosigkeit geprägte Perspektive angesichts der realen Herausforderung für den Glauben des Einzelnen wie für die Gemeinschaft der Kirche in der gegenwärtigen Zeit wenig aussichtsreich. Es wird uns nichts anderes übrig bleiben, als den mühsamen, arbeitsreichen und steinigen Weg zu gehen, die reformierte, nachvatikanische Liturgie in angemessener Weise so zu feiern und im Nachgang mystagogisch zu erschließen, dass sie den Menschen im Hier und Jetzt wirklich „Quelle und Höhepunkt" ihres gesamten christlichen Lebens sein kann.[446]

Die nachkonziliare Liturgie in ihrer gegenüber der Vorkonzilszeit veränderten Feiergestalt manifestiert als Selbstvollzug von Kirche ein auch nach außen hin wahrnehmbar anderes Kirchenbild, das wiederum – je nach Position des Beobachters – als legitimer Ausdruck des Kirche-Seins (so die offzielle, lehramtliche Wahrnehmung im Sinne einer Hermeneutik der legitimen und notwendigen Reform) oder als Traditionsabbruch (so etwa in traditionalistischen Kreisen im Sinne einer Hermeneutik des Bruchs) gedeutet wird.

Wird das Schlagwort von der „Reform der (Liturgie-)Reform" demnach im Sinne einer totalen Negierung der Liturgiereform des jüngsten Konzils und eines Zurück in die vermeintlich liturgisch heile Welt der 1950er-Jahre verwendet, so ist dieses Ansinnen aus theologischen Gründen abzulehnen, weil es den lehramtlich verbindlich geäußerten, durch das Konzil dezidiert erklärten Reformbestrebungen der Liturgiekonstitution (vgl. SC, Art. 21, 48, 50, u. ö.) widerspricht und zudem auch völlig unhistorisch ist.

Wird aber mit dem Schlagwort „Reform der Reform" lediglich ausgesagt, dass die Liturgie der Kirche immer eine refomierbare, reformbedürftige bleibt, so ist solch ein Anliegen nur zu begrüßen. Gerade aus der Sicht des Nachgeborenen, der nur mit der nachvatikanischen eucharistischen Liturgie aufgewachsen und groß geworden ist, wäre es eine fatale Entwicklung, wenn nun, nach der Liturgiereform des II. Vatikanischen Konzils, eine ähnliche Phase der Erstarrung einsetzen würde, wie diese, summa summarum, für die Jahrhunderte nach der Liturgiereform des Konzils von Trient zu attestieren ist.

Gerade eine Position der Achtung und Wertschätzung für die nachkonziliare Liturgiereform schließt nicht aus, die unbestreitbaren Defizite in der konkreten liturgischen Praxis in vielen Gemeinden in aller Deutlichkeit zu benennen. Denn auch für unsere Zeit gilt die Warnung, welche die Deutschen Bischöfe zum 40. Jahrestag der Promulgierung der Liturgiekonstitution formuliert haben: „Stillstand ist Rückschritt."[447]

Wenn die Kirche eine Ecclesia semper reformanda, oder, theologisch präziser und auf den Wortlaut von LG, Art. 8 zurückgreifend: eine *Ecclesia semper purificanda* ist, eine Kirche, die der steten Reinigung und einer immer neuen Bekehrung auf das Wort Gottes hin bedarf (vgl. Eph 5,26 f.)[448], dann gilt dieses auch für die gefeierte Liturgie der Kirche (vgl. SC, Art. 21).

Die inhaltlichen, liturgietheologischen Vorgaben der Liturgiekonstitution sind hierbei ein Kanon im ursprünglichen Wortsinn: eine hilfreiche Richtschnur für die liturgische Erneuerung in der Zukunft. Dies gilt sowohl für die inhaltliche Bestimmung des Sinngehalts der christlichen Liturgie als Gedächtnisfeier des Pascha-Mysteriums Christi (SC, Art. 5. und 6) wie für die formale Feiergestalt: das Prinzip der actuosa participatio, der tätigen Teilnahme aller Gläubigen (SC, Art. 14).

Denn diese Prinzipien christlichen Gottesdienstes sind mitnichten (Neu-)Erfindungen des II. Vatikanischen Konzils, sondern diese Vorgaben wurden lediglich durch eine Rückbesinnung auf die Hl. Schrift und eine vertiefte Kenntnis der liturgischen Tradition wie der Lehre der Kirche erneut ins Bewusstsein gehoben, um „auf diese Weise Gemeinsamkeit zu schaffen und die Richtung des weiteren Weges (der Kirche/M.S.) zu bestimmen".[449]

> *Die Spannung von Liturgiereform und Liturgiefähigkeit hat der Liturgiewissenschaftler Angelus Häußling OSB folgendermaßen beschrieben:*
>
> „Liturgiefähig ist nur jene Kirche, die auf die Anrede durch Gottes Geist hört, und so weit und so lange sie dieses tut, denn nur dann kann sie mit dem erhöhten Herrn das eine Subjekt der liturgischen Feier sein und sich als solches geltend machen. Steht die Willigkeit, das Evangelium und den im Evangelium sprechenden Geist des erhöhten Herrn je und je zu hören, in der Existenz der Kirche und der Christen nicht an erster Stelle des Pflichtenheftes, schwindet die Befähigung, mit dem Herrn die Liturgie für Gott und das Heilswerk Christi zu feiern. Und ein Recht, eine Reform der Liturgie zu verordnen, kann auch ein Ökumenisches Konzil nur dann für sich beanspruchen, wenn es seine Willigkeit nachweist, auf das Wort Gottes zu hören und seine eigenen Aussagen als Antwort auf das vernommene Gotteswort zu erweisen."[450]

Die Frage nach der Deutung und Bedeutung von Liturgiegeschichte

In der Bemühung um eine Erneuerung der Liturgie wurde und wird, wir haben es gesehen (vgl. Kapitel 2), immer wieder auf die „Norm der Väter" rekurriert (vgl. SC, Art. 50).[451] Bereits in unseren einleitenden Bemerkungen zum zweiten, historischen Kapitel dieses Buches haben wir auf die Problematik hingewiesen, welchen Stellenwert neu gewonnene liturgiehistorische Erkenntnisse im Hinblick auf die heutige Feier der Liturgie haben.

Sicherlich ist ein Blick auf das Werden der Liturgie in der Geschichte unerlässlich, um die heutige Liturgie als gewordene, auch in der historischen Bedingtheit mancher Aspekte der konkreten Feiergestalt, begreifen zu können. In diesem Sinne ist Liturgiegeschichte *instruktiv*, weil sie uns die heutige Liturgie besser verstehen lässt. Allerdings erhebt die Rede von der *norma patrum*, der Norm der Väter, eben auch einen *normativen* Anspruch, der deutlich über eine rein instruktive Sicht auf die Liturgiegeschichte hinausweist.

Es würde an dieser Stelle zu weit führen, die hier nur angerissene Problematik im einzelnen zu explizieren. Lediglich als eine Richtung, in die es sich lohnen würde, eine liturgie-systematische Reflexion voranzutreiben, sei die grundlegende Frage aufgeführt, inwieweit diese *norma patrum* an der Norm der Hl. Schrift als *norma normans non normata* partizipiert. Die Norm der Väter wäre dann im Sinn einer möglichen Auslegung von Schrift jene Art, Liturgie schriftgemäß zu feiern, die auch für heutige Zeit zum Vorbild und damit, im von der Hl. Schrift abgeleiteten Sinn, zur Norm werden kann.

Auch die ursprüngliche Bedeutung des vielzitierten Axioms lex orandi – lex credendi, dass das Gesetz des Betens und das Gesetz des Glaubens einander entsprechen (sollen), weist bei Prosper von Aquitanien diesen direkten Rückbezug zur Hl. Schrift auf.

An dieser Stelle mag freilich genügen festzuhalten: Die vielbeschworene *norma patrum* ist[452], wir haben es gesehen, so eindeutig nicht. Am Anfang, schon zu apostolischer Zeit, gab es eher die Vielfalt, dann immer wieder Uniformisierungstendenzen, dann wieder Wachstum, Vielfalt, aber auch Auswüchse und Missbräuche, dann wieder Reform, die immer wieder an Schrift und Tradition Maß nimmt, eine Reduktion auf das Wesentliche.

Und dann? Ist Liturgiegeschichte ein dialektischer Fortschritt? (Falls ja, wäre zu fragen: Fortschritt worauf hin?) Wenn dem so wäre, ließe sich dann die geschichtliche Entwicklung der christlichen Liturgie als eine (asymptotische) Annäherung an die himmlische Liturgie denken?

Allein ein Blick auf die realen, empirisch erlebbaren Feiergestalten unserer Liturgie in den Gemeinden vor Ort lässt hier Zweifel aufkommen. Oder anders gefragt: Glauben wir wirklich, dass wir „es“ (was?) so viel besser wissen als jene, die etwa in den 60er/70er-Jahren des vergangenen Jahrhunderts sich redlich nach dem Kenntnisstand ihrer Zeit mühten, die Messliturgie, deren rituellen Ablauf und die euchologischen Texte zu reformieren?

Sicher ist Reinhard Meßner zunächst zuzustimmen, wenn dieser warnend einwendet: „Es kann doch keine Zukunftsperspektive sein, den jeweils letzten, doch niemals endgültigen, irreformablen Stand der liturgiewissenschaftlichen Forschung in liturgische Formulare und Bücher zu überführen?“ [453]

Umso wichtiger erscheint es, sich im Hinblick auf unsere Überlegungen noch einmal vor Augen zu führen, dass offensichtlich unterschiedliche Zeiten und unterschiedliche liturgische Traditionen im Bemühen, dem Sinngehalt der Eucharistie angemessen Gestalt zu verleihen, sehr unterschiedlich ausdifferenzierte Feiergestalten entwickelt haben.

Fragen wir nach den Motiven für die immer wieder vorgenommenen Reformen der Messliturgie, so hilft ein Blick auf die Magna Charta der jüngsten Liturgiereform: Artikel 21 der Liturgiekonstitution formuliert eine Agenda für die Reform der Liturgie, die auch zu anderen Zeiten der Kirchengeschichte ihr Gültigkeit besaß: Die Feiergestalt der Liturgie ist so zu reformieren, dass in ihr der Sinngehalt der Liturgie deutlicher, klarer und für die Mitfeiernden erkennbarer zum Ausdruck kommt.[454]

Ars celebrandi – von der Notwendigkeit liturgischer Bildung

Nach den beiden vorhergehenden, eher allgemein und grundsätzlich gehaltenen Antwortversuchen auf die Frage: Wo stehen wir 50 Jahre nach der Liturgiereform?, soll nun noch abschließend der Versuch einer liturgie-praktischen Konkretisierung unternommen werden. Ein solcher Antwortversuch, der ins Konkrete geht, fällt notwendigerweise immer sehr subjektiv aus, er ist getragen von der persönlichen, biografisch gefärbten liturgischen Erfahrung und damit allenfalls als *ein* Diskussionsbeitrag zu werten.

Dennoch möchte ich mich am Ende dieses Buch nicht vor einer Antwort drücken, denn es erschiene mir ausgesprochen feige und auch intellektuell unredlich, so zu tun, als ob nicht auch dem der akademisch-wissenschaftlichen Distanz zum Objekt verpflichteten Liturgiewissenschaftler gerade aus der intensiven Beschäftigung mit dem Forschungsobjekt (also in unserem Fall: der Feier der Eucharistie) konkrete Ideen erwachsen würden, wie Liturgie besser, angemessener gefeiert werden könnte. Kurzum: Welches wären aus der persönlichen Sicht des Autors Vorschläge und Ideen, die Feiergestalt der Eucharistie unter den kontingenten Bedingungen von Raum und Zeit im Hier und Heute noch besser feiernd vollziehen zu können?

Ansetzen möchte ich bei einer Beobachtung, konkret handelt es sich um eine kleine Rubrik (Regieanweisung) im deutschsprachigen Messbuch, auf die zuvor schon verwiesen wurde. Dort heißt es unmittelbar unter der Überschrift „Wortgottesdienst“: „An Sonn- und Feiertagen sind als Norm vor dem Evangelium zwei Lesungen vorgesehen. Wo aus pastoralen Gründen nicht beide vorgetragen werden können, ist es gestattet, eine von ihnen auszuwählen."[455] Ein kleines, rotes Kästchen markiert diese Rubrik als Eigengut des deutschsprachigen Messbuchs, das sich so im lateinischen Missale Romanum nicht findet.

Auf die umfangreichen Auswirkungen dieser Rubrik wurde zuvor schon verwiesen; viele Gemeinden oder zumindest jene Priester, die dort der Liturgie vorstehen, scheinen für sich „pastorale Gründe" in Anspruch zu nehmen, um dem ausdrücklichen Wunsch der Liturgiekonstitution, den Tisch des Wortes reicher zu decken (SC, Art. 51), zuwider zu handeln. Doch was sind solche „pastoralen Gründe", die nicht nur an dieser Stelle im Messbuch auftauchen? Hier tun sich offensichtlich Ermessensspielräume auf, die zu recht massiven Eingriffen in den Ablauf der liturgischen Feier führen. Wäre es dann, auf der Basis der gemachten Erfahrungen, nicht sinnvoll und angeraten, diese „pastoralen Gründe" genauer zu reflektieren und unter Umständen auch präziser zu reglementieren, anstatt sie dem persönlichen Belieben des einzelnen anheim fallen zu lassen?

Betrachten wir hierzu noch ein anderes Beispiel: Zu Beginn, im Eröffnungsteil der Messfeier heißt es: „Der Priester, der Diakon oder ein anderer dazu Beauftragter kann eine knappe Einführung in die Feier geben."[456] Diese Rubrik findet sich so auch im lateinischen Missale Romanum 1970; der Zeitangabe „knapp" im deutschen Text entspricht im lateinischen Text die Angabe „brevissimis verbis", welche die GORM mit „in ganz kurzen Worten" wiedergibt (vgl. GORM, Nr. 31). Es geht an dieser Stelle also weder um eine ausschweifende Begrüßung, noch um eine zweite Predigt/Homilie.

Der Vorwurf ist massiv, welcher die nachkonziliare, volkssprachliche Liturgie der Wortlastigkeit bezichtigt, ihr vorwirft, sie sei eine einzige „Logorrhoe", ein Wortdurchfall[457], was, da diese Worte im Regelfall von dem der Feier vorstehenden Priester vorgetragen werden, auch eine schleichende Klerikalisierung mit sich bringt. Wie sollte die Gemeinde sich dieses klerikalen Wortschwalls denn erwehren?

So wird unter Umständen die ganze Feier (im wohlmeinenden Bemühen, ganz nahe bei den Menschen zu sein) zugetextet, wo auch immer eine Rubrik die Möglichkeit einräumt, sprachlich kreativ zu werden, und oft genug auch darüber hinaus.

Dass die sprachlich verfasste Liturgie ein gewisses literarisches, textliches Niveau vorlegt, das im Regelfall leichter zu unterbieten ist, als diesem auf sprachlich-qualitativer Augenhöhe zu begegnen, kommt erschwerend hinzu. Es wird nicht nur getextet, es wird auch noch sprachlich schlecht getextet.[458]

Betrachten wir schließlich noch ein drittes Beispiel: Im deutschsprachigen Messbuch finden sich mehrere (allesamt auch zum gesungenen Vortrag vertonte) Einladungen zum Vaterunser. Das deutschsprachige Messbuch kennt gegenüber dem lateinischen Missale Romanum, in dem sich nur eine solche Einladung zum Vaterunser findet („Praeceptis salutaribus moniti …"), schon eine Vielzahl von Möglichkeiten, die Feiergestalt der konkreten Situation anzupassen.

Auch an dieser Stelle der Eucharistischen Liturgie findet sich eine mit einem roten Kästchen gekennzeichnete Rubrik: „Oder eine andere geeignete Einladung. Diese kann auch der Zeit des Kirchenjahres angepasst werden."[459] Auch hier stellt sich die grundsätzliche Frage: Was ist „eine andere geeignete Einladung" zum Gebet des Herrn? Bedarf es derer beliebig viele? Müsste man nicht, wenn man dazu einlädt, solche Einladungen immerhin zum Herrengebet frei zu formulieren, Hilfen und Vorschläge anbieten, wie solches textlich, sprachlich, theologisch qualitätvoll getan werden kann?

Fassen wir unsere Beobachtungen zusammen, so sei an einen Satz des Mainzer Kardinals Hermann Volk erinnert, den dieser in der unmittelbaren Nachkonzilszeit geprägt hat: „Wir werden bald schon mehr dürfen, als wir können".

Die hierin zum Ausdruck kommende Grundspannung zwischen der Erlaubtheit, in der Liturgie an bestimmten vorgesehenen Stellen variieren und Anpassungen vornehmen zu dürfen, und der liturgischen Kompetenz, die es braucht, um solches auch sinnvoll und angemessen zu tun, scheint im Rückblick auf eine fast 40-jährige Erfahrung mit der nachkonziliaren, muttersprachlichen Liturgie einer neuen Auslotung zu bedürfen.

Man kommt nicht umhin, die nachkonziliare Feiergestalt hier kritisch zu hinterfragen: Bieten sich in dieser nicht vielleicht doch zu viele Möglichkeiten zu variieren, die eigentlich ein zu hohes Maß an liturgischer Bildung und Sprachkompetenz voraussetzen?

Die Feier der Eucharistie ist schließlich ein sich wiederholendes Ritual, und als solches bedarf die Messliturgie geprägter Formeln und Formulierungen, die eine Nachvollziehbarkeit des Rituals erleichtern. Ein Weniger an überraschender und damit in der tätigen Teilnahme behindernder, weil diese überfordernde Variabilität wäre hier wohl oftmals mehr.

Zudem zeichnet sich gerade der römische Ritus durch eine dem Latein eigentümliche rhetorisch kunstvolle Knappheit aus. Diese Nüchternheit und Kürze (lat. *brevitas*) durch volkssprachliche Texte an den vorgesehenen Stellen sinnvoll zu ergänzen und sie nicht durch ausschweifenden

‚Wortdurchfall' ins Absurde hinein zu konterkarieren, bedarf eines außerordentlichen theologischen wie sprachlichen Feingefühls.

Denn häufig genug betreffen solche Anpassungsversuche nicht nur die formale Sprachgestalt, sondern, damit einhergehend, auch die auszusagenden theologischen Inhalte. Wenn in der Schlussformel der Orationen Jesus Christus als Mittler des Gebets nicht mehr als „Herr und Gott" angesprochen wird, sondern ausschließlich als „Bruder", wenn er nicht mehr „herrscht", sondern „liebt", „wirkt" und was er sonst auch immer tun mag, so sind dies keine dogmatischen Petitessen, sondern hier geht es an Kernaussagen des christlichen Glaubens.

Was hier in einigen wenigen Beobachtungen für die sprachlichen Ausdrucksformen der Liturgie skizzenhaft notiert wurde, gilt dementsprechend auch für die nicht-sprachlichen Ausdruckformen. Auch hier gilt es, die primären Zeichen der Liturgie in ihrer Bedeutungsfülle immer wieder neu zu entdecken und für sich und andere zu erschließen, anstatt ständig neue, sogenannte „Symbole", die häufig genug keine sind, sondern allenfalls Zeichen, zu erfinden (s. u.).

Es sei hier deshalb allen für die Feier der Liturgie Verantwortlichen – seien es Priester, Diakone, hauptamtliche Laientheologinnen und -theologen, Kirchenmusiker, Mitglieder des Liturgiekreises, welche die Fürbitten vorbereiten, usw. – anempfohlen, sich ab und an in kritischer Selbstbescheidung zu fragen: Dürfen wir mehr, als wir können?

Das theologische Grundproblem: Der Primat des Handelns Gottes in der Liturgie

Ich denke jedoch, dass sich an den zuvor beschriebenen Phänomenen einer liturgischen Experimentierfreude noch ein weiteres Problem aufzeigt, das freilich theologisch betrachtet wesentlich tiefer reicht und deshalb m. E. wirklich Anlass zur Besorgnis gibt, wenn wir uns diesem Problem nicht stellen und es zumindest einmal als ein solches ansprechen. Schon bei Paulus finden wir die bedeutsame Aussage, dass er in der Tradition des Herrenmahles nur das überliefert, was auch er bereits empfangen hat (1 Kor 11,23; 15,3).

Die Feier der Liturgie ist zunächst etwas Vorgegebenes. In der Feier der Liturgie klinke ich mich gewissermaßen ein in den großen, 2000-jährigen Traditionsstrom der kirchlichen Glaubensüberlieferung. Dies bedeutet im Umkehrschluss, dass wir die Liturgie, bzw. die konkrete liturgische Gestaltung der Eucharistiefeier gar nicht neu erfinden müssen. Die Eucharistie hat eine Gestalt, eine Sinngestalt: das Paschamysterium Christi. Wir müssen für die Eucharistiefeier auch kein Thema neu erfinden, denn die Eucharistie bringt ihr Thema mit: Wir feiern Leiden, Tod und Auferstehung unseres Herrn Jesus Christus.

Wir haben im vorliegenden Band mehrfach schon betont, dass Gottes Handeln (die katabatische Linie) unserem Handeln in der Liturgie (der anabatischen Linie) immer vorausgeht, dieses gar erst ermöglicht und trägt. Wenn wir also die kürzest mögliche Antwort auf die Frage suchen: Was ist Liturgie?, so könnten wir mit einem Wort sagen: unsere Antwort! Unsere Antwort auf das Heilshandeln Gottes in Jesus Christus. Der Wiener Pastoraltheologe Paul Zulehner hat dieses dialogische Gefüge, welches die Liturgie im Wechselspiel von Handeln Gottes und Antwort des Menschen darauf darstellt, wie folgt beschrieben:

📖 **Paul Zulehner, Wie Musik zur Trauer, 56 f.**

Es gäbe gute Gründe, den Ritualen wieder mehr zu trauen. Diese sind, erhellt durch das begleitende Wort, wirkmächtiger als das diskursive, ethisch beschwörende Wort. Würden wir dem nur mehr trauen. Wir würden dann jungen Menschen nicht mehr sagen: Geh und erfülle am Sonntag deine Pflicht! Nimm am Gottesdienst deiner Gemeinde teil! Wir fingen eher an zu sagen: Überleg es dir gut, ob du dich der Gefahr aussetzt, daß Gott dich wandelt. Es könnte dir geschehen, daß du anders aus dem Gottesdienst (Gott dient dir!) herausgehst, als du hineingegangen bist: gottvoller und daher mit einem brennenden Herzen für die Schwestern und Brüder in der Gemeinde und darüber hinaus in der einen Welt. Gott, der in dich eintritt (vgl. Apg 17,28), wird dir den Weg zu den Armen vorausgehen und dich verlocken, ihm dorthin zu folgen. Rituell geschieht dies, indem wir Gaben vor den Altar tragen und beifügen, diese seien Symbole für uns selbst. Sagen wir dann aber nicht feig und gedankenlos: Gott verwandle die Gaben, aber laß uns in Ruh?[460]

Liturgie, so ist immer wieder zu lesen, sei das „Werk des Volkes". Diese vermeintliche etymologische Kurzdefinition ist sicherlich nicht falsch, aber, so können wir mit John Baldovin festhalten, unvollständig. Zum einen meint das griechische Wort *leitourgia* in der Spätantike eher das, was wir heute mit *Wohltaten* bezeichnen würden. Leitourgia in der griechischen Antike war ein Werk, das *für das Volk* getan wurde, eine öffentliche

Dienstleistung etwa, wie das Aufstellen eines neuen Brunnens auf einem öffentlichen Platz.[461]

Insofern liegt es ganz auf dieser Bedeutungslinie, wenn die Theologie das Wort *leitourgia* aufgreift und schon durch die Wortwahl den Primat des Handelns Gottes in den liturgischen Handlungen unterstreicht. Dieser Primat des Handelns Gottes ist im Übrigen auch gnadentheologisch zu begründen, wenn christliche Theologie darauf insistiert, dass Gottes Handeln zum Heil des Menschen unserer Antwort hierauf immer vorausgeht.

Dieser Primat des Handelns Gottes verurteilt nun die versammelte Gemeinde aber gerade nicht, wie wir immer wieder in diesem Band betont haben, zur Passivität. Das Handeln Gottes fordert uns geradezu heraus: zu einer Antwort; fordert uns auf: einzutreten in den Dialog mit Gott in der Liturgie; lädt uns ein: unser „Werk“ zu tun, in der vollen, tätigen und bewussten Teilnahme, in der Anbetung Gottes, im Lobpreis und Dank für sein Tun an uns Menschen.

Dies zeigt sich auch in der Grundstruktur der Messfeier, wenn dort zunächst das Wort Gottes verkündigt wird und wir, in Antwort hierauf, erst im Anschluss daran unsere Bitten und Gaben zum Altar tragen. Mit John Baldovin können wir sagen: Schon diese Grundstruktur ist so etwas wie ein ständiger (semi-pelagianischer) Stachel im Fleisch, denn sie zeigt uns, dass wir Gottes Gegenwart in seinem Wort nicht verdient haben, diese nicht machen können, ihn nicht erpressen oder herbeizaubern können. Sie wird uns geschenkt – Gottes Gabe an uns Menschen ist sein Wort, sein menschgewordenes Wort, unser Herr Jesus Christus.[462]

Damit stellt sich aber die ganz grundsätzliche Frage: Trauen wir Gott das zu? Trauen wir dem Wort Gottes zu, dass es, um Luthers berühmtes Diktum aufzugreifen: „Jesum Christum treibet“? Trauen wir den (wirksamen) Zeichen der Liturgie, dass diese wirklich bewirken, was sie bezeichnen? Trauen wir der Verheißung des erhöhten Herrn: Ich bin bei euch alle Tage bis ans Ende der Welt (Mt 28,20) und: Wo zwei oder drei in meinem Namen versammelt sind, da bin ich mitten unter ihnen (Mt 18,20)?

Kann demnach der neuzeitliche Homo faber, der ein Macher und Schaffer ist, überhaupt noch an einen Gott glauben, der für ihn zur Gabe wird?[463] Zur höchsten Gabe, die für uns Menschen vorstellbar ist, denn er beschenkt uns mit sich selbst, mit seiner Gegenwart. Können wir es überhaupt noch zulassen, dass Liturgie zuallererst Gottes Gabe an uns ist? Oder hat der unser tägliches Leben durchdringende Machbarkeitswahn unsere Vorstellungswelt schon dermaßen verformt, dass dieser Gedanke uns nicht nur unvorstellbar, sondern sogar unerhört und unerträglich ist? Noch einmal mit den Worten Paul Zulehners: „Überleg es dir gut, ob du dich der Gefahr aussetzt, dass Gott dich wandelt. Es könnte dir geschehen, dass du anders aus dem Gottesdienst (Gott dient dir!) herausgehst, als du hineingegangen bist". Dies ist freilich eine andere Sicht auf den christlichen Gottesdienst als die an säkularer Konsumenten-Mentalität geschulte Frage: Was bringt mir das?[464]

Nachdenklich macht in diesem Zusammenhang ein Zitat von Ildefons Herwegen, dem bedeutenden Abt des Klosters Maria Laach, einem der Zentren der Liturgischen Bewegung, das schon aus der ersten Hälfte des 20. Jahrhunderts stammt. Abt Herwegen äußert sich dort zu der Flut an neuentwickelten Zeichen und Symbolen, an Liturgiegestaltung, und merkt hierzu kritisch an:

> 🕮 **Abt Ildefons Herwegen (1874–1946)**
> Wir sprechen heute viel von Gottesdienstgestaltung. Was ist da zu gestalten? All unser Gestalten jenseits der überkommenen Formen der Kirche wird notwendig etwas Theatralisches und Transitorisches an sich haben (…). Die Dinge arten schließlich in Kindereien aus. Das Nachgeben diesem Gestaltungsdrang gegenüber verdirbt das Volk. Wir geben ihm Zuckerklümpchen statt Brot (…). Es bleibt uns nichts als die Menschen zur Liturgie hinzuführen, wie sie ist, und das heißt zunächst Hinführung zu einem vertieften Verständnis der Heiligen Schrift und der Wirklichkeit des christlichen Lebens aus Taufe und Eucharistie.[465]

Es ist aus liturgiewissenschaftlicher Sicht gerade im Rückblick auf die liturgie-katechetische Praxis der frühen Kirche erfreulich, dass sich hier ein Umdenkprozess anzubahnen scheint. Gerade für die katechetische Vertiefung und Festigung der christlichen Identität als einem „Leben aus Taufe und Eucharistie", wie es Herwegen treffend formuliert, scheint die Bedeutung der Liturgie für die Weitergabe des Glaubens neu erkannt zu werden.

Eine mystagogische Katechese, die aus der Erfahrung der gefeierten Liturgie heraus das Mysterium der Feier zu erschließen sucht, ist allerdings abhängig von einer angemessenen Feiergestalt der Liturgie selbst. Aus einer minimalistisch lieblosen Feier der Eucharistie wird auch ein ernsthaftes Bemühen um eine mystagogische Erschließung wenig geistliche Frucht bringen können. Deshalb sei abschließend noch kurz auf die Symbolhandlungen der Liturgie eingegangen.

Vom Ernstnehmen der liturgischen Zeichen und Symbole

Vor Jahren stand ein Artikel in der Zeitschrift „Gottesdienst", in dem eine Feier der Osternacht beschrieben wurde: Der Pfarrer hatte zwei Gemeinden zu betreuen und musste also zwei „Osternächte" feiern. So versammelte sich die erste Gemeinde bereits am Karsamstag am frühen Abend, dank der bereits erfolgten Umstellung auf die Sommerzeit, bei noch strahlendem Sonnenschein. Das Osterfeuer wurde entzündet und der Pfarrer begann die Einleitung aus dem Messbuch vorzulesen: „[...] Auch wir sind in dieser Nacht der Einladung gefolgt [...]" Sind wir? Es gibt nach Louis-Marie Chauvet einen einfachen liturgischen Grundsatz: „Das grundlegende liturgische Gesetz ist nicht, das zu sagen, was man tut, sondern das auch wirklich zu tun, was man sagt."[466]

Gerade in unserer medial-geprägten Zeit gewinnen Gottesdienstbesucher, hier als Zuschauer und kritische Beobachter, ein feines Gespür für die Frage nach der Identität von Sprechen und Handeln, von Tun und Sagen: Stimmt dieses überein, wird eine Feier als authentisch erlebt, wenn nicht, werden die liturgischen Symbole geradezu zu Dia-bolen (griech.: *dia* = auseinander), die das liturgische Zeichen und seine Deutung im Wort konterkarierend trennen und oftmals ad absurdum führen.

Um hierfür einige Beispiele zu benennen: Ein Säugling wird getauft, er wird gesalbt mit dem Chrisam-Öl, doch sobald ein paar Tropfen auf seine Stirn gelangt sind, wird das Öl, in gutwilliger Absicht, sofort wieder abgewischt. Ähnlich ist es bei der eigentlichen Taufe, beim Übergießen mit dem Wasser oder dem Eintauchen in das Wasser. Von den Chaosmächten des Wassers, vom Mitsterben mit Christus, um mit Christus dereinst aufzuerstehen (Röm 6), wie es im Hochgebet über das Taufwasser heißt, ist nichts mehr zu spüren, wenn sich die Taufe auf ein paar wenige Spritzer Wasser beschränkt. Aber wie soll dann die Wiedergeburt in der liturgischen Symbolhandlung erfahren werden, die Gott uns in der Taufe schenkt?

Oder aus dem Bereich der Eucharistie: Wenn die zentralen Zeichenhandlungen innerhalb der Feier der Eucharistie unser Handeln mit Brot und Wein sind, dann ist die Frage elementar: Wie gehen wir mit diesen Zeichen um? Wir alle essen von dem einen Brot, so heißt es in der Schrift. Tun wir das? Paulus schreibt in 1 Kor 10,16 f.: „Ist der Kelch des Segens, über den wir den Segen sprechen, nicht Teilhabe am Blut Christi? Ist das Brot, das wir brechen, nicht Teilhabe am Leib Christi? Ein Brot ist es. Darum sind wir viele ein Leib; denn wir alle haben Teil an dem einen Brot."

Essen wir von dem einen Brot, wenn immer noch in vielen Gemeinden aus rein vorgeschobenen Praktikabilitätsgründen kleine, vorportionierte Hostien verwendet werden? Brotbrechen, so nannten die ersten Christen die Feier der Eucharistie. Die Emmausjünger erkannten den Auferstandenen, als er das Brot brach.

Erhalten wir Teilhabe an dem einen Leib Christi, wenn immer noch in vielen Gemeinden die Kommunionspendung – gegen alle liturgischen Vorschriften (vgl. SC, Art. 55) – vom Tabernakel aus erfolgt?

Gibt uns der Kelch „Teilhabe am Blut Christi", also Gemeinschaft an ihm und untereinander, wenn wir an diesem Kelch gar keinen Anteil haben? Weil wir nicht aus ihm trinken, es keine Kommunion unter beiderlei Gestalten gibt?

Das Ernstnehmen der Zeichen betrifft jedoch neben der Frage des Umgangs mit den zentralen Symbolen von Brot und Wein die gesamte ästhetische Dimension der eucharistischen Liturgie: In welchen Kirchenräumen feiern wir diese? Laden diese zur tätigen Teilnahme ein oder verunmöglichen sie diese?

Viel ist in der Diskussion der nachkonziliaren Liturgiereform über die Frage der sogenannten Zelebrationsrichtung geschrieben worden. Wir wollen uns hier auf einige knappe Anmerkungen zu dieser Frage beschränken:

Fest steht, dass die gemeinsame Ausrichtung des Gebets nach Osten, zur aufgehenden Sonne als dem Symbol für den erhöhten, dereinst wiederkommenden Herrn hin (vgl. Mal 3,20), von frühchristlicher Zeit an bezeugt ist. Sie ist damit in ihrer Zeichenhaftigkeit ein wichtiges eschatologisches Korrektiv[467]: Die sich mit dem Vorsteher der Liturgie „versus orientem" ausrichtende Gemeinde weist über sich selbst und ihre konkrete Feier hinaus, sie ist als Volk Gottes unterwegs, auf den kommenden Christus hin.

Fest steht auch, dass das II. Vatikanische Konzil eine solche Zelebration *versus orientem* weder abgeschafft noch verboten hat. Umgekehrt ist festzuhalten, dass erst in der nachvatikanischen Instruktion „Inter Oecumenici" (1964), welche die ordnungsgemäße Durchführung der Liturgiereform regelt, auch eine Zelebration „zum Volke hin" („versus populum") gestattet wird.[468] Zuvor war sie allerdings auch nicht verboten, sondern mit einzelnen Ausnahmen, wie etwa als prominentestem Beispiel dem Hauptaltar in der Peterskirche in Rom, lediglich über fast eintausend Jahre aus der Übung. Diese Zelebration „versus populum“ setzt sich in den Jahren nach dem II. Vatikanischen Konzil flächendeckend durch und wurde somit für viele Gläubige – eigentlich fälschlicherweise – zu *dem* Erkennungszeichen des Vorher und Nachher der Liturgiereform.[469]

Ohne das Für und Wider der einzelnen Zelebrationsrichtungen hier im Einzelnen diskutieren zu können, sei dennoch auch hier vor falschen Alternativen gewarnt. Die Alternative zur gemeinsamen Ausrichtung gen Osten (versus orientem) ist theologisch gesprochen nicht die Zelebration „versus populum“ (was lediglich eine Art architektonische Regieanweisung ist, dass ein freistehender Altar die Feier der Geheimnisse dem Volk zugewandt ermöglicht[470]), sondern die Anordnung „circumstantes“, also als Versammlung der Gemeinde um den Altar.

Wenn hingegen immer wieder von Kritikern der nachkonziliaren Entwicklung eingewandt wird, die Zelebration „versus populum“ symbolisiere die sich selbst genügende, um sich selbst kreisende Gemeinde und degradiere zudem den Priester in die Rolle eines Alleinunterhalters hinter dem Altar, der einem Fernsehkoch vergleichbar agiere, was eine neue Form der Klerikalisierung der Liturgie befördere, so liegt ein grundsätzliches Missverständnis vor.

Denn bei der Feier in der Anordnung der Circumstantes versammelt sich die Gemeinde nicht um den Priester, sondern um den Altar, der ein Christussymbol ist.[471] Hinzu kommt die Ausrichtung auf Christus in der Vertikalen, wenn der Vorsteher im Eucharistischen Hochgebet den Heiligen Geist auf die auf dem Altar bereit liegenden Gaben von Brot und Wein herabruft und diese durch das Eucharistische Hochgebet zu Leib und Blut Christi konsekriert werden.

Die nachkonziliare Anordnung, bei der sich die Gemeinde um den Altar (circumstantes) versammelt, ist also, wenn sie aufgrund der architektonischen Gegebenheiten eine wirkliche Versammlung *um den Altar* erlaubt, ebenfalls ganz auf Christus, den erhöhten Herrn hin ausgerichtet.[472] Noch dazu erfolgt die Ausrichtung auf die eucharistischen Gestalten, welche das Konzil als besondere Form seiner realen Gegenwart charakterisiert (SC, Art. 7). Dass der Vorsteher hierbei hinter dem Altar, dem Volk zugewandt steht, befördert die tätige und bewusste Teilnahme der versammelten Gemeinde, denn so „kann die gesamte Gemeinde auf den Altar schauen, auf dem Brot und Wein, die Primärsymbole der Eucharistiefeier liegen“.[473] Dies ist somit nicht weniger eine Hinwendung zum erhöhten Herrn (lat.: *conversio ad dominum*) als dies eine Feier in der Zelebrationsrichtung *versus orientem* ist.[474]

Hierfür genügt es freilich nicht, wie dies oftmals bei der baulichen Umgestaltung von Kirchen unmittelbar nach der Liturgiereform geschehen ist, lediglich die vorhandenen Altäre von der Wand abzurücken oder neue sogenannte „Volksaltäre" vor den alten Hochaltar zu stellen.[475] Wobei „Volksaltar" ohnehin ein Neologismus von zweifelhaftem Wert ist, gibt es doch nach den liturgischen Vorgaben sinnvollerweise nur *den einen Altar, um den sich* die Gemeinde versammelt.[476]

Insofern stellt sich leider bis in jüngste Zeit die räumliche Situation in vielen Kirchen als unbefriedigend dar, weil sie eher den Eindruck eines konfrontativen Gegenübers (auf der einen Seite: der Vorsteher, auf der anderen Seite des Altars: die Gemeinde), denn einer wirklichen Versammlung um den, auf dem Altar in den eucharistischen Gestalten gegenwärtigen, Herrn erweckt.[477]

Insgesamt würde man sich wünschen – auch dies aus der Sicht des Nachgeborenen gesprochen –, dass beide Formen der Zelebrationsrichtung ihren legitimen Stellenwert und ihre Gültigkeit innerhalb der Messfeier im römischen Ritus behalten und hier, jenseits ideologisch aufgeheizter Diskurse, zu einem friedlichen Nebeneinander beider Formen der Zelebrationsrichtung gefunden werden kann. Diese können sich in ihrer je eigenen Symbolik durchaus fruchtbar ergänzen und auch in unterschiedlichen Kirchenräumen ihre je eigene Wirkung und Ermöglichung einer fruchtbaren, bewussten und tätigen Teilnahme aller Gläubigen entfalten.[478]

So können wir als Fazit noch einmal als Frage festhalten: Wie ernst nehmen wir unsere eigenen liturgischen Symbole? Wie viel Zeit lassen wir uns für die zentralen Zeichenhandlungen?

Dies scheinen mir zentrale Fragen zu sein, die es im Hinblick auf eine zukünftige Entwicklung der Messliturgie und der Feier der Liturgie überhaupt im Blick zu behalten gilt, wenn die Feier der Eucharistie das sein soll, was das letzte Konzil sie nennt: „Quelle und Höhepunkt" des gesamten christlichen Lebens.

Tipps zum Weiterlesen

Zum Stand der nachkonziliaren Liturgiereform

Stuflesser, Martin. (Hg.) Sacrosanctum Concilium. Eine Relecture der Liturgiekonstitution des II. Vatikanischen Konzils. (Theologie der Liturgie 1). Regensburg 2011.

Zur Frage der liturgischen Sprache

Kranemann, Benedikt/Wahle, Stephan. (Hg.). „...Ohren der Barmherzigkeit". Über angemessene Liturgiesprache. (Theologie Kontrovers). Freiburg 2011.

9 Ausblick: Die Feier der Eucharistie – eine Feier, begangen mit „letztem Ernst"

Das II. Vatikanische Konzil formuliert den Anspruch, den die Feier der Eucharistie an uns stellt, in SC, Art. 48 mit folgenden Worten:

> 🕮 **SC, Art. 48**
> So richtet die Kirche ihre ganze Sorge darauf, dass die Christen diesem Geheimnis des Glaubens nicht wie Außenstehende und stumme Zuschauer beiwohnen; sie sollen vielmehr durch die Riten und Gebete dieses Mysterium wohl verstehen lernen und so die heilige Handlung bewusst, fromm und tätig mitfeiern, sich durch das Wort Gottes formen lassen, am Tisch des Herrenleibes Stärkung finden. Sie sollen Gott danksagen und die unbefleckte Opfergabe darbringen nicht nur durch die Hände des Priesters, sondern auch gemeinsam mit ihm und dadurch sich selber darbringen lernen. So sollen sie durch Christus, den Mittler, von Tag zu Tag zu immer vollerer Einheit mit Gott und untereinander gelangen, damit schließlich Gott alles in allem sei.

Versuchen wir den Anspruch, der in diesen Zeilen zum Ausdruck gebracht wird, einmal mit eigenen Worten zu formulieren, so ließe sich Folgendes festhalten:

- Wir sollen der Feier der Eucharistie nicht nur beiwohnen, wir sollen tätig teilnehmen, bewusst mitfeiern, uns liturgisch fortbilden, damit wir immer mehr verstehen, was wir hier eigentlich feiern.
- Die Hl. Schrift, wie sie in der Feier der Eucharistie verkündigt wird, sei unserem Leben eine Richtschnur, die eucharistische Kommunion mit dem erhöhten Herrn sei eine Kraftquelle für unser Leben.
- Für dieses unsagbar große Geschenk sollen wir ein tiefes Gefühl der Dankbarkeit empfinden, unser ganzes Leben soll eucharistisch geprägt sein, soll eine einzige Form der Danksagung sein für das Heil, das Gott uns in Jesus Christus geschenkt hat.
- Die freiwillige Lebenshingabe Jesu am Kreuz von Golgota, als äußerstes Zeichen seiner Liebe bis zur Vollendung, eröffnet uns einen Weg zu Gott dem Vater. So bringen wir mit Christus uns selber dar, indem wir das Gedächtnis seines Todes begehen.

- In der Taufe wurden wir eingegliedert in den einen Leib Christi, der die Kirche ist. In der Feier der Eucharistie schließlich empfangen wir, was wir sind, Leib Christi, um so immer mehr das zu werden, was wir empfangen: Leib Christi.
- Auf dass wir durch Christus zur immer volleren Gemeinschaft mit Gott gelangen und diesen verherrlichen, der alles in allem ist.

Was für ein Anspruch!

So stellt sich abschließend die Frage: Ist dieser hier formulierte Anspruch einer vollen, bewussten und tätigen Teilnahme an der Feier der Eucharistie nicht ein wenig zu hoch gegriffen? Wenn wir davon ausgehen, dass ein Großteil der Christen von heute zwar äußerlich voll in die christliche Kirche initiiert ist, sich aber dennoch faktisch im Katechumenats-Status befindet[479], so wird es nicht einfach sein, die Frage zu beantworten: Wie können Christenmenschen unserer Zeit zu einer tätigen Teilnahme an der Feier der Eucharistie geführt werden?[480]

Es bedarf sicherlich der mystagogischen Erschließung der Liturgie.[481] Es bedarf der ehrlichen Kommunikation darüber, dass wir den Gläubigen etwas zumuten, denn die Feier der Eucharistie ist ein anspruchsvolles Unterfangen.[482]

Wenn nun gerade im Hinblick auf die volle, bewusste und tätige Teilnahme der Getauften doch der gefeierte Glaube in der Liturgie und der gelebte Glaube in der Diakonie als Einheit anzusehen sind, dann klingt es plausibel, wenn Bernd Jochen Hilberath darauf verweist, dass „in der Zeit des Überangebots an Information, Weiterbildung usw. das selbstverständliche Feiern und Miteinander-Leben einer communio vielleicht der bevorzugte Weg ist, um auch ein ‚rechtes Bewußtsein' zu bilden, welches dann wieder zurückwirkt auf die participatio actuosa."[483]

Hermann Volk verweist hier auf „ganz einfache Weisen, ganz auf dem Boden des Glaubens zu stehen, etwa mit dem ‚Vater unser', und in den einfachen und zentralen Wahrheiten des Glaubens ganz von Christus her auf Christus hin zu leben."[484] Allerdings sieht Volk die realen Möglichkeiten doch recht nüchtern, wenn er schreibt: „Dass hier mehr möglich als geläufig ist, dürfte kaum bezweifelt werden."[485]

Doch noch einmal sei an dieser Stelle nachgehakt: Ist der Anspruch einer vollen, bewussten und tätigen Teilnahme an der Feier der Eucharistie nicht ein wenig zu hoch gegriffen?

Wird das nicht alles schrecklich kompliziert, „wenn jeder Gläubige sich seines ekklesiologischen Status, seiner auf der sakramentalen Gnade von Taufe, Firmung und Eucharistie konstituierten Dignität bewusst sein soll“[486]? Stellt sich nicht für uns die bedrängende Frage: „ob wir bei solcher Inanspruchnahme nicht Atemnot bekommen, ob wir jetzt das Gefühl haben, wir werden eingeengt“?[487]

Sich auf den christlichen Glauben einzulassen und voll, bewusst und tätig an Leben und Liturgie der Gemeinde teilzunehmen, bedeutet zunächst ganz schlicht, die begründete Zuversicht zu haben, „dass wir auf diese Weise nicht zerknittert werden, dass wir damit nicht erniedrigt, nicht um uns selbst gebracht werden, dass wir vielmehr so unsere höchste Höhe, unsere volle Dimension erlangen.“[488] Ähnlich hat dies auch Winfried Haunerland in Worte gefasst, wenn er ausführt: „Das Prinzip der actuosa participatio (in der Feier der Eucharistie/M. St.) zielt also insofern auch auf die Subjektwerdung der einzelnen Christen. (…) Die rechte Form der tätigen Teilnahme ist dann jene, die dem einzelnen hilft, als erlöster Mensch vor seinem Gott zu stehen.“[489]

Letztlich geht es bei der Frage nach der actuosa participatio/der tätigen Teilnahme an der Feier der Eucharistie also in einfachen Worten darum: Welche Relevanz hat diese Höchstform der Feier des Glaubens und damit der Glaube selbst für mein Leben?

Der große Theologe Karl Rahner hat in einem Interview kurz vor seinem Tod gesagt, was ihm Mut mache, sei, dass es immer noch Christen gibt, die mit „letztem Ernst“ an ihrem Glauben festhalten und ihren Glauben leben.[490] Dieses Wort von dem „letzten Ernst“ scheint ein hilfreicher Begriff im Kontext unserer, diesen Band abschließenden Überlegungen zu sein. Denn auch das Wort von der „Hingabe“ (der Hingabe Christi an uns, und unserer Hingabe im Opfer der Kirche an den Vater), die wir in der Eucharistie als Feier des Gedächtnisses des Paschamysteriums, der *memoria passionis et resurrectionis*, begehen, zeichnet sich durch diesen „letzten Ernst“ aus.

In Anlehnung an Eph 1,12.14 heißt es im Hochgebet IV, dass wir selbst zu einer Opfergabe „zum Lob seiner Herrlichkeit“ werden sollen: Diese unsere Hingabe halten wir – als vor Gottes Angesicht versammelte Gemeinde – ihm in jeder Eucharistie vor Augen, in dieser Hingabe vereinen wir uns mit der Hingabe Jesu am Kreuz. Diese innere Hingabe in ihrem „letzten Ernst“ ist so in jeder Eucharistie zu spüren.

Ein Beispiel, wie man diesen letzten Ernst als Bilanz eines langen Christenlebens im Angesicht des Todes für sich beantworten kann, stammt von

Hermann Kardinal Volk. In seiner letzten Predigt, die er am 5. Juni 1988 – knapp vier Wochen vor seinem Tod – im Mainzer Dom gehalten hat, sagt der Alt-Bischof von Mainz:

🕮 **Hermann Kardinal Volk, Letzte Predigt, am 5. Juni 1988**
Es ist meine Bitte an alle, wiederzukommen, regelmäßig zu kommen und am Gottesdienst mit aller Kraft teilzunehmen. Ich glaube, ich habe schon oft hier gesagt, daß die Feier der Messe für mich das Schwerste ist. Wir sollen uns im Gottesdienst ja mit dem Gehorsam Jesu Christi verbünden, der am Kreuz nichts für sich behalten hat: „Vater, in deine Hände empfehle ich meinen Geist.“ (Lk 23,46) Das sollen wir sagen, bei lebendigem, gesundem Leib. Mit Eindringlichkeit sollen wir der Heiligen Messe beiwohnen, in der wir sprechen: „Deinen Tod, o Herr, verkünden wir, und deine Auferstehung preisen wir, bis du kommst in Herrlichkeit.“ So wollen wir weiterhin zum Gottesdienst kommen und wollen regelmäßig kommen, und ich danke nochmals allen, die das tun; es gibt ja nicht mehr viele Ordnungselemente in unsrer Welt. Es kommt dabei nicht auf die anderen an, es kommt auf uns an und darauf, daß wir Zeugen Christi sind.[491]

Anhang

10 Wie bereitet man eine Messe vor?

10.1 Unterschiedliche Dienste – verschiedene Rollenbücher

Bei der Darstellung der geschichtlichen Entwicklung der Feier der Eucharistie haben wir gesehen, wie die gemeinsame Feier unter dem Vorsitz von Bischof/Priester in der frühen Kirche sich seit dem Frühmittelalter immer mehr zu einer Klerusliturgie wandelt. Dies zeigt sich auch in der Entstehung des „Vollmissales", ein erweitertes Messbuch, das nahezu alle vorherigen Rollenbücher zusammenfasst.

Wenn das II. Vatikanische Konzil betont, jeder solle all das, aber auch nur das in der Liturgie tun, was ihm von deren Wesen her zukommt (SC, Art. 28), führt dies auch zu einer Wiederentdeckung der unterschiedlichen Aufgaben und Dienste in der einen Feier, die nun auch wieder verschiedene Rollenbücher erhalten:

Rollenträger	**Aufgabe / Dienst**	**Rollenbuch**
Gemeinde	ist Trägerin der Liturgie; nimmt bewusst und tätig an der Liturgie teil und feiert diese aktiv mit, in Ausübung des gemeinsamen Priestertums aller Getauften (SC, Art. 14)	Gesangbuch
Ministrant/in	ist ein wahrhaft liturgischer Dienst (SC, Art. 29), verrichtet besondere Aufgaben	
Lektor/in	trägt vom Ambo die Lesungen vor und ggf. aus der Gemeinde heraus die Fürbitten	Lektionar (für die Lesungen)
Kommunionhelfer/in	assistiert dem Vorsteher während der Kommunion bei der Austeilung der eucharistischen Gaben	
Kantor/in	trägt den Antwortgesang (Psalm/Canticum) vom Ambo aus vor, unterstützt den Gesang der Gemeinde bei Wechselgesängen (Vorsänger/Alle) wie etwa dem Kyrie oder dem Agnus Dei	Kantorenbuch (für Antwortgesang und Ruf vor dem Evangelium)

Organist/in	leitet die Gemeinde durch das Orgelspiel im Gesang an und hilft ihr so, tätig mitzufeiern	Orgelbuch zum Gesangbuch
Vorsteher (Priester/Bischof)	steht der Feier vor, leitet das Gebet der Gemeinde, verkündet das Evangelium (falls kein Diakon vorhanden ist) und legt es aus (Homilie)	Messbuch (für Präsidialgebete, Hochgebete, Segensgebete)
Diakon	verkündet das Evangelium; übernimmt Assistenzdienste; unterstützt die Gemeinde durch Akklamationen („Geheimnis des Glaubens") im liturgischen Feiern	Evangeliar (mit Abschnitten der Evangelien für Sonn- und Feiertage)
Sakristan/in, Küster/in	bereitet in der Sakristei alles Notwendige für die Feier vor; richtet die liturgischen Bücher her, stellt die liturgischen Gefäße bereit (Kelch, Hostienschale, Krüge mit Wein und Wasser), kümmert sich um die liturgische Kleidung des Vorstehers und der übrigen liturg. Dienste	Direktorium (liturgischer Kalender) und Bereitung der anderen liturgischen Bücher für die Feier

10.2 Zur Auswahl der Lesungen

Im Direktorium, dem liturgischen Kalender für ein Bistum oder einen Orden, finden sich für den jeweiligen Tag die biblischen Lesungen angegeben. Die Lesungen für die Sonn- und Festtage folgen dabei einem dreijährigen Zyklus (Lesejahr A, B oder C), die Lesungen für die Werktage einem zweijährigen Zyklus (Lesejahr I und II).

Zu berücksichtigen ist auch die Rangordnung der liturgischen Feste (HF = Hochfest; F = Fest; G = gebotener Gedenktag; g = nicht gebotener Gedenktag), die ebenfalls im Direktorium für den jeweiligen Tag angegeben ist.

Gerade bei nicht gebotenen Gedenktagen gibt das Direktorium im Regelfall mehrere Messformulare und Lesungen zur Auswahl an: Die Feier des jeweiligen Tagesheiligen (= der nicht gebotene Gedenktag) und die sogenannte Feier vom Tag (also vom jeweiligen Wochentag der entsprechenden Woche der geprägten Zeit oder der Zeit im Jahreskreis).

Bei besonderen Gottesdiensten (wie Gruppenmessen, aber auch Messen bei den Feiern der Sakramente: Firmung, Trauung, Weihe, oder bei

Begräbnissen) finden sich in den jeweiligen Lektionaren unterschiedliche Lesungen zur Auswahl angegeben. Diese können dem Anlass entsprechend ausgewählt werden.

Neben den offiziellen liturgischen Rollenbüchern (Lektionar, Evangeliar) finden sich die jeweiligen Lesungen auch in hilfreichen sogenannten „Volksmessbüchern" wie dem „Schott Messbuch" (Herder), dem „Messbuch" (Butzon & Bercker) oder dem „Laacher Messbuch".

10.3 Die Funktion der Gesänge der Messfeier

Folgende Gesänge kommen in der Messfeier vor:[492]

Element	Liturg. Funktion	Gattung	Charakter	Ausführende
ERÖFFNUNG				
Einzugsgesang	**B**	Antiphon, Psalm,	Sammlung,	G-Ch
Kyrie-Rufe		anderer Gesang	Einstimmung	K-G
Gloria	**A**	Litanei	Huldigung/Bitte	
	A	Prosa-Hymnus (Gloria-Lied)	Lobpreis	G-Ch
LITURGIE DES WORTES				
Antwortpsalm	**A**	Antiphon/Psalm	Verkündigung (Psalmlesung)	K-G
Ruf vor dem Evang.	B	Akklamation/Vers	Lob/Huldigung	G-Ch-K
Glaubensbekenntnis	**A**	hymnusartiger-Text (Credo-Lied)	Bekenntnis	G-Ch-K
Fürbittrufe	**A**	Litanei	Bitte	G-K-Ch
EUCHARISTISCHE LITURGIE				
Gesang/Musik zur Gabenbereitung	B	Prozessionsgesang	Sammlung	G-Ch
Sanctus	A	Hymnus (Sanctus-Lied)	Lobpreis	G-Ch G
Akklamation(en) im Hochgebet	A	Akklamation	Bekenntnis, Zustimmung	G-Ch
Vaterunser	A	Bittgebet	Bitte/Bekenntnis	G
Lamm Gottes	B	Litanei (Agnus-Dei-Lied)	Bekenntnis/Bitte	G-K-Ch G
Gesang zur Kommunion	B	Antiphon/Psalm Prozessionsgesang	Sammlung	G-Ch-K
Dankgesang	**A**	Psalm, Lied	Dank, Lobpreis	G-K-Ch
SCHLUSSTEIL				
[Gesang zum Auszug]	**B**	Strophenlied	Dank, Lob	G-Ch
A = Aktionsgesang; B = Begleitgesang; G = Gemeinde; Ch = Chor/Schola; K = Kantor/in				

Auf die Funktion der einzelnen Gesänge der Messfeier sind wir schon im 4. Kapitel ausführlich eingegangen. Besonders bedeutsam ist die Unterscheidung von A: Aktionsgesängen und B: Begleitgesängen.

- Aktionsgesänge, wie etwa das Kyrie und das Gloria, sind selbst zentrale Teile der Liturgie. Sie können nicht einfach durch irgendein Lied ersetzt werden.
- Begleitgesänge dienen der Begleitung von liturgischen Handlungen. Sie begleiten diese, deuten diese aber auch, wie der Gesang zum Einzug, der die Einzugsprozession begleitet, aber eben auch inhaltlich deutet.

10.4 Das Allgemeine Gebet – die Fürbitten

Als Intention für die Fürbitten nennt die GORM in Nr. 70:

- Für die Anliegen der Kirche,
- für die Regierenden und für das Heil der ganzen Welt,
- für die von jedweder Schwierigkeit Bedrückten,
- für die örtliche Gemeinschaft.

Diese Reihe der Anliegen ist freilich sehr allgemein gehalten. Insofern müssen diese Anliegen für die jeweilige zur Eucharistie versammelte Gemeinde konkretisiert werden, denn es ist ja ihr Gebet, das sie fürbittend vor Gottes Angesicht trägt.

Dabei leisten die vielfältigen auf dem Buchmarkt angebotenen Fürbittbücher (also Sammlungen von Modellfürbitten für die jeweiligen Sonn- oder Wochentage) nur sehr bedingt eine Hilfe. Denn auch diese Fürbitten verbleiben oftmals zu abstrakt und sind zu allgemein gehalten – sie beten im Wortsinn für alles und nichts.

Eigentlich sollte jede Gemeinde ihre Fürbitten tagesaktuell für den eigenen Gottesdienst formulieren – mit der Hl. Schrift in der einen und der Tageszeitung in der anderen Hand, als Christen, die in eben jener Spannung existieren, nicht von der Welt, aber in (!) der Welt zu leben.

Fürbitten selbst zu formulieren bedarf einiger Übung. Zunächst ist zu fragen: Wen bitten wir worum? Wenn Gott der Adressat der Fürbitten ist, dann sollten wir an Gott nur jene Bitten richten, die ihn auch wirklich betreffen. Die Bitte um moralisch richtiges Handeln der Menschen, die oftmals in Fürbitten zu finden ist, richtet sich jedoch eher an uns selbst als an Gott. Wohl dürfen wir Gott um Kraft und Einsicht bitten, moralisch richtig zu handeln. Deshalb sind gerade bei Fürbitten solche Fehlformen zu vermeiden.

10.5 Die Vorbereitung einer Messe: eine Checkliste

Was ist also bei der Vorbereitung einer Messe zu tun? Hierfür kann die nachfolgende Checkliste helfen:

Fragen	Lösungen
Was ist der Anlass der Messfeier? Wann findet sie statt? Handelt es sich um eine Sonntags- oder Werktagsmesse? Ist es eine Messe aus besonderem Anlass? Wenn ja, welcher? Ist es eine Messe für eine bestimmte Gruppe?	Schauen Sie im Direktorium nach, welche biblischen Lesungen, welche liturgischen Texte, welche liturgische Farbe, welche Gesänge (Antwortgesang) für den Anlass vorgesehen sind.
Welche Lesungstexte sind für die Messfeier vorgesehen?	Schlagen Sie die biblischen Lesungstexte in Lektionar und Evangeliar (bzw. im „Schott“) nach. Manchmal ist auch eine freie Auswahl vorgesehen.
Welche Gebetstexte sind vorgesehen?	Schlagen Sie die Gebetstexte im Messbuch nach. Welches Messformular (= Tages-, Gaben- und Schlussgebet) wird verwendet? Welche Präfation schlägt das Direktorium/das Messbuch vor? Gibt es einen besonderen (Feierlichen) Schlusssegen?
Welche Gesänge sind vorgesehen?	Schlagen Sie im Direktorium/im Lektionar den vorgesehenen Antwortgesang nach. Suchen Sie passende Vertonungen der Aktionsgesänge (Kyrie, evtl. Gloria, evtl. Credo, Sanctus, Agnus Dei) aus dem Gesangbuch. Suchen Sie passende Begleitgesänge (Einzug, Gabenbereitung, Kommunion, Abschluss) aus dem Gesangbuch.
Welche liturgischen Dienste werden benötigt?	Wer wird der Feier vorstehen? Wer wird die liturgischen Dienste (Lektor/in, Kantor/in, Organist/in, Ministranten) übernehmen?
Sind alle liturgischen Dienste informiert?	Sprechen Sie über den Gottesdienstplan mit dem Vorsteher, den übrigen liturgischen Diensten, dem zuständigen Sakristan.

Danksagung

Am Ende dieses Bandes möchte ich jenen Menschen danken, die bei der Entstehung des Bandes in besonderer Weise mitgeholfen haben.

So gilt zunächst mein aufrichtiger Dank meiner Mutter, Brigitte Stuflesser, die in bewährter Teamarbeit das Manuskript inhaltlich wie formal Korrektur gelesen hat.

Mein Kollege und Freund seit gemeinsamen Studientagen in Münster Dr. Stephan Winter hat den systematisch-theologischen Teil des Eucharistie-Bandes noch einmal kritisch gegengelesen; ich danke ihm für seine hilfreichen Anmerkungen.

Meine Sekretärin, Frau Isolde Weißmann, und die Studentischen Hilfskräfte am Lehrstuhl für Liturgiewissenschaft, allen voran Herr Andreas Schrott, haben mich zuverlässig mit all den Artikeln und Büchern, die ich zur Fertigstellung des Bandes benötigte, versorgt. Ich danke dem ganzen Lehrstuhlteam für die hilfreiche Unterstützung.

Herr Dipl. Theol. Simon Schrott war mir im Austausch über sein Promotionsthema „Pascha-Mysterium" ein wichtiger Gesprächspartner bei der Entstehung dieses Bandes. Er hat mich, einmal mehr, von der grundlegenden theologischen Relevanz dieses theologischen Herzwortes der Liturgiekonstitution des II. Vatikanischen Konzils überzeugt; meinen aufrichtigen Dank hierfür.

Herr Dr. Rudolf Zwank hat als Lektor des Pustet-Verlages die fristgerechte Drucklegung des Bandes ermöglicht und immer wieder ermutigende Rückmeldungen gegeben. Ich danke ihm einmal mehr für die gute Zusammenarbeit.

Schließlich danke ich der Gemeinde Heilig Geist in Würzburg-Dürrbachau, die mir in den vergangenen drei Jahren zur liturgischen Heimat geworden ist. Hier darf ich Sonntag für Sonntag in der Feier der Eucharistie das feiern und erfahren, was ich hier in diesem Band versucht habe, liturgietheologisch zu erschließen. Vergelt's Gott hierfür!

Würzburg, im Dezember 2012 *Martin Stuflesser*

Abkürzungs- und Literaturverzeichnis

Abkürzungsverzeichnis

Die in diesem Buch verwendeten Abkürzungen sind wie folgt aufzulösen:

1. Die Abkürzungen der biblischen Schriften entsprechen den Loccumer Richtlinien.
2. Abkürzungen von Lexika, Quellensammlungen, Zeitschriften sowie allgemeine Abkürzungen richten sich nach dem Abkürzungsverzeichnis der „Theologischen Realenzyklopädie“ (zusammengestellt von S. Schwertner, Berlin/New York 1976).
3. Die Abkürzungen der Dokumente des II. Vatikanischen Konzils richten sich nach dem „Neuen Handbuch theologischer Grundbegriffe“ (herausgegeben von P. Eicher, Bd.5, München [2]1991, 341–362.).
4. Über die genannten Abkürzungen hinaus bzw. abweichend von diesen wurden hier verwendet:

AEM	Allgemeine Einführung in das Römische Meßbuch, in: MB 27*–73*. Zitiert nach Rennings, 1396–1736. [dt. Fassung von IGMR]
ALw	Archiv für Liturgiewissenschaft
BSLK	Bekenntnisschriften der evangelisch-lutherischen Kirche
DBK	Deutsche Bischofskonferenz
DEL	Dokumente zur Erneuerung der Liturgie, Bd. 1–3.
DLI	Deutsches Liturgisches Institut, Trier
DH	Denzinger, H. Enchiridion symbolorum. Hg. v. P. Hünermann.
EDIL	Enchiridion documentorum instaurationis liturgicae, Bd. I-III.
EKD	Evangelische Kirche in Deutschland
ER	Päpstlicher Rat zur Förderung der Einheit der Christen
FC	Fontes Christiani
GL	Gotteslob, Katholisches Gebet- und Gesangbuch. Stuttgart 1975.
GORM	Grundordnung für die Römische Messfeier (= dt. Fassung der IGMR 2001), Bonn 2007.
IGMR 1969	Institutio generalis Missalis Romani, in: MR 1975, 27–92. Zitiert nach: Kaczynski 1396–1736 [dt. Fassung siehe AEM in MB].
IGMR 2001	Institutio generalis Missalis Romani. Neufassung der IGMR in MR^3. Für die Editio tertia typica des MR^3, Rom 2001.
JLw	Jahrbuch für Liturgiewissenschaft
LJ	Liturgisches Jahrbuch
LV	Lehrverurteilungen – kirchentrennend?, Freiburg 1986.
MB	Messbuch für die Bistümer des deutschen Sprachgebiets, Freiburg 1976; [2]1988.

MD	Enzyklika Mediator Dei
MR	Missale Romanum, Editio typica, Rom 1970.
MR³	Missale Romanum, Editio typica tertia, Rom 2002.
ÖAK	Ökumenischer Arbeitskreis evangelischer und katholischer Theologen
ÖKT	Ökumenischer Kirchentag 2003 in Berlin, 2010 in München
QD	Quaestiones Disputatae
SB	Stundenbuch
TA	Traditio Apostolica
VAS	Verlautbarungen des Apostolischen Stuhles
VELKD	Vereinigte evangelisch-lutherische Kirche Deutschlands

Vorbemerkungen zum Literaturverzeichnis

1. In diesem Quellen- und Literaturverzeichnis sind lediglich jene Standardwerke aufgeführt, die für eine weitere, vertiefende Lektüre empfohlen sind. Diese Angaben ergänzen die „Tipps zum Weiterlesen", die sich jeweils am Ende eines Kapitels befinden.
2. Alle Schriften und Werke, die in der vorliegenden Arbeit zitiert oder angemerkt sind, finden sich in den Anmerkungen am Ende des Buches. Aufgenommen ist jeweils die benutzte Edition einer Quellschrift bzw. die benutzte Auflage eines Buches.
3. Die alt- und neutestamentlichen Schriften werden nach der im Auftrag der deutschsprachigen Bischöfe herausgegebenen „Einheitsübersetzung" (Stuttgart 1980) zitiert. Abweichende Übersetzungen werden als solche kenntlich gemacht.
4. Die Dokumente des II. Vatikanischen Konzils werden zitiert aus: Lexikon für Theologie und Kirche. Das Zweite Vatikanische Konzil. Bd. I-III. Freiburg 1966–1968.

Quellen

Missale Romanum/Messbuch

Messbuch. Für die Bistümer des deutschen Sprachgebietes. Authentische Ausgabe für den liturgischen Gebrauch. Herausgegeben im Auftrag der Bischofskonferenzen Deutschlands, Österreichs und der Schweiz sowie der Bischöfe von Luxemburg, Bozen-Brixen und Lüttich. Freiburg u. a. 1975. [vgl. auch: ²1988].

Die Feier der heiligen Messe. Meßlektionar für die Bistümer des deutschen Sprachgebietes. Authentische Ausgabe für den liturgischen Gebrauch. 8 Bde. Einsiedeln u. a. 1982–1986.

Missale Romanum. Ex decreto Sacrosancti Oecumenici Concilii Vaticani II instauratum auctoritate Pauli PP. VI promulgatum Ioannis Pauli II cura recognitum. Editio typica tertia. Rom/Vatikan 2002. [vgl. auch: Editio typica . Rom/Vatikan 1970; und: Editio typica altera. Rom/Vatikan 1975.]

Grundordnung für die römische Messfeier. Vorabpublikation zum Deutschen Messbuch (3. Auflage). 12. Juni 2007. (Arbeitshilfen Nr. 215). hg. vom Sekretariat der DBK. Bonn 2007.

Ökumenische Quellen

Die Feier der Eucharistie im Katholischen Bistum der Alt-Katholiken in Deutschland. Für den gottesdienstlichen Gebrauch erarbeitet durch die liturgische Kommission und herausgegeben durch Bischof und Synodalvertretung. München 1995.

Evangelisches Gottesdienstbuch. Agende für die Evangelische Kirche der Union und die Vereinigte Evangelisch-Lutherische Kirche Deutschlands. Herausgegeben von der Kirchenleitung der Vereinigten Evangelisch-Lutherischen Kirche Deutschlands und im Auftrag des Rates von der Kirchenkanzlei der Evangelischen Kirche der Union. Berlin 2000.

Quellensammlungen

DEL = Dokumente zur Erneuerung der Liturgie. Hg. von Heinrich Rennings und Martin Klöckener. Band 1: Dokumente des Apostolischen Stuhls 1963–1973. Kevelaer 1983; Band 2: Dokumente des Apostolischen Stuhls 4.12.1973–3.12.1983. Kevelaer/Freiburg Schweiz 1997; Band 3: Dokumente des Apostolischen Stuhls 4.12.1983–3.12.1993. Kevelaer/Freiburg Schweiz 2001.

Die Messfeier – Dokumentensammlung. Auswahl für die Praxis (Arbeitshilfen 77). Bonn 1990; 11. Aufl. 2009.

Ausgewählte, grundlegende Literatur, Einführungen und Sammelbände

Adam, Adolf. Die Eucharistiefeier – Quelle und Gipfel des Glaubens. Freiburg 1991.

Berger, Rupert. Die Feier der Heiligen Messe. Eine Einführung. Freiburg 2009.

Emminghaus, Johannes H. Die Messe. Wesen – Gestalt – Vollzug. (Schriften des Pius-Parsch-Instituts 1). 5. Auflage durchgesehen und überarbeitet v. Th. Maas-Ewerd. Klosterneuburg 1992.

Haunerland, Winfried (Hg.). Mehr als Brot und Wein. Theologische Kontexte der Eucharistie. Würzburg 2005.

Heinz, Andreas. Die Grundordnung des Römischen Messbuchs. Ein Kommentar. Hrsg. vom Deutschen Liturgischen Institut. Reihe „Pastoralliturgische Hilfen“ Nr. 20. Trier 2011.

Jungmann, Josef Andreas. Missarum Sollemnia. Eine genetische Erklärung der römischen Messe. Freiburg [5]1962. (Sowie dazu: Jungmann, Josef Andreas. Messe im Gottesvolk. Ein nachkonziliarer Durchblick durch Missarum Sollemnia. Freiburg 1970.)

Leib Christi. sein – feiern – werden. Ort und Gestalt der Eucharistiefeier in der Pfarrei. Im Auftrag des Liturgischen Instituts der deutschsprachigen Schweiz in Freiburg und des Instituts für Liturgiewissenschaft der Universität Freiburg Schweiz hg. v. M. Klöckener und P. Spichtig. Freiburg (Schweiz) 2006.

Lurz, Friedrich. Erhebet die Herzen. Das Eucharistische Hochgebet verstehen. Kevelear 2011.

Meßner, Reinhard. Einführung in die Liturgiewissenschaft. Paderborn 2001, bes. 150–222.

Meyer, Hans-Bernhard. Eucharistie. Geschichte, Theologie, Pastoral. Mit einem Beitrag von Irmgard Pahl (Gottesdienst der Kirche 4), Regensburg 1989.

Schneider, Theodor. Zeichen der Nähe Gottes. Grundriß der Sakramententheologie. Mainz [7]1998, bes. 115–183.

Stuflesser, Martin/Winter, Stephan. Geladen zum Tisch des Herrn. Die Feier der Eucharistie (Grundkurs Liturgie, Bd. 3), Regensburg 2004.

Glossar

Agnus Dei: (lat. „Lamm Gottes"), vgl. Gesang zur Brotbrechung → 4.3.6
Allegorese: Sinnbildhafte Auslegung eines Begriffs oder einer Sache; Auslegung, die hinter dem wörtlichen Sinn noch einen verborgenen Sinn sucht; hier: die Zeichen der Messfeier als sinnbildhafte Zeichen für Leben, Sterben und Auferstehen Jesu Christi.
allegorisch: In Form einer → Allegorese.
Allerheiligstes, hier: die → konsekrierte Hostie, der Leib Christi.
Altarschranken: Abtrennung des Altarraumes vom Gläubigenraum.
Ambrosius: (geb. wohl 339 in Trier, gest. 397): Kirchenlehrer, ab 374 Bischof von Mailand, bedeutender Theologe, Kirchenpolitiker, Kirchenschriftsteller und Hymnendichter des christlichen Altertums.
Anamnese: → 3.2.1
Apostolikum: (lat.): Das Apostolische Glaubensbekenntnis →
Approbiert: (von lat. approbare = billigen, genehmigen), hier: kirchlich genehmigt.
Apsis: (griech. „Krümmung"/„Scheibe"/„Gewölbe"): Halbkreisförmige oder auch mehreckige Ausbuchtung des Hauptraumes in christlichen Kirchenbauten.
Augustinus: (geb. 354, gest. 430) Bischof und Kirchenlehrer
Aussetzung: (des → Allerheiligsten): Die Aufstellung der → konsekrierten Hostie in einer → Monstranz oder im → Ziborium zur Anbetung durch die Gläubigen für eine längere oder kürzere Zeit.
Berakah: (hebr., Mehrzahl: berakot): Lobpreis, Segen.
Brevier: (von lat. breviarium = Kurzfassung): Buch, das alle für das → Stundengebet nötigen Texte (die beim Chorgebet verschiedenen Büchern entnommen werden) zum Zwecke des privaten Gebets in einem handlichen Band zusammenfasst. Das Stundengebet wurde nach dem Zweiten Vatikanischen Konzil grundlegend erneuert (→ Tagzeitenliturgie).
Bulle: (Päpstliche Bulle): Bezeichnung für Urkunden, die in feierlicher Form ausgefertigt und besiegelt wurden und damit Rechtskraft erhielten.
Cantatorium: (Mehrzahl: Cantatorien): Bücher, die Gesänge für Vorsänger und Sängergruppe (Schola) enthalten.
Chrysostomus, Johannes: (geb. 354, gest. 407): Kirchenlehrer, ab 398 Patriarch von Konstantinopel.
Coda: Schluss bzw. Anhang eines musikalischen Satzes.
dezidiert: Auf eindeutige und bestimmte Weise.
Doxologie: großer Lobpreis → 3.2.3
Embolismus: (griech. = Einschub), Gebet des Priesters im Anschluss an die letzte Vaterunser-Bitte als deren Ausdeutung und Erweiterung; danach folgt die → Doxologie der Gemeinde.
Enzyklika: (Mehrzahl: Enzykliken) Päpstliches Rundschreiben, wird nach seinen Anfangsworten zitiert.
Epiklese: → 3.2.2

Eucharistie: griech. = Danksagung → 2.2
Eucharistischer Kongress: Besondere Feier der Eucharistieverehrung auf regionaler, nationaler oder internationaler Ebene.
ewige Anbetung, ewiges Gebet: (Ununterbrochene) Verehrung Christi in der ausgesetzten eucharistischen Brotsgestalt in „Anbetungsklöstern" oder reihum in den Pfarreien eines Bistums → 7.2
Frankenreich: Königreich in West-, Süd- und Mitteleuropa zwischen dem 5. und 9. Jahrhundert
Gegenreformation: Reaktion der katholischen Kirche auf die → Reformation; insbesondere mit und nach dem → Konzil von Trient.
Gloria: → 4.1.7
Herrenmahl: Eine der Bezeichnungen für die Eucharistiefeier, vgl. 1 Kor 11,20 →
Homilie: → 4.2.3
Interzessionen: → 3.2.4
Inzens: → Beweihräuchern, Verwendung von Weihrauch in der Liturgie
Irenäus von Lyon: (Als Märtyrer) gest. um 202, Bischof von Lyon, Kirchenschriftsteller.
Justin, der Märtyrer: frühchristlicher Schriftsteller, verfasst eine „Apologie", die einen Einblick in die Feier der Eucharistie um das Jahr 150 n. Chr. liefert → 2.3
Kanon (griech.): Richtschnur, Norm.
kantilliert, Kantillation: Sprechgesang.
Karolinger: Name eines Herrschergeschlechts im → Frankenreich, das ab 751 die Königswürde innehatte; berühmtester Vertreter war Karl d. Gr. (geb. 747/8, gest. 814), im Jahr 800 von Papst Leo III. zum Römischen Kaiser gekrönt; setzte sich ein für die Einheit von Kirche und Reich; sein Vater, Pippin der Jüngere (geb. 714, gest. 768), war von 751 König der Franken.
Katechismus (der Katholischen Kirche): Handbuch der Unterweisung in den Grundfragen des christlichen Glaubens.
konsekriert (von lat. consecrare = weihen, heiligen): In der Messfeier spricht man von → konsekriertem Brot und Wein, insofern diese im Eucharistischen Hochgebet in den Leib und das Blut Christi verwandelt wurden.
Konstantinische Wende: Wende zu einer christenfreundlichen Politik im Römischen Reich unter Kaiser Konstantin 313 n. Chr.
Konzelebration: → 6.5
Konzelebrieren: (lat. „gemeinsam feiern") → Konzelebration.
Konzil von Trient: (1545–1563) Es beschäftigte sich – nach der → Reformation – insbesondere mit Fragen des Glaubens (in Auseinandersetzung mit dem → Protestantismus) und leitete eine weitgehende Neuordnung des kirchlichen Lebens ein → 2.5.3
lateinische Kirche: Die katholische Kirche, insofern sie das Lateinische als Liturgiesprache benutzte; ursprünglich die Kirche im lateinischen Westen des Römischen Reiches im Gegensatz zur griechischen Kirche im byzantinischen Osten.
Lektionar: → 4.2
Lettner: (von lat. lectorium = Vorleseort). Im 12. Jahrhundert entstehender bühnenähnlicher Aufbau in Kirchen zwischen Chorraum und Hauptschiff, von dem die Lesungen und Predigten vorgetragen wurden und der den Kirchenraum in zwei Hälften trennte (die „Herrenkirche" und die „Leutekirche").

Liturge: → Zelebrant, Vorsteher, Leiter eines Gottesdienstes.
Liturgische Bewegung: → 2.5.4
Mediator Dei: (lat. „Mittler Gottes"). Anfangsworte der → Enzyklika Pius XII. vom 20.11.1947 über die Liturgie → 2.5.4
Messformular: → 2.5.2 u. 10
Messkanon: Bezeichnung für das (vor dem Zweiten Vatikanischen einzige) Eucharistische Hochgebet der römischen Messfeier (Römischer Messkanon; heute: Erstes Hochgebet) → 3.3.1
Messlektionar: Liturgisches Buch, das die biblischen Lesungen für die Messfeier enthält.
Missa cantata (lat.): Feierliche Messe, in der wichtige Elemente (z. B. Präfation und Vaterunser) vom Priester → kantilliert und die Gesangsteile von einer Schola gesungen wurden.
Missale Romanum: Messbuch der Römischen Kirche in lateinischer Sprache.
Mittelalter: In der europäischen Geschichte die Bezeichnung der Epoche zwischen Antike und Neuzeit (6. – 15. Jahrhundert), die sich in drei Hauptphasen gliedern lässt (Frühmittelalter: 6. – Anfang 10. Jahrhundert, Hochmittelalter: Anfang 10. Jahrhundert – 1250, Spätmittelalter: 1250–1500).
Monstranz (von lat. monstrare = zeigen): Zeigegerät für die → konsekrierte Hostie, verwendet bei Prozessionen und zur → Aussetzung.
Nightfever: Offener Gebetsabend zur eucharistischen Anbetung in Fortführung des „Weltjugendtages" 2005.
Nizäno-Konstantinopolitanum (lat.): „Großes" Glaubensbekenntnis →
ökumenisch (griech. oikouméne = die bewohnte Erde/Erdkreis), hier: Das Bemühen um Einheit der verschiedenen christlichen Konfessionen betreffend.
Ökumenischer Arbeitskreis (evangelischer und katholischer Theologen, ÖAK): Gruppierung von Theologen die (Streit-)Fragen gemeinsam erörtern und den → ökumenischen Prozess in Deutschland dadurch unterstützen möchten.
Ordines (Einzahl: Ordo), hier: Bücher, in denen der Ablauf des Gottesdienstes (nach römischen Brauch) beschrieben wird.
Ordo Missae (lat.): Die Ordnung der Messfeier, die Feier der Gemeindemesse → 4.1–4.4
Orientalische Kirche: Die so genannten altorientalischen Kirchen haben sich aufgrund theologischer Auseinandersetzungen im 5. Jahrhundert von der Römischen Kirche getrennt.
Ortskirche: Die Kirche „um einen Bischof", die Diözese, das Bistum.
ostkirchlich: Die orthodoxe und die altorientalischen Kirchen betreffend.
parakletisch: (von griech. paráklesis = Zuspruch); Einführend, unterweisend.
Paschamahl: Jüdisches Mahl am Paschafest → 2.2.1
Pius V.: Papst, 1566–1572, in seiner Amtszeit erschien das gemäß dem → Konzil von Trient erneuerte Einheitsmessbuch.
Pius X.: Papst, 1903–1914, gab wichtige Impulse für gottesdienstliche Erneuerungen (Pflege der Kirchenmusik, häufige Kommunion).
Pius XII.: Papst, 1939–1958, erkannte die → Liturgische Bewegung als vom Heiligen Geist geführt an.

Postsanctus (lat. „nach dem Sanctus): Im Eucharistischen Hochgebet kürzere oder längere Überleitung von der Danksagung der → Präfation zur Gabenepiklese → 3.1.3

Präfation: → 3.2.3

Primiz (von lat. primítiae = Erstlingsfrüchte, Erstlingsgaben): Die erste Messe, der ein Neupriester nach seiner Weihe selbstständig vorsteht.

Privatmesse: Messe eines Priesters allein ohne Beteiligung von Gläubigen.

Protestantismus: Zusammenfassende Bezeichnung für das Gedankengut, das zur Entstehung (von der römisch-katholischen Kirche getrennter) christlicher Konfessionen nach der → Reformation geführt hat.

Pyxis: Verzierte Dose zur Aufbewahrung → konsekrierter Hostien im Tabernakel bzw. für die Kommunion bei Kranken und Sterbenden.

Realpräsenz: Die wirkliche Gegenwart Christi unter den Gestalten von Brot und Wein in der Eucharistie.

Reformation (von lat. reformatio = Wiederherstellung, Erneuerung): Bezeichnung der Bewegung zur Erneuerung der Kirche im 16. Jahrhundert, die zur Spaltung des westlichen Christentums in verschiedene Konfessionen (römisch-katholisch, lutherisch, reformiert) führte.

Reformatoren: Vertreter der → Reformation; in Deutschland v. a. Martin Luther (1483–1546), in der Schweiz v. a. Johannes Calvin (1509–1564) und Ulrich Zwingli (1484–1531).

ritualisiert: In Riten, in feste Form gebracht.

sakramental: Nach Art, auf die Weise eines Sakraments.

Sakramentar, hier: frühmittelalterliches Buch, das die Vorstehergebete für die Messe enthält.

Sanctus: → 3.2.3

Schaufrömmigkeit: Frömmigkeitsform im → Mittelalter, in deren Zentrum das anbetende „Schauen" der konsekrierten Hostie stand.

Schlussdoxologie: → Doxologie, 3.2.3

Spätantike: Bezeichnung der Übergangszeit von der Antike zum Mittelalter, vom Ende des 3. bis zur Mitte des 6. Jahrhunderts

Stationsgottesdienst: Hauptgottesdienst unter Leitung des Bischofs mit dem ganzen Klerus und den Gläubigen in einer bestimmten Kirche (der Stationskirche) einer Stadt.

stadtrömische Liturgie: Die Liturgie, wie sie in der Stadt Rom gefeiert wurde.

stilisiert: auf einfache Grundform zurückgeführt.

Stille Messe: Gelesene Messe (Missa lecta, im Gegensatz zur → Missa cantata) in der v. a. der → Messkanon mit leiser Stimme gesprochen wurde.

Stipendien: (Einzahl: Stipendium): Geldgabe für die Feier einer Messe im Anliegen des Gebers.

Stufengebet: Das frühere Rüstgebet des → Zelebranten und seiner Assistenz an den Stufen des Altars.

Stundengebet: → Tagzeitenliturgie.

Synoptiker: (von griech. sýnopsis = Zusammenschau): Bezeichnung für die drei Evangelisten Matthäus, Markus und Lukas, deren Evangelien eine große Zahl von Textstellen gleichen oder ähnlichen Wortlauts haben.

Tabernakel: (lat. „Zelt"): Gehäuse zur Aufbewahrung der → konsekrierten Hostien.
Tagzeitenliturgie: auch Stundengebet oder Stundenliturgie, von lat. „liturgia horarum"
Teilkirche: → Ortskirche; bischöflich geleitete Ortskirche.
Traditio Apostolica: (lat. „Apostolische Überlieferung"): frühkirchliche Kirchenordnung aus den Jahren 210–230.
Versöhnungstag: (Jom Kippur, hebr. „Tag des Loses"): Jüdischer Feiertag, der nach dem Ende des Babylonischen Exils (598–539 v. Chr.) entstanden ist und mit Gebet und Fasten und (bis zur Zerstörung des zweiten Tempels 70 n Chr.) mit rituellen Handlungen zur Entsühnung begangen wurde (vgl. Lev 16,29–30).
Vierzigstündiges Gebet: Eine Form der eucharistischen Anbetung, ursprünglich in Anlehnung an die auf vierzig Stunden berechnete Grabesruhe Christi
Vollmissale: Messbuch, das alle Teile der Messfeier (Gebete und Lesungen) enthält.
Wegzehrung: Kommunion für Sterbende
Zelebrant: Vorsteher, Leiter eines Gottesdienstes.
Ziborium (Pyxis): (Verschließbares) Aufbewahrungsgefäß für die → konsekrierten Hostien.

Anmerkungen

1 Vgl. Fürst, Alfons. Die Liturgie der Alten Kirche. Geschichte und Theologie. Münster 2008, bes. 28ff.

2 Bradshaw, Paul F. / Johnson, Maxwell E. The Eucharistic Liturgies. Their Evolution and Interpretation. Collegeville (USA) 2012, hier xiii.

3 Vgl. Bradshaw/Johnson, The Eucharistic Liturgies, 5.

4 1 QS 6.3–8

5 De bello judaico 2.8.5.

6 Vgl. Meßner, Reinhard. Einführung in die Liturgiewissenschaft. Paderborn 2001, hier 154f.

7 Vgl. Bradshaw/Johnson, The Eucharistic Liturgies, 6/7.

8 Vgl. Bradshaw/Johnson, The Eucharistic Liturgies, 8.

9 Vgl. hierzu kurz und knapp den Überblick bei: Fürst, Die Liturgie der Alten Kirche, 21–30

10 Vgl. Bradshaw, Paul F. Eucharistic Origins. New York (USA) 2004, bes. 139–157.

11 Vgl. Meyer, Hans Bernhard. Eucharistie. (Gottesdienst der Kirche. Handbuch der Liturgiewissenschaft 4). Regensburg 1989, bes. 87–121.

12 Zitiert nach: Meyer, Eucharistie, 67.

13 Heininger, Bernhard. Das letzte Mahl Jesu. Rekonstruktion und Deutung. In: Haunerland, W. (Hg.), Mehr als Brot und Wein. Theologische Kontexte der Eucharistie. Würzburg 2005, 10–49, hier 35.

14 Diese freilich nicht gänzlich unumstrittene Auffassung vertreten u. a. auch: Jungmann, Josef A. Messe im Gottesvolk, Ein nachkonziliarer Durchblick durch Missarum Sollemnia, Freiburg 1970, hier 25. Meyer, Eucharistie, 75ff. Gerken, Alexander. Theologie der Eucharistie. München 1973, 38ff. sowie in jüngster Zeit: Hoping, Helmut. Mein Leib für euch gegeben. Geschichte und Theologie der Eucharistie. Freiburg 2011, hier 94.

15 Dass es zumindest in der Frühzeit eine Verbindung von Agape/Sättigungsmahl und der eigentlichen Eucharistie gab, ist in der neueren Forschung weitgehend unbestritten. Vgl. Fürst, Die Liturgie der Alten Kirche, 24–26. Weiterhin ungeklärt ist die Frage, ab wann es genau zu einer klaren Trennung der beiden rituellen Vollzüge kam. Entgegen dem vorherrschenden Forschungstrend zur Spätdatierung halten wir es für plausibler, dass bereits 1 Kor 11 (u. a.) den schon in apostolischer Zeit fortschreitenden Trennungsprozess markiert, hier in Korinth hervorgerufen durch die sozialen Spannungen innerhalb der korinthischen Gemeinde, die Paulus beschreibt. Justin der Märtyrer spricht in seiner Apologie (um 150 n. Chr., vgl. 2.3) bereits von einer stilisierten Feier, bei der das Sättigungsmahl nicht mehr vorkommt. Diese bedeutende Quelle frühchristlicher Herrenmahlspraxis lässt sich mit einer Spätdatierung nicht einfach harmonisieren (trotz gegenteiliger Versuche, etwa bei: Bradshaw, Eucharistic Origins, 64ff.).

16 Vgl. hierzu: Ebner, Martin. Die Stadt als Lebensraum der ersten Christen. Das Urchristentum und seine Umwelt I. (Grundrisse zum Neuen Testament 1,1). Göttingen 2012, 179–189.

17 Vgl. zum Folgenden: Ebner, Die Stadt als Lebensraum der ersten Christen, bes. 182–186, wo der Autor sehr überzeugend aufzeigt, inwiefern die frühen Christen „anders essen" als ihr heidnisches Umfeld.

18 Vgl. Bradshaw/Johnson, The Eucharistic Liturgies, 8–9.
19 So etwa: Perrin, Norman. Rediscovering the Teaching of Jesus. New York (USA) 1967, hier 102.
20 Vgl. Mitchell, Nathan. Eucharist as Sacrament of Initiation. Forum Essays 2. Chicago 1994, hier: 89f.
21 Paul Bradshaw geht in seiner historisch-kritischen Rekonstruktion der neutestamentlichen Abendmahlsberichte sogar soweit, dass seiner Auffassung nach die Herrenworte bei den Synoptikern ursprünglich gar nicht enhalten waren. Die Deuteworte über Brot und Wein fänden, so Bradshaw, erst durch die Interpolation einer über Paulus in 1 Kor 11 tradierten, mündlichen Tradition ihren späteren Ort in den ursprünglich stärker eschatologisch ausgerichteten Erzählungen (vgl. Lk 22,16–18 par.) von einem Abschiedsmahl Jesu mit seinen Jüngern. Ursprünglicher Ort der Herrenworte wären dann, so Bradshaw, die Mähler Jesu mit Sündern und Ausgestoßenen, sodass er hier u. a. Joh 6 eine höhere Authentizität als den synpotischen Abendmahlsberichten zuschreibt. Bradshaw, Paul. Did Jesus Institute the Eucharist at the Last Supper? In: Johnson, M.E. (Hg.). Issues in Eucharistic Praying in East and West. Essays in Liturgical and Theological Analysis. Collegeville 2010, 1–19. Auch wenn Bradshaws These im einzelnen weiter zu diskutieren wäre und im Letzten nicht überzeugt, da schon die frühchristliche Eucharistie als Christusanamnese Leiden, Tod und Auferstehung Jesu voraussetzt, so verweist sie doch zurecht auf die Bedeutung der Mahlpraxis zu Lebzeiten Jesu als Verständnishorizont für die frühchristliche Feier des Herrenmahls.
22 Andere Autoren wie Paul Bradshaw plädieren für eine deutlich spätere Datierung der Trennung und halten die Frage nach der Trennung des (eigentlichen) sakramentalen eucharistischen Mahles von anderen Mählern der frühen Christen für eine Projektion späterer theologischer Distinktionen und Klärungsprozesse hinein in die früheste Zeit. Vgl. Bradshaw, Eucharistic Origins, 64–68. Wir folgen in unserer Darstellung dennoch der Argumentation von G. Dix, die uns immer noch am plausibelsten erscheint. Vgl.: Dix, Gregory. The Shape of the Liturgy. London 1964, hier 101.
23 Hoping, Helmut. Mein Leib für euch gegeben. Geschichte und Theologie der Eucharistie. Freiburg 2011, hier 64.
24 „Ista, fratres, ideo dicuntur sacramenta, quia in eis aliud videtur, aliud intelligitur. Quod videtur, speciem habet corporalem, quod intelligitur, fructum habet spiritualem.“ Sowie: „Si ergo vos estis corpus Christi et membra, mysterium vestrum in mensa dominica positum est: mysterium vestrum accipitis.“ Sermo 272. Text nach Corpus Augustinianum Gissense (CAG 2), basierend auf PL vol. 38, coll. 1246–1248. Eine prägnante, kurze Einführung zu dieser Predigt Augustins und in die darin enthaltene Eucharistietheologie (und Theologie der Sakramente überhaupt) findet sich auf der Webseite des „Zentrums für Augustinusforschung“ in Würzburg: http://www.augustinus.de/bwo/dcms/sites/bistum/extern/zfa/textevon/ostern/sermo272.html (aufgerufen am 13.08.2012)
25 Vgl. Bradshaw, Eucharistic Origins, 47–77.
26 Zitiert nach: Meyer, Eucharistie, 101f.
27 So etwa noch: Jungmann, Missarum Sollemnia, Bd.1, 501f.
28 Vgl. Meyer, Eucharistie, 117. Sowie: Bradshaw, Eucharistic Origins, 69–75.
29 Bradshaw, Eucharistic Origins, 71.
30 Vgl. die knappe Zusammenfassung der gegenwärtig diskutierten Forschungsmeinungen bei Meßner, Einführung in die Liturgiewissenschaft, 167 u. 170.
31 Meßner, Einführung in die Liturgiewissenschaft, hier 168ff.

32 Für eine wirlich umfassende historische Darstellung der Entwicklung der Feiergestalt sei als Standardwerk verwiesen auf: Meyer, Eucharistie (GdK 4, Regensburg 1989. Dort findet sich auch weiterführende Literatur zu den einzelnen Epochen, die freilich mittlerweile, fast 25 Jahre nach dem Erscheinen des Handbuches, dringend einer aktualisierenden Ergänzung und Fortschreibung bedürfte.

33 Vgl. Meyer, Eucharistie, 113–115.

34 De sacramentis 3,5. Zitiert nach: Ambrosius. Über die Sakramente. Über die Mysterien. Übersetzt und eingeleitet von Josef Schmitz CSSR. (Fontes Christiani 3). Freiburg 1990, hier 123.

35 Jungmann, Missarum Sollemnia, Bd. 1, 63.

36 Zitiert nach: Traditio Apostolica. Apostolische Überlieferung. Übersetzt und eingeleitet von Wilhelm Geerlings. (Fontes Christiani 1). Freiburg 1991.

37 Vgl. hierzu: Fürst, Die Liturgie der Alten Kirche, 37–40.

38 Meyer, Eucharistie, 169.

39 So berichtet Eusebius in seiner Kirchengeschichte: V 24,16–17. Eusebius von Caesarea. Kirchengeschichte. (Hg. und eingeleitet von Heinrich Kraft). Darmstadt ^{6}2012, hier 269f.

40 Vgl. hierzu grundlegend: Angenendt, Arnold. Kollegialität als „Struktur der Kirche"? In: Stimmen der Zeit 10/2011, 668–678, hier besonders 668f.

41 Vgl. hierzu den ausführlichen Abriss bei: Meyer, Eucharistie, 174–182, sowie die aktuelle und ausführliche Darstellung bei: Bradshaw/Johnson, The Eucharistic Liturgies, 200–210. Immer noch in vielen Detailinformationen unüberholt, wenn auch stets im Lichte neuerer Forschung zu lesen, ist: Jungmann, Josef Andreas. Missarum Sollemnia. Eine genetische Erklärung der römischen Messe. 2 Bände. Freiburg ^{5}1962. Zur stadtrömischen Stationsliturgie vgl. Baldovin, John F. The Urban Character of Christian Worship. The Origins, Developments, and Meaning of Stational Liturgy. (OrChrA 228). Rom 1987.

42 Wir folgen hierbei im Wesentlichen den sich ergänzenden Darstellungen in: Bradshaw/Johnson, The Eucharistic Liturgies, 202ff. Jungmann, Missarum Sollemnia, Bd. 1, 88ff. Meyer, Eucharistie, 174ff.

43 Zumindest lassen sich entsprechende Rückschlüsse aus dem Ordo Romanus Primus ziehen, auch wenn dieser erst um das Jahr 700 n. Chr. zu datieren ist. Vgl. hierzu: Cuthbert, E.G./Atchley F. Ordo Romanus Primus. London 1905. Griffiths, A. Ordo Romanus Primus: A Text for Students. (Alcuin/GROW Joint Liturgical Study). Norwich (GB) 2012. Vgl. hierzu ebenfalls: Bradshaw/Johnson, The Eucharistic Liturgies, 201.

44 Vgl. Baldovin, John F. Kyrie Eleison and the Entrance Rite of the Roman Eucharist. In: Worship 60 (1986) 334–347.

45 Vgl. Bradshaw/Johnson, The Eucharistic Liturgies, 202.

46 Vgl. Bradshaw/Johnson, The Eucharistic Liturgies, 202f.

47 Vgl. Bradshaw/Johnson, The Eucharistic Liturgies, 203. Auch Meyer geht davon aus, dass schon vor dem 6. Jh.s lediglich eine zweiteilige Leseordnung existierte.

48 Vgl. Jungmann, MIssarum Sollemnia, Bd. 1, 524–527.

49 Vgl. Jeffery, Peter. The Introduction of Psalmody into the Roman Mass by Pope Celestine I (422–433): Reinterpreting a Passage in the Liber Pontificalis. In: ALw 26 (1984) 147–165.

50 Meyer, Eucharistie, 177.

51 Vgl. als grundlegende Monographie hierzu: de Clerck, Paul. La prière universelle dans les liturgies latines anciennes. Témoignages patristiques et textes liturgiques. (LGF 62). Münster 1977.

52 Vgl. Bradshaw/Johnson, The Eucharistic Liturgies, 203.
53 Vgl. Meyer, Euchartistie, 178.
54 Vgl. Bradshaw/Johnson, The Eucharistic Liturgies, 205.
55 Vgl. Kapitel 3: Das Eucharistische Hochgebet: Der Kern der Eucharistiefeier
56 Vgl. Jungmann, Missarum Sollemnia, Bd. 2, 356f.
57 Vgl. Bradshaw/Johnson, The Eucharistic Liturgies, 209.
58 Vgl. zur Theorie, dass es in Rom auch durch Presbyter geleitete Feiern ohne eigenes Eucharistisches Hochgebet gab, in denen Gaben durch den Kontakt mit dem „Fermentum“ konsekriert wurden: Bradshaw/Johnson, The Eucharistic Liturgies, 204. Das Fermentum war ein Stück des vom Papst am jeweiligen Tag in seiner Messfeier konsekrierten eucharistischen Brotes, das anschließend in die übrigen stadtrömischen Kirchen geschickt wurde. Nach der Liturgie des Wortes und dem Allgemeinen Gebet wäre dann in solchen Feiern, so es sie denn gab, sofort der Friedenskuss und die Austeilung der Kommunion erfolgt. Vgl. hierzu: Baldovin, John F. The Fermentum at Rome in the Fifth Century: A Reconsideration. In: Worship 79 (2005) 38–53.
59 Vgl. Meyer, Eucharistie, 181.
60 So: Bradshaw/Johnson, The Eucharistic Liturgies, 210.
61 Vgl. Jungmann, Missarum Sollemnia, Bd. 2, 530.
62 Vgl. Meyer, Eucharistie, 182.
63 Weshalb man in Analogie zu Aufbau und Funktion der spätantiken/frühmittelalterlichen Sakramentare die erste Auflage des nachvatikanischen, englischsprachigen Messbuchs auch mit dem Titel „Sacramentary“ (1973) bezeichnet hat.
64 Vgl. zu den nachfolgenden Ausführungen: Palazzo, Eric. A History of Liturgical Books from the Beginning to the Thirteenth Century. Collegeville (USA) 1998, hier 19–110. Sowie: Bradshaw/Johnson, The Eucharistic Liturgies, 195f. Jungmann, Missarum Sollemnia, Bd. 1, 78ff. Meyer, Eucharistie, 189–192.
65 Hinzu kommen noch einige Benediktionen und die Trauung, vgl. Meyer, Eucharistie, 190.
66 Bradshaw/Johnson, The Eucharistic Liturgies, 196.
67 Vgl. Morin, G. Le plus ancien Comes ou lectionnaire de l’eglise romaine. In: RBen 27 (1910) 41–74.
68 Vgl. hierzu: Andrieu, M. Les Ordines Romani du Haut Moyen-Age. 1931–1961.
69 Vgl. hierzu grundlegend: Angenendt, Arnold. Das Frühmittelalter. Die abendländische Christenheit von 400 bis 900. Stuttgart [3]2001, hier 327–347. Sowie: Bradshaw/Johnson, The Eucharistic Liturgies, 193f.
70 Vgl. White, James F. A Brief History of Christian Worship. Nashville (USA) 1993, 78ff.
71 Vgl. Bradshaw/Johnson, The Eucharistic Liturgies, 194f.
72 Vgl. Meyer, Eucharistie, 200.
73 Man spricht mit dem Fachterminus von den „junggelasianischen Mischsakramentaren des 8. Jh.“: Vgl. Meyer, Eucharistie, 199; Angenendt, Frühmittelalter, hier 328f.
74 Vgl. Bradshaw/Johnson, The Eucharistic Liturgies, 194f. Meyer, Eucharistie, 192.
75 Mit Arnold Angenendt wären hier Stichworte zu nennen wie: die Suche nach ethischer Heiligkeit, ein religionsgeschichtlich stark vom Begriff des „do-ut-des“ geprägtes Opferverständnis, die Quantifizierung von Frömmigkeit u.v.m: Angenendt, Arnold. Geschichte der Religiosität im Mittelalter. Darmstadt 1997, hier bes. 357–378.
76 Vgl. Angenendt, Frühmittelalter, 347f.
77 Vgl. Meyer, Eucharistie, 198f.

78 Vgl. Jungmann, Missarum Sollemnia, Bd. 1, 110.
79 Vgl. zur Entstehung der Privatmesse: Angenendt, Frühmittelalter, 333.
80 Vgl. hierzu die knappe und konzise Darstellung bei: Bradshaw/Johnson, The Eucharistic Liturgies, 210–215.
81 E. Duffy verweist darauf, dass sich gleichsam als Ersatzformen für die wegfallende Kommunion andere Rituale praktizierter Frömmigkeit (wie etwa das Küssen der Pax-Tafel) und eine reiche Gebetsliteratur etabliert hätten und dass in Betracht zu ziehen sei, dass die werktäglichen Stillen Messen, an zugänglichen Seitenaltären, die nicht durch einen Lettner dem Blick der Gläubigen entzogen waren, eine unmittelbarere Form der Partizipation ermöglicht hätten. (Vgl. Duffy, Eamon. The Stripping oft he Altars. Traditional Religion in England 1400–1580. New Haven (USA) 1992, hier 114 u. 125–127.) Dem ist entgegenzuhalten, dass die von Duffy aufgeführten „Ersatzrituale" allesamt quasi aus der Not geborene Surrogatformen darstellen, dass die entsprechende Gebetsliteratur aufgrund der Illiteralität der gemeinen Bevölkerung nur wohlhabenden Schichten, die zugleich des Lesens mächtig waren, zugänglich war, und dass wir über eine flächendeckende, regelmäßige Teilnahme an Stillen (Werktags-)Messen schlicht zu wenig belastbares Quellenmaterial haben und auch nicht wissen, wie, in welcher Form das gläubige Volk wirklich in der Lage war, hieran „tätig" teilzunehmen.
82 Vgl. Bradshaw/Johnson, The Eucharistic Liturgies, 212.
83 Vgl. Browe, Peter. Die Eucharistie im Mittelalter. Liturgiehistorische Forschungen in kulturwissenschaftlicher Absicht. Mit einer Einführung hg. von Hubertus Lutterbach und Thomas Flammer. Münster [3]2008, hier 303–308. Sowie: Meyer, Eucharistie, 236.
84 Vgl. Bradshaw/Johnson, The Eucharistic Liturgies, 211.
85 Vgl. Meyer, Eucharistie, 233.
86 Vgl. hierzu: Meßner, Reinhard. Zur Hermeneutik allegorischer Liturgieerklärung in Ost und West. In: Zeitschrift für katholische Theologie 115 (1993) 284–319; 415–434.
87 Inwieweit Amalar hier von den allegorischen Liturgiedeutungen des Ostens (4./5. Jh.) beeinflusst ist, die er vermutlich auf einer Reise, die er im Auftrag Karls d. Gr. nach Konstantinopel unternommen hatte, kennengelernt hatte, wird sich nicht mit letzter Sicherheit klären lassen. Vgl. hierzu: Meßner, Zur Hermeneutik allegorischer Liturgieerklärung in Ost und West, 415f.
88 Vgl. Kilmartin, Edward J. The Eucharist in the West. History and Theology. Edited by Robert J. Daly, S.J. Collegeville (USA) 1998, 92–95. Meyer, Eucharistie, 195.
89 Bradshaw/Johnson, The Eucharistic Liturgies, 215ff.
90 Vgl. zum frühmittelalterlich-karolingischen Bild-Verständnis als Grundlage für die Messallegorese Amalars: Meßner, Zur Hermeneutik allegorischer Liturgieerklärung in Ost und West, 422f.
91 Vgl. Meyer, Eucharistie, 228.
92 Meßner, Zur Hermeneutik allegorischer Liturgieerklärung in Ost und West, hier 419. Im Rückgriff auf: LO III 19,10–16.
93 Liber Officialis, X, 1. Zitiert nach: Hanssens, Jean-Marie. Amalarii opera liturgica omnia t. II. (Studi e testi 139). Rom (Città del Vaticano. Biblioteca apostolica vaticana). 1948, hier 290f.
94 Liber Officialis III, 24, 7. (Hanssens, p. 316).
95 Liber Officialis III, 34, 1. (Hanssens, p. 365).
96 Postquam scripsi, 7. (Hanssens, pp. 14–15.)
97 Meßner, Zur Hermeneutik allegorischer Liturgieerklärung in Ost und West, 434.

98 Vgl. etwa: Jungmann, Missarum Sollemnia, Bd. 1, 117ff. Aber auch noch: Meyer, Eucharistie, 228.

99 So etwa bei: Kilmartin, Euchartist in the West, 92ff. Meßner, Zur Hermeneutik allegorischer Liturgieerklärung in Ost und West, 415–434.

100 Vgl. zu den Konsequenzen dieser Entwicklung im Hinblick auf die Taufe meine Ausführungen in: Stuflesser, Martin. Liturgisches Gedächtnis der einen Taufe. Überlegungen im ökumenischen Kontext. Freiburg 2004, bes. 107–118.

101 Vgl. Meßner, Zur Hermeneutik allegorischer Liturgieerklärung in Ost und West, 434.

102 So auch das durchaus kritische Urteil von: Meßner, Zur Hermeneutik allegorischer Liturgieerklärung in Ost und West, 426f. Vgl. ebenfalls sehr kritisch: Meyer, Eucharistie, 228.

103 Vgl. Isidor von Sevilla, Etym. 6,19,38.

104 Was sich in den Messordines der Zisterzienser im 12. Jh. und der Karthäuser im 12./13. Jh. fortsetzt. Vgl. Meyer, Eucharistie, 210.

105 Vgl. Jungmann, Missarum Sollemnia, Bd. 1, 136.

106 Vgl. Jungmann, Missarum Sollemnia, Bd. 1, 263–272.

107 Vgl. Angenendt, Frühmittelalter, 334.

108 Vgl. Bradshaw/Johnson, The Eucharistic Liturgies, 220

109 Es kann hier nur am Rande angemerkt werden, dass damit u. U. von einem Extrem (keine Kommunion) in ein anderes Extrem (unterschiedloses Kommunizieren in jeder Messfeier) gewechselt wurde. Schon die Formulierung „zur Kommunion gehen“ ist im Deutschen ambivalent, legt sie doch zum einen den sinnvollen Schwerpunkt auf die persönliche Entscheidung des Einzelnen und die aktive Handlung des gläubigen Empfangens; insinuiert sie jedoch zugleich auch eine Form der Gruppendynamik (Stichwort: Herdentrieb), die gerade keinen Entscheidungsspielraum des Einzelnen mehr zulässt. Die Tatsache, dass im Hinblick auf die Frage nach Kriterien für einen „würdigen Kommunionempfang“ zu früheren Zeiten auch ein ungutes Skrupulantentum gefördert wurde (klassisches Beispiel ist die vielzitierte eucharistische Nüchternheit, die durch das versehentliche Verschlucken von Wasser beim Zähneputzen schon nicht mehr gegeben war), entbindet heutige Zeiten nicht, sich die Fragen zu stellen, welches solche Kriterien in heutiger Zeit sein könnten. Theologisch formuliert: Welche objektiven/theologischen Kriterien schließen mich von der Eucharistiegemeinschaft (zeitlich/punktuell) aus? Welche subjektiven Kriterien ermöglichen mir zwar eine (tätige) Teilnahme an der Feier, nicht aber an der sakramentalen Kommunion?

110 ASS 36 (1903–1904), hier 331.

111 Beauduin, Lambert. Das eigentliche Gebet der Kirche. In: LJ 9 (1959) 198–202, hier 202.

112 Vgl. hierzu ausführlich: Stuflesser, Martin. Actuosa Participatio. Zwischen hektischem Aktionismus und neuer Innerlichkeit. Überlegungen zur „tätigen Teilnahme“ am Gottesdienst der Kirche als Recht und Pflicht der Getauften. In: LJ 59 (2009) 147–186.

113 So etwa das Aufkommen konservativer Streitschriften gegen die Anliegen der Liturgischen Bewegung (vgl. etwa von Max Kassiepe, Kevelaer 1939). Oder das Einschreiten des damaligen Freiburger Erzbischofs Conrad Gröber; vgl. Maas- Ewerd, Theodor. Die Krise der Liturgischen Bewegung in Deutschland und Österreich. Zu den Auseinandersetzungen um die „liturgische Frage“ in den Jahren 1939–1944. Regensburg 1981, hier: 259–285.

114 So kritisiert der Papst die willkürliche Einführung und Abschaffung liturgischer Formen (sic!) unter Berufung auf das Altertum als dem vermeintlich absoluten Maßstab. Der Papst betont die notwendige Unterscheidung zwischen dem gemeinsamen Priestertum und dem Amtspriestertum. Der Mainzer Bischof Albert Stohr verweist jedoch darauf, dies nicht als pauschale Kritik an der Liturgischen Bewegung misszuverstehen: „Es handelt sich vor allem um die Betonung des Priesterlichen im Lebenswerk Jesu, was schon in den ersten Worten der Enzyklika ‚Mediator Dei' zum Ausdruck kommt, was seine Fortsetzung findet in der Erklärung des kirchlichen Priestertums zur Fortsetzung des Lebenswerkes Christi. Hierdurch und speziell durch die Stellung der heiligen Eucharistie in diesem Zusammenhang rückt die Liturgie in die allervorderste Linie sowohl der Aufgabe Christi als auch der Kirche und damit auch der einzelnen Christen." Stohr, Albert. Bedeutung und Forderung der Enzyklika „Mediator Dei". In: Wagner, J. u. a. (Hg). Eucharistiefeier am Sonntag. Reden und Verhandlungen des Ersten Deutschen Liturgischen Kongresses 1950. Trier 1951, 13–35, hier 21.

115 „quia nempe non tantum per sacerdotis manus, sed etiam una cum ipso quodammodo Sacrificium offerunt: qua quidem participatione, populi quoque oblatio ad ipsum liturgicum refertur cultum." AAS 39 (1947): Pius XII. Mediator Dei et hominum, hier 555f.

116 „christifideles per Eucharistiae perceptionem divinum ipsum participare Sacrificium". Ebd., hier 564.

117 „Laudibus igitur ii digni sunt, qui eo consilio ducti, ut christiana plebs Eucharisticum Sacrificium facilius salubriusque participet (…)" Ebd., hier 560.

118 „ita quidem ut christifideles, una cum sacerdote copulati, iisdem eius verbis iisdemque Ecclesiae sensibus comprecentur." Ebd., hier 560.

119 „ut Liturgia externo etiam modo actio sacra fiat, quam reapse adstantes omnes communicent." Ebd., hier 560.

120 „Id quidem non una ratione contingere potest; cum nimirum universus populus, ex sacrorum rituum normis, vel sacerdotis verbis recto servato ordine respondet, vel cantus edit, qui cum variis Sacrificii partibus congruant, vel utrumque facit, vel denique cum in Sacris sollemnibus alternas Iesu Christi administri precibus dat voces unaque simul liturgica cantica concinit." In: In: AAS 39 (1947): Pius XII. Mediator Dei et hominum, hier 560.

121 Eine etwaige Ausweitung der volkssprachlichen Anteile regelt SC, Art. 40.

122 Man wird diesen Passus aus heutiger Sicht mit einem gewissen Unverständnis lesen und sich fragen, warum es nötig war, dies solchermaßen zu betonen. Allein in katholischen Gegenden zeugt die verdächtige Nähe der lokalen Dorfwirtschaft (= des Gasthauses) zur Dorfkirche noch heute davon, dass zumindest die männliche Bevölkerung zuweilen wirklich die Zeit der als „Vormesse" missverstandenen „Liturgie des Wortes" nutzte, um parallel zu dieser Vormesse einen Frühschoppen einzunehmen. Dies wurde sogar gleichsam (moral-)theologisch untermauert, wenn das Verpassen der Vormesse (= Liturgie des Wortes) als lässliche Sünde angesehen wurde, das Verpassen der Opfermesse (= Eucharistische Liturgie ab der Gabenbereitung) aber als schwere Sünde. Vgl. hierzu etwa das moraltheologische Handbuch: Noldin, Hieronymus. Summa theologiae moralis. Bd. II. Innsbruck [9]1911, 278.

123 Zitiert nach: Meyer, Eucharistie, 104f.

124 Ambrosius leitet diesen Gedanken freilich nicht aus den Einsetzungsworten, die er zitiert, direkt ab. Vielmehr artikuliert sich in seiner Version des Quam oblationem, das als Strophe den Einsetzungsworten vorausgeht, schon ein sakramentales Verständnis, wenn es dort heißt: „Mach uns dieses Opfer zu einem festgeschriebenen,

geistigen und wohlgefälligen Opfer, das die Bild(wirklichkeit) des Leibes und Blutes unseres Herrn Jesus Christus ist." (De Sacr. 4,21) Brot und Wein werden bei Ambrosius also schon vor den Einsetzungsworten als Bild (Abbild/figura) von Leib und Blut Christi identifiziert und damit sakramental gedeutet. Dennoch sind seine Gedanken insofern bedeutsam, als er – im Gegensatz zu den meisten östlichen Quellen – die Konsekration nicht durch der Herabrufung des Hl. Geistes, sondern durch die Rezitation der Herrenworte bewirkt sieht; mit weitreichenden Folgen für die westliche Sakramententheologie. Vgl. Bradshaw/Johnson, The Eucharistic Liturgies, hier 104–106.

125 Vgl. dazu auch DH 1321 u. 1352.

126 Päpstlicher Rat zur Förderung der Einheit der Christen, Richtlinien für die Zulassung der Eucharistie zwischen der Chaldäischen Kirche und der Assyrischen Kirche des Ostens vom 20.7.2001, in: OR v. 26.10.2001, 7f.; KNA-Dokumentation Nr. 1 v. 2.1.2002.

127 Meyer, H.B., Art. Anamnese, V. Liturgisch, in: LThK3, 592.

128 Zitiert nach: Meyer, Eucharistie, 92/93.

129 Leider ist die deutsche Fassung von GORM, 79 f. hier ungenau übersetzt. Nicht „bei", als handele es sich hierbei um ein losgelöstes, voneinander unabhängiges Geschehen, sondern „in" und „durch" die Feier des Gedächtnisses, geschieht die Darbringung des Opfers der Kirche. (Vgl. im lat. Text: „per quam in ipsa hac memoria Ecclesia …")

130 Meyer, Eucharistie, 346.

131 Vgl. Stuflesser, Martin. „… zu fördern, was immer zur Einheit aller, die an Christus glauben, beitragen kann …" Liturgie und Ökumene – Versuch einer Standortbestimmung. In: LJ 60 (2010) 69–93, hier: 88f.

132 Meßner, Einführung in die Liturgiewissenschaft, 209.

133 Vgl. kritisch zu den Veränderungen in der nachkonziliaren Fassung des Hochgebet II im Vergleich zum Eucharistiegebet der Traditio Apostolica: Bradshaw/Johnson, The Eucharistic Liturgies, 315f.

134 Adam/Haunerland, Grundriss Liturgie, 237.

135 Nach Meinung Meßners ist dieser „genius Romanus" viel eher in den der Präfation folgenden Interzessionen zu sehen, die man aber zur damaligen Zeit eher negativ als Doppelung zum Allgemeinen Gebet abtat. Vgl. Meßner, Einige Probleme des eucharistischen Hochgebets, 184ff, bes. 186.

136 Man bezog sich dabei auf die vermeintliche Struktur der alexandrinischen Anaphora (speziell des Papyrus von Dêr Balyzeh), wobei allerdings nicht beachtet wurde, dass „die Wandlungsepiklese im Papyrus von Dêr Balyzeh […] ohne Parallele in der übrigen ägyptischen Anaphorentradition, ebenfalls einer Angleichung an die syrische Tradition entspringt." In: Meßner, Einige Probleme des eucharistischen Hochgebets, 187f. Vielmehr handelt es sich nach Meßner nicht um eine aufgespaltene, sondern um eine doppelte Epiklese, die „allzu rasch mit der angeblichen Aufspaltung der Epiklese im römischen Kanon (Quam oblationem – zweiter Teil des Supplices) harmonisiert wurde." Ebenda, 188.

137 Obwohl im Text selbst von einer Herabrufung des Geistes auf die Gaben explizit gar nicht gesprochen wird. Der Text spricht vielmehr von „Segen in Fülle", bittet um Annahme des Opfers und das „Opfer im Geiste" ist ein Verweis auf Röm 12,1 (oblatio rationabilis). Nach Meinung Reinhard Meßners zeigt die Aufspaltung der Epiklese – abgesehen von ihrer historischen Problematik – auch theologische Folgen, Wandlung und Kommunion werden getrennt: „Das Wirken des Heiligen Geistes in

der Eucharistie wird aufgeteilt auf zwei Punkte, deren enger sachlicher Zusammenhang damit, wie in der mittelalterlich-neuzeitlich sakramententheologischen Unterscheidung von Opfer und Sakrament, verdunkelt ist." Meßner, Einige Probleme des eucharistischen Hochgebets, 189.

138 „Die Wandlung der Gaben in Christi Leib und Blut zielt auf die Umwandlung derer, die davon genießen und damit des Heiligen Geistes teilhaftig werden […]." In: Meßner, Einige Probleme des eucharistischen Hochgebets, 189.

139 Vgl. für das Eucharistiebuch der Altkatholiken und das Gottesdienstbuch der EKD/VELKD (in der Vorläuferform der Erneuerten Agende): Stuflesser, Martin. Memoria Passionis. Das Verhältnis von lex orandi und lex credendi am Beispiel des Opferbegriffs in den Eucharistischen Hochgebeten nach dem II. Vatikanischen Konzil. (Münsteraner Theologische Abhandlungen 51). Altenberge 1998 / [2]2000, hier 398–428. Im Hinblick auf die östlichen Riten ist zu sagen, dass diese in ihren Anaphoren den hier skizzierten, klassischen Aufbau ohnehin bewahrt hatten.

140 Messbuch [2]1988, 344.

141 Vgl. als Quellen hierzu: Missale Romanum. Ex decreto Sacrosancti Oecumenici Concilii Vaticani II instauratum auctoritate Pauli PP. VI promulgatum Ioannis Pauli II cura recognitum. Editio typica tertia. Rom/Vatikan 2002. [vgl. auch: Editio typica. Rom/Vatikan 1970; und: Editio typica altera. Rom/Vatikan 1975.] Messbuch. Für die Bistümer des deutschen Sprachgebietes. Authentische Ausgabe für den liturgischen Gebrauch. Herausgegeben im Auftrag der Bischofskonferenzen Deutschlands, Österreichs und der Schweiz sowie der Bischöfe von Luxemburg, Bozen-Brixen und Lüttich. Freiburg u. a. 1975. [vgl. auch: [2]1988]. Fünf Hochgebete. Hochgebet zum Thema „Versöhnung", Hochgebet für Meßfeiern mit Kindern. Studienausgabe für die Bistümer des deutschen Sprachgebietes. Mit einem Anhang: Hochgebet für Meßfeiern mit Gehörlosen. Approbierter und konfirmierter Text. Herausgegeben von den Liturgischen Instituten Salzburg, Trier und Zürich. Freiburg u. a. 1994. Sowie: Hochgebet für die Kirche in der Schweiz „Gott führt die Kirche". Herausgegeben vom Liturgischen Institut Zürich und vom Institutum Liturgicum Salzburg. Einsiedeln [13]1995. Und: Die Feier der Gemeindemesse. Handausgabe. Auszug aus der authentischen Ausgabe des Meßbuches für die Bistümer des deutschen Sprachgebietes. Anhang: Hochgebet für Messen für besondere Anliegen. Votivhochgebet „Versöhnung". Freiburg u. a. 1995.

142 Die – den Einsetzungsbericht symmetrisch umrahmenden – Strophen wirken hier weniger kunstvoll angeordnet, sondern eher wie „eine verwilderte, mit zahllosen bizzaren Türmchen und Erkern beladene Kapelle, deren Grundriß der Laie kaum noch zu erkennen vermag", so Th. Klauser, zitiert in: Kleinheyer, Bruno. Erneuerung des Hochgebetes. Regensburg 1969, 27.

143 Meyer, Eucharistie, 349.

144 Lobelemente finden sich in der Präfation, in der Akklamation nach dem Einsetzungsbericht und in der Schlussdoxologie. Vgl. Meyer, Eucharistie, 181, 349.

145 „Die unzweifelhaft vorhandene sogenannte Kommunionepiklese, die in allen Liturgien um die Heiligung der Mahlteilnehmer durch die heilige Speise des Leibes und Blutes Christi bittet, setzt tatsächlich auch im römischen Kanon eine Bitte voraus, in der die Abendmahlsgaben eben als in ihrer Heiligkeit zu konstituierende erscheinen und die kirchliche Gabendarbringung nun als zur sakramentalen Teilhabe am Opfer des einen und ewigen Hohenpriesters führend erwiesen wird. […] Dabei sind die Vorstellungsgehalte einer Herabkunft des Geistes auf die Gaben einerseits sowie der Hinaufnahme der Darbringung ins umschaffende Kraftfeld des göttlichen Angesichtes andererseits,

sakramententheologisch gleichbedeutend und werden zudem im voranaphorischen orientalischen Textgut verschiedentlich miteinander ausgetauscht." Schulz, Hans-Joachim. Ökumenische Aspekte der Darbringungsaussagen in der erneuerten römischen und byzantinischen Liturgie. In: Archiv für Liturgiewissenschaft XIX (1977) 7–28, hier 22f.

146 Vgl. Ambrosius, De Sacramentis, IV 5,21s.; 6,26s. Sowie ein arianisches Fragment, der Codex Bibliothecae Vaticanae Lat. 5750, in: Hänggi, Anton / Pahl, Irmgard. (Hg.). Prex Eucharistica. Textus e variis liturgiis antiqioribus selecti. (Spicilegium Friburgense 12). Freiburg Schweiz 1968, hier 422. Vgl. zur Verbindung zu ägyptischen Quellen (alexandrinischen Anaphoren): Bradshaw/Johnson, The Eucharistic Liturgies, hier 104–106 Sowie: Ray, Walter. Rome and Alexandria: Two Cities, One Anaphoral Tradition. In: Johnson, M. E. (Hg.). Issues in Eucharistic Praying in East and West. Essays in Liturgical and Theological Analysis. Collegeville 2010, 99–128. Baldovin, John. History of the Latin Text and Rite. In: Foley, Ed. (Hg.). A Commentary on the Order of Mass of the Roman Missal. Collegeville (USA) 2011, 247–254.

147 Vgl. zu den einzelnen Inhalten die theologische Interpretation von: Power, David N. Theology of the Latin Text and Rite. In: Foley, Ed. (Hg.). A Commentary on the Order of Mass of the Roman Missal. Collegeville (USA) 2011, 259–278.

148 Zur Frage der Verfasserschaft, siehe auch: Traditio Apostolica. Apostolische Überlieferung. Übersetzt und eingeleitet von Wilhelm Geerlings. (Fontes Christiani 1). Freiburg 1991, 147ff. Vgl. Hänggi/Pahl, Prex eucharistica, 80f. Vgl. zur Textgeschichte die ausführliche Darstellung bei: Baldovin, John. History of the Latin Text and Rite. In: Foley, Ed. (Hg.). A Commentary on the Order of Mass of the Roman Missal. Collegeville (USA) 2011, hier 311–316.

149 Vgl. zu den einzelnen Inhalten die theologische Interpretation von: Power, David N. Theology of the Latin Text and Rite. In: Foley, Ed. (Hg.). A Commentary on the Order of Mass of the Roman Missal. Collegeville (USA) 2011, 317–325.

150 Vgl. Vagaggini, Cipriano. Le Canon de la Messe et la Réforme liturgique. (Lex Orandi 41). Paris 1967.

151 Ebenda, 127f.

152 Vgl. Witczak, Michael. History of the Latin Text and Rite. In: Foley, Ed. (Hg.). A Commentary on the Order of Mass of the Roman Missal. Collegeville (USA) 2011, hier 353–363, bes. 354.

153 Vgl. Power, David N. Theology of the Latin Text and Rite. In: Foley, Ed. (Hg.). A Commentary on the Order of Mass of the Roman Missal. Collegeville (USA) 2011, 365–374.

154 Vgl. Meyer, Eucharistie, 350. Vgl. hierzu auch ausführlich: Baldovin John F. History of the Latin Text and Rite. In: Foley, Ed. (Hg.). A Commentary on the Order of Mass of the Roman Missal. Collegeville (USA) 2011, 401–406.

155 Kleinheyer, Erneuerung des Hochgebetes, Regensburg 1969, hier 37.

156 Meyer, Eucharistie, 350. Vgl. zu den einzelnen Inhalten die theologische Interpretation von: Power, David N. Theology of the Latin Text and Rite. In: Foley, Ed. (Hg.). A Commentary on the Order of Mass of the Roman Missal. Collegeville (USA) 2011, 407–415.

157 Vgl. Notitiae 11 (1975) 4–12. Zur Entstehungsgeschichte der Hochgebete, vgl.: Kaczynski, Reiner. Direktorium und Hochgebetstexte für Meßfeiern mit Kindern. Ein Arbeitsbericht. In: Liturgisches Jahrbuch 29 (1979) 157–175.

158 Vgl. Bugnini, Annibale. Die Liturgiereform 1948–1975. Zeugnis und Testament. (Hg. von J. Wagner). Freiburg 1988, hier 514.

159 Notitiae 11 (1975) 7–11; deutsche Übersetzung in: Fünf Hochgebete, 20–23.
160 Vgl. Nr. 5 der Vorbemerkungen, in: Fünf Hochgebete, 20.
161 Vgl. Nr. 7 der Vorbemerkungen, in: Fünf Hochgebete, 20.
162 In: Nr. 19 der Vorbemerkungen, in: Fünf Hochgebete, 22.
163 Dennoch wird hier betont: „Aus dem lateinischen Text ergeben sich Zweck, wesentliche Inhalte und die allgemeine Form dieser Gebete, die auch in den verschiedenen muttersprachlichen Fassungen erhalten bleiben müssen." In: Nr. 11 der Vorbemerkungen, in: Fünf Hochgebete, 21.
164 Missale Romanum. Editio typica tertia emendata. Rom 2008.
165 Vgl. Adam/Haunerland, Grundriss Liturgie, 235.
166 Vgl. Bugnini, Liturgiereform, 511, dort Anm. 42.
167 Vgl. Richter, Klemens. Das Hochgebet in Meßfeiern mit Kindern. In: Heinz, A. / Rennings, H. (Hg.). Gratias Agamus. Studien zum eucharistischen Hochgebet. (FS B. Fischer). Freiburg 1992, 427–438, hier 432.
168 Vgl. Bugnini, Liturgiereform, 511, Anm. 42.
169 In: Vorbemerkungen, Nr. 24, in: Fünf Hochgebete, 22.
170 Vgl. Bugnini, Liturgiereform, 511, Anm. 42.
171 Vgl. Vorbemerkungen Nr. 25, in: Fünf Hochgebete, 23.
172 In: Vorbemerkungen Nr. 25, in: Fünf Hochgebete, 23.
173 Vgl. die Vorbemerkungen zum Hochgebet für Messfeiern mit Gehörlosen, in: Fünf Hochgebete, 60.
174 In: Fünf Hochgebete, 60.
175 In: Fünf Hochgebete, 60.
176 Die Aussage der speziellen Anamnese: „wir denken jetzt an den Tod und die Auferstehung deines Sohnes Jesus Christus und opfern dir seinen Leib und sein Blut" kann jedenfalls opfertheologisch nur als äußerst missverständlich und damit misslungen bezeichnet werden. Vgl. hierzu auch die umfassende Analyse in: Stuflesser, Memoria Passionis, 371–375
177 Vgl. Bugnini, Liturgiereform, 510.
178 Nr. 1 der Vorbemerkungen, in: Fünf Hochgebete, 10.
179 Vgl. Bugnini, Liturgiereform, 511, Anm. 42.
180 Erst posthum wurde bekannt, dass Heinrich Rennings den deutschsprachigen Entwurf des II. Versöhnungshochgebets verfasst hatte. Vgl. Rennings, Heinrich. Votivhochgebet Versöhnung II. In: Gottesdienst im Geist des Konzils. Pastoralliturgische Beiträge zur Liturgiereform. In Verbindung mit dem Deutschen Liturgischen Institut herausgegeben von Martin Klöckener. Freiburg 1996, 170–188, hier 173, dort die mit * gekennzeichnete zusätzliche Anm. Vgl. hierzu auch den Nachruf auf Heinrich Rennings von Balthasar Fischer in: Gottesdienst 28 (1994) 161f.
181 Vgl. Bugnini, Liturgiereform, 511.
182 Vgl. Bugnini, Liturgiereform, 514. Seit dem Jahr 1980 ist die Verwendung „sine die" gestattet; in: Notitiae 17 (1981) 23.
183 Vgl. Nr. 2 der Vorbemerkungen, in „Fünf Hochgebete", 10.
184 Vgl. Anm. 2b zu Nr. 2 des „Rundschreibens der Kongregation für die Sakramente und den Gottesdienst an die Vorsitzenden der Bischofskonferenzen", in „Fünf Hochgebete", 7. Vgl. auch: Rennings, Votivhochgebet Versöhnung II, 174f.
185 Vgl. Nr. 2, Anm. 8 der Vorbemerkungen, in „Fünf Hochgebete", 10. (Prot. Nr. 272908)
186 Vgl. zur Entstehungsgeschichte (History of the Text) und zu den einzelnen Inhalten (Theology of the Latin Text and Rite) die ausführliche Darstellung von Richard E.

McCarron in: Foley, Ed. (Hg.). A Commentary on the Order of Mass of the Roman Missal. Collegeville (USA) 2011, 549–570.

187 Vgl. zur Entstehungsgeschichte: Arx, Walter von. Das Hochgebet für die Kirche in der Schweiz. In: Zeitschrift für schweizer Kirchengeschichte 71 (1977) 279–293.

188 Die italienische Übersetzung erfolgte am 8.11.1974. Vgl. Nagel, Eduard. Gott führt die Kirche. Das Hochgebet für Meßfeiern für besondere Anliegen. In: Gottesdienst 28 (1994) 17–19, hier 17.

189 Vgl. Nagel, Gott führt die Kirche, 17.

190 So zunächst in Luxemburg (1974), Österreich und Straßburg (1975) und im übrigen Frankreich (1978), nicht jedoch im Gebiet der Deutschen Bischofskonferenz,Vgl. Nagel, Gott führt die Kirche, 17.

191 Veröffentlicht mit Dekret vom 6.8.1991. In: Notitiae 27 (1991) 388 ff. Dort auch der vollständige lateinische Text, auf den im folgenden Bezug genommen wird.

192 „Die Verbindlichkeit bezieht sich auch auf den künftigen Text in den Originalsprachen: Bei der Revision des deutschen, des französischen oder des italienischen Meßbuchs soll eine Übertragung der lateinischen Fassung aufgenommen werden.“: Nagel, Gott führt die Kirche, 18.

193 Vgl. Nagel, Gott führt die Kirche, 17.

194 In: Hochgebet für die Kirche in der Schweiz „Gott führt die Kirche“. Herausgegeben vom Liturgischen Institut Zürich und vom Institutum Liturgicum Salzburg. Einsiedeln [13]1995.

195 In: Die Feier der Gemeindemesse. Handausgabe. Auszug aus der authentischen Ausgabe des Meßbuches für die Bistümer des deutschen Sprachgebietes. Anhang: Hochgebet für Messen für besondere Anliegen. Votivhochgebet „Versöhnung“. Freiburg u. a. 1995.

196 Zur besseren Handhabung wurde der Text der „Schweizer Hochgebete“ in der entsprechenden liturgischen Ausgabe in allen vier Varianten abgedruckt, sodass der Eindruck entstehen konnte, es handele sich um vier verschiedene Hochgebete, was wohl in der Glaubenskongregation, die ausdrücklich nur ein Hochgebet approbiert hatte, für Verärgerung sorgte, vgl. Bugnini, Liturgiereform, 509, Anm. 36.

197 Vgl. zu den nachfolgenden Punkten neben den bereits zitierten Standardwerken die zur weiteren Lektüre empfohlenen Ausführungen bei: Adam, Adolf /Haunerland, Winfried. Grundriss Liturgie. Völlig überarbeitete Neuausgabe. Freiburg 2012. Baldovin, John F. Bread of Life, Cup of Salvation. Understanding the Mass. Oxford 2003. Berger, Rupert. Die Feier der Heiligen Messe. Eine Einführung. Freiburg 2009. Emminghaus, Johannes H.. Die Messe. Wesen-Gestalt-Vollzug. Klosterneuburg [5]1992. Foley, Ed. (Hg.). A Commentary on the Order of Mass of the Roman Missal. Collegeville (USA) 2011. Hermans, Jo. Die Feier der Eucharistie. Erklärung und spirituelle Erschließung. Regensburg 1984. Richter, Klemens. Was ich von der Messe wissen wollte. Zu Fragen aus der Gemeinde von heute. Freiburg 1983. Schnitzler, Theodor. Was die Messe bedeutet. Hilfen zur Mitfeier. Freiburg [9]1976.

198 Es soll nicht verschwiegen werden, dass eine solche Sicht, wie sie die nachkonziliare Messfeier vorsieht, auch Auswirkungen auf den liturgischen Dienst des Vorstehers hat, oder zumindest doch haben sollte. Dieser ist im Wortsinn „Diener des Mysteriums“, der die versammelte Gemeinde in seinem liturgischen Dienst (vgl. 2 Kor 1,24!) in der Feier des Pascha-Mysteriums anleitet. Vgl. hierzu meine Überlegungen in: Stuflesser, Martin. Diener des Mysteriums. Liturgiewissenschaftliche Anmerkungen zum Dienst des Priesters in der Feier der Eucharistie. In: Hallermann, H. (Hg.). Menschendiener – Gottesdiener. Anstöße – Ermutigungen – Reflexionen. (Würzburger Theologie 4). Würzburg 2010, 213–241.

199 Vgl. ausführlich hierzu: Stuflesser, Liturgisches Gedächtnis der einen Taufe, 235ff.
200 Didach 14,1. Zitiert nach: a.a.O., hier S. 133.
201 Ambrosius, In Psalmum 118, 17, 10. Analoge Aussagen finden sich bei Augustinus: Sermo 45, 176.
202 Vgl. Zenger, Erich. Das Erste Testament zwischen Erfüllung und Verheißung. In: Richter, Klemens / Kranemann, Benedikt (Hg.). Christologie der Liturgie. Der Gottesdienst der Kirche – Christusbekenntnis und Sinaibund. (Quaestiones Disputatae 159). Freiburg 1995, 31–56, hier 36. Sowie grundlegend vom selben Autor: Das Erste Testament. Die jüdische Bibel und die Christen. Düsseldorf 1991.
203 Ein guter Überblick zur hier nur angedeuteten Diskussion des nachkonziliaren OLM findet sich bei: Nübold, Elmar. Das Alte Testament in der gegenwärtigen Perikopenordnung. Offene Wünsche. In: LJ 47 (1997) 174–189. Vgl. auch vom selben Autor: Entstehung und Bewertung der neuen Perikopenordnung des Römischen Ritus für die Messfeier an Sonn- und Feiertagen. Paderborn 1986.
204 Ähnlich auch in Nr. 68 über den Gottesdienst: „dieser ist immer die Feier des Mysteriums Christi und wendet überlieferungsgemäß das Wort Gottes nicht nur aus Gründen der Vernunft oder aus irgendwelchen äußeren Gründen, sondern in der Absicht. Das volle Evangelium zu verkünden und die Gläubigen in die ganze Wahrheit zu führen."
205 Meßner, Einführung in die Liturgiewissenschaft, 189.
206 Meßner, Einführung in die Liturgiewissenschaft, 189.
207 Vgl. hierzu ein analoges Schaubild bei: Nübold, Das Alte Testemant in der gegenwärtigen Perikopenordnung, hier 179.
208 Der Aussage, dass, so Erich Zenger u. a., den alttestamentlichen Schrifttexten ein „Verheißungsüberschuss" zukommt (vgl. a.a.O, 52), ist uneingeschränkt zuzustimmen, freilich unter dem inhaltlichen Vorbehalt, dass nämliches bis zur Parusie Christi auch für sämtliche Texte des Neuen Testaments gilt. So verweist Zenger selbst m. E. zurecht darauf, dass das Neue Testament mit der Johannes-Apokalypse am Ende ein „offenes Buch" sei (vgl. Offb 22,20). Vgl. Zenger, Das Erste Testament zwischen Erfüllung und Verheißung, hier 47.
209 Das Nicht-Einhalten der Leseordnung scheint allerdings ein spezifisch deutsches Phänomen zu sein. Selbst im benachbarten deutschsprachigen Ausland scheint es eher dem Normalfall zu entsprechen, dass alle Lesungen, welche die Leseordnung an einem Sonn- oder Festtag vorsieht, selbstverständlich vorkommen.
210 Vgl. Enzyklika: Ecclesia de Eucharistia, Nr. 52. So auch schon SC, Art. 22, §3: „Deshalb darf durchaus niemand sonst, auch wenn er Priester wäre, nach eigenem Gutdünken in der Liturgie etwas hinzufügen, wegnehmen oder ändern."
211 Zwar erlaubt das deutschsprachige Messbuch zur Zeit noch, dass aus „pastoralen Gründen" eine der beiden Lesungen entfallen darf (vgl. Messbuch 1988, 334.), es besteht jedoch die begründete Hoffnung, dass mit der Neuausgabe des deutschsprachigen Messbuchs als Übersetzung der dritten Auflage des lateinischen Missale Romanum (der „editio typica tertia") diese der inneren Logik der Leseordnung völlig zuwider laufende Kann-Bestimmung entfallen wird.
212 Vgl. hierzu: Bradshaw, Paul. Perspectives historiques sur l'utilisation de la bible dans la liturgie. In: La Maison Dieu 189 (1992) 79–104.
213 In der Form des Apostolikums ist das Credo erst mit der dritten Auflage des Missale Romanum von 2002 im gesamten römischen Ritus zugelassen.
214 Es gehört damit zu jenen Elementen der Messliturgie, auf die sich SC, Art. 50 bezieht, wenn es dort heißt: „Einiges dagegen, was durch die Ungunst der Zeit verlo-

rengegangen ist, soll, soweit es angebracht oder nötig erscheint, nach der altehrwürdigen Norm der Väter wiederhergestellt werden."

215 So zumindest das deutende Gebet im Messbuch: „Wie das Wasser sich mit dem Wein verbindet zum heiligen Zeichen, so lasse uns dieser Kelch teilhaben an der Gottheit Christi, der unsere Menschennatur angenommen hat." MB 1988, 345.

216 MB 1988, 346.

217 Dem allerdings keine Antwort der Gemeinde folgte, sondern das stille Gebet des versammelten Klerus und der um den Altar versammelten liturgischen Dienste. Vgl. Richter, Was ich von der Messe wissen wollte, 87.

218 Vgl. Jungmann, Missarum Sollemnia, Bd. II, 111.

219 Richter, Was ich von der Messe wissen wollte, 87.

220 Vgl. das äußerst knappe Abstimmungsergebnis für die Beibehaltung des „Orate, fratres" bei der endgültigen Beratung im „Consilium", in: Bugnini, Liturgiereform, 406.

221 Zitiert nach: Richter, Was ich von der Messe wissen wollte, 88.

222 Vgl. hierzu ausführlich meine Überlegungen in: Stuflesser, Memoria Passionis, 437f.

223 Als Begründung wurde angeführt, dass sie nicht biblisch ist, nur im Canon Romanus an dieser Stelle vorkam und ihre Bedeutung unklar war. Vgl. Bugnini, Liturgiereform, 485f.

224 Das Missale Romanum bietet hier drei verschiedene Akklamationen an, die sich inhaltlich alle an 1 Kor 11,26 anlehnen.Vgl. Meyer, Eucharistie, 347.

225 Vgl. Meyer, Eucharistie, 347.

226 Vgl. dort: can. 20.

227 Zitiert nach: Richter, Klemens. Was die sakramentalen Zeichen bedeuten. Zu Fragen aus der Gemeinde von heute. Freiburg 1988, hier 110.

228 Vgl. etwa bei Ambrosius (De Sacr. 6,14) oder bei Cyrill von Jerusalem (Cat. Mystag. 5,11–18).

229 Sacramentum Caritatis, Nr. 49 (Anm. 150).

230 „Das Sakrament des Leibes und Blutes Christi schenke uns ewiges Leben." MB 1988, 519.

231 Die Deutschen Bischöfe, Pastorales Schreiben: „Mitte und Höhepunkt des ganzen Lebens der christlichen Gemeinde" vom 24. Juni 2003, Seite 31.

232 Redemptionis Sacramentum, Nr. 100; mit Verweis auf die genaue Regelung in den liturgischen Büchern.

233 Streng genommen ist dies eine Ausweitung der Bestimmungen in AEM Nr. 242, wo noch einzelne Personengruppen aufgezählt und einzeln genannt wurden. Demgegenüber liegt die umfassende Vollmacht, diese Angelegenheit zu regeln, nun nach GORM Nr. 283 beim Diözesanbischof.

234 Die Deutschen Bischöfe, Pastorales Schreiben: „Mitte und Höhepunkt des ganzen Lebens der christlichen Gemeinde" vom 24. Juni 2003, hier 31.

235 So im übrigen schon Pius XII. in seiner Enzyklika Mediator Dei (Nr. 117 und 119) aus dem Jahr 1947 (!) unter Berufung auf seinen Vorgänger Benedikt XIV. († 1758).

236 Richter, Klemens. Die Kommunion. Gottesdienstliche Erneuerung zwischen Wirklichkeit und Anspruch. Münster 2002, hier 58f.

237 In der dritten Auflage des lat. Missale Romanum von 2002 (editio typica tertia) ist das Segensgebet über das Volk für alle Tage der österlichen Bußzeit vorgesehen.

238 Wahrig. Deutsches Wörterbuch. Gütersloh 1968, 1428.

239 Kaczynski, Reiner. Was heißt „Geheimnisse feiern"? In: Münchener Theologische Zeitschrift 38 (1987) 241–255, hier 255.
240 Vgl. zur Doxologie am Ende des Römerbriefs: Wilckens, Ulrich. Der Brief an die Römer. (Röm 12–16), Bd. 3. (EKK VI, 3). Zürich [2]1989, hier: 147f.
241 Richter, Klemens. Was die sakramentalen Zeichen bedeuten. Zu Fragen aus der Gemeinde von heute. Freiburg 1988, 14f.
242 Ebenda, 15.
243 Vgl. hierzu die überblickartige Gesamtdarstellung bei: Pahl, Das Paschamysterium in seiner zentralen Bedeutung für die Gestalt christlicher Liturgie. In: Liturgisches Jahrbuch 46 (1996) 71–93.
244 Vgl. zu den theologischen Engführungen durch die Übersetzung des griech. μυστήριον dem lat. Begriff „sacramentum" die grundlegenden Überlegungen bei Kaczynski, Was heißt „Geheimnisse feiern"?, bes. 243. Sowie: Richter, Was die sakramentalen Zeichen bedeuten, 15.
245 Nachsynodales Apostolisches Schreiben Sacramentum Caritatis Seiner Heiligkeit Papst Benedikt XVI. an die Bischöfe, den Klerus, die Personen gottgeweihten Lebens und an die christgläubigen Laien über die Eucharistie, Quelle und Höhepunkt von Leben und Sendung der Kirche. (Verlautbarungen des Apostolischen Stuhles 177). Bonn 22. Februar 2007, hier Nr. 34.
246 Martimort, A. G., Observationes vom 13. September 1961, 4.
247 Richter, Klemens. Die Signalfunktion der Liturgiekonstitution. In: Münchener Theologische Zeitschrift 54 (2003) 98–113, hier 100.
248 Pahl, Paschamysterium, hier 82.
249 Konzil von Trient, Sess. XIII, 11. Okt. 1551, Decr. De ss. Eucharist., c. 5: Concilium Tridentinum, Diariorum, Actorum, Epistularum, Tractatuum nova collectio, ed. Soc. Goerresiana, Bd. VII. Actorum pars IV. Freiburg 1961, hier 202.
250 Sermo 74,2 (PL 54,398)
251 Richter, ebenda, 100.
252 AS I/II, 321. Wronka äußerte sich im Rahmen der Debatte über das Kapitel III am 6./7. November 1962 im Rahmen der 13./14. Generalkongregation. Wronka fährt in seinen Ausführungen fort, die Intention des Konzils unterstreichend: „Et ad talem activam participationem haec Sacrosancta Synodus vult fidelibus sternere."
253 Vgl. etwa die kritische Auseinandersetznung John Baldovins mit den Thesen von A. Reid: Baldovin, John F. Reforming the Liturgy. A Response to the Critics. Collegeville (USA) 2008, hier 51–57.
254 Vgl. hierzu die präzise Analyse einer „Liturgy in Need of Reform" von: Ferrone, Rita. Liturgy. Sacrosanctum Concilium. (Rediscovering Vatican II. Bd. 4). New York 2007 1–5.
255 Die Tatsache, dass dieses erste Dokument, das durch das II. Vatikanische Konzil promulgiert wurde, nahezu einstimmig von den Konzilsvätern verabschiedet wurde (mit 2147 Ja- und nur 4 Nein-Stimmen), scheint angesichts der gerade zur gegenwärtigen Zeit zunehmenden Pauschalkritik an der jüngsten Liturgiereform beinahe in Vergessenheit geraten zu sein. Für die Frage der Normativität des Konzilsbeschlusses dürfte die Frage der Mehrheitsverhältnisse wenig relevant sein, dennoch signalisiert die Abstimmung zur Liturgiekonstitution, welch breite Zustimmung die inhaltlichen Anliegen der Reform der Liturgie offenbar zur damaligen Zeit im Weltepiskopat erfuhren.
256 Vgl. Schmidt, Herman. Die Konstitution über die heilige Liturgie. Text – Vorgeschichte – Kommentar. Freiburg 1965, hier 201ff.

257 Richter, Klemens. Liturgiereform als Mitte einer Erneuerung der Kirche, In: Ders. (Hg.). Das Konzil war erst der Anfang. Die Bedeutung des II. Vatikanums für Theologie und Kirche. Mainz 1991, 53–74, hier 66.

258 Kaczynski, Reiner. Theologischer Kommentar zur Konstitution über die Heilige Liturgie Sacrosanctum Concilium. B. Kommentierung. In: Hünermann, P./Hilberath, B. J. (Hg.). Herders Theologischer Kommentar zum Zweiten Vatikanischen Konzil. Band 2: Sacrosanctum Concilium. Inter mirifica. Lumen gentium. Freiburg 2004, hier 80. Vgl. ebenfalls grundlegend: Jungmann, Josef Andreas. Kommentar zur Liturgiekonstitution: Sacrosanctum Concilium. In: Höfer, J. / Rahner, K. (Hg. u. a.). Lexikon für Theologie und Kirche 12. Das Zweite Vatikanische Konzil. Bd. I. Freiburg ^{2}1966, 10–109, hier 28. Sowie: Lengeling, Emil Joseph. Die Konstitution des zweiten Vatikanischen Konzils über die heilige Liturgie. Lateinisch-deutscher Text mit einem Kommentar. (Lebendiger Gottesdienst 5/6). Münster ^{2}1965, hier 40f.

259 Kunzler, Michael. Liturge sein. Entwurf einer Ars celebrandi. Paderborn 2007, hier 167.

260 Diese grundlegende Aussage der Liturgiekonstitution scheint teilweise einer sehr selektiven Konzilshermeneutik bzw. -rezeption zum Opfer gefallen zu sein. Jedenfalls taucht dieses doch sehr gewichtige Argument für die Begründung der nachkonziliaren Liturgiereform seltsamerweise in der gegenwärtigen Diskussion um die Frage der Wiederzulassung der sogenannten „tridentinischen" Messe (= außerordentliche(n) Form/Usus des römischen Ritus) durch das Motu Proprio Summorum Pontificum vom 7. Juli 2007 nicht oder nur sehr selten auf.

261 Vgl. auch: SC, Art. 26–31.

262 Haunerland, Winfried. Vom „Gottesdienst" zur „Gemeindefeier"? Prinzipien und Herausforderungen nachkonziliarer Liturgiereform. In: ThPQ 153 (2005) 67–81, hier 73.

263 Joseph Ratzinger, 40 Jahre Konstitution über die heilige Liturgie. Rückblick und Vorblick, in: Liturgisches Jahrbuch 53 (2003) 209–221, hier 209 (= JRGS 11,696).

264 Kunzler, Liturge sein, 167f.

265 So heißt es auch in SC 21: „Denn die Liturgie enthält einen kraft göttlicher Einsetzung unveränderlichen Teil und Teile, die dem Wandel unterworfen sind. Diese Teile können sich im Laufe der Zeit ändern, oder sie müssen es sogar, wenn sich etwas in sie eingeschlichen haben sollte, was der inneren Wesensart der Liturgie weniger entspricht oder wenn sie sich als weniger geeignet herausgestellt haben." Analog in SC 50: „Der Meß-Ordo soll so überarbeitet werden, daß der eigentliche Sinn der einzelnen Teile und ihr wechselseitiger Zusammenhang deutlicher hervortreten und die fromme und tätige Teilnahme der Gläubigen erleichtert werde. Deshalb sollen die Riten unter treulicher Wahrung ihrer Substanz einfacher werden. Was im Lauf der Zeit verdoppelt oder weniger glücklich eingefügt wurde, soll wegfallen. Einiges dagegen, was durch die Ungunst der Zeit verlorengegangen ist, soll, soweit es angebracht oder nötig erscheint, nach der altehrwürdigen Norm der Väter wiederhergestellt werden." Es verwundert ein wenig, dass in der gegenwärtigen Dikussion der jüngsten Liturgiereform dieser doch sehr kritische Blick der Konzilsväter auf die Liturgie ihrer Zeit weitgehend ausgeblendet wird. So kann der (historisch sicherlich falsche) Eindruck entstehen, als habe es bei der vorkonziliaren Liturgie gar keinen wirklichen Reformbedarf gegeben. Die Konzilsväter sahen dies wohl (in überwiegender Mehrheit) anders.

266 Kaczynski, Kommentar, 80. In SC ist die Rede von der participatio: debita, communitatis propria, interna und externa, vera, genuina, congrua, sciens und conscia, perfecta, efficax und fructuosa, actuosa, viva, plena und pia.

267 SC, Art. 14, 21, 41.
268 So die eigentlich wörtliche Übersetzung des latenischen Textes von SC 14: „vi Baptismatis ius habet et officium."
269 Hilberath, Bernd Jochen. „Participatio actuosa". Zum ekklesiologischen Kontext eines pastoralliturgischen Programms. In: Becker, H. (Hg.). Gottesdienst – Kirche – Gesellschaft. Interdisziplinäre und ökumenische Standortbestimmungen nach 25 Jahren Liturgiereform. (PiLi 5). St. Ottilien 1991, 319–338, hier 337.
270 Kaczynski, Kommentar, 80.
271 SC, Art. 11, 48 u. 79.
272 Schmidt, Die Konstitution über die heilige Liturgie, 203.
273 Haunerland, Vom „Gottesdienst" zur „Gemeindefeier"?, 74. Vgl. vom selben Autor zur Frage der Verwendung der Volkssprache in der nachkonziliaren Liturgie: Lingua vernacula. Zur Sprache der Liturgie nach dem II. Vatikanum. In: LJ 42 (1992) 219–238.
274 Vgl. hierzu die sehr kritischen, aber die Intention der konziliaren Dokumente im Hinblick auf die Bedeutung der tätigen Teilnahme durchaus treffenden Ausführungen von: Trautman, Donald W. The Language of the New Missal in Light of the Constitution on the Sacred Liturgy. In: The Jurist 70 (2010) 455–472, bes. 471f.
275 SC, Art. 11. Vgl. das Zitat aus der Regula Benedicti: „mens concordet voci"; in: Reg. Ben. 19.
276 Sacramentum Caritatis, Nr. 17.
277 Auch an diesem Beispiel lässt sich zeigen, dass eine Übersetzung immer zugleich auch eine Interpretation des/der Übersetzenden beinhaltet. Die englischsprachige offizielle Übersetzung von „actuosa participatio" als „active participation" ist demgegenüber deutlich weniger spannungsvoll und interpretiert das lateinische Lexem in eine spezifische Richtung.
278 Ratzinger, Joseph. 40 Jahre Konstitution über die Heilige Liturgie. Rückblick und Vorblick. In: LJ 53 (2003) 209–221, hier 219.
279 Sacramentum Caritatis, Nr. 52.
280 Diese Spannung lässt sich auch an der Instruktion Redemptionis Sacramentum ablesen: Kongregation für den Gottesdienst und die Sakramentenordnung. Instruktion Redemptionis Sacramentum über einige Dinge bezüglich der heiligsten Eucharistie, die einzuhalten und zu vermeiden sind. (Verlautbarungen des Apostolischen Stuhls Nr. 164) Bonn, 25. März 2004, hier Nr. 39f.
281 Vgl. die Aussagen in Sacramentum Caritatis, Nr. 52, wo unter der Überschrift „Authentische Teilnahme" die entsprechenden Konzilsaussagen (vor allem SC, Art. 48) als „nach wie vor voll gültig" bezeichnet werden.
282 Haunerland, Vom „Gottesdienst" zur „Gemeindefeier"?, 75.
283 Die Liturgiekonstitution betont in Art. 29, dass auch liturgische Laiendienste – etwa als Sänger/-innen im Chor, Lektoren/-innen oder als Ministranten/-innen – einen wahrhaft liturgischen Dienst vollziehen.
284 Dies ist wirklich eine Neuerung gegenüber dem CIC/1917 und noch der Instruktion der Ritenkongregation vom 3. September 1958. Bis dahin war es Laien nur durch eine kirchenamtliche Vollmacht (deputatio ecclesiae) möglich, Liturge zu werden. Diese Notwendigkeit der Delegation liturgischer Dienste, die eigentlich ein Kleriker auszuüben hatte, besteht nun seit dem Konzil nicht mehr, da diese kraft der Taufe ausgeübt werden. Vgl. Schmidt, Die Konstitution über die heilige Liturgie, 201f.
285 Vgl. Redemptionis Sacramentum, Nr. 43: „Man muß die Gefahr vermeiden, das komplementäre Verhältnis zwischen dem Tun der Kleriker und dem der Laien in

der Weise zu verdunkeln, daß die Rolle der Laien einer gewissen ‚Klerikalisierung' unterzogen wird, wie man zu sagen pflegt, während die geistlichen Amtsträger ungebührend Aufgaben übernehmen, die dem Leben und Tun der christgläubigen Laien eigen sind."

286 Vgl. Ratzinger, Joseph. 40 Jahre Konstitution über die Heilige Liturgie. Rückblick und Vorblick. In: LJ 53 (2003) 209–221, hier 218ff.

287 „A God without wrath brought men without sin into a kingdom without judgment through the ministrations of a Christ without a cross." In: Niebuhr, Richard. The Kingdom of God in America. New York 1959, hier 193.

288 Vgl. Ratzinger, 40 Jahre Konstitution über die heilige Liturgie, 219.

289 Ratzinger, Joseph, Theologie der Liturgie. In: Forum Katholische Theologie 18 (2002) 1–13, hier: 7.

290 Homilien zum Hebräerbrief 17,3.

291 Das Opfer Jesu Christi und der Kirche. Abschließender Bericht. In: Das Opfer Jesu Christi und seine Gegenwart in der Kirche. Klärungen zum Opfercharakter des Herrenmahles (Dialog der Kirchen 3). Hg. v. Karl Lehmann und Edmund Schlinck. Freiburg 1983, hier 4.6.2, S. 237.

292 „Una idem eademque est hostia; idem nunc offerens sacerdotum ministerio, qui se ipsum tunc in cruce obtulit, sola offerendi ratione diversa." Übersetzung in Anlehnung an: Schneider, Zeichen der Nähe Gottes, 166.

293 Das Opfer Jesu Christi und der Kirche, 4.3.1, S. 233.

294 Vgl. Schneider, Theodor. Wir sind sein Leib. Meditationen zur Eucharistie. Mainz [4]1989, hier 40f.

295 „Adoro te devote" des Thomas von Aquin, hier in der deutschen Übertragung von Petronia Steiner aus dem Gotteslob, Nr. 546/497, 2. Strophe.

296 Vgl. als immer noch gut lesbaren Überblick: Gerken, Alexander. Theologie der Eucharistie. München 1973, 61ff.

297 Gerken, Theologie der Eucharistie, hier 76f.

298 Vgl. Pratzner, Ferdinand. Messe und Kreuzesopfer. Die Krise der sakramentalen Idee bei Luther und in der mittelalterlichen Scholastik. Wien 1970.

299 Vgl. Kilmartin, The Eucharist in the West, 82–88. Bradshaw/Johnson, The Eucharistic Liturgies, hier 223f.

300 Vgl. hierzu die ausführliche Darstelung in: Hoping, Mein Leib für euch gegeben, 193–216. Bradshaw/Johnson, The Eucharistic Liturgies, 225f.

301 Vgl. Schneider, Zeichen der Nähe Gottes, 144f.

302 Vgl. hierzu die differenzierte Aufarbeitung bei: Winter, Stephan. Eucharistische Gegenwart. Liturgische Redehandlung im Spiegel mittelalterlicher und analytischer Sprachtheorie. (ratio fidei 13). Regensburg 2002, hier bes. 222–230 u. 386–390.

303 Zitiert nach: DH 690. Vgl. dort auch den ersten Teil des Glaubensbekenntnisses: „Ich, Berengar, … erkenne den wahren und apostolischen Glauben und belege jede Häresie [Irrlehre] mit dem Anathema [mit dem Ausschluss dessen, der diese Häresie behauptet, aus der kirchlichen Gemeinschaft], insbesondere jene, derentwegen ich bisher beschuldigt wurde: Sie wagt zu behaupten, Brot und der Wein, die auf den Altar gelegt werden, seien nach der Konsekration lediglich ein Sakrament, und nicht auch wahrhaft Leib und Blut unseres Herrn Jesus Christus; auch könnten sie nicht [so sagt diese Häresie weiter], es sei denn nur im Sakrament, sinnenfällig von den Händen der Priester erfaßt oder gebrochen oder durch die Zähne der Gläubigen zermalmt werden."

304 So etwa A. Gerken mit Verweis auf Augustinus. In: Theologie der Eucharistie, hier 91f. u. 107.

305 Gerken, Alexander. Dogmengeschichtliche Reflexion über die heutige Wende in der Eucharistielehre. In Zeitschrift für Katholische Theologie 94 (1972) 199–226, hier 210.
306 DH 1642.
307 Ratzinger, Joseph. Das Problem der Transsubstantiation und die Frage nach dem Sinn der Eucharistie. In: Theologische Quartalsschrift 147 (1967) 129–158, hier 150.
308 Ich beziehe mich im Folgenden auf die Ausführungen meines Co-Autors Stephan Winter, die dieser in unserem gemeinsamen Grundkurs-Band zur Eucharistie vorgelegt hat. Vgl. Winter, Stephan. „Gottheit tief verborgen …" Zur wirklichen Gegenwart Jesu Christi in den eucharistischen Mahlelementen. In: Stuflesser, M./Winter, St. Geladen zum Tisch des Herrn. (Grundkurs Liturgie 3). Regensburg 2004, 96–134. Dem geschätzten Kollegen gilt an dieser Stelle mein ausdrücklicher Dank – war es doch die intensive Beschäftigung mit seinen Ausführungen, die mich die Transsubstantiationslehre erstmals in ihrer theologischen Tiefe und philosophischen Dichte durchdringen ließ.
309 Lehmann, K. / Pannenberg, W. Lehrverurteilungen – kirchentrennend? Bd. 1, hier 107f.
310 Vgl. Bradshaw/Johnson, The Eucharistic Liturgies, 226ff.
311 Winter, „Gottheit tief verborgen…", hier 120. Vgl. DH 802.
312 Winter, „Gottheit tief verborgen…", hier 122.
313 Ebenda, 122.
314 In der Neuübersetzung von Lumma, Liborius Olaf. „Zunge, künde das Geheimnis. Der Fronleichnamshymnus Pange, lingua – ein Übertragungsversuch. In: gottesdienst 9 (2008) 65–67, hier 67. Diese Fassung, mit leicht abgewandelter letzter Zeile gegenüber dem Artikel in gd 2008 wird so, nach Auskunft des Autors, wohl auch Aufnahme in das neue Gotteslob (GGB) finden.
315 „Für eine derartige Substanzwandlung gibt es in unserer natürlichen Wirklichkeitserfahrung kein einziges Beispiel." Müller, Gerhard Ludwig. Katholische Dogmatik. Für Studium und Praxis der Theologie, Freiburg [8]2005, hier 696.
316 Welte, Bernhard. Zum Verständnis der Eucharistie. In: Ders. Auf der Spur des Ewigen. Freiburg 1965, hier 460.
317 Schneider, Zeichen der Nähe Gottes, 151.
318 Angenendt, Geschichte der Religiosität im Mittelalter, 505.
319 Angenendt, Geschichte der Religiosität im Mittelalter, hier 504.
320 de Lubac, Henri. Corpus mysticum. Eucharistie und Kirche im Mittelalter. Einsiedeln 1969.
321 Vgl. S.th. III. qu. 76 a.5.
322 Vgl. Schneider, Wir sind sein Leib, hier 45f.
323 Vgl. Schneider, Zeichen der Nähe Gottes, hier 152.
324 Vgl. Schneider, Wir sind sein Leib, 48f. Sowie ausführlich: Hoping, Mein Leib für euch gegeben, besonders 218f., Anm. 96. So ließe sich sagen: In der Kraft des Hl. Geistes sind „uns" die Gaben von Brot und Wein Leib und Blut Christi geworden. Eine Maus kann aber per definitionem unter keinen Umständen zum „uns" gehören.
325 Thomas von Aquin zitiert nach: Angenendt, Geschichte der Religiosität im Mittelalter, 505.
326 Meyer, Eucharistie, 227.
327 Ratzinger, Das Problem der Transsubstantiation, hier 154.
328 Vgl. als Überblick: Stuflesser, Memoria Passionis, 151–164.

329 DH 1652.
330 Zitiert nach: Unser Glaube. Die Bekenntnisschriften der evangelisch-lutherischen Kirche. Ausgabe für die Gemeinde. Gütersloh ^{3}1991, hier 66 u. 262f.
331 Konzil von Trient, Dekret über das Sakrament der Eucharistie, Kanon 1, zitiert nach: DH 1651.
332 Vgl. hierzu die neue, umfassende Studie von: Ewerszumrode, Frank. Mysterium Christi spiritualis praesentiae. Die Abendmahlslehre des Genfer Reformators Johannes Calvin aus römisch-katholischer Perspektive. (RHT 19). Göttingen 2012, hier 220–257.
333 Gerken, Theologie der Eucharistie, hier 121.
334 Vgl. etwa den Überblick bei: Nocke, Franz Josef. Sakramententheologie. Ein Handbuch. Düsseldorf 1997, hier 177f.
335 Vgl. Nocke, Sakramententheologie, 178. Schneider, Zeichen der Nähe Gottes, 153–155.
336 Dieser Gedanke findet sich auch in der Enzyklika Papst Benedikt XVI. Spe Salvi, wo der Papst zur Performanz der christlichen Botschaft (als Redehandlung) ausführt: „Die christliche Botschaft war nicht nur ‚informativ', sondern ‚performativ' – das heißt: Das Evangelium ist nicht nur Mitteilung von Wißbarem; es ist Mitteilung, die Tatsachen wirkt und das Leben verändert." Enzyklika Spe Salvi von Papst Benedikt XVI. an die Bischöfe, an die Priester und Diakone, an die gottgeweihten Personen und an alle Christgläubigen über die christliche Hoffnung. (Verlautbarungen des Apostolischen Stuhls, Nr. 179). Bonn, 30. November 2007, hier Nr. 2.)
337 Kritisch hierzu: Ratzinger, Das Problem der Transsubstantiation, 131.
338 Vgl. etwa im Hinblick auf die Transsignifikation die Enzyklika „Mysterium fidei" Papst Pauls VI. von 1965. Kritisch hierzu, den unterschiedlichen Zeichenbegriff in der Theorie und der Enzyklika problematisierend, sodass die Ablehnung durch die Enzyklika u. U. das von Schoonenberg im Modell der Transsignifikation Gemeinte gar nicht wirklich trifft: Schneider, Zeichen der Nähe Gottes, 154. Zu einem ähnlich abwägenden Urteil kommt G. L. Müller: „Wenn daher die Aussagen von Transfinalisation und Transsignifikation innerhalb einer umfassenden Theorie des Realsymbols entwickelt werden, können sie sowohl dem von Gott herbeigeführten Seinswandel als auch den nur im Glauben zugänglichen Sinn-Wandel verständlich machen." Müller, Katholische Dogmatik, 708.
339 Ökumenischer Arbeitskreis evangelischer und katholischer Theologen. Lehrverurteilungen – kirchentrennend? Bd. I. Rechtfertigung, Sakramente und Amt im Zeitalter der Reformation und heute. (Dialog der Kirchen Bd. 4). Herausgegeben von K. Lehmann und W. Pannenberg. Freiburg 1986, bes. 94–113., hier 197f. Mit einem abschließenden Zitat aus: Konvergenzerklärung der Kommission für Glauben und Kirchenverfassung des ökumenischen Rates der Kirchen. Taufe, Eucharistie und Amt. Lima 1982. In: Meyer, Harding/Urban, H.-J./Vischer, L. (Hg.). Dokumente wachsender Übereinstimmung. Paderborn 1983, 545–585, hier: Lima, Eucharistie, 13.
340 Betz, Johannes. Die Eucharistie in der Zeit der griechischen Väter. Bd. II/1: Die Realpräsenz des Leibes und Blutes Jesu im Abendmahl nach dem Neuen Testament. Freiburg ^{2}1964, hier 201.
341 Vgl. Betz, Johannes. Art. Eucharistie. VI. Systematik. In: LThK2. Bd. 3. Freiburg 1959, 1153–1157.
342 Vgl. Welte, Bernhard. Zum Verständnis der Eucharistie. In: Ders. Auf der Spur des Ewigen. Freiburg 1965, hier 460.

343 Vgl. hierzu grundlegend: Gerken, Theologie der Eucharistie, 211ff.
344 Klinger, Elmar. Transsubstantiation – Transfinalisation – Transsignifikation. Die ontologische Frage in der Eucharistiefeier. In: Haunerland, W. (Hg.) Mehr als Brot und Wein. Theologische Kontexte der Eucharistie. Würzburg 2005, 282–298, hier 289.
345 Gerken, Theologie der Eucharistie, 215.
346 Gerken, Theologie der Eucharistie, 217. (Hervorhebungen/M.S.)
347 Vgl. etwa die Aussagen in Unitatis Redintegratio, Nr. 15: Es ist allgemein bekannt, mit welcher Liebe die orientalischen Christen die liturgischen Feiern begehen, besonders die Eucharistiefeier, die Quelle des Lebens der Kirche und das Unterpfand der kommenden Herrlichkeit, bei der die Gläubigen, mit ihrem Bischof geeint, Zutritt zu Gott dem Vater haben durch den Sohn, das fleischgewordene Wort, der gelitten hat und verherrlicht wurde, in der Ausgießung des Heiligen Geistes, und so die Gemeinschaft mit der allerheiligsten Dreifaltigkeit erlangen, indem sie, der göttlichen Natur teilhaftig" (2 Petr 1,4) geworden sind. So baut sich auf und wächst durch die Feier der Eucharistie des Herrn in diesen Einzelkirchen die Kirche Gottes, und durch die Konzelebration wird ihre Gemeinschaft offenbar." (Hervorhebungen/M.S.)
348 Mit einem Zitat aus LG, Art. 26.
349 Vgl. grundlegend: Affanasieff, N. L'Eglise qui préside dans l'amour. In: Ders. La primauté de Pierre dans l'eglise orthodoxe. Neuchâtel 1960, hier 7–64.
350 Hervorhebungen so in MB 1988, 496.
351 Vgl. Meßner, Einführung in die Liturgiewissenschaft, 208.
352 Vgl. Freitag, Thomas. Sakramente – Gestalt, Begegnung, Vermittlung des Heiligen. In: zur debatte 4 (2010) 35–37, hier bes. 36.
353 Kasper, Walter. Volk Gottes – Leib Christi – Communio im Hl. Geist. Zur Ekklesiologie im Ausgang vom Zweiten Vatikanischen Konzil. In: IKaZ 41 (2012) 251–267, hier 263. Vgl. vom selben Autor grundlegend: Kasper, Walter. Katholische Kirche. Wesen – Wirklichkeit – Sendung. Freiburg [2]2011, hier bes. 285ff.
354 So ist das gesamte II. Kapitel von Lumen Gentium überschrieben: „Das Volk Gottes". Zur Begrifflichkeit „Volk Gottes" vgl. etwa LG, Art. 4, dort mit Verweis auf: Cyprian, De Orat. Dom. 23: PL 4, 553; Hartel, IIIA, 285. Augustinus, serm. 71, 20, 33: PL 38, 463f. Johannes v. Damaskus, Adv. Iconocl. 12: PG 96, 1358D.
355 Dies weist nach die Darstellung von: Congar, Yves. Kirche als Volk Gottes. In: Concilium 1 (1965) 5–16. Vgl. ebenso: Kasper, Volk Gottes, hier 254.
356 Vgl. Kasper, Volk Gottes, 254f.
357 MB 1988, 490.
358 Vgl. Kasper, Katholische Kirche, 188f.
359 MB 1988, 446f.
360 Kasper, Volk Gottes 257.
361 Vgl. Berger, Klaus. Volksversammlung und Gemeinde Gottes. Zu den Anfängen der christlichen Verwendung von „ekklesia". In: ZThK 73 (1976) 167–207. Dort in Abgrenzung zu einer direkten, unmittelbaren Ableitung des Begriffs der ekklesia von der alttestamentlichen kahal Jahwe, dem von Gott zusammengerufenen Volk Gottes. Berger spricht sich dafür aus, für eine angemessene Interpretation das profane Verständnis von ekklesia zur Abfassungszeit des Neuen Testaments miteinzubeziehen.
362 Kasper, Volk Gottes, 255.
363 Vgl. Kasper, Volk Gottes 259. (Hervorhebungen / M.S.).
364 MB 1988, 474.
365 Vgl. Stuflesser, Memoria Passionis, 315.
366 Vgl. 2.2.2.

367 War in der Zeit der Kirchenväter die konkret versammelte Gemeinde, die Kirche das „corpus reale" und die Eucharistie das „corpus mysticum", so verkehrt sich dieser Sprachgebrauch im Mittelalter in das Gegenteil: Die Kirche wird zum mystischen Leib, während die Eucharistie nun der wirkliche Leib ist. Vgl. de Lubac, Henri. Corpus mysticum. Eucharistie und Kirche im Mittelalter. Einsiedeln 1969.

368 Schilson, Arno. Theologie als Sakramententheologie. Die Mysterientheologie Odo Casels (TTS 18). Mainz ^{2}1987, hier 249.

369 Vgl. Kubicki, Judith M. The Presence of Christ in the Gathered Assembly. New York 2006, hier 36.

370 Päpstliches Komitee für die Eucharistischen Weltkongresse. Die Eucharistie: Communio mit Christus und untereinander. Theologische und pastorale Überlegungen zur Vorbereitung auf den 50. Eucharistischen Weltkongress Dublin, Irland, 10. bis 17. Juni 2012. Aus dem Englischen übersetzt von Artur Waibel, hg. vom Deutschen Liturgischen Institut. Trier 2012, hier Nr. 17.

371 Vgl. Die Eucharistie: Communio mit Christus und untereinander, Nr. 47

372 Vgl. Die Eucharistie: Communio mit Christus und untereinander, Nr. 109.

373 Müller, Katholische Dogmatik, hier 709.

374 Messbuch 1988, 508. Hervorhebungen im Text.

375 Volk, Hermann. Theologische Grundlagen der Liturgie. Erwägungen nach der Constitutio de Sacra Liturgia. Mainz 1964, hier 63.

376 Übersetzung: M.S. Im englischen Originaltext: „ ‚In the celebration of Mass the faithful form a holy people, a people whom God has made his own, a royal priesthood, so that they may give thanks to God and offer the spotless Victim not only through the hands of the priest but also together with him, and so that they may learn to offer themselves' (GIRM 95). This is the basis for the ‚full, conscious, and active participation' of the faithful demanded by the very nature of the Liturgy." United States Conference of Catholic Bishops. Sing to the Lord. Issued November 14, 2007, hier Nr. 24. (Zu finden als pdf-Dokument unter: www.usccb.org).

377 Vgl. hier auch Sacramentum Caritatis, Nr. 64: „Die große liturgische Tradition der Kirche lehrt uns, dass es für eine fruchtbare Teilnahme nötig ist, persönlich dem gefeierten Mysterium zu entsprechen, indem man das eigene Leben in Einheit mit dem Opfer Christi hingibt für das Heil der ganzen Welt. Aus diesem Grund hat die Bischofssynode empfohlen, bei den Gläubigen für eine tiefe Übereinstimmung der inneren Verfassung mit den Gesten und Worten zu sorgen. Würde sie fehlen, liefen unsere Feiern, so lebendig sie auch sein mögen, Gefahr, in Ritualismus abzugleiten. Darum muss eine Erziehung zum eucharistischen Glauben gefördert werden, die die Gläubigen vorbereitet, persönlich zu erleben, was gefeiert wird."

378 Volk, Theologische Grundlagen der Liturgie, 62.

379 Volk, Theologische Grundlagen der Liturgie, 63.

380 Vgl. Lengeling, Emil Joseph. Liturgie – Dialog zwischen Gott und Mensch. (Hrsg. von Klemens Richter). Altenberge ^{2}1991.

381 Ökumenischer Arbeitskreis evangelischer und katholischer Theologen. Das Opfer Jesu Christi und seine Gegenwart in der Kirche. Klärungen zum Opfercharakter des Herrenmahles. (Dialog der Kirchen Bd.3). Herausgegeben von K. Lehmann und E. Schlink. Freiburg 1983, hier 238.

382 Vgl. Seasoltz, R. Kevin. God's Gift Giving. In Christ and Through the Spirit. New York 2007, bes. 33ff.

383 Ratzinger, 40 Jahre Konstitution über die heilige Liturgie, 214. Vgl. hierzu auch: Sacramentum Caritatis, Nr. 64.

384 In: Lehmann, Karl. Gemeinde. In: Christlicher Glaube in moderner Gesellschaft. Teilband 29, Freiburg 1982, 31f. u. 33.

385 Vgl. im Hinblick auf eine weitere Verhältnisbestimmung von Liturgie und Ethik: Stuflesser, Martin/Winter, Stephan (Hg.). „Ahme nach, was du vollziehst …" Positionsbestimmungen zum Verhältnis von Liturgie und Ethik. Regensburg 2008.

386 Nr. 30, mit Zitat aus UR, Nr. 22.

387 Ecclesia de Eucharistia, Nr. 46; mit einem Zitat aus der Enzyklika Johannes' Pauls II., Ut unum sint, Nr. 46.

388 Nocke, Franz-Josef. Eucharistie als Sakrament kirchlicher Einheit. Letztes Ziel des ökumenischen Weges oder Stärkung auf dem Weg?. In: Söding, Th. (Hg.) Eucharistie. Positionen katholischer Theologie. Regensburg 2002, 120–140, hier 138.

389 Schneider, Zeichen der Nähe Gottes, 176f.

390 Abgedruckt in: Thema Kirche 9/1999, 10.

391 Schneider, Zeichen der Nähe Gottes, 156f.

392 Vgl. Stuflesser, Martin. Memoria Passionis. Das Verhältnis von lex orandi und lex credendi am Beispiel des Opferbegriffs in den Eucharistischen Hochgebeten nach dem II. Vatikanischen Konzil. (Münsteraner Theologische Abhandlungen 51). Altenberge ^{2}2000.

393 Vgl. Kunz, Impulse für eine ökumenische Theologie der Liturgie, 180f.

394 Vgl. Schmidt-Lauber, Hans-Christoph. Die Erneuerung des Eucharistischen Gebets. In: Völker, Alexander. (Hg.). Eucharistie. Beiträge zur Theologie der „Erneuerten Agende". Berlin 1993, 34–60. Als Überblick über den Stand der aktuellen Diskussion: Raschzok, Klaus. Der Streit um das Eucharistiegebet in den Kirchen der Reformation. In: Winfried Haunerland (Hg.). Mehr als Brot und Wein. Theologische Kontexte der Eucharistie. Würzburg 2005, 145–172. Sowie: Schmidt-Lauber, Hans-Christoph. The Lutheran Tradition in German Lands. In: Wainwright, Geoffrey/ Westerfield-Tucker, K. (Hg.). The Oxford History of Christian Worship. Oxford 2006, 395–421, hier: 418f. Kritisch äußert sich: Wendebourg, Dorothea. Den falschen Weg Roms zu Ende gegangen? Zur gegenwärtigen Diskussion über Martin Luthers Gottesdienstreform und ihr Verhältnis zu den Traditionen der Alten Kirche. In: ZThK 94 (1997) 437–467.

395 Vgl. Schulz, Frieder. Eingrenzung oder Ausstrahlung? Liturgiewissenschaftliche Anmerkungen zu Dorothea Wendebourg. In: Meyer-Blanck, M. (Hg). Liturgiewissenschaft und Kirche. Rheinbach 2003, 91–107Schulz, 911ff.

396 Ehrensperger, Alfred. Zwinglis Abendmahlsgottesdienst. Seine liturgietheologischen Voraussetzungen und seine Wirkungen auf die Abendmahlspraxis in den reformierten Kirchen der deutschen Schweiz. In: LJ 41 (1991) 158–182, hier: 162

397 So Papst Johannes Paul II. in seiner Enzyklika: Ut unum sint. Über den Einsatz für die Ökumene. (VAS 121), Bonn 1995, hier, Nr. 46.

398 So betont auch Papst Johannes Paul II. in Ecclesia de Eucharistia, Nr. 30: „Deshalb müssen die katholischen Gläubigen bei allem Respekt vor den religiösen Überzeugungen ihrer getrennten Brüder und Schwestern der Kommunion fernbleiben, die bei ihren Feiern ausgeteilt wird, damit sie nicht einer zweideutigen Auffassung über das Wesen der Eucharistie Vorschub leisten und so die Pflicht versäumen, für die Wahrheit klar Zeugnis abzulegen. Dies würde zu einer Verzögerung auf dem Weg zur vollen sichtbaren Einheit führen."

399 Ut unum sint, Nr. 26.

400 Vgl. zur historischen Entwicklung: Kilmartin, The Eucharist in the West, hier 109–115.

401 Vgl. Meßner, Einführung in die Liturgiewissenschaft, 175. Dort der Verweis auf can. 534 §1 CIC/1983, der genau aus diesem Grund für die Pfarrmesse ein Messstipendium untersagt.

402 Meßner, Einführung in die Liturgiewissenschaft, 175.

403 Vgl. zur historischen Entwicklung dieses vom Messanlass her grundsätzlich von der Sonntagseucharistie zu unterscheidenden Eucharistie-Typus: Häussling, Angelus. Motive für die Häufigkeit der Eucharistiefeier. In Concilium 18 (1982) 96–99. Sowie vom selben Autor: Mönchskonvent und Eucharistiefeier. Eine Studie über die Messe in der abendländischen Klosterliturgie des frühen Mittelalters und zur Geschichte der Messhäufigkeit. (LQF 58) Münster 1973.

404 Vgl. zur (amtstheologisch begründeten) Kritik am erneuerten Konzelebrationsritus: Greshake, Gisbert. Wider die derzeitige Konzelebrationspraxis der Priester. Ein Plädoyer. In: Lebendige Seelsorge 41 (1990) 367–375.

405 Vgl. Haunerland, Winfried. Die Eucharistischen Weltkongresse. In: Für das Leben der Welt. Der Eucharistische Weltkongress 1960 in München. (Schriften des Archivs des Erzbistums München und Freising 14). Regensburg 2010, 23–30.

406 O'Malley, John W. Vatican II: Did Anything Happen? In: Ders. Vatican II: Did Anything Happen? New York (USA) 2008, 52–91, hier: 72f.

407 Goltzen fährt fort: „Es wird nicht mehr ausschließlich vom Primat (durch die römische Kurie) dekretiert, sondern die Verantwortungen werden aufgegliedert. Für die Gestaltung der Liturgie wirkt sich dies zuerst aus. Seit das Konzil von Trient die römische Liturgie abschließend einheitlich festgelegt hatte, oblag die Weiterbildung der Ritenkongregation in Rom." Hampe, J. Chr. (Hg.) Die Autorität der Freiheit. Gegenwart des Konzils und Zukunft der Kirche im ökumenischen Disput. (Bd. I). München 1967, hier: 552.

408 Vgl. Wainwright, Geoffrey. Scriptural Basis and Theological Frame. In: Ders./Westerfield-Tucker, K. (Hg.) The Oxford History of Christian Worship. Oxford 2006, 1–31, hier: 6f.

409 Vgl. Haquin, André. The Liturgical Movement and Catholic Ritual Revision. In: Wainwright, Geoffrey/Westerfield-Tucker, K. (Hg.) The Oxford History of Christian Worship. Oxford 2006, 696–720, hier: 715f.

410 Vgl. Kunz, Ralph. Impulse für eine ökumenische Theologie der Liturgie. In: Klöckener, M./Kranemann, B. (Hg.). Gottesdienst in Zeitgenossenschaft. Positionsbestimmungen 40 Jahre nach der Liturgiekonstitution des Zweiten Vatikanischen Konzils. Fribourg 2006, 161–187, hier: 167.

411 Vgl. zu dem hier ansetzenden (einigermaßen absurden) Vorwurf, dies bedeute implizit eine sogenannte „Protestantisierung" der Liturgie, die klarstellenden Ausführungen von: Baldovin, John F. Reforming the Liturgy. A Response to the Critics. Collegeville (USA) 2008, hier: 136.

412 Dei Verbum, Art. 21.

413 In Ioannis Evangelium Tractatus VI,7. Dort heißt es: „Mag Petrus taufen, er ist es, der tauft; mag Paulus taufen, er ist es, der tauft; mag Judas taufen, er ist es, der tauft."

414 Hänggi, Anton. Einheit durch Gottesdienst? In: Schlemmer, K. (Hg.) Gottesdienst – Weg zur Einheit. Impulse für die Ökumene. (QD 122). Freiburg 1989, 11–18, bes. 15f.

415 Dies war ja gerade in den kontroverstheologischen Auseinandersetzungen des 16. Jh.s vielfach geschehen. Das Konzil unterstreicht demgegenüber, dass es nicht um ein entweder – oder geht (entweder im Wort – oder im Sakrament?), sondern um ein sowohl – als auch.

416 Vgl. O'Malley, Vatican II: Did Anything Happen?, 52–91, bes. 78f.
417 Vgl. etwa: Haunerland, Winfried. Ausdruck des Objektiven? Hintergründe und Perspektiven zur Liturgiefeier nach dem Motu Proprio „Summorum Pontificum". In: zur debatte 5 (2008) 37–38, hier 37.
418 Vgl. etwa kritisch: Grillo, Andrea. Ende der Liturgiereform? Das Motu Proprio „Summorum Pontificum". In: Stimmen der Zeit 11 (2007) 730–740.
419 Vgl. kritisch hierzu: Haunerland, Winfried. Ein Ritus in zwei Ausdrucksformen? Hintergründe und Perspektiven zur Liturgiefeier nach dem Motu Proprio „Summorum Pontificum". In: LJ 58 (2008) 179–203, hier 185.
420 Vgl. etwa in: Ratzinger, Joseph. Aus meinem Leben. Erinnerungen (1927–1977). Stuttgart [2]1998, 172
421 Vgl. auch: MP Summorum Pontificum, Art. 1.
422 Vgl. hierzu kritisch: Bradshaw/Johnson, The Eucharstic Liturgies, 317f.
423 Vgl. hierzu ausführlich: Haunerland, Ein Ritus in zwei Ausdrucksformen?, 187.
424 Haunerland, Ein Ritus in zwei Ausdrucksformen?, hier 197
425 Angenendt, Arnold. Liturgik und Historik. Gab es eine organische Liturgieentwicklung? (Quaestiones Disputatae 189). Freiburg 2001, hier 200.
426 Ebenda, 196. Vgl. hierzu ebenfalls kritisch: Grillo, Andrea. Die Liturgiereform – eine nicht-revolutionäre Diskontinuität. In Heiliger Dienst, 65 (2011) 130–133.
427 Kranemann, Benedikt. Liturgie im Widerspruch. Anfragen und Beobachtungen zum Motu Proprio „Summorum Pontificum". In: Gerhards, A. Ein Ritus – zwei Formen. Die Richtlinie Papst Benedikts XVI. zur Liturgie. Freiburg 2008, 50–66, hier 62. Mit Andrea Grillo wird man zusammenfassend sagen können: „Führt man die Polemik um die ‚Hermeneutik des Konzils' auf ihre wahre Intention zurück, so sieht man leicht, dass es nicht darum geht, Kontinuität und Diskontinuität gegenüberzustellen, sondern zwei unterschiedliche Begriffe von Diskontinuität (oder, einfacher, Reform und Diskontinuität!). Jede Reform bringt einen gewissen Grad an Diskontinuität mit sich, um eine tiefere und authentischere Kontinuität gewährleisten zu können." In: Grillo, Die Liturgiereform, hier 131.
428 Benedikt XVI. führt dort aus: „Nun ja, alles hängt ab von einer korrekten Auslegung des Konzils oder – wie wir heute sagen würden – von einer korrekten Hermeneutik, von seiner korrekten Deutung und Umsetzung. Die Probleme der Rezeption entsprangen der Tatsache, dass zwei gegensätzliche Hermeneutiken miteinander konfrontiert wurden und im Streit lagen. […] Auf der einen Seite gibt es eine Auslegung, die ich ‚Hermeneutik der Diskontinuität und des Bruches' nennen möchte […]. Auf der anderen Seite gibt es die ‚Hermeneutik der Reform', der Erneuerung des einen Subjekts Kirche, die der Herr uns geschenkt hat, unter Wahrung der Kontinuität; die Kirche ist ein Subjekt, das mit der Zeit wächst und sich weiterentwickelt, dabei aber immer sie selbst bleibt, das Gottesvolk als das eine Subjekt auf seinem Weg." Papst Benedikt XVI.: Ansprache an das Kardinalskollegium und die Mitglieder der Römischen Kurie beim Weihnachtsempfang. 22. Dezember 2005. Zitiert nach: http://www.vatican.va/holy_father/benedict_xvi/speeches/2005/december/documents/hf_ben_xvi_spe_20051222_roman-curia_ge.html (Abgerufen am 15. August 2012).
429 Was bedeutet, dass auch die letzte, vorkonziliare Auflage des Missale Romanum 1962 (inklusive der vorausgegangenen Reform der Rubriken der Messfeier durch Papst Pius XII. im Codex Rubricarum von 1960) dem Reformanspruch der Konzilsväter wohl nicht genügte. Vgl. SC, Art. 48 u. 50.
430 Vgl. Adam/Haunerland, Grundriß Liturgie, 497f.

431 In deren Newsletter vom Juni 2007 unter Nr. 3, S. 27. Abzurufen auf der Internetseits der USCCB: http://www.usccb.org/liturgy/bclnewsletterjune07.pdf (Aufgerufen am 1. September 2012).

432 Vgl. „We should not think that after a while there can be a return to the former, undisturbed devotion or apathy. No, the new way of doing things will have to be different; it will have to prevent and to shake up the passivity of the people present at Mass. Before, it was enough to assist; now it is necessary to take part. Before, being there was enough; now attention and activity are required." Zitiert nach: Bradshaw/Johnson, The Eucharistic Liturgies, 318. Für die hier vorgelegte Übersetzung aus dem italienischen Original des L'Osservatore Romano vom 18. März 1965 danke ich meinem Vater Carlo Stuflesser für seine hilfreichen inhaltlichen Corrigenda und Verbesserungsvorschläge.

433 Kranemann, Liturgie im Widerspruch, 56.

434 Johannes Paul II., Schreiben Dominicae Xenae vom 24.2.1980, hier Nr. 13. Zitiert nach EDIL, Bd. 2, 3911 – 3953.

435 Haunerland, Ein Ritus in zwei Ausdrucksformen, 192.

436 Vgl. zum immer wieder erhobenen Vorwurf, die nachkonziliare Liturgiereform habe einen „Verlust des Sakralen" bewirkt", die sehr luzide, die Liturgiereform in vielen Punkten verteidigende Analyse von: Maier, Hans. Verlust des Sakralen? Liturgie und Kultur. In: Stimmen der Zeit 2 (2012), 110–120.

437 Vgl. Berger, Die Feier der Heiligen Messe, 205.

438 Häußling, Angelus A. Liturgiereform und Liturgiefähigkeit. In: Archiv für Liturgiewissenschaft 38/39 (1996/1997) 1–24, hier 15.

439 Vgl. hierzu: Baldovin, John F. Reforming the Liturgy. A Response to the Critics. Collegeville (USA) 2008, hier 156f.

440 Die aktuelle Diskussion im deutschen Sprachgebiet findet sich knapp und gut zusammengefasst in: Kranemann, B. /Wahle, St. (Hg). „… Ohren der Barmherzigkeit". Über angemessene Liturgiesprache. Freiburg 2011.

441 Zitiert nach: Kaczynski/Rennings 1214.

442 In: Compass 36 (2002) 29–34, hier 34.

443 Klöckener, Martin. Auf der Suche nach einer angemessenen Liturgiesprache. Perspektiven für eine ungelöste Problematik. In: Kranemann, B. /Wahle, St. „…Ohren der Barmherzigkeit". Über angemessene Liturgiesprache. Freiburg 2011, 222–235, hier 228.

444 Vgl. hierzu: Fagioli, Massimo. Vatican II. The Battle for Meaning. New York (USA) 2012, bes. 102–105. Fagiolis Studie dürfte derzeit eine der luzidesten Analysen der Gegenwartstheologie sein im Hinblick auf die „Schlacht" („battle"), die nach Meinung des Autors zur Zeit innerhalb der römisch-katholischen Kirche um eine angemessene Interpretation des II. Vatikanischen Konzils geführt wird.

445 „Antiquarianism can take many forms and today it seems often to assume that of nostalgia for a beautiful medieval dream of a liturgy, a liturgy that took place in the Ages of Faith. That world – and therefore that liturgy – are gone." In: Baldovin, Reforming the Liturgy, hier 157.

446 Vgl. Baldovin, Reforming the Liturgy, 157.

447 Die deutschen Bischöfe. Pastorales Schreiben: Mitte und Höhepunkt des ganzen Lebens der christlichen Gemeinde. Impulse für eine lebendige Feier der Liturgie. Vom 24. Juni 2003. (Die deutschen Bischöfe 74). Bonn 2003, hier 46. Vgl. hierzu auch: Adam/Haunerland, Grundriß Liturgie, 498–501.

448 Vgl. Kasper, Volk Gottes, 264.

449 Ratzinger, 40 Jahre Konstitution über die heilige Liturgie, hier 209. Der damalige Kardinal Ratzinger führt zum 40. Jahrestag der Liturgiekonstitution aus: „Aufgabe der Konzilien ist (...) nicht, vorher Unbekanntes hervorzubringen, sondern es hat aus den Strömungen einer Zeit das Gültige, wirklich aus dem Glauben der Kirche Herausgewachsene herauszufiltern, auf diese Weise Gemeinsamkeit zu schaffen und die Richtung des weiteren Weges zu bestimmen."

450 Häußling, Liturgiereform und Liturgiefähigkeit, 9

451 SC, Art. 50 führt hierzu im Hinblick auf die Messliturgie aus: „Deshalb sollen die Riten unter treulicher Wahrung ihrer Substanz einfacher werden. Was im Lauf der Zeit verdoppelt oder weniger glücklich eingefügt wurde, soll wegfallen. Einiges dagegen, was durch die Ungunst der Zeit verlorengegangen ist, soll, soweit es angebracht oder nötig erscheint, nach der altehrwürdigen Norm der Väter wiederhergestellt werden."

452 Dies gilt natürlich analog auch für andere geschichtstheologische Konzepte wie das der „Messe aller Zeiten", womit gemeinhin die Messliturgie nach dem Missale Romanum 1570 gemeint ist, oder in Analogie dazu das der „Messe Gregors d. Gr." (womit die Tridentinische Messliturgie sozusagen rückwärts in die Zeit der Spätantike prolongiert werden soll, was ihr eine besondere Dignität verleihen würde). Auch diese Konzepte wären aus liturgiehistorischer Sicht immer wieder kritisch zu hinterfragen.

453 Meßner, Reinhard. Einige Probleme des eucharistischen Hochgebets. In: Ders./Nagel, E./Pacik, R. (Hg.). Bewahren und erneuern. Studien zur Meßliturgie. (FS Hans Bernhard Meyer). Innsbruck 1995, 174–201, hier: 201. Die hier von Meßner favorisierte „reine Wissenschaft", die nicht sofort in Liturgie umgesetzt würde und somit, „der Kirche den besseren Dienst" leistet (ebenda, 201), wäre jedoch ebenfalls kritisch zu diskutieren: So ist zu fragen, ob es unter den Bedingungen der conditio humana überhaupt so etwas wie „reine Wissenschaft" geben kann. Arbeitet Wissenschaft nicht immer mit Vorverständnissen, theologischen Kriterien und Modellbildungen, die zum Zwecke der Anschaulichkeit Komplexität zu reduzieren suchen? Und wäre es dann nicht eher notwendig, eben diese Vorverständnisse und theologischen Leitmotive offenzulegen, um sie einem kritischen, fachwissenschaftlichen Diskurs zugänglich zu machen – dies gerade aufgrund der von Meßner zu Recht kritisierten Erfahrungen bei der jüngsten Liturgiereform im Bereich der römisch-katholischen Kirche?

454 Was freilich die Gefahr eines hermeneutischen Zirkels in sich birgt, denn der Sinngehalt ist wiederum nur aus der Feiergestalt zu erheben. Vgl. Meyer, Eucharistie, 444ff. Historisch betrachtet erfolgten solche Klärungen zumeist in Form von negativen Abgrenzungen, indem nämlich festgelegt wurde, was Liturgie nicht ist, wann eine Feier aufhört, Liturgie zu sein, oder in typisch kirchenrechtlicher Diktion, wann eine Feier gültig und/oder erlaubt vollzogen wurde.

455 MB 1988, 334.

456 MB 1988, 325.

457 Vgl. Zulehner, Paul, Wie Musik zur Trauer ist eine Rede zur falschen Zeit (Sir 22,6). Wider den kirchlichen Wortdurchfall. Ostfildern 1998.

458 Vgl. als grundlegende Kritik: Stock, Alex. Liturgie und Poesie. Zur Sprache des Gottesdienstes. Freiburg 2010.

459 MB 1988, 512. Eine analoge Formulierung findet sich bei der Einladung zum Friedensgebet, hier 517.

460 Zulehner, Wie Musik zur Trauer, 56f.

461 Vgl. die weiteren Ausführungen hierzu bei: Baldovin, Reforming the Liturgy, 149.

462 Vgl. Baldovin, Reforming the Liturgy, 150. Dass es Formen der römisch-katholischer Frömmigkeitspraxis gab und gibt, die eher in die gegenteilige Richtung zu agieren scheinen, macht es nicht einfacher. Eine seit dem Mittelalter zunehmde Quantifizierung von Frömmigkeit („viel hilft viel“) und ein (zuweilen nur oberflächlich kaschierter) Gedanke der Werkgerechtigkeit („Wie schaffe ich mir einen gnädigen Gott?“) scheint dieses Bewusstsein, dass Gottes Handeln zu unserem Heil unserem Handeln immer vorausgeht, zumindest partiell in den Hintergrund gedrängt zu haben.

463 Vgl. hierzu die weiterführenden Überlegungen zur Eucharistie als „Sakrament der Gabe“ bei: Hoping, Mein Leib für euch gegeben, hier 437–471. Wie können wir die Eucharistie zuallererst als Gottes Gabe an uns verstehen? Im Anschluss an Jacques Derrida finden sich hierzu interessante philosophische Denkansätze bei Jean-Luc Marion oder auch in der Symboltheorie von Paul Ricoeur. Vgl. Baldovin, Reforming the Liturgy, 150–152. Hoping, a.a.O., 443ff. Menke, Karl-Heinz. Sakramentalität. Wesen und Wunde des Katholizismus. Freiburg 2012, hier 162.

464 Ein solches Konsumenten-Denken erscheint mir in Übereinstimmung mit John Baldovin einer der Hauptgründe für den Rückgang der Gottesdienstbesucherzahlen zu sein (und nicht eine verklärte, ahistorische Sicht auf eine ehemals-wunderbare vorkonziliare Liturgie). Baldovin führt hierzu aus: „I wonder too if we haven't preached the Gospel too well. In other words, when people hear what kind of faith, hope, and love the Gospel really requires, they decide that this is not the sort of religion that is going to meet their needs. I am not arguing that Christian faith and specifically Catholic worship does not meet very profound human needs. But if we fall prey to the Instrumentalist Fallacy that the liturgy is primarily about our finding our needs met, then we can never really accept the liturgy for what it is: God's work first. The rest is all specifies.“ In: Baldvin, Reforming the Liturgy, 152.

465 Fischer, Balthasar. Abt Ildefons Herwegen. Eine Würdigung nach dem Zweiten Vatikanischen Konzil. In: Severus, Emanuel von (Hg.). Was haltet ihr von der Kirche? Die Frage des Abtes Ildefons Herwegen an seine und unsere Zeit. Beiträge und Würdigung aus Anlass seines Geburtstages vor hundert Jahren am 27. November 1874. Münster 1976, 27–36, hier 34f.

466 „The basic law of liturgy is not ‚say what you are doing‘, but ‚do what you are saying‘.“ In: Chauvet, Louis-Marie. Symbol and Sacrament: A Sacramental Re-reading of Christian Existence. Collegeville (USA) 1995, 326.

467 Vgl. Meßner, Einführung in die Liturgiewissenschaft, 198. Dort auch weiterführende Literatur.

468 Instruktion „Inter Oecumenici“ vom 26. September 1964, hier: Nr. 91 und 95. (Vgl. EDIL 289, 293)

469 Vgl. hierzu meine Beobachtungen zur Durchführung der Liturgiereform in der Erzdiözese Boston: Die Implementierung der Liturgiereform in der Erzdiözese Boston/USA. Eine Untersuchung anhand von Quellen aus der Erzbischöflichen Kanzlei (1964–1966). In: Bärsch, J./Haunerland, W. (Hg.) Liturgiereform vor Ort. Zur Rezeption des Zweiten Vatikanischen Konzils in Bistum und Pfarrei. (StPaLi 25). Regensburg 2010, 171–194, bes. 171ff.

470 Vgl. GORM, Nr. 299: Der Altar ist von der Wand getrennt zu errichten, sodass man ihn leicht umschreiten und die Feier an ihm dem Volk zugewandt vollzogen werden kann. Das empfiehlt sich überall, wo es möglich ist. Der Altar ist aber so aufzustellen, dass er wahrhaft den Mittelpunkt bildet, dem sich die Aufmerksamkeit der ganzen Versammlung der Gläubigen von selbst zuwendet.

471 Vgl. GORM, Nr. 296: Der Altar, auf dem das Kreuzesopfer unter sakramentalen Zeichen gegenwärtig gesetzt wird, ist auch der Tisch des Herrn, an dem das Volk Gottes zusammengerufen wird, um in der Messe daran teilzunehmen. Er ist schließlich Mittelpunkt der Danksagung, die in der Eucharistie vollzogen wird.

472 So ist jedenfalls GORM, Nr. 299 in der Klarheit der dort vorgelegten Aussagen ganz sicher zu interpretieren.

473 Adam/Haunerland, Grundriß Liturgie, 473.

474 Vgl. Adam/Haunerland, Grundriß Liturgie, 473. Und in gegensätzlicher Perspektive: Lang, Uwe Michael. Conversi ad Dominum. Zu Gebetsostung, Stellung des Liturgen am Altar und Kirchbau. In: FKTh 16 (2000) 81–123.

475 Baldovin spricht in diesem Zusammenhang bei vielen modernen Kirchbauten von der Ästhetik von „slightly out-of-date living rooms". Baldovin, Reforming the Liturgy 154. Und erinnert an den Grundsatz Aidan Kavanaghs, mit dem dieser die Wohnzimmerästhetik mancher nachkonziliarer Kirchbauten kritisch charakterisierte: „Churches are not carpeted." Kavanagh, Aidan. The Elements of Rite: A Handbook of Liturgical Style. New York (USA) 1982, hier 21.

476 Vgl. GORM, Nr. 298: In jeder Kirche soll es sinnvollerweise einen feststehenden Altar geben, der Jesus Christus, den lebendigen Stein (1 Petr 2,4; vgl. Eph 2,20), deutlicher und dauerhaft bezeichnet.

477 Vgl. meine an anderer Stelle hierzu vorgelegten Überlegungen: Stuflesser, Martin. „Wenn Steine sprechen ..." Antwortversuche auf die Frage: Was ist ein liturgischer Raum? In: Anzeiger für die Seelsorge 118 (2009) 5–9. Sowie im Hinblick auf die Renovierung und Umgestaltung historischer Räume: „Erbaut aus lebendigen Steinen, gegründet auf das Fundament der Apostel". In: Hillenbrand, K. / Weiß, W. (Hg.) Reichtum des Glaubens. Festgabe für Bischof Friedhelm Hofmann zum 70. Geburtstag. (Würzburger Diözesangeschichtsblätter. 74. Band). Würzburg 2012, 445–458.

478 Zumal an dieser Stelle noch einmal kritisch rückzufragen wäre, inwieweit die für beide Zelebrationsrichtungen grundlegende Ermöglichung der tätigen Teilnahme aller Gläubigen primär und ausschließlich auf die visuelle Dimension abhebt, oder ob hierbei nicht doch auch die akustische Dimension im Blick behalten werden müsste: Denn es handelt sich beim Eucharistischen Hochgebet um einen vom Vorsteher der Feier laut vorgetragenen Text. Es ist jedenfalls interessant, dass selbst bei Messfeiern in der außerordentlichen Form des römischen Ritus nach dem Missale Romanum 1962 gelegentlich zu beobachten ist, dass das Hochgebet (der Messkanon) zumindest halblaut gesprochen wird, unter Nutzung einer zur Vorkonzilszeit für diesen Teil der Messe gar nicht vorgesehenen Mikrofon- und Verstärkeranlage. Hier wurde offensichtlich das Grundprinzip der tätigen Teilnahme von den jeweiligen Vorstehern der Liturgie in stärkerem Maße internalisiert, als dies bei der Diskussion um unterschiedliche Zelebrationsrichtungen beim Verbleiben auf der rein architektonischen Ebene reflektiert wird. Analoge Beobachtungen lassen sich bei Abendmahlsfeiern in manchen lutherischen Kirchen machen, wo ebenfalls am Hochaltar, versus orientem also, gefeiert wird. Dies geschieht aber in der Volkssprache und die Einsetzungsworte oder das Eucharistische Hochgebet werden verstärkt durch eine Mikrofonanlage, zum (aktiven) Mithören und tätigen Mitvollzug in der Feier. Insofern sollte man diese akustische Dimension bei der Diskussion um die Angemessenheit der verschiedenen Zelebrationsrichtungen auch nicht völlig außer Acht lassen.

479 Vgl. Ratzinger, 40 Jahre Konstitution über die Heilige Liturgie, 218.

480 Vgl. Hilberath, Bernd Jochen. „Participatio actuosa". Zum ekklesiologischen Kontext eines pastoralliturgischen Programms. In: Becker, H. (Hg.). Gottesdienst –

Kirche – Gesellschaft. Interdisziplinäre und ökumenische Standortbestimmungen nach 25 Jahren Liturgiereform. (PiLi 5). St. Ottilien 1991, 319–338, hier 337.

481 So jüngst noch einmal mahnend: Sacr. Caritatis, Nr. 64.

482 Volk, Theologische Grundlagen der Liturgie, hier 109–113.

483 Hilberath, „Participatio actuosa", 337. Vgl. hierzu auch den Hirtenbrief des amtierenden Erzbischofs von Los Angeles/USA Roger Card. Mahony: „Gather Faithfully Together. Guide for Sunday Mass. Los Angeles 1997, bes. 28–35. In diesem Hirtenschreiben finden sich vor allem im Kapitel unter der Überschrift „Your Right, Your Duty" (28–35) eine Fülle von liturgiepraktischen und spirituellen Anregungen, die es sich lohnen würde, auch bei uns umzusetzen und in unseren Gemeinden bekannt zu machen.

484 Volk, Hermann. Liturgie heute. In: Ders. Gesammelte Schriften. (Bd. 2). Mainz 1966, 197–214, hier 203.

485 Ebenda, 204.

486 Volk, Liturgie heute, hier 203.

487 Volk, Hermann. Gottesdienst und Caritas. In: Ders. Gesammelte Schriften. (Bd. 2). Mainz 1966, 215–228, hier 223.

488 Volk, Gottesdienst und Caritas, 223.

489 Haunerland, Winfried. Erneuerung der Liturgie als bleibende Aufgabe. Zur aktuellen Herausforderung durch die Konstitution Sacrosanctum Concilium. In: Studia Westprimiensia 2006/I–II, 109–123, hier 120.

490 Imhof, Paul / Biallowons, H. (Hg.), Karl Rahner im Gespräch, Bd. 1, München 1982, 316.

491 Hermann Kardinal Volk zum Gedenken. Herausgegeben von der Abteilung Öffentlichkeitsarbeit des Bischöflichen Ordinariats Mainz. (Aktuelle Information. Nr. 50). Mainz 1988, hier 66.

492 Mit leichten Modifikationen zitiert nach: Gerhards, Albert. Liturgie und neue Musik. Erwartungen und Möglichkeiten aus liturgiewissenschaftlicher Sicht. In: Singende Kirche 35 (1988) 60–64, hier 63.

Bildnachweis

Abb. S. 66: http://commons.wikimedia.org (Foto: FA2010)